즐겁게 충전되는 영어 자신감

Junior LISTENING TUTOR

완성

주니어 리스닝튜터 **완성**

지은이 NE능률 영어교육연구소
연구원 한정은, 조은영, 김은정, 박예지, 양빈나, 조유람
영문 교열 Peter Morton, MyAn Le, Lewis Hugh Hosie
표지 · 내지 디자인 디자인샐러드
표지 일러스트 Theo
내지 일러스트 박응식, 김동훈
맥편집 이정임

NE능률이 미래를 창조합니다.

건강한 배움의 고객가치를 제공하겠다는 꿈을 실현하기 위해
40년이 넘는 시간 동안 열심히 달려왔습니다.

앞으로도 끊임없는 연구와 노력을 통해
당연한 것을 멈추지 않고

고객, 기업, 직원 모두가 함께 성장하는 NE능률이 되겠습니다.

NE 능률

Action may not always bring happiness,
but there is no happiness without action.

Benjamin Disraeli

Part 1

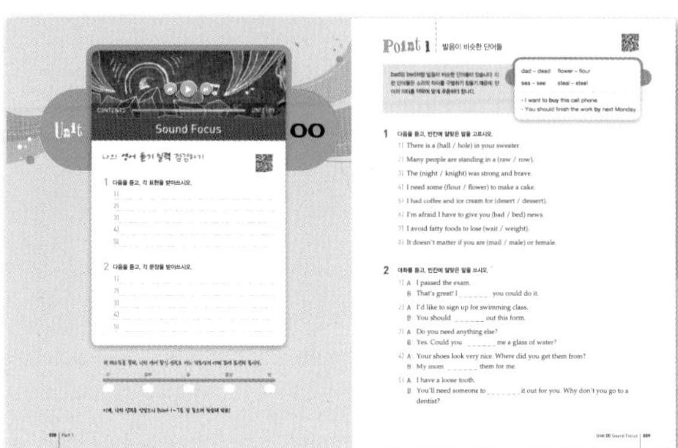

Sound Focus

본격적인 주제별 듣기 학습에 앞서, 발음 학습 코너를 제공합니다. 영어 발음의 중요 원칙들을 설명하고, 간단한 문제를 통해 발음의 원리를 익힐 수 있도록 구성하였습니다.

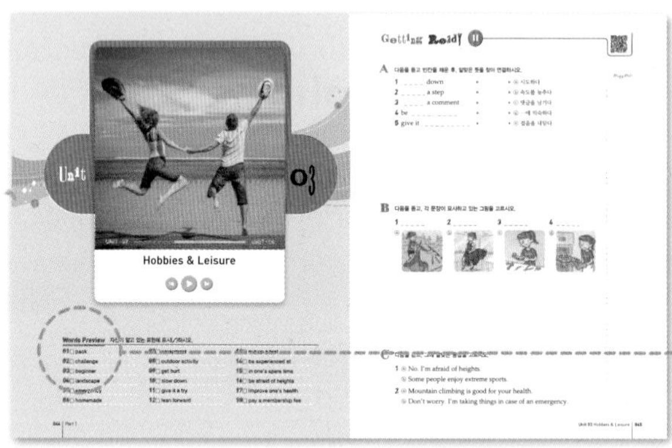

Words Preview

본격적인 학습 전 단계로, 주제와 관련된 핵심 표현들을 한곳에 모아 제시하였습니다. 어떤 어휘와 표현을 알고 모르는지 확인하여 앞으로의 학습을 준비합시다.

Getting Ready

주제와 관련된 핵심 표현들로 만든 간단한 듣기 문제들을 제시하였습니다. 문제를 풀어보며 표현을 익히고, 동시에 듣기 적응력도 키워 봅시다.

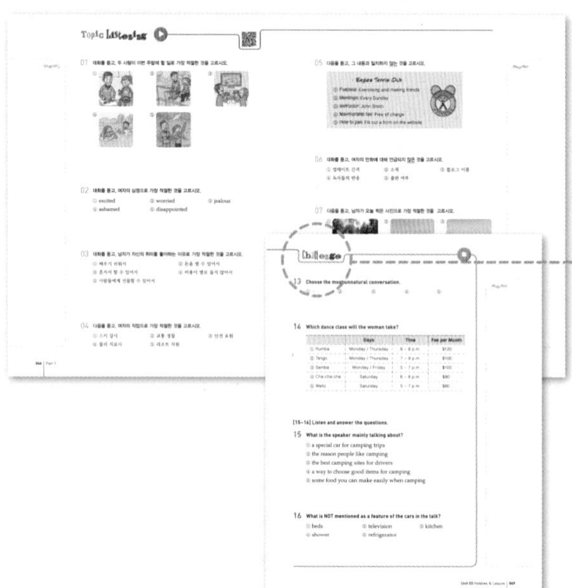

Topic Listening

단원의 주제와 관련된 다양한 문제를 수록하였습니다. 재미있는 내용의 대화와 담화를 들으며 문제를 풀면 어느새 듣기 능력이 향상되고, 듣기능력평가에 대한 준비가 됩니다.

Challenge

영어 지시문으로 구성된 4개의 문항이 출제됩니다. 조금 더 어려운 문제를 통해 듣기 실력을 한층 더 업그레이드해 봅시다.

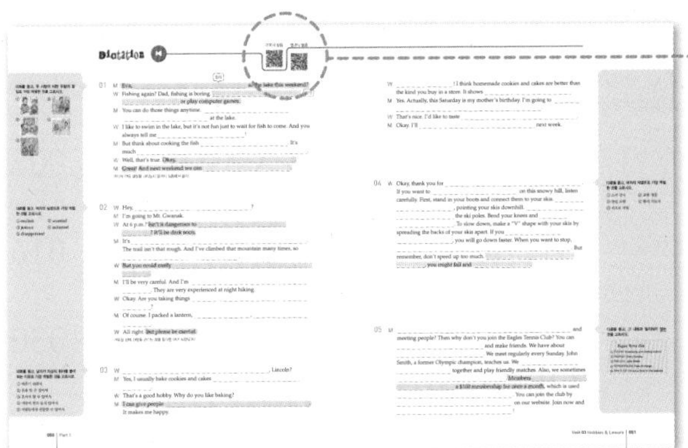

Dictation

대화와 담화를 다시 한 번 들으며 받아쓰기를 해 볼 수 있도록 내용 전문을 수록하였습니다. 빈칸을 채우며 정확하고 자세하게 듣는 능력을 높여 봅시다. 정답에 대한 단서는 회색으로, 함정은 연두색으로 표시되어 있으며, 문제를 푸는 방법을 알려주는 문제팁이 제공됩니다.

| Smart Learning |

QR코드를 스캔하면 해당 코너의 MP3 파일을 바로 들을 수 있습니다. 첫 번째 QR코드를 스캔하면 전체 문제가 미국식 발음으로 제공되고, 두 번째 QR코드를 스캔하면 1~4번 문제가 영국식 발음으로 제공됩니다.

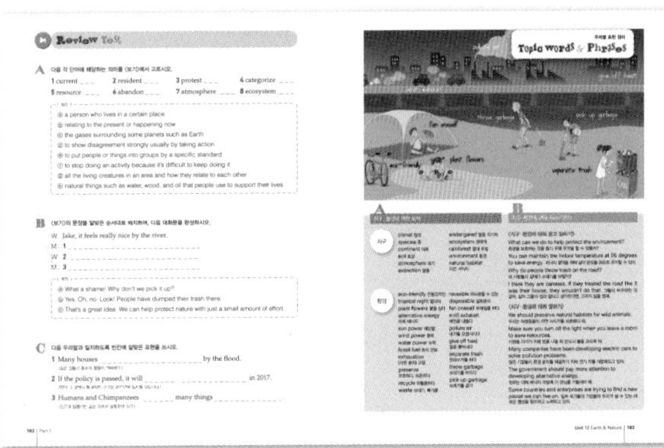

Review Test

각 단원에서 배운 중요한 어휘와 표현들을 다양한 문제를 통해 다시 한 번 익혀보세요.

주제별 표현 정리 Topic Words & Phrases

해당 주제에 대해서 알아두면 듣기 실력 향상에 도움이 되는 어휘, 표현, 문장을 한데 모았습니다. 단원을 마무리하며 암기해 봅시다.

Part 2

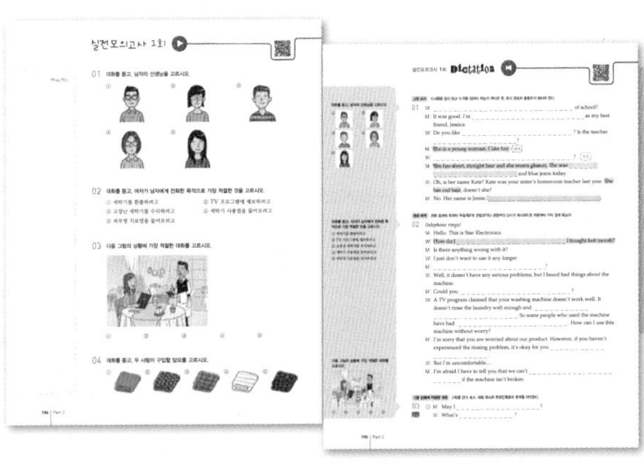

실전모의고사 & Dictation

시·도 교육청 주관 영어듣기능력평가와 같이 20문항으로 구성된 모의고사 3회분이 제공됩니다. 시험을 보는 기분으로 문제를 풀어 봅시다. 또한, Dictation에서는 다양한 듣기 평가 유형에 대처할 수 있는 유형팁을 제공합니다.

Contents

Part 1

Part 2

Scheduler

듣기는 매일 꾸준한 학습이 중요합니다! 아래 계획표를 참고하여 나만의 계획표를 작성해 봅시다.

두 달 시험 대비 학습 Plan 예

하루 학습 시간:
오후 7시 ~ 7시 30분
시작일 3월 2일

	월	화	수	목	금
1주	Unit 00	Unit 00	Unit 01 문제 풀이	Unit 01 Dictation 학습	Unit 01 주제별 표현 암기
2주	Unit 02 문제 풀이	Unit 02 Dictation 학습	Unit 02 주제별 표현 암기	Unit 03 문제 풀이	Unit 03 Dictation 학습
3주	Unit 03 주제별 표현 암기	Unit 04 문제 풀이	Unit 04 Dictation 학습	Unit 04 주제별 표현 암기	Unit 05 문제 풀이
4주	Unit 05 Dictation 학습	Unit 05 주제별 표현 암기	Unit 06 문제 풀이	Unit 06 Dictation 학습	Unit 06 주제별 표현 암기
5주	Unit 07 문제 풀이	Unit 07 Dictation 학습	Unit 07 주제별 표현 암기	Unit 08 문제 풀이	Unit 08 Dictation 학습
6주	Unit 08 주제별 표현 암기	Unit 09 문제 풀이	Unit 09 Dictation 학습	Unit 09 주제별 표현 암기	Unit 10 문제 풀이
7주	Unit 10 Dictation 학습	Unit 10 주제별 표현 암기	Unit 11 문제 풀이	Unit 11 Dictation 학습	Unit 11 주제별 표현 암기
8주	Unit 12 문제 풀이	Unit 12 Dictation 학습	Unit 12 주제별 표현 암기	실전모의고사 1회 문제 풀이	실전모의고사 1회 Dictation
9주	실전모의고사 2회 문제 풀이	실전모의고사 2회 Dictation	실전모의고사 3회 문제 풀이	실전모의고사 3회 Dictation	

나만의 학습 Plan

하루 학습 시간
오전/오후
__시 __분 ~ __시 __분

시작일 __월 __일

	월	화	수	목	금
1주					
2주					
3주					
4주					
5주					
6주					
7주					
8주					
9주					

PART 1

CONTENTS PART2

Don't carry your mistakes around with you. Instead, place them under your feet and use them as stepping stones. Never regret. If it's good, it's wonderful. If it's bad, it's experience.

Unit 00 Sound Focus

나의 영어 듣기 실력 점검하기

1 다음을 듣고, 각 표현을 받아쓰시오.

1) ....

2) ....

3) ....

4) ....

5) ....

2 다음을 듣고, 각 문장을 받아쓰시오.

1) ....

2) ....

3) ....

4) ....

5) ....

위 테스트를 통해, 나의 영어 듣기 실력은 어느 정도인지 아래 표에 표시해 봅시다.

하	중하	중	중상	상

이제, 나의 실력을 알았으니 Point 1~7을 잘 들으며 학습해 봐요!

Point 1 발음이 비슷한 단어들

bad와 bed처럼 발음이 비슷한 단어들이 있습니다. 이런 단어들은 소리의 차이를 구별하기 힘들기 때문에, 단어의 의미를 맥락에 맞게 추론해야 합니다.

dad – dead　　flower – flour

sea – see　　steal – steel

- I want to **buy** this cell phone.
- You should finish the work **by** next Monday.

1 다음을 듣고, 빈칸에 알맞은 말을 고르시오.

1) There is a (hall / hole) in your sweater.

2) Many people are standing in a (raw / row).

3) The (night / knight) was strong and brave.

4) I need some (flour / flower) to make a cake.

5) I had coffee and ice cream for (desert / dessert).

6) I'm afraid I have to give you (bad / bed) news.

7) I avoid fatty foods to lose (wait / weight).

8) It doesn't matter if you are (mail / male) or female.

2 대화를 듣고, 빈칸에 알맞은 말을 쓰시오.

1) A: I passed the exam.
B: That's great! I __________ you could do it.

2) A: I'd like to sign up for swimming class.
B: You should __________ out this form.

3) A: Do you need anything else?
B: Yes. Could you __________ me a glass of water?

4) A: Your shoes look very nice. Where did you get them from?
B: My mom __________ them for me.

5) A: I have a loose tooth.
B: You'll need someone to __________ it out for you. Why don't you go to a dentist?

Point 2 탈락

- 비슷하거나 똑같은 소리가 나는 자음이 겹치면, 그 중 앞의 발음은 생략되고 뒤에 오는 소리만 발음되는 탈락 현상이 일어납니다.
- [t], [d], [p], [b], [k], [g]는 단어 끝이나 자음 앞에서 거의 발음되지 않거나 약하게 발음됩니다.
- 서로 다른 자음이 3개 이상 겹쳐 오는 경우, 가운데에 오는 [k], [p], [t]는 거의 발음되지 않습니다.

right turn blind date drug

refund friends thanks

- I use**d t**o take a walk after school.
- I'm going to stay here for about six mo**nths**.
- I can'**t** forge**t th**e memories of my childhood.

1 다음을 듣고, 빈칸에 알맞은 말을 쓰시오.

1) We're going to work __________ __________.

2) I'd like a(n) __________ __________ for this camera.

3) I forgot to __________ __________ on the letters.

4) Who is the man standing at your __________ __________?

5) My __________ __________ this year is to make many friends.

6) We __________ __________ he is the right person for the job.

7) Washing dishes is the __________ __________ that I want to do.

8) I __________ __________ of Jamie's dog last weekend.

9) Could you show me the way to the __________ __________?

10) Did you hear the sound from __________ __________ __________ __________?

2 다음을 듣고, 탈락 현상이 일어나는 부분을 표시(O)하시오.

1) Recently, the old man got a driver's license. And he bought a secondhand car. He practiced driving a lot in the street to become a better driver.

2) I'm supposed to quit my job next month. I'm going to have a part-time job until I find a new one. Although I must take some risks, I think it's the perfect time to restart my career.

Point 3 | 연음과 약화

- 앞 단어의 끝 자음과 뒷 단어의 첫 모음이 연결되어 발음되는 것을 연음 현상이라고 합니다.
- [t]나 [d] 바로 뒤에 약하게 발음되는 모음이 오면 [t]와 [d]는 약하게 발음되는 약화 현상이 일어납니다. [nt]나 [nd]가 강모음과 약모음 사이에 올 때도 [t]와 [d]는 거의 발음되지 않습니다.
- 모음에 강세가 없을 때 본래 발음보다 약화되어 발음됩니다.

have **a** fever　a cu**p o**f coffee　le**tt**er

pho**t**o　mo**d**el　diffe**r**ent

- How wa**s** **you**r holi**d**ay?
- Can you tal**k** **a**bout the schedule with me?
- I ha**ve** **an** appointment wit**h** **a** den**t**ist at two twe**nt**y.

1 다음을 듣고, 빈칸에 알맞은 말을 쓰시오.

1) ＿＿＿＿＿＿　　2) ＿＿＿＿＿＿

3) ＿＿＿＿＿＿　　4) ＿＿＿＿＿＿

5) ＿＿＿＿＿＿　　6) ＿＿＿＿＿＿

2 다음을 듣고, 빈칸에 알맞은 말을 쓰시오.

1) Jessy looks like a(n) ＿＿＿＿＿＿.

2) I'm working at this ＿＿＿＿＿＿.

3) The hotel is located in the ＿＿＿＿＿＿ of the city.

4) I got my allowance last week, but I ＿＿＿＿＿＿ ＿＿＿＿＿＿ ＿＿＿＿＿＿ ＿＿＿＿＿＿ already.

5) You should check the ＿＿＿＿＿＿ of the products before you pack them.

3 대화를 듣고, 연음 현상이 일어나는 부분을 표시(O)하시오.

1) A: I failed again.
   B: Chin up. You should not give up.

2) A: You're good at taking photos.
   B: Thanks.

3) A: How often do I have to take the medicine?
   B: You should take it three times a day.

4) A: I'm sorry that is sold out. How about this one instead?
   B: Okay, I'll try it on.

Point 4 강세의 차이

명사와 동사 둘 다로 쓰이는 단어는 품사에 따라 강세의 위치가 바뀔 때가 많습니다. 일반적으로 명사는 1음절에, 동사는 2음절에 강세가 오므로, 강세에 따라 품사와 의미를 파악할 수 있습니다.

- I always **record** my class to review it later.
  The player set a new **record** in the Olympics.
- We will **refund** your money to you in full.
  I'm sorry, but I can't give you a **refund**.

1 다음을 듣고, 들려 주는 단어가 동사이면 '동', 명사이면 '명'을 쓰시오.

1) import ______ 2) import ______
3) progress ______ 4) progress ______
5) object ______ 6) object ______
7) decrease ______ 8) decrease ______

2 다음을 듣고, 빈칸에 알맞은 단어를 쓴 후 강세를 표시하시오.

1) Please show me your parking ______.
2) This is a(n) ______ from my parents.
3) Many people ______ against the law.
4) There is a(n) ______ in deaths from cancer.
5) You should be responsible for your ______.
6) The ______ of the seminar is not announced yet.
7) I'm nervous because I have to ______ a meeting.
8) The company plans to ______ their products to China.

Point 5 숫자 정보 듣기

시각이나 전화번호, 연도, 금액 등을 나타내는 표현을 익혀 두면 듣기에 도움이 됩니다.

- **시각**: to, past, after 등의 표현을 활용하여 표현하기도 합니다.
  4:45 a quarter to five = four forty-five
  4:30 half past four = four thirty
  2:50 ten to three = two fifty
  3:10 ten past three = ten after three = three ten
- **전화번호**: 한 자리씩 끊어 읽으며, 0는 zero나 oh로 발음합니다.
  324-2898 three two four two eight nine eight
- **연도**: 보통 두 자리씩 끊어 읽습니다.
  1992 nineteen ninety two
  2016 twenty sixteen = two thousand sixteen
- **금액**: dollar와 cent는 보통 생략합니다.
  $4.50 four dollars and fifty cents = four fifty
- **큰 숫자**: 네 자리 이상의 큰 숫자는 thousand, million, billion으로 표현합니다.
  25,000,000 twenty-five million
- **네 자리 숫자**: 두 자리씩 끊어 읽기도 합니다.
  5,800 five thousand and eight hundred = fifty-eight hundred

1 다음을 듣고, 빈칸에 알맞은 숫자를 쓰시오.

1) More than __________ people live in the city.

2) Your room is __________. Here is your room key.

3) If you take all these, you have to pay $__________.

4) I was born in Busan and moved to Seoul in __________.

5) You must get to the restaurant for dinner by __________.

6) It's $__________ total. And you can get a(n) __________% discount.

7) If you have any questions, please call me at __________.

8) The Winter Olympic Games will be held in Pyeongchang in __________.

Point 6 | 의미 덩어리로 듣기

영어 문장을 듣고 의미를 빠르게 파악하려면, 단어 단위가 아닌 의미 덩어리로 듣는 것이 중요합니다.

- You said / I should take a bus.
- I should take a bus / that goes to City Hall.
- I should take a bus / that goes to City Hall / in front of a bank.
- You said / I should take a bus / that goes to City Hall / in front of a bank.

1 다음을 읽고 의미 덩어리로 끊은 후, 들으며 확인하시오.

1) Please call me back when you come back.

2) Finally, I finished my work last weekend.

3) I'm angry that you didn't keep your promise.

4) Let's meet at 5 at the theater in downtown.

5) Can you tell me how to get to the hospital?

6) It is Michael who helped me with my report.

2 대화를 듣고, 한 문장 내 끊어 읽는 곳에 '/' 표시하시오.

A: May I help you?
B: I'd like to book a flight to London on Sunday.
A: Okay. We have two flights: Flight 121 at 9 a.m. and Flight 122 at 2 p.m.
B: Flight 122, please.
A: Which class do you want: economy or business?
B: Business, please.
A: Okay. Here is your ticket. You can board the airplane at Gate 12 at 1:40.
B: Thank you.

Point 7 영미 발음의 차이

보통 미국식 발음은 부드럽고 모음을 강조하여 길게 발음하는 경향이 있습니다. 반면, 영국식 영어는 억양이 강하고 자음을 강조하여 길게 발음하는 경향이 있습니다.

- [r]: 미국식 영어에서는 [r]을 거의 빼놓지 않고 발음합니다. 반면, 영국식 영어에서는 뒤에 모음이 오는 경우에만 발음하고, 뒤에 자음이 오거나 단어 끝에서는 발음하지 않습니다.
- [t]: 미국식 영어에서는 강모음과 약모음 사이에 오는 [t]는 발음이 약화되어 [r]처럼 발음합니다. 영국식 영어에서는 [t]를 정확하게 발음합니다.
- [a]: 미국식 영어에서는 [애]에 가깝게 발음하지만, 영국식 영어에서는 [아]에 가깝게 발음합니다.
- [o]: 미국식 영어에서는 [아]에 가깝게, 영국식 영어에서는 [아, 어]에 가깝게 발음합니다.
- [i]: 특정 단어에서 미국식 영어에서는 [i]를 [이], 영국식 영어에서는 [아이]로 발음합니다.

work	미국 [월ㅋ] 영국 [워크]	bottom	미국 [바름] 영국 [버텀]
last	미국 [래스트] 영국 [라스트]	common	미국 [카먼] 영국 [커먼]
either	미국 [이더] 영국 [아이더]		

1 다음을 듣고, 들려주는 단어가 미국식 발음이면 '미', 영국식 발음이면 '영'을 쓰시오.

1) park ______　　2) last ______

3) water ______　　4) fragile ______

5) neither ______　　6) Internet ______

7) letter ______　　8) answer ______

2 다음을 듣고, 빈칸에 알맞은 말을 쓰시오.

1) You can't send ______ ______ by mail.

2) How long have you been ______ here?

3) I went to the ______ ______ last Saturday.

4) I can't see well if I ______ ______ ______.

5) My office is on the ______ ______ of the building.

6) You ______ ______ ______ running before you reach the finish line.

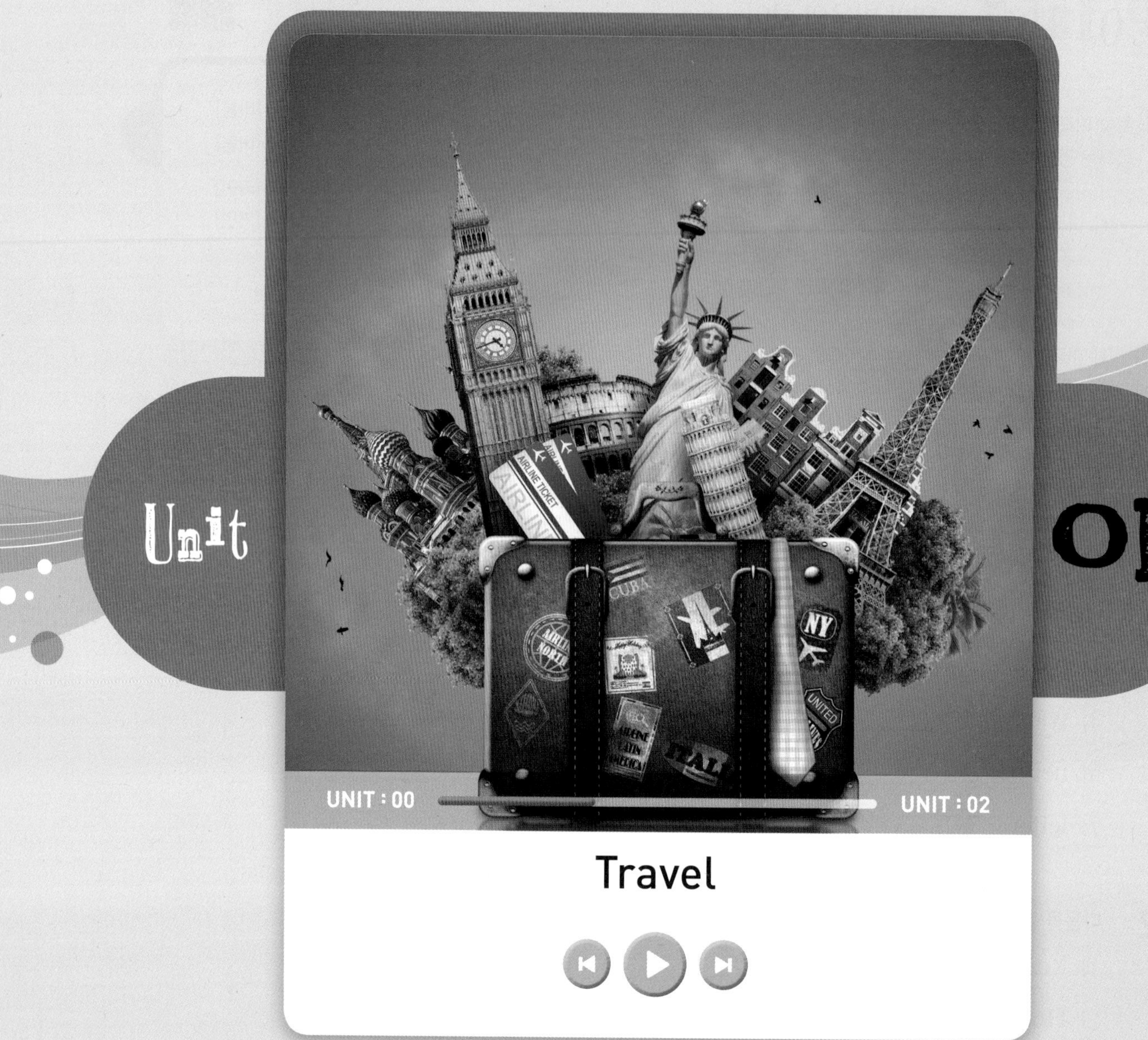

Words Preview 자신이 알고 있는 표현에 표시(✓)하시오.

01 □ land	07 □ scenery	13 □ be booked up
02 □ rent	08 □ complain	14 □ change money
03 □ flight	09 □ souvenir	15 □ on one's way to
04 □ statue	10 □ check in	16 □ set out on a trip
05 □ charge	11 □ get lost	17 □ reserve a table
06 □ transfer	12 □ hit the road	18 □ pick up one's luggage

Getting Ready II

A 다음을 듣고 빈칸을 채운 후, 알맞은 뜻을 찾아 연결하시오.

1 ________ money	•	• ⓐ 환전하다
2 ________ ________	•	• ⓑ …에 들르다
3 on one's ________ ________	•	• ⓒ 여행을 떠나다
4 ________ ________ ________ a trip	•	• ⓓ 수하물을 찾다
5 ________ ________ one's luggage	•	• ⓔ …으로 가는 도중에

memo

B 대화를 듣고, 각 상황에 가장 어울리는 그림을 고르시오.

1 ________ 2 ________ 3 ________

ⓐ

ⓑ

ⓒ

C 다음을 듣고, 그에 알맞은 응답을 고르시오.

1 ⓐ Let's go back to the hotel to take a break.
ⓑ I'm in Room 1705. The shower is broken.

2 ⓐ We are landing soon.
ⓑ Yes. May I see your passport and ticket?

Topic Listening 

memo

[01~02] 다음을 듣고, 설명하고 있는 관광지로 가장 적절한 곳을 각각 고르시오.

01 ________ 02 ________

ⓐ  ⓑ  ⓒ  ⓓ 

03 다음 그림의 상황에 가장 적절한 대화를 고르시오.

① ② ③ ④ ⑤

04 대화를 듣고, 남자가 여자에게 전화한 목적으로 가장 적절한 것을 고르시오.

① 안부를 전하기 위해
② 호텔 예약을 하기 위해
③ 지진 소식을 알리기 위해
④ 입국 날짜를 확인하기 위해
⑤ 휴대전화 수리방법을 묻기 위해

05 대화를 듣고, 여자가 지불할 금액을 고르시오.

Room Information

Single: $30 a night	Double: $40 a night
Twin: $50 a night	Triple: $70 a night

Breakfast: $5 a day

Extra bed: $3 a night

① $90 ② $120 ③ $130 ④ $160 ⑤ $200

06 대화를 듣고, 두 사람의 관계로 가장 적절한 것을 고르시오.

① 승무원 – 승객
② 피해자 – 경찰관
③ 가이드 – 관광객
④ 가게 점원 – 손님
⑤ 여행객 – 출입국 심사원

07 대화를 듣고, 남자가 대화 직후에 할 일로 가장 적절한 것을 고르시오.

① 식당에 전화한다.
② 파스타를 요리한다.
③ 식당 번호를 검색한다.
④ 호텔 방으로 돌아간다.
⑤ 호텔 레스토랑에 간다.

08 대화를 듣고, 대화가 이루어지는 장소로 가장 적절한 곳을 고르시오.

① 공항 ② 기내 ③ 경찰서
④ 가방 가게 ⑤ 관광안내소

memo

memo

09 대화를 듣고, 두 사람이 대화 직후에 방문할 장소로 가장 적절한 곳을 고르시오.

① 호텔 ② 지하철역 ③ 택시 승차장
④ 렌터카 영업소 ⑤ 공항버스 승차장

10 다음을 듣고, 여자의 내일 일정과 일치하지 않는 것을 고르시오.

My Last Day in Paris	
Morning	① Visit the Louvre Museum
Afternoon	② Have lunch at a famous restaurant ③ Buy gifts for family
Evening	④ See *Notre Dame de Paris* ⑤ Leave for London

11 대화를 듣고, 남자가 여행 중에 겪은 일을 모두 고르시오.

① 길을 잃었다. ② 배탈이 났다.
③ 카메라를 잃어버렸다. ④ 여권을 도난당했다.
⑤ 기차를 놓쳤다.

12 다음을 듣고, 숙소에 대한 내용과 일치하지 않는 것을 고르시오.

① 터키의 카파도키아 지역에 있다.
② 내부는 어둡고 시원하다.
③ 침대, 욕조, 벽난로가 갖추어져 있다.
④ 무료 와이파이가 제공된다.
⑤ 모든 숙박객에게 무료 픽업 서비스를 제공한다.

Challenge

13 **Which country did the woman NOT visit?**

① England ② France ③ Italy
④ Germany ⑤ Spain

14 **Why did the woman complain about her room?**

① There was no hot water.
② The refrigerator was not working.
③ The view from her room was bad.
④ The room's temperature was too high.
⑤ The equipment in the health club was poor.

[15~16] Listen and answer the questions.

15 **What is the speaker mainly talking about?**

① a trip to the salt desert
② how to travel in the desert
③ good places to take pictures
④ the largest lake in the world
⑤ famous tourist spots around the world

16 **Which is NOT correct about the Uyuni desert according to the talk?**

① It is in Bolivia.
② It was located under the sea.
③ It looks white because of salt.
④ It sometimes becomes a lake.
⑤ It is not open to travelers yet.

memo

Dictation 

미국식 발음 영국식 발음

다음을 듣고, 설명하고 있는 관광지로 가장 적절한 곳을 각각 고르시오.

01 ________

02 ________

ⓐ  ⓑ 

ⓒ ⓓ

단서

01 W: ________ ________ ________? Good. Let me tell you about this beautiful fountain. For hundreds of years, ________ ________ ________ ________ into the water. According to an old tale, ________ ________ ________ ________ ________ into the water, one day you'll ________ ________ ________ ________. Two coins will bring you a new romance, and three will lead to marriage. I'll ________ ________ ________ ________ now, so you can try it.

관광객들이 물속으로 동전을 던질 수 있는 곳은 어디일까?

02 M: This is ________ ________ ________ ________ in the world. In 1886, France gave this statue to the US ________ ________ ________. It was ________ ________ ________ ________ ________ of American independence. Can you see ________ ________ ________ ________ ________ ________ ________ ________? We're going up there by elevator. You'll have an amazing view of New York. And then we'll be ________ ________ ________ and a gift shop, too. ________ ________ ________.

다음 그림의 상황에 가장 적절한 대화를 고르시오.

① ② ③ ④ ⑤

03 ① W: Excuse me. ________ ________ ________ ________?

M: ________ ________ I'm a visitor here.

② W: ________ ________ ________ ________ ________ ________?

M: I'm here on vacation.

③ W: Can I ________ ________ ________ ________ ________?

M: Sure. How much would you like to change?

④ W: Can I ________ ________ here for Flight CA114 to Toronto?

M: Yes. May I ________ ________ ________ ________ ________, please?

⑤ W: Excuse me, where should I ________ ________ ________?

M: Do you see that sign? Follow that sign saying "Transfer."

change money는 '환전하다'의 의미이다.

04 *(telephone rings)*

W: Hello?

M: Hi, Mom. It's me, Oliver.

W: Oliver! ____________ ____________ ____________ ____________?

M: What do you mean? I just called to ____________ ____________ ____________ ____________.

W: Aren't you in Indonesia now?

M: No, I'm in Vietnam. I ____________ ____________ ____________ ____________ ____________, so I came here instead of Indonesia.

W: There was ____________ ____________ ____________ in Indonesia yesterday. Some cities were badly damaged and ____________ ____________ ____________ ____________. I was very worried about you.

함정

M: Really? I didn't know that.

W: ____________ ____________ ____________ ____________ that you're safe. Why didn't you call me? I left several messages on your phone.

M: ____________ ____________ ____________ ____________, so I can't use it. I'm calling you from a phone in the hotel.

W: I see. Are you coming home ____________ ____________?

M: Yes, Mom. Don't worry. I'll ____________ ____________ ____________ ____________ ____________.

대화를 듣고, 남자가 여자에게 전화한 목적으로 가장 적절한 것을 고르시오.

① 안부를 전하기 위해
② 호텔 예약을 하기 위해
③ 지진 소식을 알리기 위해
④ 입국 날짜를 확인하기 위해
⑤ 휴대전화 수리방법을 묻기 위해

05 *(telephone rings)*

M: Landmark Hotel.

W: Hi. I'd like to make a room reservation ____________ ____________ ____________.

M: Sure. ____________ ____________ ____________ are you going to stay?

W: ____________ ____________ ____________.

M: Okay. Are you coming alone? Do you need a single room?

W: No. My sister is coming with me, so I need a double room. That's ____________ ____________ ____________ ____________ ____________, right?

M: No, it isn't. The twin rooms have two beds. ____________ ____________ ____________ ____________ ____________ ____________ for three nights?

W: Yes, please. And I want breakfast for the 12th and 13th.

M: For two people, right?

W: Well, my sister ____________ ____________ ____________. So just for one will be fine.

M: Okay, then the breakfast charge will be ____________ ____________ ____________.

여자가 예약한 사항이 무엇인지 주의하며 듣자.

대화를 듣고, 여자가 지불할 금액을 고르시오.

Room Information

Single: $30 a night	Double: $40 a night
Twin: $50 a night	Triple: $70 a night

Breakfast: $5 a day
Extra bed: $3 a night

① $90 ② $120 ③ $130
④ $160 ⑤ $200

대화를 듣고, 두 사람의 관계로 가장 적절한 것을 고르시오.

① 승무원 - 승객
② 피해자 - 경찰관
③ 가이드 - 관광객
④ 가게 점원 - 손님
⑤ 여행객 - 출입국 심사원

06 W: Hello, sir. ________ ________ ________ ________?

M: I need some help. ________ ________ ________ ________.

W: Oh, I'm sorry to hear that. I need to ask a few questions. ________ ________ ________ ________?

M: Yes. I ________ ________ ________ ________ ________ from Korea.

W: I see. When did you realize your wallet was gone?

M: At the Eiffel Tower, ________ ________ ________ ________ ________ ________ to the Louvre Museum. After talking to her, I realized my wallet had disappeared.

W: What was in your wallet?

M: ________ ________ and my Eurail Pass.

W: Where are you staying? If we find it, I'll ________ ________ ________.

M: I'm staying at the Royal Guesthouse. My name is Park Juwan. I'm ________ ________ ________.

W: Okay. You'll be ________ ________ ________.

대화의 상황을 상상하며 듣자.

대화를 듣고, 남자가 대화 직후에 할 일로 가장 적절한 것을 고르시오.

① 식당에 전화한다.
② 파스타를 요리한다.
③ 식당 번호를 검색한다.
④ 호텔 방으로 돌아간다.
⑤ 호텔 레스토랑에 간다.

07 M: Excuse me.

W: Hello, sir. How can I help you? Do you ________ ________ ________ ________ ________?

M: No, I'm good. I'd like to ________ ________ ________ ________ with my family. Are there any nice restaurants around here?

W: Yes. There is a great pasta restaurant. As you are in Italy, ________ ________ ________ ________.

M: Great. ________ ________ ________ ________ ________ ________?

W: No. It's on the next block. But that place is ________ ________. Maybe you should call and ask if you can ________ ________ ________.

M: Okay. Can I ________ ________ ________?

W: Sure, here is the phone and the number of the restaurant.

대화에 끝까지 집중하지 않으면 오답을 고를 확률이 크다.

대화를 듣고, 대화가 이루어지는 장소로 가장 적절한 곳을 고르시오.

① 공항
② 기내
③ 경찰서
④ 가방 가게
⑤ 관광안내소

08 M: Excuse me.

W: Yes. ________ ________ ________ ________ ________ ________?

M: I just ________ ________ ________ ________ ________. And I found ________ ________ ________ ________. Look. Its wheel has come off.

W: Oh, I'm so ________ ________ ________ ________. Which flight did you take?

M: I don't know. It ________ ________ at 2:15. It was from Washington.

W: Okay, that's Flight 4103. Let me ________ ________ ________ ________.

M: Please hurry up. ________ ________ ________ ________.

W: Well, we can give you the repair cost later ________ ________ ________ ________ ________, or we can offer you another suitcase for replacement.

M: I need ________ ________ ________ right away, so give me the replacement.

W: Okay, sir. Please wait. I'll have one for you in just a minute.

09 M: We've ________ ________ ________! That was a long flight. ________ ________ ________ ________?

W: I'm okay. Wow, the weather is perfect. I'm really happy to be here.

M: Me too, but ________ ________. Can we go to the hotel and ________ ________ ________ ________?

W: Sure. Shall we take the airport bus, or do you want to ________ ________ ________?

M: Well, since we're going to be here for a few days, how about ________ ________ ________?

W: That's a good idea. But isn't it too expensive?

M: No, it ________ ________ ________ ________. And it's much more ________ ________ ________ ________.

W: Okay. Then we should ________ ________ ________ to rent a car.

M: There's a place over there.

제시되는 여러 제안 중에 무엇을 하기로 했는지 잘 듣자.

대화를 듣고, 두 사람이 대화 직후에 방문할 장소로 가장 적절한 곳을 고르시오.

① 호텔 ② 지하철역
③ 택시 승차장 ④ 렌터카 영업소
⑤ 공항버스 승차장

10 W: ________ ________ ________ ________ ________ in Paris, so I'm planning to do lots of things. In the morning, I'll visit the Louvre Museum ________ ________ ________ ________ ________. I can't believe I can see them in person. After that, I'll ________ ________ Luxembourg Park and ________ ________ ________ ________ ________. I spent a lot of money during the trip, so I ________ ________ ________ ________ ________ ________ for lunch. Then I'll ________ ________ ________ ________ ________ and buy souvenirs for my family. In the evening, I'll go to see the musical *Notre Dame de Paris*. I ________ ________ ________ ________ ________, so I got a good seat. I'm really looking forward to seeing it! After watching the show, I'll ________ ________ ________ ________ to London.

영문 선택지이므로 내용을 미리 파악하는 것이 좋다.

다음을 듣고, 여자의 내일 일정과 일치하지 않는 것을 고르시오.

	My Last Day in Paris
Morning	① Visit the Louvre Museum
Afternoon	② Have lunch at a famous restaurant ③ Buy gifts for family
Evening	④ See *Notre Dame de Paris* ⑤ Leave for London

대화를 듣고, 남자가 여행 중에 겪은 일을 모두 고르시오.

① 길을 잃었다.
② 배탈이 났다.
③ 카메라를 잃어버렸다.
④ 여권을 도난당했다.
⑤ 기차를 놓쳤다.

11 W: Hi, Evan. ________ ________ ________ ________. Where have you been?
M: I ________ ________ in Canada. I came back just a few days ago.
W: Oh, did you? How was your trip?
M: Well, ________ ________ ________. On the first day, I got lost ________ ________ ________ ________ ________.
W: Really? What did you do?
M: Luckily, a kind woman ________ ________ ________ ________ ________ ________. But I had to eat a sandwich for dinner instead of a nice meal.
W: Sorry to hear that.
M: That's not all. I left my digital camera ________ ________ ________ and didn't get it back.
W: Oh, no! So you don't have any photos from your trip?
M: No. I'm still very upset about it.
W: I understand. I ________ ________ ________ ________ in Paris, and it ________ ________ ________ ________.

다음을 듣고, 숙소에 대한 내용과 일치하지 않는 것을 고르시오.

① 터키의 카파도키아 지역에 있다.
② 내부는 어둡고 시원하다.
③ 침대, 욕조, 벽난로가 갖추어져 있다.
④ 무료 와이파이가 제공된다.
⑤ 모든 숙박객에게 무료 픽업 서비스를 제공한다.

12 W: Sleeping in a cave! ________ ________ ________ ________ ________ ________? In Cappadocia, Turkey, it is a reality! Every year, lots of tourists visit our Grand Cave Hotel ________ ________ ________ ________. It's just like a real cave. The walls of our rooms are real rocks. ________ ________ ________ ________, and you can ________ ________ without air conditioning, even in summer! Does that sound uncomfortable? Don't worry. It's just ________ ________ ________ ________ ________ ________. The rooms ________ ________ ________, ________, ________ ________. As a bonus, you can use free Wi-Fi in the cave! If you reserve a room in advance, you can get a 10% discount and ________ ________ ________ ________ ________ ________. So ________ ________ to make a reservation. For more information, please visit our website at www.capcavehotel.net.

Which country did the woman NOT visit?

① England ② France
③ Italy ④ Germany
⑤ Spain

13 M: Anna! ________ ________ ________ ________?
W: It was great. I ________ ________ ________ ________, including Tower Bridge, the Palace of Versailles, and the Colosseum.
M: Wow, ________ ________ ________ ________ ________.
W: I started in England where I ________ ________ ________ ________.
M: Where did you go next?
W: I ________ ________ ________ for three days and then ________ ________ ________ ________. I loved the food in France.

M : ___ ___. How was Italy?

W : There are many well-known ___ ___. So I was very busy going from place to place. I also went to Germany. I saw the Berlin Wall.

M : Did you go to Spain, too? I heard the bullfights are really interesting.

W : I wanted to, but I ___ ___ ___ ___! I hope I can go someday.

선택지의 각 국가가 언급될 때 주의하여 듣자.

14 *(telephone rings)*

M : Hello, front desk. How can I help you?

W : I'm ___ ___ ___. At seven, I ___ ___ ___ that there wasn't any hot water. ___ ___ ___ ___, but it hasn't been fixed yet.

M : I'm sorry, ma'am, but ___ ___ ___ ___.

W : How much longer will I have to wait?

M : It'll probably ___ ___ ___ ___ ___.

W : I'd like to take a shower and go to bed now. Can I just ___ ___ ___?

M : I'm afraid we're all booked up tonight. But I'll ___ ___ ___ to one with an ocean view tomorrow ___ ___ ___.

W : Okay. Where is the health club then? I'll take a shower there.

M : It's ___ ___ ___ ___. Thank you for understanding.

전화 목적은 주로 앞부분에 언급되므로 여자의 첫 말을 잘 들어야 한다.

Why did the woman complain about her room?

① There was no hot water.
② The refrigerator was not working.
③ The view from her room was bad.
④ The room's temperature was too high.
⑤ The equipment in the health club was poor.

15~16

M : Hello. This is *Travel World*. Many viewers say that we make them want ___ ___ ___ ___ ___. I'm sure you'll want to ___ ___ ___ after you see today's show. Today, we'll bring you ___ ___ ___ ___ of the Uyuni Salt Desert in Bolivia. In the past, the Uyuni Salt Desert ___ ___ ___ ___. But over time it rose up and all the seawater ___ ___. As a result, only the salt was left and it became the white desert ___ ___ ___ ___. However, ___ ___ ___ ___, the rain remains on the ground, and it ___ ___ ___ ___. The scene is so beautiful that lots of photographers and travelers around the world ___ ___. Don't you want to see it yourself? ___ ___ ___ ___ ___ now.

15 What is the speaker mainly talking about?

① a trip to the salt desert
② how to travel in the desert
③ good places to take pictures
④ the largest lake in the world
⑤ famous tourist spots around the world

16 Which is NOT correct about the Uyuni desert according to the talk?

① It is in Bolivia.
② It was located under the sea.
③ It looks white because of salt.
④ It sometimes becomes a lake.
⑤ It is not open to travelers yet.

Review Test

A 다음 각 단어에 해당하는 의미를 〈보기〉에서 고르시오.

1 ruin ______ 2 transfer ______ 3 gather ______ 4 scenery ______

5 land ______ 6 contact ______ 7 complain ______ 8 replacement ______

보기

ⓐ to spoil something
ⓑ to come down to the ground
ⓒ to come together in a certain place
ⓓ to move from one vehicle to another
ⓔ to say that something is not satisfying
ⓕ something that can perform the job of another
ⓖ the appearance of natural things such as trees or hills
ⓗ to communicate with someone, usually on the telephone

B 다음 각 질문에 대한 응답으로 가장 적절한 것을 〈보기〉에서 고르시오.

1 Do you know where the Durell Museum is?

2 The room's air conditioner is not working. Can I change rooms?

보기

ⓐ I'll stay for three nights.
ⓑ I'm afraid I'm a tourist here.
ⓒ I'm sorry. I'll upgrade your room.

C 다음 우리말과 일치하도록 빈칸에 알맞은 표현을 쓰시오.

1 This path __________ __________ the Trevi Fountain.
(이 길은 트레비 분수로 이어져.)

2 I will visit famous __________ __________ in Greece.
(나는 그리스의 유명한 유적지들을 방문할 거야.)

3 I want to __________ __________ a gift shop __________ __________ __________ __________ the hotel.
(우리가 호텔로 가는 도중에 나는 선물가게에 들리고 싶어.)

주제별 표현 정리

Topic Words & Phrases

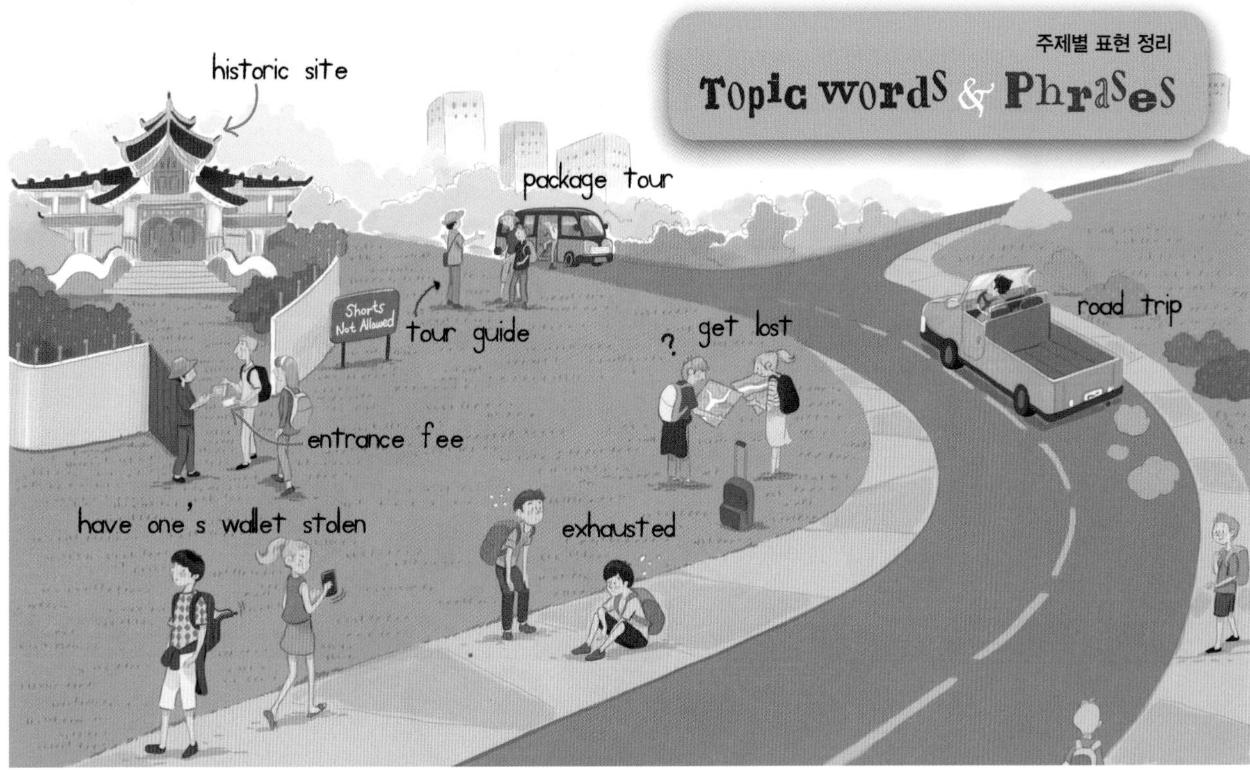

A 여행에 대한 표현

여행

hit the road 여행길에 오르다
change money 환전하다
board a plane 비행기를 타다
buy a souvenir 기념품을 사다
have one's wallet stolen 지갑을 도둑맞다
on one's way to …으로 가는 도중에
set out on a trip 여행을 떠나다
enjoy the scenery 경치를 즐기다
go sightseeing 관광을 가다
pick up one's luggage 수하물을 찾다

embassy 대사관
suitcase 여행가방
backpacking 배낭여행
accommodation 숙소
road trip 자동차 여행
tour guide 여행 가이드
entrance fee 입장료
package tour 패키지 투어
boarding pass 탑승권
travel insurance 여행 보험
historic site 유적지
tourist attraction 관광 명소
get lost 길을 잃다
land 착륙하다
take off 이륙하다
check in 수속을 하다
rent a car 차를 빌리다

B 여행에 대해 이야기하기

〈여행에 대해 묻고 답하기〉

Where is the tourist information center? 관광 안내소는 어디 있나요?
I don't know. I'm a visitor here. 몰라요. 전 여기 방문객이거든요.
Where can I make a connection? 어디에서 환승할 수 있나요?
Follow the sign that says "Transfer." '환승'이라고 적힌 표지판을 따라가세요.
How much is the admission for the museum? 박물관 입장료는 얼마죠?
The admission fee is $5 if you are a student.
학생이시면 입장료는 5달러예요.

〈여행에 대해 말하기〉

I made a reservation online. 온라인으로 예약했어요.
We require a $30 deposit for the key.
저희는 열쇠 보증금으로 30달러를 요구합니다.
I've made a perfect plan to travel Japan during six months.
여섯 달 동안 일본 여행을 위한 완벽한 계획을 세웠어.
I'm looking forward to seeing the scenery in North Europe.
북유럽의 경치를 보는 것이 아주 기대돼.
You can take the city tour bus because it connects lots of tourist attractions. 시티투어 버스는 많은 관광 명소들을 연결하기 때문에 그걸 타면 돼요.
I'd like to stay for two nights and include breakfast during the period in your hotel.
당신의 호텔에서 이틀 밤을 머무르고 그 기간 동안 조식을 포함하고 싶어요.
I was so exhausted after the tour to Van Gogh's grave, but it was a memorable experience. 반 고흐의 묘지로 가는 여행 후에 완전히 지쳐버렸지만 그것은 기억에 남을 만한 경험이었다.

Unit 02

Love

Words Preview 자신이 알고 있는 표현에 표시(✓)하시오.

01 □ picky	07 □ get over	13 □ ask (someone) out
02 □ reject	08 □ fight over	14 □ confess one's love
03 □ regret	09 □ fall in love	15 □ make eye contact
04 □ romantic	10 □ break up	16 □ walk (someone) home
05 □ attractive	11 □ see (someone)	17 □ turn (someone) down
06 □ blind date	12 □ win one's heart	18 □ take a popularity vote

Getting Ready II

A 다음을 듣고 빈칸을 채운 후, 알맞은 뜻을 찾아 연결하시오.

1 fight ________	•	• ⓐ 사랑에 빠지다
2 ________ in love	•	• ⓑ 눈을 마주치다
3 make ________ ________	•	• ⓒ …에 관해 싸우다
4 ________ one's ________	•	• ⓓ …의 마음을 얻다
5 ________ someone ________	•	• ⓔ …을 집에 바래다주다

B 대화를 듣고, 각 상황에 가장 어울리는 그림을 고르시오.

1 ________　　2 ________　　3 ________

ⓐ

ⓑ

ⓒ

C 다음을 듣고, 그에 알맞은 응답을 고르시오.

1 ⓐ Yes. I'm looking forward to it.
ⓑ It was great. He was my type.

2 ⓐ Yes, I started dating Jefferson.
ⓑ Yes, I like a man who is active.

memo

Topic Listening

memo

01 대화를 듣고, 여자가 소개팅에서 만난 남자를 마음에 들어 하는 이유로 가장 적절한 것을 고르시오.

① 잘생겨서 ② 매너가 좋아서
③ 스타일이 좋아서 ④ 유머 감각이 풍부해서
⑤ 근사한 레스토랑에서 저녁을 먹어서

02 대화를 듣고, 두 사람이 오늘 데이트할 장소로 가장 적절한 곳을 고르시오.

① 공원 ② 야구장 ③ 미술관
④ 영화관 ⑤ 체육관

03 대화를 듣고, 대화 직후에 남자가 할 일로 가장 적절한 것을 고르시오.

① 미용실에 간다. ② 방 정리를 한다.
③ 옷을 사러 간다. ④ 미팅 장소에 나간다.
⑤ 인터넷 사이트를 검색한다.

04 대화를 듣고, 대화가 이루어지고 있는 상황으로 가장 적절한 것을 고르시오.

① 
② 
③ 
④ 
⑤ 

[05~06] 대화를 듣고, 남자의 고민으로 가장 적절한 것을 <보기>에서 각각 고르시오.

05 ________ 06 ________

보기

ⓐ 소개팅을 앞두고 긴장된다.
ⓑ 여자들에게 인기가 없다.
ⓒ 짝사랑을 고백할 용기가 없다.
ⓓ 데이트 비용이 부담스럽다.

memo

07 대화를 듣고, 그림에서 여자의 이상형으로 가장 적절한 사람을 고르시오.

08 다음을 듣고, 무엇에 대한 내용인지 가장 적절한 것을 고르시오.

① people's desire for romantic love
② the way to draw the shape of a heart
③ the god of love in ancient Greek myths
④ the best way to make people fall in love
⑤ the origin of the heart as a symbol of love

memo

09 대화를 듣고, 그 내용과 일치하지 않는 것을 고르시오.

① 여자는 어제 우연히 첫사랑을 만났다.
② 여자는 여전히 첫사랑을 좋아한다.
③ 남자는 첫사랑과 함께 교회를 다녔다.
④ 남자와 여자는 같은 교회에 다녔다.
⑤ 남자의 첫사랑은 현재 만나는 사람이 없다.

10 대화를 듣고, 남자가 데이트에서 한 일이 아닌 것을 고르시오.

① 이탈리안 레스토랑에서 저녁을 먹었다. ② 영화를 관람했다.
③ 카페에서 아이스크림을 먹었다. ④ 파티에 참석하였다.
⑤ 여자를 집에 바래다주었다.

11 다음을 듣고, 그 내용과 일치하면 T, 일치하지 않으면 F를 쓰시오.

1) 페닐에틸아민은 사랑에 빠졌을 때 분비되는 호르몬이다. ______
2) 고백할 때 상대방과 시선을 마주치는 것이 좋다. ______
3) 선물을 주는 행동은 페닐에틸아민을 분비시킨다. ______

12 대화를 듣고, 여자가 남자친구에게 줄 선물로 가장 적절한 것을 고르시오.

① 
② 
③ 
④ 
⑤  

Challenge

13 **What is the man most likely to do right after the conversation?**

① call his girlfriend
② go on a blind date
③ go to the flower shop
④ visit his girlfriend's house
⑤ try to find out the reason for the fight

14 **Why did the woman break up with her boyfriend?**

① because she moved to another town
② because it was difficult to contact each other
③ because her boyfriend had another girlfriend
④ because she and her boyfriend were so different
⑤ because she was busy studying for her final exams

[15~16] Listen and answer the questions.

15 **What is the speaker mainly talking about?**

① how to find a soulmate
② how to be a happy couple
③ how to get over a breakup
④ how to make up with a partner
⑤ how to reorganize a personal space

16 **Which tip is NOT mentioned in the talk?**

① Start doing many different activities.
② Meet a counselor to talk about the past.
③ Remove all the stuff that reminds you of your ex.
④ Write down what you're feeling.
⑤ Organize your own space in a different way.

memo

Dictation

미국식 발음 영국식 발음

대화를 듣고, 여자가 소개팅에서 만난 남자를 마음에 들어 하는 이유로 가장 적절한 것을 고르시오.

① 잘생겨서
② 매너가 좋아서
③ 스타일이 좋아서
④ 유머 감각이 풍부해서
⑤ 근사한 레스토랑에서 저녁을 먹어서

01 M : Christine, how was your blind date yesterday?

W : It was fantastic! We ___________ ___________ ___________ ___________ ___________ and had a great dinner.

M : How was he?

W : I think I met ___________ ___________ ___________ ___________ ___________.

M : Wow, good for you! ___________ ___________ ___________ ___________ ___________? Is he handsome? 함정

W : No. Not at all. He just looks ordinary.

M : Then ___________ ___________ ___________? You always like men who dress well.

W : Actually, he is far from being stylish. He was ___________ ___________ ___________ ___________ with striped pants.

M : Then why do you think he's your Mr. Right? 단서

W : John, appearance is not everything. I like a man who can ___________ ___________ ___________, and he was ___________ ___________ ___________ ___________ ___________ ___________.

남자의 질문에 대한 여자의 대답을 주의해서 듣자.

대화를 듣고, 두 사람이 오늘 데이트할 장소로 가장 적절한 곳을 고르시오.

① 공원 ② 야구장 ③ 미술관
④ 영화관 ⑤ 체육관

02 M : Rachel, what do you want to do today? ___________ ___________ ___________ ___________ ___________ ___________ ___________?

W : We watch a movie almost every weekend. Can we ___________ ___________ ___________?

M : Then what about ___________ ___________ ___________? The weather is great.

W : Good idea. What can we do?

M : How about going to the baseball stadium and ___________ ___________ ___________?

W : I'd love to! But is it possible to get tickets now?

M : Oh, ___________ ___________ ___________ ___________. Tickets are probably sold out by now. Maybe we can go next week.

W : Okay. Then ___________ ___________ ___________ ___________ at the park instead? We can also play badminton there.

M : Sounds good! Let's go.

여러 장소가 언급되므로 주의해서 듣자.

대화를 듣고, 대화 직후에 남자가 할 일로 가장 적절한 것을 고르시오.

① 미용실에 간다.
② 방 정리를 한다.
③ 옷을 사러 간다.
④ 미팅 장소에 나간다.
⑤ 인터넷 사이트를 검색한다.

03 W : Terry, your room ___________ ___________ ___________. You took all your clothes out of the closet. ___________ ___________ ___________ ___________ ___________ ___________?

M : I'm preparing to go out, but I don't know what to wear.

W : Why do you care about it so much? Do you ___________ ___________ ___________ ___________ ___________ today?

M : I ___________ ___________ ___________ ___________ in the evening. I want to ___________ ___________ because it's my first blind date.

W : Oh, ___________ ___________ ___________ ___________ ___________ ___________.
If you want to look stylish, ___________ ___________ "be stylish" on the Internet. That website shows lots of information about ___________, ___________, ___________ ___________. You can get some tips from that site.

M : I'll search for it right now. Thank you.

W : You're welcome. ___________ ___________ ___________ ___________.

남자는 무엇을 앞두고 있으며, 지금 무엇을 하고 있는가?

04 W : Adam, look at those buildings! ___________ ___________ ___________ ___________ ___________!

M : Yeah, it's beautiful. I'm glad you like it.

W : ___________ ___________ ___________ ___________ ___________ ___________?
I'm looking at it with you.

M : ___________ ___________ ___________! Let's have dinner. I ___________ ___________ ___________ ___________ ___________ ___________.

W : Really? What's going on, Adam? Is today a special day? It's not my birthday or anything.

M : Well, actually, I ___________ ___________ ___________ ___________ to you.

W : ___________ ___________ ___________ ___________ ___________?

M : Yes. Listen. Kelly…. Since I met you, I've never regretted meeting you. I want to spend the rest of my life with you. Will you ___________ ___________ ___________ and ___________ ___________?

W : Oh, yes. Of course I will! I ___________ ___________ ___________.

남자의 마지막 질문을 들었는가?

대화를 듣고, 대화가 이루어지고 있는 상황으로 가장 적절한 것을 고르시오.

① 
② 
③ 
④ 
⑤ 

05 M : Britney, do you think ___________ ___________ ___________ ___________? Please tell me honestly.

W : Why are you suddenly ___________ ___________ ___________ ___________?

M : Well, the girls in my class ___________ ___________ ___________ ___________.
And I ___________ ___________ ___________ ___________. I was so disappointed.

W : Oh, sorry to hear that. I think you're just too shy around girls.

M : That's true. Do you think ___________ ___________ ___________?

W : Yeah, girls like boys who are ___________ ___________ ___________.

M : Then what should I do?

W : ___________ ___________ ___________ ___________ ___________ ___________. Any kind of conversation would be okay.

남자가 실망한 이유는 무엇인가?

대화를 듣고, 남자의 고민으로 가장 적절한 것을 〈보기〉에서 각각 고르시오.

05 ___________

06 ___________

보기
ⓐ 소개팅을 앞두고 긴장된다.
ⓑ 여자들에게 인기가 없다.
ⓒ 짝사랑을 고백할 용기가 없다.
ⓓ 데이트 비용이 부담스럽다.

06 M : Rebecca, I'm _______ _______ _______ _______ _______ _______. Can you give me any advice?

W : Sure. _______ _______ _______ _______.

M : We've been dating for three months. But I have _______ _______ _______ _______ _______ _______, including dinner and movie tickets. Everything!

W : Wow. That must _______ _______ _______ _______ _______ _______.

M : Yes, it is. I don't know what to do. I really like her, but _______ _______ _______ _______ _______.

W : I think you should tell her the problem and _______ _______ _______ _______ sometimes. If she truly loves you, she'll _______ _______ _______.

대화를 듣고, 그림에서 여자의 이상형으로 가장 적절한 사람을 고르시오.

07 W : Hey, Jack. Can you _______ _______ _______ _______ _______?

M : Which one? Are you talking about the guy wearing a baseball cap?

W : No. I mean the guy _______ _______ _______ _______.

M : There are two men in business suits. Do you mean the one drinking coffee?

W : I mean the guy holding a briefcase. _______ _______ _______ _______.

M : What? Didn't you tell me that you like _______ _______ _______ _______?

W : Yes, I did. But you know, people can _______ _______ _______. Nowadays, I prefer men who are smart. And I think men _______ _______ when they wear business suits.

M : Now I get it. So why don't you go and talk to him?

W : No way. I'm afraid _______ _______ _______ _______ _______.

M : Oh, he's about to leave. You might _______ _______ _______.

사람의 외양에 대한 다양한 묘사가 언급되므로 여자의 이상형에 대한 묘사를 잘 추려내야 한다.

다음을 듣고, 무엇에 대한 내용인지 가장 적절한 것을 고르시오.

① people's desire for romantic love
② the way to draw the shape of a heart
③ the god of love in ancient Greek myths
④ the best way to make people fall in love
⑤ the origin of the heart as a symbol of love

08 M : The human heart is one of _______ _______ _______ _______. But do you know how the heart shape became _______ _______ _______ _______ _______? Perhaps the reason comes from an ancient Greek myth. The ancient Greeks believed that _______ _______ _______ _______ was a small boy known as Eros. _______ _______ _______ _______ _______, he would shoot the arrows of love at people. If a person _______ _______ _______ _______ _______ by one of his arrows, he or she would _______ _______ _______

__________ __________. This might be the reason why we symbolize love __________ __________ __________ __________ __________ __________.

담화의 시작 부분과 마지막에 나오는 주제문만 잘 들어도 정답을 유추할 수 있다.

09 W: I __________ __________ __________ __________ in a café yesterday.

M: Really? Did you __________ __________ __________ __________?

W: No. I just __________ __________ __________ because he was with another girl. I think __________ __________ __________.

M: How did you feel? Were you disappointed?

W: No, not at all. He __________ __________ __________ __________ __________ now. Anyway, who was your first love?

M: She was __________ __________ __________ __________ __________ __________.

W: Really? I went to the same church as you. I might know her.

M: Well, I think so. But __________ __________ __________ __________ because I still like her.

W: Oh, that's very romantic! __________ __________ __________ __________?

M: No, she isn't.

W: Why don't you __________ __________ __________ __________ __________, Jinho? I'll help you if you want.

M: Do you think I should? Well.... My first love was you, Hyejin.

대화를 듣고, 그 내용과 일치하지 않는 것을 고르시오.

① 여자는 어제 우연히 첫사랑을 만났다.
② 여자는 여전히 첫사랑을 좋아한다.
③ 남자는 첫사랑과 함께 교회를 다녔다.
④ 남자와 여자는 같은 교회에 다녔다.
⑤ 남자의 첫사랑은 현재 만나는 사람이 없다.

10 W: Hey! I heard __________ __________ __________ Sally.

M: That's right. And she agreed so we went out last Sunday. Can you believe it?

W: You're lucky. I heard __________ __________ __________ about guys. So, did you __________ __________ __________ __________?

M: Yes. We went to an Italian restaurant for dinner. She talked a lot and __________ __________ __________ __________ __________.

W: That's a good sign. What did you do next?

M: We went to __________ __________ __________. I booked the tickets in advance so we could __________ __________ __________. She seemed to __________ __________ __________ __________ __________.

W: Great. It sounds like you had a good time.

M: Yes. And after the movie, we __________ __________ __________ at a dessert café. It __________ __________ __________ __________. Then I walked her home. And guess what? She __________ __________ __________ __________ __________ this Friday!

W: That's wonderful. Good luck, Jason!

들은 것과 선택지를 비교해가며 답을 찾자.

대화를 듣고, 남자가 데이트에서 한 일이 아닌 것을 고르시오.

① 이탈리안 레스토랑에서 저녁을 먹었다.
② 영화를 관람했다.
③ 카페에서 아이스크림을 먹었다.
④ 파티에 참석하였다.
⑤ 여자를 집에 바래다주었다.

다음을 듣고, 그 내용과 일치하면 T, 일치하지 않으면 F를 쓰시오.

1) 페닐에틸아민은 사랑에 빠졌을 때 분비되는 호르몬이다. ______

2) 고백할 때 상대방과 시선을 마주치는 것이 좋다. ______

3) 선물을 주는 행동은 페닐에틸아민을 분비시킨다. ______

11 M: Have you ever ______ ______ ______ ______ ______ but been rejected? Next time, why don't you get some help from "phenylethylamine"? When people fall in love, ______ ______ ______ ______. So it is called the "love hormone." There are some ways that you can ______ ______ ______. First, ______ ______ ______ when you tell the person about your feelings. Eye contact helps release this hormone, so it may ______ ______ ______ to win the person's heart. Second, ______ ______. Chocolate contains this love hormone. So before you tell the person about your feelings, give him or her chocolate ______ ______ ______ ______. The magical power of phenylethylamine might help.

익숙지 않은 단어가 언급되어도 당황하지 않는다.

대화를 듣고, 여자가 남자친구에게 줄 선물로 가장 적절한 것을 고르시오.

① 
② 
③ 
④ 
⑤ 

12 M: Rosie, you look happy today. What's up?

W: Tomorrow, it will be one year ______ ______ ______ ______ ______ ______.

M: Congratulations! What are you going to do?

W: We'll have dinner at a nice restaurant and ______ ______ ______ ______ ______.

M: That's nice. ______ ______ ______ ______ ______ ______?

W: I haven't decided yet. I ______ ______ ______, but they are ______ ______. Can you recommend any good presents for guys?

M: Well, guys like ______ ______ ______ ______ ______. Or what about T-shirts? You can buy T-shirts of ______ ______ ______ for the two of you.

W: Oh, I already did.

M: Um…. What about ______ ______ ______ ______ ______ ______? Nowadays, lots of men also wear perfume.

W: That's a good idea. Thanks!

남자가 추천한 각 물품에 대한 여자의 반응을 잘 들어야 한다.

What is the man most likely to do right after the conversation?

① call his girlfriend
② go on a blind date
③ go to the flower shop
④ visit his girlfriend's house
⑤ try to find out the reason for the fight

13 W: Hey, Brian. What's the matter? You ______ ______.

M: My girlfriend ______ ______ ______ ______ ______.

W: Why? Did you do something wrong?

M: The other day, we ______ ______ ______ ______. After that, she said ______ ______ ______ ______ ______.

W: Well, I'm sure she didn't mean it. You need to talk to her and find out what the problem is.

M: I know. So ______ ______ ______ ______ ______, but she didn't answer.

W: Why don't you go to her house and ________ ________ ________ ________ ________? I don't think it's good to just wait.

M: You're right. I should do that. I'm going right now.

W: Oh, wait! ________ ________ ________ ________ ________? She'll like that.

M: That's a great idea. I'll ________ ________ ________ ________ ________ first. Thanks.

끝까지 집중하지 않으면 대화 끝부분에 할 일이 바뀐 것을 놓칠 수 있다.

14 W: Hey, Peter. ________ ________ ________ ________.

M: Wow, we ________ ________ ________ ________ for a long time.

W: How have you been?

M: Really good. Thanks. How about you? How's it going?

W: Nowadays I'm ________ ________ ________ ________ ________.

M: You must be busy. By the way, ________ ________ ________ ________ Chris?

W: Actually, I broke up with him last month.

M: Oh, I'm sorry to hear that. ________ ________?

W: We're just ________ ________. He is active and always likes to ________ ________ ________ ________ ________, but I don't. I need some time to be alone.

문제에서 요구하는 정보가 언급될 것이므로 여자의 말에 집중하자.

Why did the woman break up with her boyfriend?

① because she moved to another town
② because it was difficult to contact each other
③ because her boyfriend had another girlfriend
④ because she and her boyfriend were so different
⑤ because she was busy studying for her final exams

15~16

W: Have you ever been in love? When you are in love, the world looks perfect and more beautiful. But ________ ________ ________ ________ ________ ________? It would be really hard to get over it. Here are some helpful tips for ________ ________ ________ ________ ________ ________. First, try to ________ ________. Attend parties and take part in a variety of activities, such as sports. This will give you something else to focus on. Second, ________ ________ ________ ________ that remind you of him or her. ________ ________ ________ ________ you took together and presents your old love gave you. If you see them, you will ________ ________ ________ ________ ________. Third, write all your feelings down. Try to write down everything you feel or want to say. While you're doing that, your stress or ________ ________ ________ ________ ________. Finally, try to reorganize your personal space. A breakup ________ ________ ________ ________. So, clean and organize your space in a new way. It will ________ ________ ________ ________ and prepared for ________ ________ ________ ________.

15 What is the speaker mainly talking about?

① how to find a soulmate
② how to be a happy couple
③ how to get over a breakup
④ how to make up with a partner
⑤ how to reorganize a personal space

16 Which tip is NOT mentioned in the talk?

① Start doing many different activities.
② Meet a counselor to talk about the past.
③ Remove all the stuff that reminds you of your ex.
④ Write down what you're feeling.
⑤ Organize your own space in a different way.

Review Test

A 다음 각 단어에 해당하는 의미를 〈보기〉에서 고르시오.

1 picky ______ 2 fancy ______ 3 reject ______ 4 burden ______
5 grieve ______ 6 breakup ______ 7 intelligent ______

보기

ⓐ the end of a relationship
ⓑ not plain; well-decorated
ⓒ to feel very sad about something
ⓓ very careful in choosing something
ⓔ not to accept someone's offer or request
ⓕ able to think or understand quickly and well
ⓖ a difficult responsibility that you have to bear

B 〈보기〉의 문장을 알맞은 순서대로 배치하여, 다음 대화문을 완성하시오.

W: I heard that you asked out Julia last Saturday.
M: 1 ______________________________
W: 2 ______________________________
M: 3 ______________________________
W: 4 ______________________________

보기

ⓐ That's right. She agreed.
ⓑ It sounds like you had a good time.
ⓒ We had a great lunch and went to an amusement park.
ⓓ You are lucky. I heard she is picky. So, what did you do?

C 다음 우리말과 일치하도록 빈칸에 알맞은 표현을 쓰시오.

1 She finally ________ ________ ________ her boyfriend.
(결국 그녀는 그녀의 남자친구와 헤어졌다.)

2 Chocolate will help you to ________ ________ ________.
(초콜릿은 네가 그녀의 마음을 얻는 것을 도와줄 거야.)

3 I confessed my love to her, but she ________ ________ ________.
(나는 그녀에게 나의 사랑을 고백했지만 그녀는 나를 거절했다.)

주제별 표현 정리

Topic words & Phrases

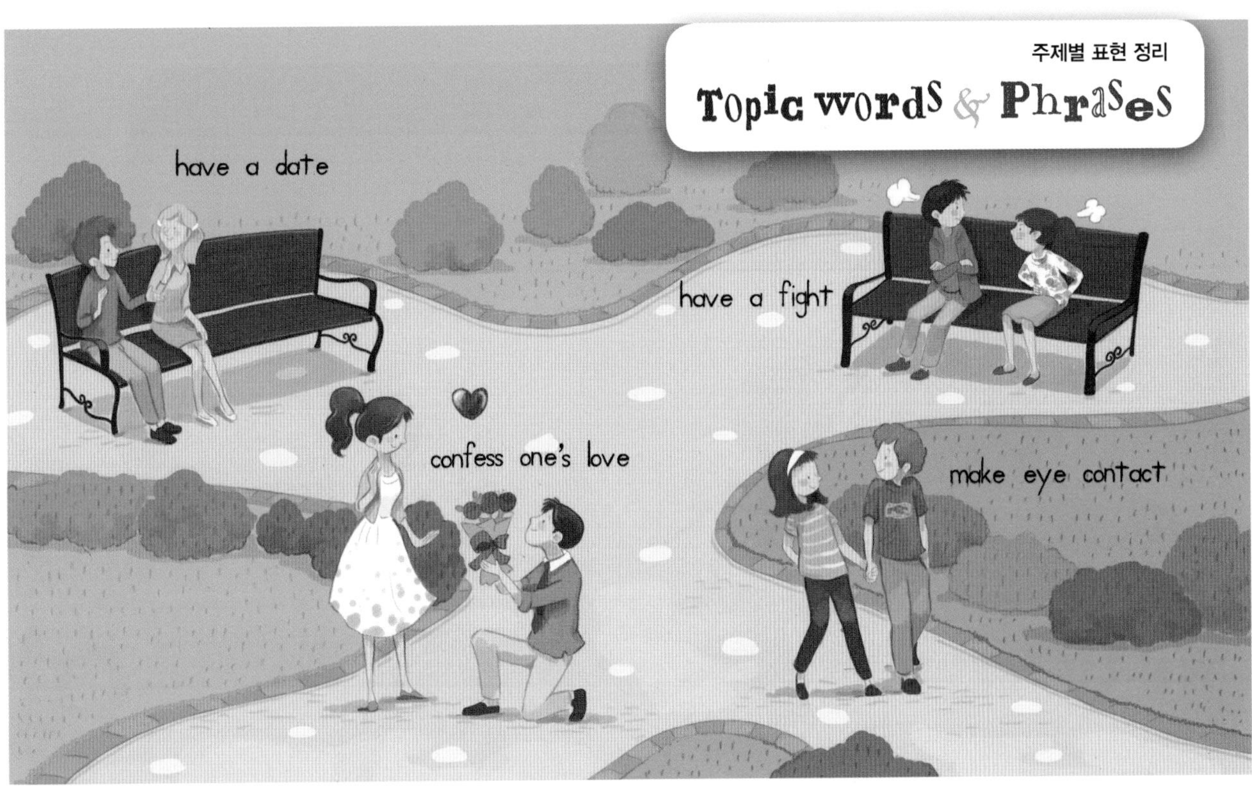

A 사랑에 대한 표현

사랑

hug 포옹하다
adore 매우 좋아하다
reject 거절하다
lonely 외로운
devoted 헌신적인
passion 열정
romantic 낭만적인
beloved 사랑하는
attractive 매력적인
lovesick 상사병이 난
soulmate 마음이 통하는 상대
blind date 소개팅
marriage 결혼
puppy love 풋사랑
get over 극복하다
fight over …에 관해 싸우다
have a date 데이트를 하다
have a fight 싸우다

get engaged 약혼하다
break up with …와 헤어지다
make eye contact 눈을 마주치다
ask someone out …에게 데이트를 신청하다
confess one's love 사랑을 고백하다
turn someone down …을 거절하다
walk someone home …을 집에 바래다주다
take a popularity vote 인기투표를 하다
fall for (someone) …에게 홀딱 반하다
have a crush on someone …에게 한 눈에 반하다
fall in love at first sight 첫눈에 반하다

B 사랑에 대해 이야기하기

〈사랑에 대해 묻고 답하기〉

When was your first love?
너의 첫사랑은 언제였니?

When I was a middle school student, I fell in love for the first time.
중학생 때, 처음으로 사랑에 빠졌었어.

What kind of people do you like?
넌 어떤 사람을 좋아하니?

I like a man who can make me laugh.
난 나를 웃게 만들 수 있는 남자가 좋아.

〈사랑에 대해 말하기〉

I think I'm in love with her.
난 그녀와 사랑에 빠진 것 같아.

It is so hard to get over a breakup.
이별을 극복하는 것은 정말 힘들어.

My boyfriend is really angry at me.
내 남자친구는 나에게 정말 화가 났어.

I think she's the woman of my dreams.
난 그녀가 꿈에 그리던 여자라고 생각해.

It was love at first sight.
그건 첫눈에 반한 사랑이었다.

This pen reminds me of my ex, who I lost contact with. 이 펜은 나에게 내 전 남자친구를 생각나게 하는데, 나는 그와 연락이 끊겨버렸어.

Hobbies & Leisure

Words Preview 자신이 알고 있는 표현에 표시(✓)하시오.

01☐ pack	07☐ equipment	13☐ put up a tent
02☐ challenge	08☐ outdoor activity	14☐ be experienced at
03☐ beginner	09☐ get hurt	15☐ in one's spare time
04☐ landscape	10☐ slow down	16☐ be afraid of heights
05☐ emergency	11☐ give it a try	17☐ improve one's health
06☐ homemade	12☐ lean forward	18☐ pay a membership fee

Getting Ready II

memo

A 다음을 듣고 빈칸을 채운 후, 알맞은 뜻을 찾아 연결하시오.

1 ________ down • • ⓐ 시도하다
2 ________ a step • • ⓑ 속도를 늦추다
3 ________ a comment • • ⓒ 댓글을 남기다
4 be ________ ________ • • ⓓ …에 익숙하다
5 give it ________ ________ • • ⓔ 걸음을 내딛다

B 다음을 듣고, 각 문장이 묘사하고 있는 그림을 고르시오.

1 ________ 2 ________ 3 ________ 4 ________

ⓐ ⓑ ⓒ ⓓ

C 다음을 듣고, 그에 알맞은 응답을 고르시오.

1 ⓐ No. I'm afraid of heights.
ⓑ Some people enjoy extreme sports.

2 ⓐ Mountain climbing is good for your health.
ⓑ Don't worry. I'm taking things in case of an emergency.

Topic Listening 

memo

01 대화를 듣고, 두 사람이 이번 주말에 할 일로 가장 적절한 것을 고르시오.

① 
② 
③ 
④ 
⑤ 

02 대화를 듣고, 여자의 심정으로 가장 적절한 것을 고르시오.

① excited ② worried ③ jealous
④ ashamed ⑤ disappointed

03 대화를 듣고, 남자가 자신의 취미를 좋아하는 이유로 가장 적절한 것을 고르시오.

① 배우기 쉬워서 ② 돈을 벌 수 있어서
③ 혼자서 할 수 있어서 ④ 비용이 별로 들지 않아서
⑤ 사람들에게 선물할 수 있어서

04 다음을 듣고, 여자의 직업으로 가장 적절한 것을 고르시오.

① 스키 강사 ② 교통 경찰 ③ 안전 요원
④ 물리 치료사 ⑤ 리조트 직원

memo

05 다음을 듣고, 그 내용과 일치하지 않는 것을 고르시오.

Eagles Tennis Club

① **Purpose:** Exercising and making friends
② **Meetings:** Every Sunday
③ **Instructor:** John Smith
④ **Membership fee:** Free of charge
⑤ **How to join:** Fill out a form on the website

06 대화를 듣고, 여자의 만화에 대해 언급되지 않은 것을 고르시오.

① 업데이트 간격　② 소재　③ 블로그 이름
④ 독자들의 반응　⑤ 출판 여부

07 다음을 듣고, 남자가 오늘 찍은 사진으로 가장 적절한 것을 고르시오.

①

②

③

④

⑤

08 대화를 듣고, 두 사람이 이번 여름에 할 일로 가장 적절한 것을 고르시오.

① 승마　② 래프팅　③ 암벽 등반
④ 동굴 탐사　⑤ 수상 스키

memo

09 다음을 듣고, 그래프와 일치하지 <u>않는</u> 것을 고르시오.

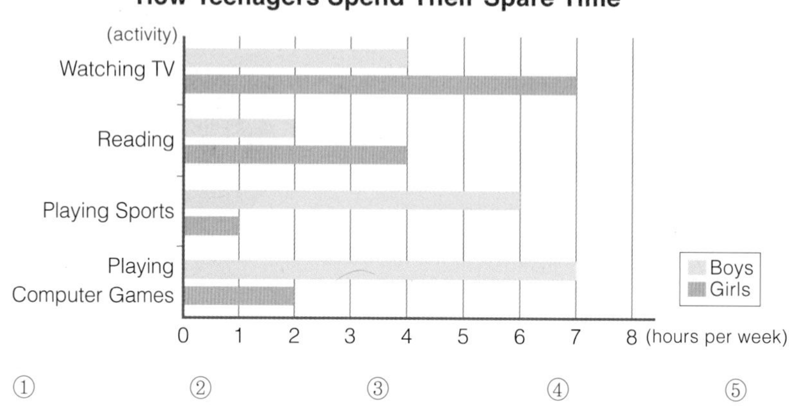

① ② ③ ④ ⑤

10 대화를 듣고, 두 사람이 오늘 오후에 할 일로 가장 적절한 것을 고르시오.

① 남자의 여자친구를 만난다.
② 목걸이를 사러 백화점에 간다.
③ 팔찌를 만들 재료를 사러 간다.
④ 장신구 만드는 법을 배우러 간다.
⑤ 유행하는 장신구 디자인을 알아본다.

[11~12] 대화를 듣고, 두 사람이 도전하고 싶어하는 스포츠로 가장 적절한 것을 〈보기〉에서 각각 고르시오.

11 Woman: __________

12 Man: __________

보기

ⓐ 번지점프
ⓑ 산악자전거
ⓒ 정글 마라톤
ⓓ 스카이다이빙

Challenge

13 **Choose the most unnatural conversation.**

① ② ③ ④ ⑤

memo

14 **Which dance class will the woman take?**

	Days	Time	Fee per Month
① Rumba	Monday / Thursday	6 ~ 8 p.m.	$120
② Tango	Monday / Thursday	7 ~ 9 p.m.	$100
③ Samba	Monday / Friday	5 ~ 7 p.m.	$100
④ Cha-cha-cha	Saturday	6 ~ 8 p.m.	$80
⑤ Waltz	Saturday	5 ~ 7 p.m.	$80

[15~16] Listen and answer the questions.

15 **What is the speaker mainly talking about?**

① a special car for camping trips
② the reason people like camping
③ the best camping sites for drivers
④ a way to choose good items for camping
⑤ some food you can make easily when camping

16 **What is NOT mentioned as a feature of the cars in the talk?**

① beds ② television ③ kitchen
④ shower ⑤ refrigerator

Dictation

미국식 발음 영국식 발음

대화를 듣고, 두 사람이 이번 주말에 할 일로 가장 적절한 것을 고르시오.

①  ② 

③  ④ 

⑤

01

단서

M : Eva, _____ _____ _____ _____ at the lake this weekend?

W : Fishing again? Dad, fishing is boring. _____ _____ _____ 함정 _____ _____ or play computer games.

M : You can do those things anytime. _____ _____ _____ _____ _____ _____ at the lake.

W : I like to swim in the lake, but it's not fun just to wait for fish to come. And you always tell me _____ _____ _____!

M : But think about cooking the fish _____ _____ _____. It's much _____ _____ _____ _____ _____ _____.

W : Well, that's true. Okay, _____ _____ _____ _____.

M : Great! And next weekend we can _____ _____ _____.

여자가 어떤 결정을 내리는지 끝까지 집중해서 듣자.

대화를 듣고, 여자의 심정으로 가장 적절한 것을 고르시오.

① excited ② worried
③ jealous ④ ashamed
⑤ disappointed

02

W : Hey, _____ _____ _____ _____?

M : I'm going to Mt. Gwanak.

W : At 6 p.m.? Isn't it dangerous to _____ _____ _____ _____? It'll be dark soon.

M : It's _____ _____ _____ _____ _____ _____. The trail isn't that rough. And I've climbed that mountain many times, so _____ _____ _____ _____.

W : But you could easily _____ _____ _____ _____ _____ _____.

M : I'll be very careful. And I'm _____ _____ _____ _____ _____. They are very experienced at night hiking.

W : Okay. Are you taking things _____ _____ _____ _____ _____?

M : Of course. I packed a lantern, _____ _____, _____ _____ _____.

W : All right. But please be careful.

어두운 밤에 산행을 간다는 말을 들으면 어떤 심정일까?

대화를 듣고, 남자가 자신의 취미를 좋아하는 이유로 가장 적절한 것을 고르시오.

① 배우기 쉬워서
② 돈을 벌 수 있어서
③ 혼자서 할 수 있어서
④ 비용이 별로 들지 않아서
⑤ 사람들에게 선물할 수 있어서

03

W : _____ _____ _____ _____ _____, Lincoln?

M : Yes, I usually bake cookies and cakes _____ _____ _____ _____.

W : That's a good hobby. Why do you like baking?

M : I can give people _____ _____ _____ _____ _____. It makes me happy.

W: __________ __________! I think homemade cookies and cakes are better than the kind you buy in a store. It shows __________ __________ __________.

M: Yes. Actually, this Saturday is my mother's birthday. I'm going to __________ __________ __________ __________ __________ __________.

W: That's nice. I'd like to taste __________ __________ __________ __________.

M: Okay. I'll __________ __________ __________ __________ next week.

04 W: Okay, thank you for __________ __________ __________ __________ __________. If you want to __________ __________ __________ on this snowy hill, listen carefully. First, stand in your boots and connect them to your skis. __________ __________ __________, pointing your skis downhill. __________ __________ __________ __________ the ski poles. Bend your knees and __________ __________ __________. To slow down, make a "V" shape with your skis by spreading the backs of your skis apart. If you __________ __________ __________ __________, you will go down faster. When you want to stop, __________ __________ __________ __________ __________ __________. But remember, don't speed up too much. __________ __________ __________ __________, you might fall and __________ __________.

다음을 듣고, 여자의 직업으로 가장 적절한 것을 고르시오.

① 스키 강사 ② 교통 경찰 ③ 안전 요원 ④ 물리 치료사 ⑤ 리조트 직원

05 M: __________ __________ __________ __________ __________ __________ and meeting people? Then why don't you join the Eagles Tennis Club? You can __________ __________ __________ and make friends. We have about __________ __________ __________. We meet regularly every Sunday. John Smith, a former Olympic champion, teaches us. We __________ __________ __________ __________ together and play friendly matches. Also, we sometimes __________ __________ __________ __________. Members __________ __________ __________ __________ a $100 membership fee once a month, which is used __________ __________ __________ __________. You can join the club by __________ __________ __________ __________ on our website. Join now and __________ __________ __________ __________!

다음을 듣고, 그 내용과 일치하지 않는 것을 고르시오.

Eagles Tennis Club

① Purpose: Exercising and making friends
② Meetings: Every Sunday
③ Instructor: John Smith
④ Membership fee: Free of charge
⑤ How to join: Fill out a form on the website

대화를 듣고, 여자의 만화에 대해 언급되지 않은 것을 고르시오.
① 업데이트 간격 ② 소재
③ 블로그 이름 ④ 독자들의 반응
⑤ 출판 여부

06 M: _____ _____ _____ _____? They're cute!

W: Those are sketches of my cartoons. I _____ _____ _____ _____ on my blog once a week.

M: Really? What are they about?

W: They are _____ _____ _____ _____ _____ _____. My pets are the main characters in the stories.

M: _____ _____ they are lovely in your cartoons.

W: Yes. People _____ _____ saying they want to have pets like mine.

M: _____ _____ _____ _____ _____ _____. I'd like to _____ _____ _____, too.

W: You can search for "Layla's Cartoon World" on the Internet. That's the title of my blog.

M: "Layla's Cartoon World?" I know that blog! That's _____ _____ _____ _____ _____ _____ _____. Everyone says it's funny! I never knew it was yours!

W: Really? _____ _____.

다음을 듣고, 남자가 오늘 찍은 사진으로 가장 적절한 것을 고르시오.
① ② ③ ④ ⑤

07 M: Last year, I _____ _____ _____ _____ _____ _____ as a birthday gift. Since then, I have enjoyed taking pictures. I often pack my camera and _____ _____ _____ _____ _____ _____. It was a nice day today. _____ _____ _____ _____, and the sky was blue. I walked to the park, _____ _____ _____ _____ _____. I kept walking around the park, _____ _____ _____ _____ _____ to take some photos. Then I found a nice place. There was _____ _____ _____ _____ _____ _____ in it. It had some flowers blooming around it. The scene _____ _____ _____. I took a picture of it. I think it _____ _____ _____ _____.

남자가 묘사하는 풍경을 머릿속으로 상상하며 듣자.

대화를 듣고, 두 사람이 이번 여름에 할 일로 가장 적절한 것을 고르시오.
① 승마 ② 래프팅
③ 암벽 등반 ④ 동굴 탐사
⑤ 수상 스키

08 W: _____ _____, Bill. There's a program about Gangwon-do _____ _____ _____.

M: That's where _____ _____ _____ _____ _____ _____. Maybe it'll give us some ideas of things to do there.

W: Right! _____ _____ _____ _____. There are a lot of strangely-shaped rocks inside. Why don't we go there?

M : Sorry, but _____ _____ _____ _____ _____. You know that.

W : Oh, right. _____ _____ _____.

M : Look! People are rafting. They _____ _____ _____.

W : Wow, I love water sports!

M : _____ _____ _____ _____ _____? It would be exciting.

W : Okay, let's go. It seems like a lot of fun! Let's _____ _____ _____ _____ on the Internet.

두 사람이 모두 만족하는 제안을 찾자.

09 W : ① Girls watch TV more than boys do.

② Both boys and girls spend _____ _____ _____ _____ _____ watching TV.

③ Boys _____ _____ _____ _____ than girls do.

④ Girls play sports _____ _____ _____ _____ _____ _____.

⑤ On average, boys _____ _____ _____ _____ _____ playing computer games.

내용을 듣기 전에 그래프의 수치를 먼저 확인하고 듣는다.

다음을 듣고, 그래프와 일치하지 않는 것을 고르시오.

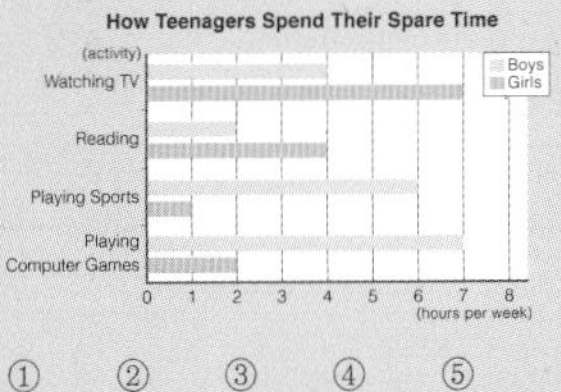

① ② ③ ④ ⑤

10 M : Your bracelet is pretty. _____ _____ _____ _____ _____?

W : I made it myself. I make jewelry _____ _____ _____ _____.

M : You are good _____ _____ _____. It looks as if _____ _____ _____ _____ _____.

W : Thank you.

M : _____ _____ _____ one of your bracelets to me? I want to _____ _____ _____ _____ _____ _____.

W : You want to buy one? But it would be more meaningful _____ _____ _____ _____ _____.

M : That would be nice. But can I do it?

W : It's not very difficult. Just _____ _____ _____ _____.

M : Okay, _____ _____. But you have to help me.

W : I will. I'm going to buy some beads and string _____ _____ _____ _____ this afternoon. How about going with me?

M : Sure. _____ _____ _____ _____ _____.

문제에서 언제 할 일을 묻고 있는지 확인하자.

대화를 듣고, 두 사람이 오늘 오후에 할 일로 가장 적절한 것을 고르시오.

① 남자의 여자친구를 만난다.
② 목걸이를 사러 백화점에 간다.
③ 팔찌를 만들 재료를 사러 간다.
④ 장신구 만드는 법을 배우러 간다.
⑤ 유행하는 장신구 디자인을 알아본다.

대화를 듣고, 두 사람이 도전하고 싶어하는 스포츠로 가장 적절한 것을 〈보기〉에서 각각 고르시오.

11 Woman: ________

12 Man: ________

보기
ⓐ 번지점프 ⓑ 산악자전거
ⓒ 정글 마라톤 ⓓ 스카이다이빙

11~12

M : Sinhye, I heard you like extreme sports.

W : Yes. ________ ________ ________ ________ ________. I enjoy the thrill.

M : ________ ________ ________! Have you tried bungee jumping?

W : Of course! But I haven't tried skydiving yet. I really ________ ________ ________ ________ ________.

M : Really?

W : Yeah. I wonder how it feels ________ ________ ________ ________ ________. Doesn't it ________ ________?

M : Not to me. ________ ________ ________ ________. What I want to try is a jungle marathon.

W : A jungle marathon?

M : Yes. It's a marathon through the jungle. During the race, ________ ________ ________ ________ ________ such as jaguars or anacondas.

W : Sounds exciting. ________ ________ ________ ________?

M : You have to run 222 km in seven days. During that time, you have to ________ ________ ________ ________ ________ ________ on your own.

W : Wow, ________ ________ ________ ________!

남자와 여자의 의견을 혼동하지 않도록 주의하며 듣자.

Choose the most unnatural conversation.

① ②   ⑤

13

① W : ________ ________ ________ ________ ________ do you enjoy?

M : I like all kinds of winter sports.

② W : ________ ________ ________ ________ ________?

M : I usually ________ ________ ________ whenever I have time.

③ W : How about ________ ________ this weekend?

M : ________ ________ ________ ________ ________ because of bad weather.

④ W : I'm ________ ________ ________.

M : Did you ________ ________ ________?

⑤ W : Do you like water sports?

M : No, ________ ________ ________ ________.

14 M: What are you looking at?

W: I'm ________ ________ ________ ________ of dance classes. I'd like to ________ ________ ________ ________.

M: What kind of dancing do you want to learn?

W: I'm not sure. What do you think would be fun?

M: ________ ________ ________ cha-cha-cha? ________ ________ ________ ________ and it was fun.

W: Yes, but it's only on Saturdays. I ________ ________ ________ ________.

M: Okay. Do you care how much it costs?

W: Well, I think I can ________ ________ ________ ________ ________ ________.

M: Then you can't take the rumba class. It's $120. You should ________ ________ ________ ________ ________.

W: Let me check the time. My school finishes at 5:30 p.m., so I ________ ________ ________ ________ ________ ________.

M: Then, you have only one choice.

W: Yes, I think ________ ________ ________ ________ ________.

정답이 아닌 선택지를 차례로 제거하며 듣자.

Which dance class will the woman take?

	Days	Time	Fee per Month
① Rumba	Monday / Thursday	6 ~ 8 p.m.	$120
② Tango	Monday / Thursday	7 ~ 9 p.m.	$100
③ Samba	Monday / Friday	5 ~ 7 p.m.	$100
④ Cha-cha-cha	Saturday	6 ~ 8 p.m.	$80
⑤ Waltz	Saturday	5 ~ 7 p.m.	$80

15~16

W: Nowadays, ________ ________ ________ ________ are going camping. Sales of ________ ________ are ________ ________, too. People buy things like tents, tables, sleeping bags, and even barbecue grills. But above all, many people want to get special cars called campers or RVs. ________ ________ ________ ________ ________. They are very expensive but ________ ________ ________ ________ ________. They contain comfortable beds where you can ________ ________ ________ ________ ________ just like at home. You can even watch TV ________ ________ ________ ________ ________. There is also a kitchen, shower, and toilet inside. And since electricity is supplied by a battery, you can use electrical appliances. They're very convenient ________ ________ ________ ________ ________ ________. You just park the RV, without needing to look for a place ________ ________ ________ ________ ________. For these reasons, many people who enjoy camping want one.

above all은 '무엇보다도, 특히'의 의미로 중요한 화두를 제시할 때 사용된다.

15 **What is the speaker mainly talking about?**

① a special car for camping trips
② the reason people like camping
③ the best camping sites for drivers
④ a way to choose good items for camping
⑤ some food you can make easily when camping

16 **What is NOT mentioned as a feature of the cars in the talk?**

① beds ② television
③ kitchen ④ shower
⑤ refrigerator

Review Test

A 다음 각 단어에 해당하는 의미를 〈보기〉에서 고르시오.

1 bloom ______ 2 rough ______ 3 supply ______ 4 height ______
5 expert ______ 6 search ______ 7 improve ______ 8 challenge ______

보기

ⓐ to have flowers opened
ⓑ to make something better
ⓒ a place or position that is high
ⓓ having great skill or knowledge
ⓔ a situation or task that requires a lot of effort
ⓕ to try to find information by using a computer
ⓖ to provide someone with something that is needed
ⓗ having a surface that is not smooth or is in bad condition

B 다음 대화문에서, 각 빈칸에 들어갈 말로 가장 적절한 것을 〈보기〉에서 고르시오.

W: **1** ________________________________
M: I usually go rock climbing.
W: Isn't it dangerous? I'm scared of heights.
M: **2** ________________________________
W: Why do you like that extreme sport?
M: **3** ________________________________

보기

ⓐ Because it makes me feel alive.
ⓑ It's not as dangerous as you think.
ⓒ What do you usually do in your spare time?

C 다음 우리말과 일치하도록 빈칸에 알맞은 표현을 쓰시오.

1 I can't find a good spot to ________ ________ ________ ________.
(텐트를 칠 만한 좋은 자리를 찾을 수가 없어.)

2 You must ________ ________ ________ ________ to join the camping club.
(그 캠핑 동호회에 가입하려면 회비를 내야 해.)

3 Wind surfing is really thrilling. You should ________ ________ ________ ________. (윈드서핑은 몹시 짜릿해. 너는 한번 시도해 봐야 해.)

주제별 표현 정리

Topic words & Phrases

A 취미·레저에 대한 표현

취미

- bake a cake 케익을 굽다
- do gardening 정원을 손질하다
- draw cartoons 만화를 그리다
- appreciate a play 연극을 감상하다
- visit art galleries 미술관을 방문하다
- have some time alone 혼자만의 시간을 갖다
- spend time learning dance 춤을 배우며 시간을 보내다
- make a flower arrangement 꽃꽂이를 하다
- enjoy a rock festival 록 페스티벌을 즐기다
- play the drums in a band 밴드에서 드럼을 연주하다
- do Pilates twice a week 일주일에 두 번 필라테스를 하다
- learn to sew with a sewing machine 재봉틀로 바느질하는 것을 배우다

스포츠·레저

- spare time 여가
- adventurous 모험심이 강한
- campground 야영지
- skydiving 스카이다이빙
- rock climbing 암벽타기
- water sports 수상스포츠
- surf 서핑하다
- waterski 수상스키(를 타다)
- winter sports 겨울 스포츠
- outdoor activity 야외활동
- safety equipment 안전 장비
- get injured 부상 입다
- be afraid of water[heights] 물[높은 곳]을 무서워하다
- have a bonfire 모닥불을 피우다
- put[set] up a tent 텐트를 치다
- take down a tent 텐트를 걷다
- refresh oneself 기분전환을 하다
- have time to recharge oneself 재충전의 시간을 갖다

B 취미·레저활동에 대해 이야기하기

〈취미·레저활동에 대해 묻고 답하기〉

What do you do for relaxation?
기분 전환을 위해 무엇을 하니?

I go for a drive along the Hangang.
나는 한강을 따라 드라이브를 해.

What kind of outdoor activities do you enjoy?
너는 어떤 종류의 야외활동을 즐겨 하니?

I love riding skateboards.
나는 스케이트보드 타는 것을 좋아해.

Do you play any sports? 너 운동하는 거 있니?

I play basketball with my friends every weekend. 매주 주말에 친구들과 농구를 해.

No, I'm not interested in any sports. I like listening to music.
아니, 난 스포츠에 관심 없어. 나는 음악 듣는 걸 좋아해.

〈취미·레저활동에 대해 말하기〉

You are not supposed to set up the tent here.
여기 텐트를 치시면 안 됩니다.

Cooking is not allowed in this area.
이 지역에서 취사는 금지되어 있습니다.

You should take a first-aid kit when you go camping. 너는 캠핑을 갈 때 구급상자를 가져가야 해.

I'm taking a makeup lesson in a department store. 나는 백화점에서 화장 수업을 받고 있어.

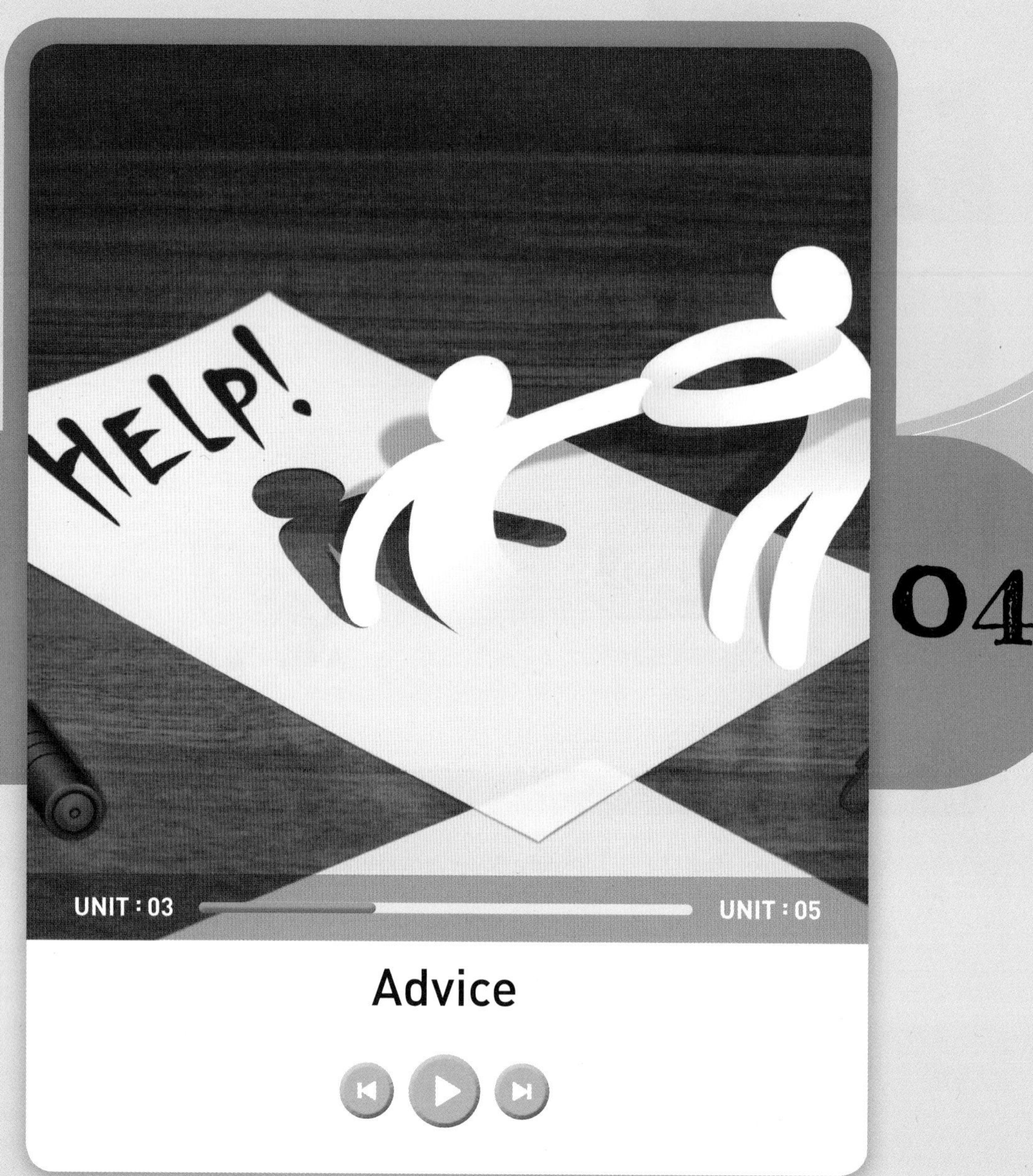

Unit 04

Advice

Words Preview 자신이 알고 있는 표현에 표시(✓)하시오.

01 ☐ last	07 ☐ pop up	13 ☐ lose interest in
02 ☐ advise	08 ☐ give up	14 ☐ make an effort
03 ☐ disturb	09 ☐ feel lost	15 ☐ concentrate on
04 ☐ column	10 ☐ build a habit	16 ☐ be stressed out
05 ☐ annoying	11 ☐ break a habit	17 ☐ lose confidence
06 ☐ gratefulness	12 ☐ put on weight	18 ☐ improve one's grades

Getting Ready II

memo

A 다음을 듣고 빈칸을 채운 후, 알맞은 뜻을 찾아 연결하시오.

1 lose ________	•	• ⓐ 노력하다
2 ________ time	•	• ⓑ 제시간에
3 be ________ ________	•	• ⓒ 자신감을 잃다
4 make ________ ________	•	• ⓓ 감정을 드러내다
5 ________ one's ________	•	• ⓔ 스트레스가 쌓이다

B 대화를 듣고, 각 상황에 가장 어울리는 그림을 고르시오.

1 ________　　2 ________　　3 ________

ⓐ 

ⓑ 

ⓒ 

C 다음을 듣고, 그에 알맞은 응답을 고르시오.

1 ⓐ I appreciated his advice.
ⓑ He advised me to drink a lot of water.

2 ⓐ You and your girlfriend make a perfect couple!
ⓑ Maybe you should have an honest talk with her.

Topic Listening

memo

01 **대화를 듣고, 남자의 고민으로 가장 적절한 것을 고르시오.**

① 잠들기가 어렵다.
② 매일 너무 바쁘다.
③ 신문을 잘 읽지 않는다.
④ 인터넷을 너무 많이 사용한다.
⑤ 시간 계획을 잘 지키지 못한다.

02 **대화를 듣고, 여자의 고민으로 가장 적절한 것을 고르시오.**

① 오랜 친구가 싫어졌다.
② 남자친구가 바람둥이이다.
③ 남자에게 인기가 많았으면 좋겠다.
④ 좋아하지 않는 남학생이 자신을 짝사랑한다.
⑤ 친구가 다른 여자들에게 잘해 주면 질투가 난다.

03 **대화를 듣고, 남자의 조언으로 가장 적절한 것을 고르시오.**

① 에어컨 대신 선풍기와 부채를 사용해라.
② 야외 활동을 통해 바깥 공기를 많이 쐬라.
③ 실내 온도를 너무 낮추지 말고, 자주 환기해라.
④ 독감 예방 주사를 맞고, 집에서 에어컨을 틀어라.
⑤ 병원에 가서 의사의 처방을 받고, 집에서 휴식을 취해라.

04 **다음을 듣고, 무엇에 대한 내용인지 가장 적절한 것을 고르시오.**

① 친구를 사귀는 방법
② 감정을 표현하는 방법
③ 공부 계획을 세우는 방법
④ 사람의 마음을 사로잡는 방법
⑤ 친구에게 조언을 해 주는 방법

[05~06] 대화를 듣고, 여자의 조언으로 가장 적절한 것을 <보기>에서 각각 고르시오.

05 ________ 06 ________

보기

ⓐ Why don't you say hello to them first?
ⓑ Get some rest. Tests are not everything in life.
ⓒ Make a schedule and finish things one by one.
ⓓ That's in the past. Keep practicing and do better next time.

07 대화를 듣고, 남자의 조언을 가장 잘 표현한 속담을 고르시오.

① Bad news travels fast.
② All is well that ends well.
③ To kill two birds with one stone.
④ Every horse thinks his sack heaviest.
⑤ A feather in the hand is better than a bird in the air.

08 다음을 듣고, 그 내용과 일치하지 않는 것을 고르시오.

The Counseling Office Is Open!

- **Location:** ① First floor of the main building
- **Time:** ② Tuesdays and Fridays in the afternoon
- **Counselor:** ③ Dr. Roberts
- **Counseling available:** ④ Any difficulties in student life
- **For counseling:** ⑤ Visit the office, call, or send an email

memo

memo

09 대화를 듣고, 여자의 직업으로 가장 적절한 것을 고르시오.

① 의사 ② 영양사 ③ 물리치료사
④ 헬스 트레이너 ⑤ 옷 가게 점원

10 대화를 듣고, 여자친구에 대한 남자의 불만으로 가장 적절한 것을 고르시오.

① 잘 토라진다. ② 이해심이 부족하다.
③ 변명이 너무 심하다. ④ 약속을 자주 취소한다.
⑤ 약속 시간에 항상 늦는다.

11 대화를 듣고, 대화가 이루어지고 있는 상황으로 가장 적절한 것을 고르시오.

①

②

③

④

⑤

12 대화를 듣고, 여자가 대화 직후에 할 일로 가장 적절한 것을 고르시오.

① 잠옷을 고른다. ② 찻잔을 구입한다.
③ 케이크를 주문한다. ④ 커플 티셔츠를 찾아본다.
⑤ 부모님께 원하시는 선물을 여쭤본다.

Challenge

13 **Listen to the situation and choose the best words for Henry.**

① Mom, I want to invite my friends over.
② Mom, do you have time to go shopping?
③ Mom, I need to visit my friend in the hospital.
④ Mom, when are you going to the department store?
⑤ Mom, could you give me some money to buy gifts for my friends?

14 **Why is the woman worried about her son?**

① He never studies.
② He stopped studying Spanish.
③ He is negative about anything new.
④ He spends too much time playing sports.
⑤ He tries many things but gives up easily.

[15~16] Listen and answer the questions.

15 **What is the speaker mainly talking about?**

① several good places to study
② ways to improve your memory
③ how to form good study habits
④ the difficulty in breaking bad habits
⑤ the importance of having good friends

16 **Which is NOT mentioned as advice?**

① getting enough sleep
② focusing on classes
③ studying in the same place
④ not using the phone while studying
⑤ studying together with friends

memo

Dictation

미국식 발음 영국식 발음

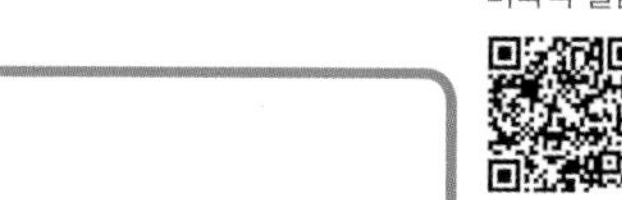

대화를 듣고, 남자의 고민으로 가장 적절한 것을 고르시오.

① 잠들기가 어렵다.
② 매일 너무 바쁘다.
③ 신문을 잘 읽지 않는다.
④ 인터넷을 너무 많이 사용한다.
⑤ 시간 계획을 잘 지키지 못한다.

01 M: Jessie, ______ ______ ______ ______ ______ ______ ______ every day?

W: About one hour. Why?

M: Only an hour? I spend ______ ______ ______ ______ ______ a day online.

W: Really? That's too much.

M: Yeah, I think so. I spend too much time on the Internet. (단서) Even when I'm in bed, if ______ ______ ______ ______ pops up, I get up and ______ ______ ______.

W: Oh, that's not right.

M: Yes. I think I need to do something about it.

W: Well, I ______ ______ ______ ______ ______ a few days ago. The writer advised people to make time ______ ______ ______ ______ ______. If you want, I can ______ ______ ______ ______.

M: Thanks. You're so kind.

남자의 첫 질문은 무엇이었는가?

대화를 듣고, 여자의 고민으로 가장 적절한 것을 고르시오.

① 오랜 친구가 싫어졌다.
② 남자친구가 바람둥이이다.
③ 남자에게 인기가 많았으면 좋겠다.
④ 좋아하지 않는 남학생이 자신을 짝사랑한다.
⑤ 친구가 다른 여자들에게 잘해 주면 질투가 난다.

02 W: ______ ______ ______ ______ ______ ______.

M: What's up?

W: Well, do you know Dan? ______ ______ ______ ______ ______ ______.

M: Yes, I know him. He's ______ ______ ______, so he's very popular with the girls.

W: Yeah. Well, every time I see him being nice to other girls, I ______ ______ ______! I don't know why.

M: I think you don't think of him ______ ______ ______ ______. Maybe you like him!

W: No! I don't like him. It can't be. ______ ______ ______ ______ ______ ______. (함정)

M: Then why do you ______ ______? That's natural when you fall in love.

W: No way!

Dan은 누구인가?

대화를 듣고, 남자의 조언으로 가장 적절한 것을 고르시오.

① 에어컨 대신 선풍기와 부채를 사용해라.
② 야외 활동을 통해 바깥 공기를 많이 쐬라.
③ 실내 온도를 너무 낮추지 말고, 자주 환기해라.
④ 독감 예방 주사를 맞고, 집에서 에어컨을 틀어라.
⑤ 병원에 가서 의사의 처방을 받고, 집에서 휴식을 취해라.

03 M: Harper, ______ ______ ______ ______ ______. Are you okay?

W: ______ ______ ______ ______ and a runny nose. I might have a cold.

M: Do you have a cough or ______ ______ ______?

W: No. Why do you ask?

M: ________ ________ ________ ________ a few days ago, but it was not a cold.

W: What was it then?

M: The doctor said it might have been caused by my air conditioner.

W: That's strange.

M: He said that when there is a big difference ________ ________ ________ ________ ________, it can make us ________ ________ ________.

W: I see.

M: So you should not ________ ________ ________ ________ too low. Also, it's good ________ ________ ________ your home often.

W: Thanks for ________ ________ ________.

남자가 하는 말에 집중하자.

04 M: Have you ever tried ________ ________ ________ ________ to a friend? You might ________ ________ ________ ________. Giving advice to a friend is a special skill. It requires listening, understanding, ________ ________ ________. The key to helping starts with listening. When you listen, ________ ________ ________ ________ on your friend. And talk very little. This will ________ ________ ________ ________ his or her feelings. Try hard to understand these feelings. ________ ________ ________ ________ ________. The final step is making a plan to solve your friend's problem. Together with your friend, ________ ________ ________ ________. Then let him or her ________ ________ ________ ________. In this way, you can be very helpful.

첫 번째 문장의 주제문을 놓치면 답을 유추하기 힘들다.

다음을 듣고, 무엇에 대한 내용인지 가장 적절한 것을 고르시오.

① 친구를 사귀는 방법
② 감정을 표현하는 방법
③ 공부 계획을 세우는 방법
④ 사람의 마음을 사로잡는 방법
⑤ 친구에게 조언을 해 주는 방법

05 M: Dr. Perry, help me. ________ ________ ________ these days.

W: Tell me what the problem is, Shawn.

M: I'm on a basketball team, but I ________ ________ ________ during a game, and ________ ________ because of it.

W: You ________ ________ ________ ________ about it.

M: Yes. Some of my teammates ________ ________ ________ ________.

W: It'll be all right. They were just upset.

M: Yes, I understand. But the bigger problem is that ________ ________ ________ ________. I want to ________ ________ ________.

Shawn은 무엇 때문에 고민하고 있는가?

대화를 듣고, 여자의 조언으로 가장 적절한 것을 〈보기〉에서 각각 고르시오.

05 ________

06 ________

보기

ⓐ Why don't you say hello to them first?
ⓑ Get some rest. Tests are not everything in life.
ⓒ Make a schedule and finish things one by one.
ⓓ That's in the past. Keep practicing and do better next time.

대화를 듣고, 남자의 조언을 가장 잘 표현한 속담을 고르시오.

① Bad news travels fast.
② All is well that ends well.
③ To kill two birds with one stone.
④ Every horse thinks his sack heaviest.
⑤ A feather in the hand is better than a bird in the air.

다음을 듣고, 그 내용과 일치하지 않는 것을 고르시오.

The Counseling Office Is Open!
• Location: ① First floor of the main building
• Time: ② Tuesdays and Fridays in the afternoon
• Counselor: ③ Dr. Roberts
• Counseling available: ④ Any difficulties in student life
• For counseling: ⑤ Visit the office, call, or send an email

06 M : Dr. Perry, can I talk to you ________ ________ ________? I'm worried.
W : Sure. Please ________ ________ ________ ________, John.
M : I have ________ ________ ________ ________ ________. I have to read three books and ________ ________ ________ ________.
W : Oh, that's a lot.
M : That's not all. There is also ________ ________ ________. So I have to search for some information ________ ________ ________ ________.
W : I'm so sorry to hear that. You must ________ ________.
M : Yes! ________ ________ ________ ________ ________ ________.

John이 처한 상황을 상상해 보자.

07 M : ________ ________ ________. What's the matter?
W : I share a room with my younger sister. She likes to listen to rock music, and ________ ________ ________ ________ ________ in our room.
M : You must find that annoying.
W : Yes. I just want ________ ________ ________ ________ ________.
M : Did you try talking to her about it?
W : Sure, but she ________ ________ ________ ________. I don't know what to do.
M : Why don't you ________ ________ ________ ________ ________ ________? If she listens to the music ________ ________ ________, your room will be quiet. And both of you ________ ________ ________.
W : Oh, that's a great idea! She'll be happy to ________ ________ ________ and I'll be happy to ________ ________ ________.

남자의 조언에 대해 여자가 한 말을 주의 깊게 듣자.

08 W : Good morning, Sydney Middle School students. This is ________ ________, and I have some ________ ________ ________ ________. Our school counseling office is opening today. ________ ________ ________ ________ ________ ________ ________ of the main building. It will be open every Tuesday and Friday from ________ a.m. to ________ p.m. When you have any problems with your studies, relationships with friends and family, ________ ________ ________ ________, please come by and get some advice. Dr. Roberts, a professional counselor, will ________

__________ __________ __________ __________ __________ your problem. If you feel uncomfortable __________ __________ __________, you can call or send an email. Thank you.

제시된 표를 통해, 들어야 하는 정보를 먼저 확인하자.

09 W: Hello, sir. Please sit down. __________ __________ __________ __________?

M: I think I'm too skinny. I'm 170 cm tall, and __________ __________ __________ __________ __________. I want to put on some weight.

W: __________ __________ __________ __________? You should eat healthy food to gain weight.

M: I usually eat a lot, but it's __________ __________.

W: Then what about exercise? __________ __________ __________ __________ __________?

M: No. I thought __________ __________ __________ __________ if I exercised. But my friend advised me to come here. He said __________ __________ __________ __________ __________.

W: Actually, you can gain or lose weight __________ __________ __________ __________ __________.

M: I didn't know that.

W: I'll teach you how to exercise. Then you'll __________ __________ __________ and put on some weight.

M: That's great. Thank you.

남자의 고민만 듣고 오답을 고르지 않도록 한다.

대화를 듣고, 여자의 직업으로 가장 적절한 것을 고르시오.

① 의사 ② 영양사 ③ 물리 치료사 ④ 헬스 트레이너 ⑤ 옷 가게 점원

10 W: Dave, why do you look so serious?

M: I think my girlfriend __________ __________ __________ __________ __________. She's never on time when we meet.

W: When did she start __________ __________ __________ __________ __________?

M: She has always made me wait since we first met.

W: Look. Maybe it's __________ __________ __________. You don't have to worry that she doesn't like you.

M: All right. But __________ __________ __________ __________ __________ every time I want to see her. Like today, I __________ __________ __________ __________ for her!

W: You'd better have an honest talk with your girlfriend. It won't be easy for her __________ __________ __________ __________ __________. But she'll have to __________ __________ __________ if she likes you.

대화를 듣고, 여자친구에 대한 남자의 불만으로 가장 적절한 것을 고르시오.

① 잘 토라진다.
② 이해심이 부족하다.
③ 변명이 너무 심하다.
④ 약속을 자주 취소한다.
⑤ 약속 시간에 항상 늦는다.

대화를 듣고, 대화가 이루어지고 있는 상황으로 가장 적절한 것을 고르시오.

① 
② 
③ 
④ 
⑤

11 W: Welcome. What can I help you with?

M: I'm afraid I'm a really terrible singer.

W: Why don't you sing something for me, so _____ _____ _____ _____ _____?

M: Okay. I'll start. *(with a singing voice)* I believe I can fly. I believe I can touch the sky....

W: All right, _____ _____ _____ _____. You just need some training for a few months.

M: What kind of training will I get here?

W: First, you will be trained to have confidence and sing louder. Then I'll teach you _____ _____ _____ _____ _____.

M: Do you think I could _____ _____ _____ _____?

W: Sure. But to be a good singer, you must also learn how to put your feelings _____ _____ _____.

M: Oh, I see. I can't wait _____ _____ _____ _____.

train이라는 표현이 반복된다.

대화를 듣고, 여자가 대화 직후에 할 일로 가장 적절한 것을 고르시오.

① 잠옷을 고른다.
② 찻잔을 구입한다.
③ 케이크를 주문한다.
④ 커플 티셔츠를 찾아본다.
⑤ 부모님께 원하시는 선물을 여쭤본다.

12 M: Hi, Yuri! What are you doing here?

W: Hi, Logan. I'm shopping for a present for my parents. Next Wednesday is _____ _____ _____ _____.

M: I see. Is there something you want to buy?

W: At first, _____ _____ _____ _____ _____ for them. But I couldn't find any pajamas that I liked. Do you have any other ideas?

M: Hmm.... Well, _____ _____ _____ _____ _____ for my parents on Parents' Day. They loved it.

W: Well, _____ _____ _____ _____.

M: All right. Then how about a teacup set for two? _____ _____ _____ _____, and it's practical.

W: That sounds great. _____ _____ _____ _____ _____. I'll go to a store and buy one. Thanks for your advice.

M: You're welcome. I hope your parents like your present.

남자의 제안과 여자의 대답에 집중하자.

Listen to the situation and choose the best words for Henry.

① Mom, I want to invite my friends over.
② Mom, do you have time to go shopping?
③ Mom, I need to visit my friend in the hospital.
④ Mom, when are you going to the department store?
⑤ Mom, could you give me some money to buy gifts for my friends?

13 W: Henry wants to buy presents _____ _____ _____ _____ _____ who helped him a lot when he broke his leg. However, he finds that _____ _____ _____ _____ _____ to buy the presents. For a while, he thinks that he should just say thank you to them, but he really wants _____ _____ _____ _____ with some

gifts and cards to them. So, he decided to ___ ___ ___ ___ ___ ___. In this situation, what would he most likely say to his mother?

배경 설명에 휘둘리지 말고, 해결해야 할 상황을 파악하자.

14 *(telephone rings)*

M: Thank you for calling Dr. Cho's counseling office. What can I help you with?

W: ___ ___ ___ ___, Eddie. He likes ___ ___ ___ ___.

M: There's nothing wrong with that.

W: I know. The problem is that ___ ___ ___ ___ ___, but the interest doesn't last long.

M: Can you tell me more about your son?

W: ___ ___ ___ ___ ___ but he quit after just two weeks because he thought it was boring. And then he decided to learn Spanish, but he ___ ___ ___ ___.

M: Why did he quit?

W: He said his Spanish wasn't getting any better. Now he's trying skateboarding, but I'm sure he's ___ ___ ___ ___ soon.

M: Why do you say that?

W: Because now he's ___ ___ ___ ___ ___ in ice hockey.

Why is the woman worried about her son?

① He never studies.
② He stopped studying Spanish.
③ He is negative about anything new.
④ He spends too much time playing sports.
⑤ He tries many things but gives up easily.

15~16

M: Do you want ___ ___ ___ ___? Then try to build good study habits. First of all, you should ___ ___ ___ ___ ___. You spend most of your waking hours at school. If you don't concentrate on your classes, you're wasting your time. Second, ___ ___ ___ where you can study regularly. It doesn't matter ___ ___ ___ ___ ___, a library, or your school. When you use the same place to study, ___ ___ ___ ___ to focus on studying. Third, ___ ___ your cell phone or ___ ___ ___ ___ ___. You might feel nervous without your phone. But you should know that it'll ___ ___ ___ if you keep messaging your friends. Finally, after you study, take some time to check ___ ___ ___ ___. You and your friends can quiz each other and ___ ___. Try these tips, and your grades should get better.

15 **What is the speaker mainly talking about?**

① several good places to study
② ways to improve your memory
③ how to form good study habits
④ the difficulty in breaking bad habits
⑤ the importance of having good friends

16 **Which is NOT mentioned as advice?**

① getting enough sleep
② focusing on classes
③ studying in the same place
④ not using the phone while studying
⑤ studying together with friends

Review Test

A 다음 각 단어에 해당하는 의미를 〈보기〉에서 고르시오.

1 jealous ______ **2** column ______ **3** practical ______

4 counselor ______ **5** anniversary ______ **6** gratefulness ______

보기

ⓐ expression or feeling of thanks
ⓑ suitable or useful for a particular purpose
ⓒ a date on which a special event happened in a previous year
ⓓ someone whose job is to give advice and help people to solve problems
ⓔ upset because the person that someone loves seems interested in another person
ⓕ an article of a newspaper or magazine on a particular subject or by a particular person

B 〈보기〉의 문장을 알맞은 순서대로 배치하여, 다음 대화문을 완성하시오.

M: Lisa, you look depressed. Is something wrong?
W: **1** ______________________
M: **2** ______________________
W: **3** ______________________
M: **4** ______________________

보기

ⓐ You're welcome. I hope you can solve your problem.
ⓑ Really? I need to go there. Thanks for the information.
ⓒ Actually, I often feel gloomy nowadays. I don't know the reason.
ⓓ Why don't you see a counselor? Our school just opened a counseling office.

C 다음 우리말과 일치하도록 빈칸에 알맞은 표현을 쓰시오.

1 It won't be easy to ________ an old ________.
(오랜 버릇을 고치는 것은 쉽지 않을 것입니다.)

2 When you ________ ________, just have an honest talk with somebody.
(어찌할 바를 모를 때에는, 그냥 누군가와 함께 솔직한 이야기를 해보세요.)

3 You'd better ________ ________ your cell phone so that you can ________ ________ your study. (네 공부에 집중할 수 있도록 휴대전화를 끄는 게 좋을 거야.)

주제별 표현 정리

Topic words & Phrases

A 조언에 대한 표현

고민

caution 조심, 경고
disturb 방해하다
uncomfortable 불편한
be in trouble 어려움에 처하다
break a habit 버릇을 고치다
lose interest in …에 대한 관심을 잃다
lose confidence 자신감을 잃다
make a mistake 실수를 하다
improve one's grades 성적을 향상하다

조언

coach 코치(하다)
consult 상담하다
mentor 멘토, 경험자
guidance 지도, 안내
professional counselor 전문적인 상담사
clinic 클리닉, (전문 분야) 병원
encouragement 장려, 격려
recommendation 추천(장)
ask for advice 조언을 구하다
make an effort 노력하다
empathize with …에 공감하다
take one's advice …의 조언을 받아들이다
build a good habit 좋은 습관을 들이다
solve a problem 문제를 해결하다
suggest possible solutions 가능성 있는 해결책을 제시하다
express one's feelings 감정을 드러내다
make up one's mind 결심하다
put something in action 실천하다, 실행에 옮기다

B 고민과 조언에 대해 말하기

〈고민에 대해 묻고 답하기〉

What did the counselor say to you? 그 상담사가 뭐라고 말했어?

He advised me to make a schedule to manage time efficiently. 그는 시간을 효율적으로 관리하기 위해서 스케줄을 짜보라고 조언을 해주었어.

Can you give me some advice? 저에게 조언을 좀 해주실 수 있나요?

When you feel lost, find someone you can count on and please don't give up. 어찌할 바를 모를 때에는, 기댈 누군가를 찾으시고 포기하지 마세요.

What do you do when you are stressed out? 너는 스트레스가 쌓이면 무엇을 하니?

I just sing loudly while listening to music. 나는 음악을 들으면서 크게 노래를 불러.

〈조언하기〉

How about making a list of what you want to do? 네가 하고 싶은 일을 목록으로 작성해 보는 게 어떠니?

You'd better stop talking behind your friends. 친구들의 험담을 하는 것을 멈추는 것이 좋을 거야.

Why don't you go outside and get some fresh air? 밖에 나가서 신선한 공기를 들여 마시는 게 어때?

You should eat a balanced diet and work out regularly. 균형 잡힌 식사를 하고 규칙적으로 운동해야 해.

Unit 05

UNIT : 04 UNIT : 06

Entertainment

Words Preview 자신이 알고 있는 표현에 표시(✓)하시오.

01 □ plot	07 □ recording	13 □ be seated
02 □ cheer	08 □ performance	14 □ be composed by
03 □ subtitle	09 □ intermission	15 □ be fascinated by
04 □ costume	10 □ lead actress	16 □ put on makeup
05 □ audience	11 □ dressing room	17 □ take one's eyes off
06 □ copyright	12 □ awards ceremony	18 □ practice one's lines

Getting Ready II

A 다음을 듣고 빈칸을 채운 후, 알맞은 뜻을 찾아 연결하시오.

1 name ________ • • ⓐ 목을 풀다
2 be ________ ________ • • ⓑ 인기를 얻다
3 be ________ ________ • • ⓒ …에 매혹되다
4 ________ popularity • • ⓓ …에 감명 받다
5 ________ ________ one's voice • • ⓔ …의 이름을 따서 명명하다

B 다음을 듣고, 각 문장에 가장 어울리는 그림을 고르시오.

1 ________ 2 ________ 3 ________ 4 ________

ⓐ ⓑ

ⓒ

ⓓ

C 다음을 듣고, 그에 알맞은 응답을 고르시오.

1 ⓐ I got a ticket to Jake's concert!
ⓑ Well, the sound system of the concert hall was terrible.

2 ⓐ There'll be a 10-minute intermission after the second act.
ⓑ You need your ticket to come in again after the intermission.

memo

Topic Listening

memo

01 대화를 듣고, 뮤지컬의 무엇에 대해 이야기하고 있는지 가장 적절한 것을 고르시오.

① 음악 ② 분장 ③ 줄거리
④ 배우의 연기 ⑤ 무대 디자인

02 다음을 듣고, 방송이 이루어지고 있는 장소로 가장 적절한 곳을 고르시오.

① 백화점 ② 공연장 ③ 사진관
④ 미술관 ⑤ 레스토랑

03 대화를 듣고, 두 사람이 만나기로 한 시각을 고르시오.

① 6:00 ② 6:30 ③ 7:20
④ 7:30 ⑤ 8:00

04 대화를 듣고, 남자가 콘서트에서 만족하지 못한 요소를 고르시오.

① 입장권의 가격 ② 관객들의 매너
③ 가수의 가창력 ④ 공연장의 시설
⑤ 스태프들의 태도

[05~06] 대화를 듣고, 두 사람의 오페라에 대한 의견을 〈보기〉에서 각각 고르시오.

05 Man: ________ 06 Woman: ________

보기

ⓐ 이야기가 재미있다. ⓑ 값이 비싸다.
ⓒ 훌륭한 음악을 감상할 수 있다. ⓓ 외국어 가사 때문에 이해하기 힘들다.

memo

07 다음을 듣고, 무엇에 대한 보도인지 가장 적절한 것을 고르시오.

① 한국 비보이 팀의 현황
② 세계 정상에 오른 한국 비보이 팀
③ 비보잉과 다른 예술 장르의 협동 공연
④ 세계 최대의 브레이크 댄스 경연 대회
⑤ 최근 사그라들고 있는 브레이크 댄스의 인기

08 대화를 듣고, 여자의 심정으로 가장 적절한 것을 고르시오.

① calm ② annoyed ③ delighted
④ embarrassed ⑤ disappointed

09 다음을 듣고, 그 내용과 일치하지 않는 것을 고르시오.

Seoul Music Festival

① **Date:** Saturday, May 21st
② **Place:** World Cup Stadium
③ **Lineup:** Greg Porter / Herbie Hans / Sunday Jazz
④ **Price:** 50,000 / 70,000 / 90,000 won
⑤ **Ticket Reservation:** www.ticketworld.com

memo

10 대화를 듣고, 배우들이 연극 분장실에서 하는 일로 언급되지 않은 것을 고르시오.

① 의상 입기　② 대사 연습하기　③ 스트레칭 하기
④ 목 풀기　⑤ 안무 동선 확인하기

11 대화를 듣고, 두 사람이 본 공연으로 가장 적절한 것을 고르시오.

①
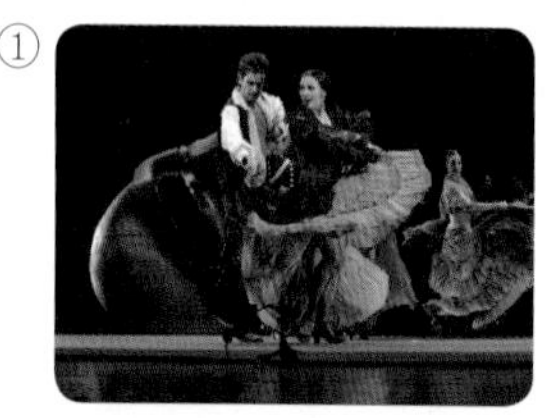
②

③

④

⑤

12 다음을 듣고, 토니상에 대한 내용과 일치하지 않는 것을 고르시오.

① 매년 6월 뉴욕에서 시상식이 열린다.
② 뮤지컬과 연극을 수상 대상으로 한다.
③ 한 여배우의 이름을 따서 명명되었다.
④ 현재 11개의 부문에 걸쳐 수여되고 있다.
⑤ 'The Producers'라는 작품이 한 해 최대 수상 기록을 세웠다.

Challenge

13 **Choose the most unnatural conversation.**

① ② ③ ④ ⑤

14 **How much will the woman pay?**

① $30 ② $50 ③ $80
④ $100 ⑤ $120

[15~16] Listen and answer the questions.

15 **What is the speaker mainly talking about?**

① songs from hit musicals
② the life of a Broadway actor
③ the most successful musical ever
④ great musicians around the world
⑤ a star composer of musical theater

16 **Which is NOT correct about Andrew Lloyd Webber according to the talk?**

① His parents were musicians.
② He was familiar with music from an early age.
③ He has composed music for 13 musicals so far.
④ His musical *Cats* ran longer than any other Broadway show.
⑤ He continues to create songs for new musicals.

memo

Dictation

미국식 발음 영국식 발음

대화를 듣고, 뮤지컬의 무엇에 대해 이야기하고 있는지 가장 적절한 것을 고르시오.

① 음악 ② 분장
③ 줄거리 ④ 배우의 연기
⑤ 무대 디자인

01 W: Wow, that was great. ________ ________ ________ why everyone says the musical *Cats* is so great!

M: Exactly. It was unbelievable. I was shocked that the actors ________ ________ ________ ________ ________ ________!

W: Yes! Especially their face makeup! Their sharp eyes and noses made them look just like cats. 단서

M: And also ________ ________ ________ ________ ________, the cats' hair moved so naturally! I ________ ________ ________ ________!
I wonder how they did the makeup, too.

W: Each cat looked so different. I want to visit their dressing room to see how they do that. I'm sure ________ ________ ________ ________ ________ to become the cat characters.

M: Yeah. I really want to see this musical ________ ________ ________.

looked like real cats, makeup 등이 반복된다.

다음을 듣고, 방송이 이루어지고 있는 장소로 가장 적절한 곳을 고르시오.

① 백화점 ② 공연장
③ 사진관 ④ 미술관
⑤ 레스토랑

02 M: Ladies and gentlemen, ________ ________ ________ ________ ________. The show you are waiting for will ________ ________ ________ ________, so please ________ ________. Before the show starts, please turn off your cell phones. Also, please ________ ________ ________ as it can ________ ________ ________ ________. In the theater, no food or drinks are allowed. Please remember that photography or recording ________ ________ ________ due to copyright issues. There will be a 15-minute intermission ________ ________ ________ ________. You need your ticket ________ ________ ________ ________, so please make sure you don't lose it. There will be a chance ________ ________ ________ ________ ________ ________ ________ after the show. We hope you ________ ________ ________.

show, act, actors, performance 등의 표현으로 무엇을 유추할 수 있는가?

대화를 듣고, 두 사람이 만나기로 한 시각을 고르시오.

① 6:00 ② 6:30 ③ 7:20
④ 7:30 ⑤ 8:00

03 M: Katelyn, ________ ________ ________ ________ ________?

W: No, I don't. Why do you ask?

M: I have two tickets for the musical *Wicked*. ________ ________ ________ ________ ________?

W: Of course! I love musicals. ________ ________ ________ ________?

M: At 8 o'clock. It's playing at the Elliot Theater. 함정

W: ________ ________ ________ ________ ________? We should arrive at least 20 minutes ________ ________ ________ ________.

M: How about ________ ________ ________ ________? There's a nice café near the theater.

W: That's a good idea. I'll buy you dinner. Let's meet two hours before the musical starts.

M: Great! That will give us ________ ________ ________ ________ ________.

공연 시작 시간을 들었는가?

04 M: The Pinkmuses concert tonight was amazing!

W: ________ ________ ________ ________ ________! The tickets were quite expensive, but it ________ ________ ________.

M: Yes. I especially liked Jennifer's dancing. I ________ ________ ________ ________ ________ ________.

W: Yeah, she was very attractive. ________ ________ ________ ________ Lisa's singing. She has a sweet voice.

M: I agree. I think all the members sang and danced really well. ________ ________ they have lots of fans.

W: I'm already ________ ________ ________ ________ ________ ________!

M: Me too. But I hope they will hold the concert ________ ________ next time.

W: Why? Didn't you like the concert hall?

M: No. I don't think the sound system was good. I ________ ________ ________ ________ ________ sometimes.

남자의 마지막 말을 놓치면 안 된다.

대화를 듣고, 남자가 콘서트에서 만족하지 못한 요소를 고르시오.

① 입장권의 가격
② 관객들의 매너
③ 가수의 가창력
④ 공연장의 시설
⑤ 스태프들의 태도

05~06

M: Kate, do you ________ ________ ________ ________ ________ ________?

W: Not really. Why?

M: Let's go to see *Carmen* on Saturday. It's ________ ________ ________ ________ ________ ________ in the world.

W: An opera? I'm sorry, but I'm ________ ________ ________ opera.

M: Really? Why don't you like it? It features wonderful orchestra music.

W: But the songs ________ ________ ________ ________ such as Italian, German, and French. They're ________ ________ ________. I get tired because I have to keep reading the subtitles on the screen.

M: I can give you ________ ________ ________ before the performance. If you know the story, you'll be ________ ________ ________ ________ the music.

W: Thanks, but I'm not sure. The tickets are also ________ ________.

M: Oh, don't worry. I ________ ________ ________ ________. Come with me. We'll ________ ________ ________ ________.

〈보기〉를 먼저 확인한 후 남자와 여자의 의견을 구분하여 체크하며 듣자.

대화를 듣고, 두 사람의 오페라에 대한 의견을 〈보기〉에서 각각 고르시오.

05 Man: ________

06 Woman: ________

보기
ⓐ 이야기가 재미있다.
ⓑ 값이 비싸다.
ⓒ 훌륭한 음악을 감상할 수 있다.
ⓓ 외국어 가사 때문에 이해하기 힘들다.

다음을 듣고, 무엇에 대한 보도인지 가장 적절한 것을 고르시오.

① 한국 비보이 팀의 현황
② 세계 정상에 오른 한국 비보이 팀
③ 비보잉과 다른 예술 장르의 협동 공연
④ 세계 최대의 브레이크 댄스 경연 대회
⑤ 최근 사그라들고 있는 브레이크 댄스의 인기

07 W: Hello. ______ ______ ______ ______ ______ of *The Battle of the Year* competition. The competition is the biggest, most famous b-boying event in the world. ______ ______ ______ ______ Jumping Crew, a b-boy group from Korea! The team ______ ______ ______ with three friends who were crazy about break dancing. Today, ______ ______ ______ ______. For this competition, they practiced together ______ ______ ______ ______ ______. It was hard, but they say ______ ______ ______ when they dance. Their dream finally came true as the whole world ______ ______ ______ ______ ______. Their passion for dancing and hard work ______ ______ ______ ______ in the world. I'm Jo Yeji with *NBC News*.

여자는 어디에 가 있는가?

대화를 듣고, 여자의 심정으로 가장 적절한 것을 고르시오.

① calm
② annoyed
③ delighted
④ embarrassed
⑤ disappointed

08 W: James, ______ ______ ______ ______.

M: I don't know. Is it a movie ticket?

W: No! It's a ticket for Gregory Porter's concert! You know ______ ______ ______ ______. I can't wait!

M: That's great! I heard ______ ______ ______ ______ ______ ______. He is very popular.

W: That's true. Actually, I couldn't get one at first. They were sold out just five minutes ______ ______ ______ ______ ______ yesterday. I was very disappointed.

M: Then ______ ______ ______ ______ ______?

W: I checked the website again ______ ______ ______ and found ______ ______ ______.

M: You were lucky! I guess somebody ______ ______ ______ right before you checked.

W: Yeah. Oh, I ______ ______ I'm going to his concert! You don't know ______ ______ ______ ______ ______ ______.

M: Haha, tell me how it was later.

어떤 상황인지 파악하며 끝까지 주의하여 듣자.

09 M: Ladies and gentlemen, the date for the Seoul Music Festival _____ _____ _____ _____. It will be held on Saturday, May 21st. It _____ _____ _____ _____. You can meet your favorite musician at World Cup Stadium. _____ _____ _____ _____ _____! Here is our lineup: Greg Porter, Herbie Hans, Owl Town. I know many of you wanted to hear Sunday Jazz, but _____ _____ _____ _____ _____, they can't _____ _____ _____ _____. Tickets cost 50,000 won for Section A, 70,000 won for Section B, and 90,000 won for Section C. The tickets go on sale at www.ticketworld.com _____ _____ _____ _____ _____ _____. Please hurry. I'm sure you don't want to _____ _____ _____ _____ to hear these artists _____ _____.

scheduling conflict는 일정상의 충돌, 갈등이라는 뜻이다.

다음을 듣고, 그 내용과 일치하지 않는 것을 고르시오.

Seoul Music Festival
① **Date:** Saturday, May 21st
② **Place:** World Cup Stadium
③ **Lineup:** Greg Porter / Herbie Hans / Sunday Jazz
④ **Price:** 50,000 / 70,000 / 90,000 won
⑤ **Ticket Reservation:** www.ticketworld.com

10 M: Hello, I'm Kevin Brown from *Play of the Week*. Right now I'm _____ _____ _____ _____ for the play *Swan*! Oh, here is _____ _____ _____ _____ _____ _____.

W: Hi, everyone! I'm Helena Moor.

M: Wow, Helena, this place is really busy.

W: Yes, the play starts in just two hours. There are _____ _____ _____ _____. We have to _____ _____ _____ _____ _____ _____.

M: I see. What else do actors do in the dressing room before the play?

W: Many actors _____ _____ _____, stretch, or _____ _____ _____ _____. In my case, I close my eyes and stay quiet _____ _____ _____ _____ _____.

M: It's _____ _____ _____ _____ _____ in a dressing room. Well, this was a short interview with Helena Moor.

선택지를 읽은 후, 들은 것을 표시해가며 듣자.

대화를 듣고, 배우들이 연극 분장실에서 하는 일로 언급되지 않은 것을 고르시오.

① 의상 입기
② 대사 연습하기
③ 스트레칭 하기
④ 목 풀기
⑤ 안무 동선 확인하기

대화를 듣고, 두 사람이 본 공연으로 가장 적절한 것을 고르시오.

①  ② 

③  ④ 

⑤

11 W: It was very exciting to see ________ ________ ________ ________ in person!

M: Yes! I really enjoyed the show.

W: ________ ________ ________ ________ ________ ________ ________?

M: I liked the last skater's program the most. She looked like a butterfly ________ ________ ________ ________ ________ ________. Did you see her high jumps?

W: Yeah. ________ ________ ________.

M: I agree. Now I understand how she won an Olympic gold medal.

W: You're right. I also liked the program by the skater ________ ________ ________ ________ ________.

M: Oh, I laughed a lot while watching his performance. I didn't expect him to be so funny.

W: Yes, and ________ ________ ________ ________ ________ ________. He was great.

skater, on the ice, high jumps로 공연을 유추하자.

다음을 듣고, 토니상에 대한 내용과 일치하지 않는 것을 고르시오.

① 매년 6월 뉴욕에서 시상식이 열린다.
② 뮤지컬과 연극을 수상 대상으로 한다.
③ 한 여배우의 이름을 따서 명명되었다.
④ 현재 11개의 부문에 걸쳐 수여되고 있다.
⑤ 'The Producers'라는 작품이 한 해 최대 수상 기록을 세웠다.

12 M: ________ ________ ________ ________ ________ has the Academy Awards, theater has the Tony Awards. ________ ________ ________ ________ ________ ________ in New York. Awards are given to excellent plays and musicals that were on Broadway last season. The awards ________ ________ ________ Antoinette Perry, who was an actress and director. Tony was her nickname. The awards ________ ________ ________ ________ ________, and ________ ________ ________. There are now 26 different categories, including "Best Play," "Best Musical," and "Best Costume Design." Throughout the Tonys' ________ ________, many records ________ ________ ________. The musical *The Producers* received 12 awards in 2001, ________ ________ ________ ________ ________. The individual who has won the most awards is Harold Prince. He has won 21 awards ________ ________ ________ for his musicals.

11개 카테고리가 언급되었다고 해서, 성급하게 답으로 고르면 안 된다.

Choose the most unnatural conversation.

① ② ③ ④ ⑤

13 ① W: Who's ________ ________?

M: It's Robert Moss and Juliana Miller.

② W: How was the show?

M: I was ________ ________ ________ ________ ________ ________.

③ W: Which section do you want to ________ ________?

M: I'd like seats ________ ________ ________ ________.

④ W: How much are the tickets?
M: Tickets go on sale at 12 p.m. on May 3rd.
⑤ W: ________ ________ ________ ________ ________ in Section A?
M: No. All seats ________ ________ ________.

14 M: Welcome to the Wonder Circus.
W: Hi. ________ ________ ________ ________ ________ and two children tickets for tonight's show.
M: Sure. ________ ________ ________ ________ ________ ________ ________ ________?
W: I'd like seats in the middle section. How much are they?
M: Adult tickets are ________ ________, and children tickets are $20. So it will be ________ ________ ________.
W: Is there any way ________ ________ ________ ________?
M: We ________ ________ ________ ________ for small children. How old are they?
W: One is 11 years old, and the other is 9 years old.
M: Sorry, but ________ ________ ________ ________ can get the discount.
W: Oh, ________ ________ ________.
할인은 몇 세 이하의 아이에게 적용된다고 했는가?

How much will the woman pay?
① $30 ② $50 ③ $80
④ $100 ⑤ $120

15~16
W: *Jesus Christ Superstar*, *Evita*, *Cats*, *The Phantom of the Opera*.... These musicals ________ ________ ________ ________ ________. All of them gained worldwide popularity, and all ________ ________ ________ Andrew Lloyd Webber. Webber is an English composer who was born in London ________ ________. He ________ ________ ________ ________ ________ ________. Both of his parents were musicians. So naturally he learned to play ________ ________ ________ ________ ________ and started writing music ________ ________ ________ ________. Since creating his first musical in 1965, he has composed music ________ ________ ________. Many of them were ________ ________ and ________ ________ ________. For example, *Cats* ran for 21 years in London. *The Phantom of the Opera* ________ ________ ________ ________ ________, making it the longest-running Broadway musical ever. Today Andrew Lloyd Webber ________ ________ ________ ________ for musicals.
15 담화에서 가장 많이 언급되는 대상은 무엇/누구인가?

15 **What is the speaker mainly talking about?**
① songs from hit musicals
② the life of a Broadway actor
③ the most successful musical ever
④ great musicians around the world
⑤ a star composer of musical theater

16 **Which is NOT correct about Andrew Lloyd Webber according to the talk?**
① His parents were musicians.
② He was familiar with music from an early age.
③ He has composed music for 13 musicals so far.
④ His musical *Cats* ran longer than any other Broadway show.
⑤ He continues to create songs for new musicals.

Review Test

A 다음 각 단어에 해당하는 의미를 〈보기〉에서 고르시오.

1 act ______ **2** worth ______ **3** feature ______ **4** conflict ______

5 cast ______ **6** category ______ **7** compose ______ **8** match ______

보기

ⓐ to write music

ⓑ giving value or benefit

ⓒ to go well with someone or something

ⓓ to have something as an important part

ⓔ a type or group of similar people or things

ⓕ a divided part of a performance such as a play or opera

ⓖ all performers in a performance such as a movie or a play

ⓗ a difficult situation in which two different things don't work well together

B 다음 각 질문에 대한 응답으로 가장 적절한 것을 〈보기〉에서 고르시오.

1 Is there any seat left in Section A?

2 What do actors do in their dressing room?

보기

ⓐ No. All seats are sold out.

ⓑ Every section has a different price.

ⓒ They put on their makeup and costumes.

C 다음 우리말과 일치하도록 빈칸에 알맞은 표현을 쓰시오.

1 I __________ deeply __________ __________ the orchestra music.
(나는 오케스트라 음악에 깊이 감명을 받았다.)

2 Andrew Lloyd Webber's musicals __________ __________ worldwide.
(Andrew Lloyd Webber의 뮤지컬은 전 세계적으로 인기를 얻었다.)

3 I couldn't __________ __________ __________ __________ Grizabella when she sang "Memory."
(나는 Grizabella가 'Memory'를 부를 때 그녀에게서 내 눈을 뗄 수 없었다.)

주제별 표현 정리

Topic words & Phrases

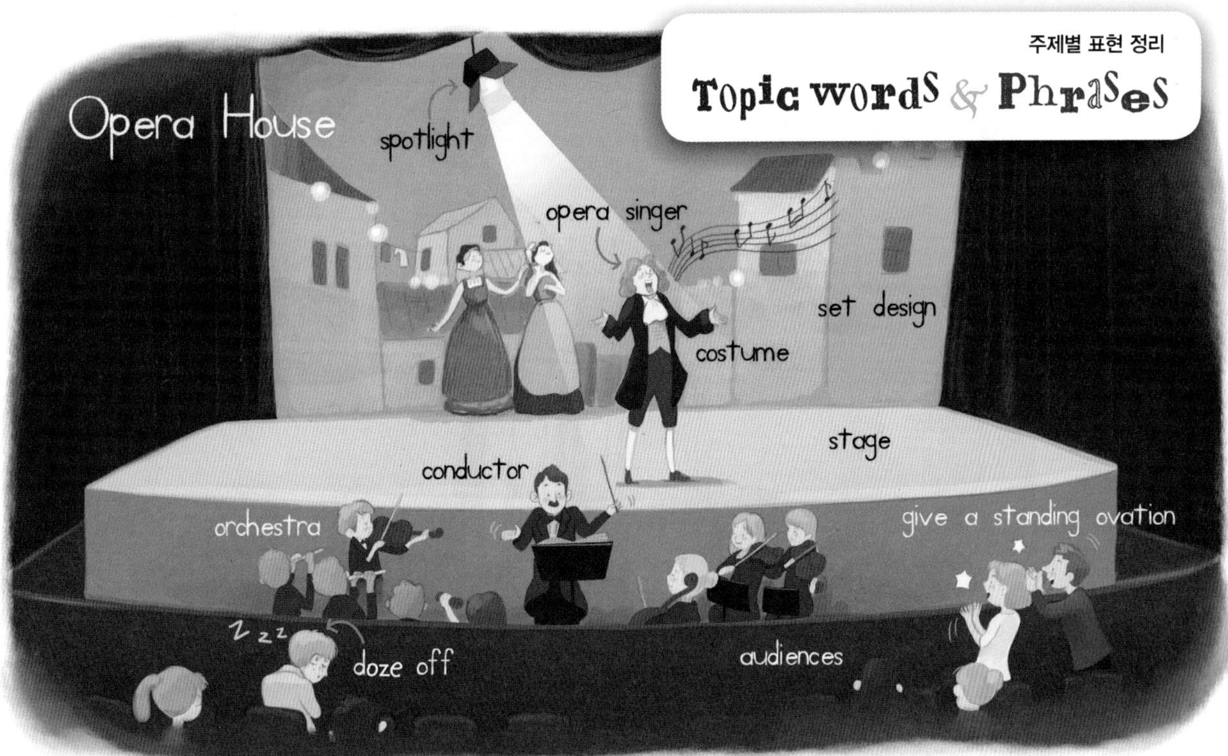

A 공연 예술에 대한 표현

공연 예술

act 막
run 장기 공연
stage 무대
set 무대 장치
subtitle 자막
copyright 저작권
theater 극장; 연극계
costume 의상
cast 출연진
stand-in (연극·영화의) 대역
conductor 지휘가
orchestra 오케스트라, 관현악단
opera singer 오페라 가수
wind instrument 관악기
string instrument 현악기
percussion instrument 타악기
audience 관중
usher 좌석 안내원
spotlight 스포트라이트
intermission 중간 쉬는 시간
choreography 안무, 연출
opera house 오페라극장
dressing room 분장실
put on makeup 분장을 하다
practice one's lines 대사를 연습하다

감상

opera glasses 극 감상용 쌍안경
curtain call 커튼콜 (막이 내린 후 관중이 박수로 공연자를 불러내는 것)
be impressed by …에 감명을 받다
be immersed in …에 몰입하다
empathize with …와 공감하다, 감정을 이입하다
break into applause 박수를 터뜨리다
give a standing ovation 기립박수를 치다

B 공연 예술에 대해 이야기하기

〈공연 예술에 대해 묻고 답하기〉

How was the opera? 오페라는 어땠니?

I dozed off and missed the last part.
나는 잠이 들어서 끝부분을 놓쳤어.

It was the greatest opera I've ever seen.
그건 내가 본 것 중에 가장 위대한 오페라였어.

The plot was so touching that I couldn't help but cry. 줄거리가 아주 감동적이어서 나는 울 수밖에 없었어.

〈공연 예술에 대해 말하기〉

Photography or recording is strictly forbidden.
사진촬영이나 녹화는 엄격히 금지되어 있습니다.

The Phantom of the Opera has run for a long time. '오페라의 유령'은 장기 상연되고 있습니다.

The musical *Cats* is based on T. S. Eliot's poem, *Old Possum's Book of Practical Cats*.
뮤지컬 '캣츠'는 T. S. 엘리엇의 시, '지혜로운 고양이가 되기 위한 지침서'를 기반으로 한다.

Broadway is considered to be the symbol of the theater industry along with London's West End.
브로드웨이는 런던의 웨스트 엔드와 함께 연극 산업의 상징으로 여겨진다.

Unit 06

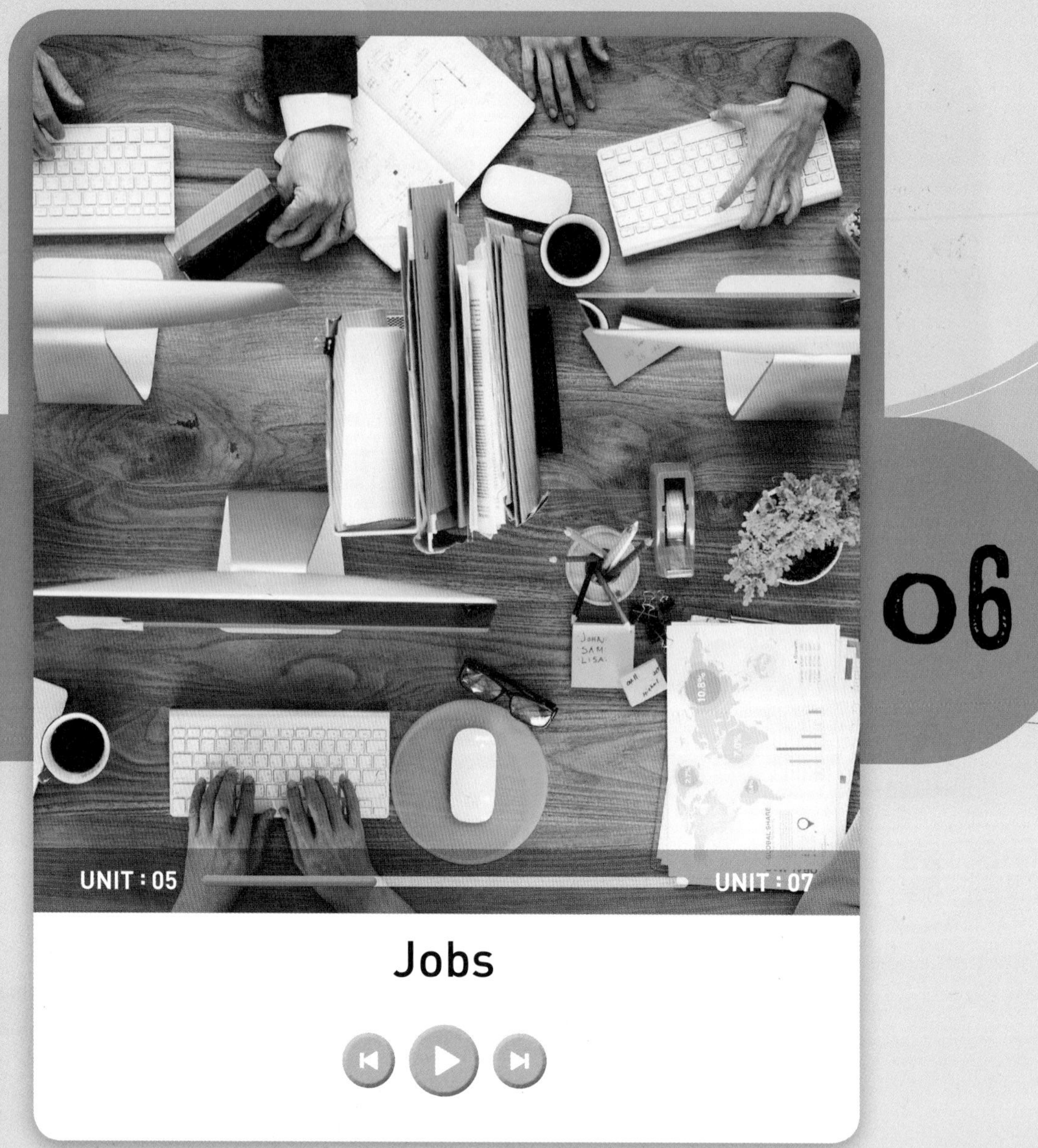

Jobs

Words Preview 자신이 알고 있는 표현에 표시(✓)하시오.

01 □ run	07 □ position	13 □ be into
02 □ hire	08 □ applicant	14 □ major in
03 □ field	09 □ complaint	15 □ make a living
04 □ desire	10 □ application	16 □ set up a date
05 □ resume	11 □ job performance	17 □ do one's best
06 □ suitable	12 □ employment exam	18 □ attach one's photo

Getting Ready II

mem()

A 다음을 듣고 빈칸을 채운 후, 알맞은 뜻을 찾아 연결하시오.

1 ________ ________ • • ⓐ …을 전공하다
2 ________ ________ • • ⓑ 날짜를 정하다
3 ________ one's photo • • ⓒ 사진을 첨부하다
4 ________ ________ a date • • ⓓ …에 관심이 많다
5 be ________ ________ ________ • • ⓔ 막 …하려고 하다

B 대화를 듣고, 각 상황에 가장 어울리는 그림을 고르시오.

1 ________ 2 ________ 3 ________

ⓐ

ⓑ

ⓒ

C 다음을 듣고, 그에 알맞은 응답을 고르시오.

1 ⓐ You should not forget to attach your photo.
ⓑ Fill out the online application on the company's website.

2 ⓐ I am practicing to speak loudly every day these days.
ⓑ It was helpful because the interviewers pointed out my bad habits.

Topic Listening

memo

01 대화를 듣고, 남자의 장래 희망으로 가장 적절한 것을 고르시오.

① 
② 
③ 
④ 
⑤ 

02 대화를 듣고, 여자가 남자에게 전화한 목적으로 가장 적절한 것을 고르시오.

① 면접 날짜를 변경하려고
② 합격 여부를 확인하려고
③ 회사의 위치를 문의하려고
④ 입사 지원 방법을 물어보려고
⑤ 이메일 주소를 확인하려고

[03~04] 대화를 듣고, 두 사람이 모의 면접에서 지적 받은 사항을 〈보기〉에서 각각 고르시오.

03 Man: ________

04 Woman: ________

보기

ⓐ 다리 떨기
ⓑ 얼굴 표정
ⓒ 작은 목소리
ⓓ 자신감 부족

05 대화를 듣고, 남자 직업의 장단점을 짝지은 것으로 가장 적절한 것을 고르시오.

장점		단점
① 출퇴근이 자유롭다.	……	적성에 맞지 않는다.
② 출퇴근이 자유롭다.	……	하는 일이 너무 많다.
③ 다양한 사람들을 만날 수 있다.	……	보수가 적다.
④ 다양한 사람들을 만날 수 있다.	……	개인 시간이 별로 없다.
⑤ 업무가 다양해서 지루하지 않다.	……	하는 일이 너무 많다.

06 대화를 듣고, 여자가 받게 될 일주일 급여를 고르시오.

① $50 ② $100 ③ $150
④ $200 ⑤ $250

07 다음을 듣고, 남자의 조언이 아닌 것을 고르시오.

① 유머 감각을 키워라.
② 주변 사람들을 관찰하라.
③ 다른 만화가들을 모방하라.
④ 그림으로 이야기를 전달하라.
⑤ 흥미로운 이야기를 제공하라.

08 대화를 듣고, 두 사람의 관계로 가장 적절한 것을 고르시오.

① 사장 - 직원
② 면접관 - 구직자
③ 리포터 - 작가
④ 상담 교사 - 학생
⑤ 개발자 - 고객

memo

memo

09 대화를 듣고, 인도의 특이한 직업으로 언급되지 않은 것을 고르시오.

① 빨래 해주는 사람
② 길거리 이발사
③ 체중계 주인
④ 입 냄새 감별사
⑤ 귀지 청소부

10 다음을 듣고, 여자에 대한 내용과 일치하지 않는 것을 고르시오.

RESUME

Name: Emily Theron
① Nationality: Canadian
② Major: Fashion design
③ Work experience: Three years at a clothing company
④ Awards: Best shoe design
⑤ Position applied for: Shoe designer

11 다음을 듣고, 그 목적으로 가장 적절한 것을 고르시오.

① 회사 소개
② 구인 광고
③ 이색 직업 보도
④ 쇼핑몰 개점 안내
⑤ 직업 체험 행사 홍보

12 다음을 듣고, 남자의 직업으로 가장 적절한 것을 고르시오.

①

②

③

④

⑤

Challenge

13 **What is NOT correct about the woman according to the conversation?**

① She is going to graduate.
② She wants to be a middle school teacher.
③ She studies education in university.
④ She has some teaching experience.
⑤ She is preparing for the test.

14 **What is the man most likely to do right after the conversation?**

① make a computer program
② stop playing computer games
③ visit the school computer center
④ study to find out the right job for him
⑤ buy some book about computer programming

[15~16] Listen and answer the questions.

15 **What is the speaker mainly talking about?**

① jobs which will disappear soon
② career fields with a bright future
③ the most successful businesses today
④ healthcare services for elderly people
⑤ businesses with more elderly workers

16 **Why are more doctors and nurses needed according to the talk?**

① to find cures for dangerous diseases
② to learn to use new medical technology
③ to look for ways to help people live longer
④ to check on every person at the same time
⑤ to care for the growing numbers of elderly people

memo

Dictation

미국식 발음  영국식 발음 

대화를 듣고, 남자의 장래 희망으로 가장 적절한 것을 고르시오.

①  ② 
③  ④ 
⑤ 

01 M: Abigail, ______ ______ ______ ______ ______ when you grow up? 함정
W: I'd like to be a scientist. I think majoring in biology ______ ______ ______ ______ ______. What about you?
M: I want a job that is fun. I want to be a baker. 단서
W: I didn't know that ______ ______ ______ ______ ______.
M: I love making desserts and other baked goods. ______ ______ ______ ______ ______ someday.
W: How did you ______ ______ ______ ______ ______?
M: I saw a person with that job on a TV show. Since then, ______ ______ ______ ______ ______. I think I would be happy with that job.

baker, baking, desserts, baked goods, bakery 등 수많은 단서가 제공된다.

대화를 듣고, 여자가 남자에게 전화한 목적으로 가장 적절한 것을 고르시오.

① 면접 날짜를 변경하려고
② 합격 여부를 확인하려고
③ 회사의 위치를 문의하려고
④ 입사 지원 방법을 물어보려고
⑤ 이메일 주소를 확인하려고

02 *(telephone rings)*
M: SKY Network Service. How may I help you?
W: Hello, I'm calling about the job advertised on a portal site. ______ ______ ______ ______ ______ ______?
M: Please fill out ______ ______ ______ on our company's website.
W: All right. Do you also accept applications by email?
M: Sorry, we don't. You have to use our website. And ______ ______ ______ ______ ______ ______, too.
W: When will you be giving the employment exam?
M: ______ ______ ______. We'll announce the results of the exam on November 6th. We'll be calling the successful applicants ______ ______ ______ ______ ______ for an interview.
W: I see. Thank you.

전화를 걸었을 때, 보통 언제 용건을 밝히는가?

대화를 듣고, 두 사람이 모의 면접에서 지적 받은 사항을 〈보기〉에서 각각 고르시오.

03 Man: ______

04 Woman: ______

보기
ⓐ 다리 떨기 ⓑ 얼굴 표정
ⓒ 작은 목소리 ⓓ 자신감 부족

03~04
W: How was your practice job interview?
M: It wasn't easy, but I think ______ ______ ______ ______ ______ to me for my real interview next week.
W: I think so, too. ______ ______ ______ ______ ______?
M: The interviewers ______ ______ ______ ______ ______. Actually, I didn't know that I was ______ ______ ______ while answering the questions.
W: ______ ______ ______ ______ ______.
M: Yes. Also, they told me that I ______ ______ when I didn't smile. So they ______ ______ ______ ______ more. How about you?

W: __________ __________ __________ to speak louder. They said that they couldn't hear me well because I __________ __________ __________.

M: I see. Interviewers might think __________ __________ __________ __________.

W: Right. So __________ __________ __________ __________ these days.

M: Good. I hope we get good jobs soon.

W: We can do it! Let's just __________ __________ __________!

남녀 각각에 해당하는 사항을 구분하여 듣자.

05 W: Hey, I heard you __________ __________ __________ __________ __________ __________. Congratulations!

M: Thank you. I'm happy that __________ __________ __________ __________.

W: Good for you. How's the job?

M: I'm enjoying it. It's really __________ __________ __________ __________ many different kinds of people.

W: __________ __________ __________ __________ __________ __________?

M: Well, my schedule is __________ __________. I have to work in a newsroom, go watch events, and interview people. I have to manage my time well.

W: Then you don't really __________ __________ __________ __________ __________ __________ __________.

M: Right. So far, that's __________ __________ __________ about the job.

긍정적인 표현과 부정적인 표현을 구분해서 듣자.

대화를 듣고, 남자 직업의 장단점을 짝지은 것으로 가장 적절한 것을 고르시오.

	장점	단점
①	출퇴근이 자유롭다.	적성에 맞지 않는다.
②	출퇴근이 자유롭다.	하는 일이 너무 많다.
③	다양한 사람들을 만날 수 있다.	보수가 적다.
④	다양한 사람들을 만날 수 있다.	개인 시간이 별로 없다.
⑤	업무가 다양해서 지루하지 않다.	하는 일이 너무 많다.

06 W: Excuse me. I'm interested in the part-time job.

M: Okay. How old are you?

W: __________ __________ __________ __________ and a university student. And I've worked in a café before.

M: Very good. We're looking for someone who can __________ __________ __________ __________ __________ p.m. every Tuesday, Friday, and Sunday.

W: Well, I can __________ __________ __________ __________ __________. But I have an afternoon class on Fridays.

M: So you can't work on Fridays? I need to find another part-timer __________ __________ __________ __________ __________. Do you have any other questions?

W: How much does the job pay?

M: The pay is __________ __________ __________.

W: Okay. That's fine with me.

M: Good. __________ __________ __________ __________.

근무 일수와 일당에 대한 정보를 들었는가?

대화를 듣고, 여자가 받게 될 일주일 급여를 고르시오.

① $50 ② $100 ③ $150 ④ $200 ⑤ $250

다음을 듣고, 남자의 조언이 아닌 것을 고르시오.
① 유머 감각을 키워라.
② 주변 사람들을 관찰하라.
③ 다른 만화가들을 모방하라.
④ 그림으로 이야기를 전달하라.
⑤ 흥미로운 이야기를 제공하라.

07 M: Dear Cathy,
Your strong ________ ________ ________ a comic book artist was clear in your email. If you want to draw good comics, ________ ________ ________ ________ around you. It's important ________ ________ ________ ________ ________. It'll help you draw characters more effectively. Also, ________ ________ ________ ________ and try to copy their styles. It may help you find your own style. Next, you have to know ________ ________ ________ ________ ________ through pictures. Drawing is very different from telling or writing. Also, remember readers expect an interesting storyline ________ ________ ________ ________ ________. I hope you will ________ ________ ________ ________ in the future. Good luck!

남자가 언급하는 것만 선택지에 표시한다.

대화를 듣고, 두 사람의 관계로 가장 적절한 것을 고르시오.
① 사장 - 직원
② 면접관 - 구직자
③ 리포터 - 작가
④ 상담 교사 - 학생
⑤ 개발자 - 고객

08 W: Hello, Mr. Gorden. Please ________ ________ ________.
M: Thank you.
W: ________ ________ ________ ________ ________. It seems you are a successful R&D manager. But I wonder why ________ ________ ________ ________ ________.
M: Well, I'm interested in making TV programs. Also, I'd like to try ________ ________ ________. I think being a TV producer is ________ ________ ________ ________ ________ than being an R&D manager.
W: That's true. But I'm afraid our station doesn't pay as much money ________ ________ ________ ________.
M: Oh, that's all right. ________ ________ ________ is more important to me than money.
W: It sounds like you are really ________ ________ ________ ________.
M: Yes. I'm sure that I can ________ ________ and ________ ________ ________ ________.

resume, interested in this job, I can learn fast 등의 표현으로 상황을 유추할 수 있다.

대화를 듣고, 인도의 특이한 직업으로 언급되지 않은 것을 고르시오.
① 빨래 해주는 사람
② 길거리 이발사
③ 체중계 주인
④ 입 냄새 감별사
⑤ 귀지 청소부

09 M: Lisa, did you watch *Today's Jobs* on TV yesterday? ________ ________ ________ ________ ________ in India.
W: Oh, I missed the program. I ________ ________ ________ ________ about people who wash others' clothes. What other kind of jobs did it mention?
M: ________ ________ ________ ________ ________ ________?
W: No, I haven't. What are they?
M: They are people who ________ ________ ________ and have barber shops ________ ________.

W: You mean they cut people's hair and _____ _____ _____ _____ _____?

M: That's right. Also, there were scale owners. They wait on the street with their scales and get paid _____ _____ _____ _____.

W: Really? That's a very easy job.

M: Yes. Actually, I _____ _____ _____ _____ the earwax cleaners. These people make money _____ _____ _____ _____.

W: Wow! I'd like to try that when I visit India.

생소한 직업들이므로, 선택지를 먼저 보고 영어 표현을 생각해 보자.

10 W: Let me introduce myself. My name is Emily Theron, and I'm from Canada. _____ _____ _____ _____ _____ at university. After I graduated from university, _____ _____ _____ _____ _____ _____ at a Japanese clothing company _____ _____ _____. During that time, I learned _____ _____ _____ _____ _____ _____ and work with others. But I had always been more interested in shoes than clothing. So I quit that job and have studied shoe design _____ _____ _____ _____. Last month, I won the best design award at a shoe design contest. Now I'd like to get a job as a shoe designer. If I'm able to work for your company, I'm sure you'll _____ _____ _____ _____ _____ _____. Thank you.

주어진 표에서 어떤 항목을 주의깊게 들어야 하는지 미리 확인하자.

다음을 듣고, 여자에 대한 내용과 일치하지 않는 것을 고르시오.

RESUME

Name: Emily Theron

① Nationality: Canadian

② Major: Fashion design

③ Work experience: Three years at a clothing company

④ Awards: Best shoe design

⑤ Position applied for: Shoe designer

11 M: Do you like shopping? Then we will _____ _____ _____ _____ _____. Can you believe it? It's true! Our company _____ _____ _____. That's why we need to _____ "_____ _____." Your job as a mystery shopper is to visit our stores and _____ _____ _____ _____. But in fact, you must _____ _____ _____ _____ _____. Check that the store is clean, _____ _____ _____ _____ and the clerks are helpful. Then you _____ _____ _____ _____ _____. That way, we can get to know more about our stores and _____ _____ _____. Do you think you could be a mystery shopper? Then _____ _____ _____ to us at mysteryshopper@jobs.com by March 13th.

생소한 직업을 내세움으로써 오답을 유도하고 있다.

다음을 듣고, 그 목적으로 가장 적절한 것을 고르시오.

① 회사 소개

② 구인 광고

③ 이색 직업 보도

④ 쇼핑몰 개점 안내

⑤ 직업 체험 행사 홍보

다음을 듣고, 남자의 직업으로 가장 적절한 것을 고르시오.

①  ② 

③  ④ 

⑤

12 M: Let me tell you about my job. ________ ________ ________ ________ ________ ________, I start my work. I ________ ________ ________ ________ ________ ________ for photo shoots, films, or magazines. First, I choose the right tableware, such as plates. To do that, I have to ________ ________ ________ ________ ________ ________. Even a plate can ________ ________ ________ ________. Then I arrange the food on the plate. Sometimes, I use small items like a flower or a slice of fruit ________ ________ ________ ________. The food ________ ________ ________ that way. Would you like to work for TV cooking shows? ________ ________ ________ ________ ________ ________ ________? Then maybe you should think about being a food stylist.

자신의 상식으로 답을 찾으려 하지 말고, 남자가 묘사하는 동작과 그림을 맞춰보자.

What is NOT correct about the woman according to the conversation?

① She is going to graduate.
② She wants to be a middle school teacher.
③ She studies education in university.
④ She has some teaching experience.
⑤ She is preparing for the test.

13 M: ________ ________ ________ ________ soon. What will you do after that?

W: I'd like to get ________ ________ ________ ________ ________ ________ ________.

M: Really? What's your major?

W: ________ ________ ________ ________.

M: Do you have any work experience?

W: Yes. I worked ________ ________ ________ ________ ________ ________ ________. I think that should help me to become a good teacher.

M: What else ________ ________ ________ to get a job?

W: These days, I go to an academy to prepare for the test to be a teacher. I heard ________ ________ ________ ________.

M: It sounds like you're well-prepared. I wish you the best.

W: Thank you.

14 M: ________ ________ ________ ________, Ms. Gradin, and I'm worried about my future. What kind of jobs might ________ ________ ________ ________?

W: Well, Tom, I think it's important ________ ________ ________ ________ ________ first. What do you enjoy doing most?

M: I really like playing computer games. But I'm not sure ________ ________ ________ ________ for my career.

W: Are you ________ ________ ________ ________?

M: Well, I love doing things with my computer. Last month, I ________ ________ ________ ________ ________.

W: Hmm…. How about studying more about computers then? You could study to become a computer programmer.

M: That's good. But how can I ________ ________?

W: Why don't you visit the school computer center? They ________ ________ ________ ________ ________ for students.

M: I didn't know that. Thank you. I will go there right now.

대화 직후에 할 일은 주로 대화 마지막 부분에 언급된다.

What is the man most likely to do right after the conversation?

① make a computer program
② stop playing computer games
③ visit the school computer center
④ study to find out the right job for him
⑤ buy some book about computer programming

15~16

W: ________ ________ ________ ________ ________ ________ in the future? According to most experts, ________ ________ ________ technology and healthcare. The reason the technology field will be popular is clear. Computers and other high-tech devices are ________ ________ ________. And high-tech companies are ________ ________ ________ ________. Somebody needs to design them, program them, and ________ ________ ________ ________ ________. Does that sound like something you'd like to do? If not, how about healthcare? People are living longer these days. This means there are ________ ________ ________ ________ ________. The need for medical services ________ ________. That requires lots of doctors and nurses. Also, elderly people need ________ ________ ________ ________. Many people are needed ________ ________ ________ ________. Others make a living ________ ________ ________ ________ ________ and taking them to the hospital ________ ________.

16 이유를 먼저 설명하고 그 결과를 언급하므로, 지시문의 'doctors and nurses'가 나오기만을 기다리면 안 된다.

15 **What is the speaker mainly talking about?**

① jobs which will disappear soon
② career fields with a bright future
③ the most successful businesses today
④ healthcare services for elderly people
⑤ businesses with more elderly workers

16 **Why are more doctors and nurses needed according to the talk?**

① to find cures for dangerous diseases
② to learn to use new medical technology
③ to look for ways to help people live longer
④ to check on every person at the same time
⑤ to care for the growing numbers of elderly people

Review Test

A 다음 각 단어에 해당하는 의미를 〈보기〉에서 고르시오.

1 run ______ 2 hire ______ 3 resume ______

4 applicant ______ 5 complaint ______ 6 performance ______

보기

ⓐ a person who applies for something, such as a job
ⓑ to give work or a job to someone and pay them a salary
ⓒ a task or work seen in terms of how successfully it is done
ⓓ to manage and organize something like a business, organization
ⓔ something that someone is not satisfied with or that is not acceptable
ⓕ a document showing a summary of someone's educational qualifications and work experience

B 〈보기〉의 문장을 알맞은 순서대로 배치하여, 다음 대화문을 완성하시오.

W: **1** ______________________________
M: **2** ______________________________
W: **3** ______________________________
M: **4** ______________________________
W: That's good. Thank you for your advice.

보기

ⓐ I really like cooking and decorating things.
ⓑ I'm just worried about finding a job that is suitable for me.
ⓒ Well, you should think about things you like doing first. What do you enjoy doing most?
ⓓ Okay. What about studying about colors and design, then? You could be a food stylist!

C 다음 우리말과 일치하도록 빈칸에 알맞은 표현을 쓰시오.

1 The company will ______ ______ ______(s) of the interview next Tuesday.
(그 회사는 다음 주 화요일에 면접 결과를 발표할 것이다.)

2 We will call you soon to ______ ______ ______ ______ for the next interview. (다음 면접을 위한 날짜를 정하기 위해 곧 전화를 드리겠습니다.)

3 To ______ ______ this position, please ______ ______ the application form here. (이 자리에 지원하려면, 여기 신청서를 작성해 주세요.)

Topic words & Phrases

A 직업에 대한 표현

종류

vet 수의사
cook 요리사
tailor 재단사
baker 제빵사
farmer 농부
lawyer 변호사
secretary 비서
carpenter 목수
architect 건축가
pharmacist 약사
nutritionist 영양사
accountant 회계사
administrator 행정인
bank teller 은행 직원
web developer 웹디자이너
insurance agent 보험설계사
school psychologist 학교 심리 상담사

직업·구직

hire 고용하다
fire 해고하다
employee 종업원, 직원
employer 고용주
aptitude 적성
occupation 직업
workaholic 일 중독자
overwork 초과 근무하다
training course 교육 과정
employment rate 고용률
job interview 취업 면접
apply for …에 지원하다
change career 직업을 바꾸다
major in …을 전공하다
run a firm 회사를 운영하다
earn[make] one's living 생계를 꾸리다
do an internship 인턴십을 하다
announce the result 결과를 발표하다
have work experience 업무 경험이 있다
improve job performance 직업 성과를 향상시키다

B 직업에 대해 이야기하기

〈직업에 대해 묻고 답하기〉

Are you satisfied with your job?
넌 네 직업에 만족하니?

Yes, it really suits me.
응, 나에게 정말 잘 맞아.

Why have you decided to change jobs?
왜 이직을 결심하셨나요?

I want to work for a large company that has many opportunities.
전 많은 기회가 있는 큰 회사에서 일하고 싶습니다.

〈직업에 대해 말하기〉

I'd like to get a job as a translator.
저는 번역가로 일자리를 얻고 싶습니다.

I don't know what kind of job I should choose.
내가 어떤 종류의 직업을 선택해야 하는지 모르겠어.

The most important things when choosing a job are your interests and talents.
직업을 고를 때 가장 중요한 것은 너의 흥미와 재능이야.

Unit 07

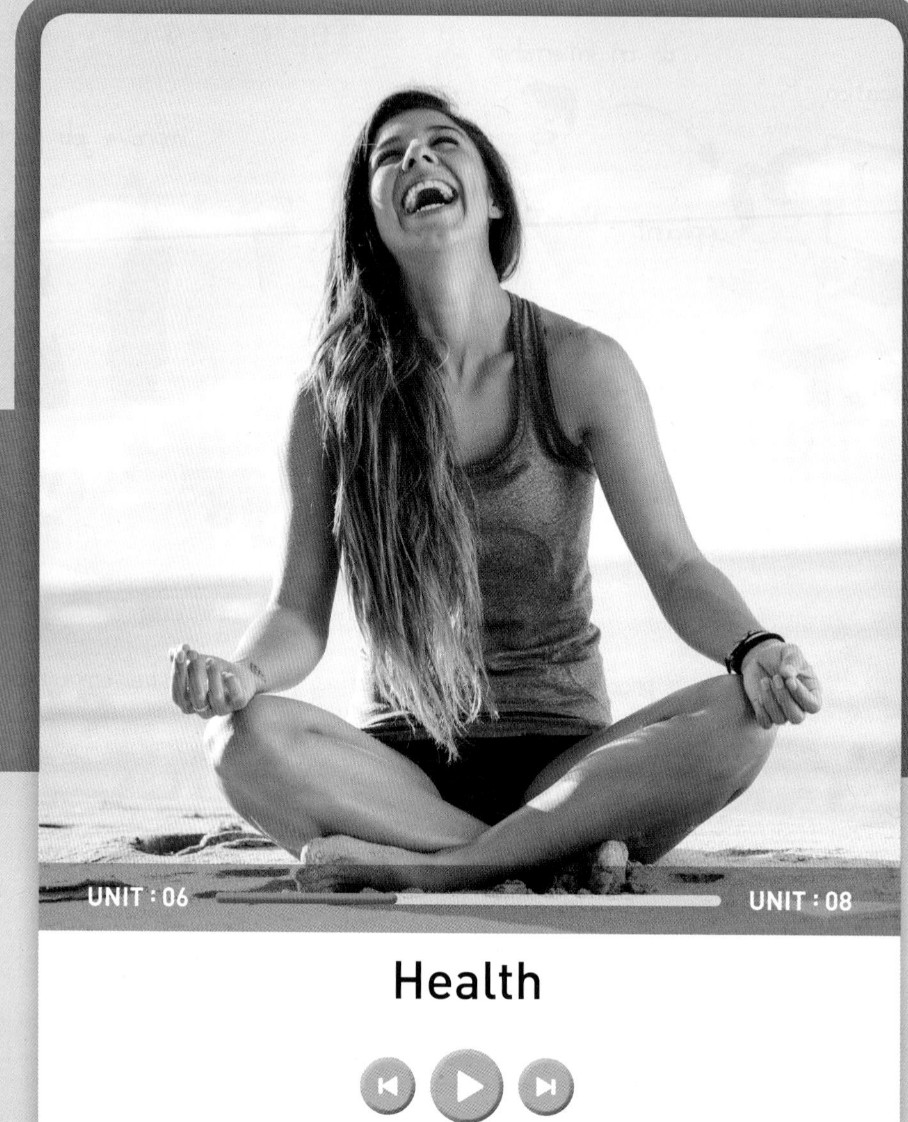

Health

Words Preview 자신이 알고 있는 표현에 표시(✓)하시오.

01☐ fit
02☐ sore
03☐ itchy
04☐ nutrient
05☐ contain
06☐ pharmacy
07☐ symptom
08☐ balanced
09☐ overeating
10☐ medical record
11☐ regular checkup
12☐ ease pain
13☐ take a pill
14☐ suffer from
15☐ take a nap
16☐ get in shape
17☐ fight bacterial growth
18☐ make an appointment

Getting Ready II

A 다음을 듣고 빈칸을 채운 후, 알맞은 뜻을 찾아 연결하시오.

1 ________ a nap •
2 ________ one's sleep •
3 be ________ ________ •
4 get ________ ________ •
5 ________ one's ________ •

• ⓐ 건강해지다
• ⓑ 낮잠을 자다
• ⓒ 식단을 짜다
• ⓓ 수면을 방해하다
• ⓔ …에 알레르기가 있다

B 다음을 듣고, 각 문장에 가장 어울리는 그림을 고르시오.

1 ________ 2 ________ 3 ________ 4 ________

ⓐ

ⓑ

ⓒ

ⓓ

C 다음을 듣고, 그에 알맞은 응답을 고르시오.

1 ⓐ We have your medical records.
ⓑ Monday is already fully booked.

2 ⓐ There is one at York Street.
ⓑ Emergency rooms stay open 24 hours a day.

memo

memo

01 대화를 듣고, 남자가 건강을 위해 하는 일로 언급되지 않은 것을 고르시오.

① to think positively
② to laugh a lot
③ to do yoga
④ to avoid junk food
⑤ to eat organic food

02 다음을 듣고, 무엇에 대한 내용인지 가장 적절한 것을 고르시오.

① 두통에 좋은 음식
② 두통 치료법의 종류
③ 두통을 유발하는 원인
④ 추천하는 비타민·무기질 영양제
⑤ 고른 영양소 섭취의 중요성

03 대화를 듣고, 여자가 남자에게 전화한 목적으로 가장 적절한 것을 고르시오.

① 차 수리 방법을 물어보려고
② 응급실 위치를 설명해 주려고
③ 약국 영업 시간을 물어보려고
④ 식료품 매장에 같이 가 달라고
⑤ 차를 태워줄 것을 부탁하려고

04 다음 그림의 상황에 가장 적절한 대화를 고르시오.

① ② ③ ④ ⑤

[05~06] 다음을 듣고, 각 음식의 효능으로 가장 적절한 것을 〈보기〉에서 고르시오.

05 사과: ____________

06 마늘: ____________

보기

ⓐ 복통 완화
ⓑ 근육 생성
ⓒ 기억력 증진
ⓓ 심장 질환 예방

memo

07 대화를 듣고, 그 내용과 일치하지 않는 것을 고르시오.

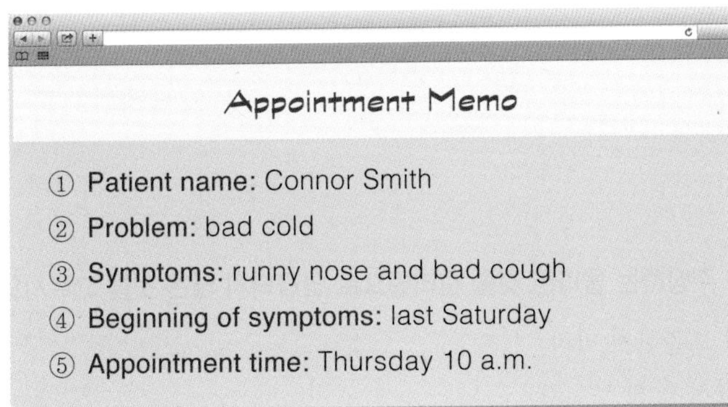
Appointment Memo

① **Patient name:** Connor Smith
② **Problem:** bad cold
③ **Symptoms:** runny nose and bad cough
④ **Beginning of symptoms:** last Saturday
⑤ **Appointment time:** Thursday 10 a.m.

08 대화를 듣고, 남자의 조언이 아닌 것을 고르시오.

① 가벼운 운동을 해라.
② 자기 전에 TV 시청을 하지 마라.
③ 낮잠을 오래 자지 마라.
④ 따뜻한 우유를 마셔라.
⑤ 과식하지 마라.

09 대화를 듣고, 여자의 직업으로 가장 적절한 것을 고르시오.

① coach
② doctor
③ librarian
④ shop manager
⑤ science teacher

memo

10 대화를 듣고, 남자가 하고 있는 동작으로 가장 적절한 것을 고르시오.

11 대화를 듣고, 의사가 주장하는 올바른 칫솔 관리법으로 언급되지 않은 것을 고르시오.

① 칫솔을 화장실에 보관하지 마라.
② 칫솔모가 서로 닿지 않게 두어라.
③ 3~4개월마다 새 칫솔로 교체해라.
④ 사용하기 전에 칫솔을 흐르는 물에 헹궈라.
⑤ 베이킹 소다를 넣은 물로 소독하라.

12 대화를 듣고, 방 안의 습도를 높이기 위해 여자가 시도할 방법으로 가장 적절한 것을 고르시오.

① 가습기를 튼다.
② 꽃병을 둔다.
③ 어항을 설치한다.
④ 젖은 수건을 걸어 둔다.
⑤ 숯 조각을 배치한다.

Challenge

13 **Choose the most unnatural conversation.**

① ② ③ ④ ⑤

14 **Which is NOT mentioned as a service that Athletic Fitness Center provides?**

① an exercise program
② a diet program
③ yoga and dance classes
④ showers and a sauna
⑤ free sportswear

[15~16] Listen and answer the questions.

15 **What is the speaker mainly talking about?**

① some benefits of being under stress
② people who had a heart attack due to stress
③ several tests to check stress level on one's own
④ a certain type of personality that is easily stressed
⑤ characteristics of people who easily get over stress

16 **What is NOT mentioned as a characteristic of Type D people?**

① caring too much about others' opinions
② being afraid of getting rejected
③ preferring time alone to time with others
④ having too much anxiety about small things
⑤ not expressing feelings well

memo

Dictation

미국식 발음  영국식 발음 

대화를 듣고, 남자가 건강을 위해 하는 일로 언급되지 않은 것을 고르시오.

① to think positively
② to laugh a lot
③ to do yoga
④ to avoid junk food
⑤ to eat organic food

01 W: Hello, Scott. It's ________ ________ ________ ________ on our talk show today. Say hello to everyone!

M: Hi. It's great to be here.

W: Wow, you look so energetic ________ ________ ________ ________ ________! What is your secret?

M: I always try to ________ ________ and ________ ________.

W: I also heard you exercise a lot.

M: Yes, I do yoga regularly. It not only ________ ________ ________ ________ but it also ________ ________.

W: That's nice. So do you have ________ ________ ________? How about food?

M: I never eat junk food. Never! Also I try to ________ ________ ________ ________.

W: That's very wise.

듣기 전 영문 선택지의 내용을 미리 파악하자.

다음을 듣고, 무엇에 대한 내용인지 가장 적절한 것을 고르시오.

① 두통에 좋은 음식
② 두통 치료법의 종류
③ 두통을 유발하는 원인
④ 추천하는 비타민·무기질 영양제
⑤ 고른 영양소 섭취의 중요성

02 W: When you ________ ________ ________ ________, you might want to ________ ________ ________ or just wait ________ ________ ________ ________ ________. But did you know some foods are 단서 ________ ________ ________ ________? When a headache starts, eat almonds. Almonds contain calcium, magnesium, and vitamins. These chemicals can ________ ________ ________ ________. Watermelon is another good food. ________ ________ ________ ________ in your 함정 body can cause headaches. By eating fruit ________ ________ ________ ________ ________ ________, you can ease the pain. Also, saponin in red beans is helpful to ease headaches. The caffeine in coffee, tea, and chocolate is also known ________ ________ ________ ________ ________. But be careful. Too much caffeine can ________ ________ ________ ________.

반복되는 어휘인 headache, effective, reduce, ease, helpful 등의 표현으로 주제를 유추하자.

대화를 듣고, 여자가 남자에게 전화한 목적으로 가장 적절한 것을 고르시오.

① 차 수리 방법을 물어보려고
② 응급실 위치를 설명해 주려고
③ 약국 영업 시간을 물어보려고
④ 식료품 매장에 같이 가 달라고
⑤ 차를 태워줄 것을 부탁하려고

03 *(telephone rings)*

M: Hello?

W: Hello. Jake, this is Nora! I'm ________ ________ ________ ________. Are you busy now?

M: ________, ________ ________ ________. What's up?

W: I need your help. Can you ________ ________ ________ ________? My parents are ________ ________ ________ ________, so you're the only person I can ask.

M: That's okay. But to where? Do you need to ________ ________ ________?

W: No. I ________ ________ ________ ________. I need you to drive me to the emergency room. I took some medicine, ________ ________ ________ ________.

M: Oh, that's too bad. Do you know ________ ________ ________ ________ ________ ________?

W: Yes. There is one at Woodbury Street.

M: Okay. ________ ________ ________ ________ ________. I'll be there ________ ________ ________. Wear a thick coat.

W: Thank you so much.

give (somebody) a ride는 '(…을) 태워주다'의 의미이다.

04 ① W: Do you know ________ ________ ________ ________ ________?

M: There is one on the next street.

② W: ________ ________ should I take these pills?

M: Take one pill ________ ________ ________ ________.

③ W: What happened to your finger?

M: I ________ ________ ________ while cooking.

④ W: What do you do to ________ ________?

M: I ________ ________ ________ ________.

⑤ W: What nutrients are in this food?

W: ________ ________ ________ ________ calcium.

그림의 pharmacy만 듣고 성급하게 답을 선택하지 않는다.

다음 그림의 상황에 가장 적절한 대화를 고르시오.

① ② ③ ④ ⑤

05~06

M: Recently, ________ ________ ________ some foods can be better than medicine. For example, eating apples can ________ ________ ________ ________ ________. Apples have a nutrient that helps your brain perform well. This nutrient also ________ ________ ________ ________ ________ ________. If you have stomach problems, drink a cup of mint tea. It ________ ________ ________ ________ by fighting bacterial growth. Eating bananas ________ ________ will ________ ________ ________. Bananas are high in potassium, which ________ ________ ________ ________ on muscle aches. Also, garlic is very good for the heart. High cholesterol is ________ ________ ________ ________ ________ of heart disease. Eating garlic can lower your cholesterol level.

선택지의 사과, 마늘이 언급될 때 집중하여 들어야 한다.

다음을 듣고, 각 음식의 효능으로 가장 적절한 것을 〈보기〉에서 고르시오.

05 사과: ________

06 마늘: ________

보기

ⓐ 복통 완화 ⓑ 근육 생성
ⓒ 기억력 증진 ⓓ 심장 질환 예방

대화를 듣고, 그 내용과 일치하지 않는 것을 고르시오.

Appointment Memo

① Patient name: Connor Smith
② Problem: bad cold
③ Symptoms: runny nose and bad cough
④ Beginning of symptoms: last Saturday
⑤ Appointment time: Thursday 10 a.m.

07 *(telephone rings)*

W: Doctor Jensen's office. How can I help you?

M: Hello. I'd like to ________ ________ ________.

W: All right. What's your name, please?

M: Connor Smith. I'm sure you already ________ ________ ________ ________.

W: Yes, we have your records. What's your problem, Mr. Smith?

M: It seems ________ ________ ________ ________ ________. I have a runny nose, and I've been coughing a lot.

W: When did that start?

M: ________ ________. Can I make an appointment for tomorrow?

W: I'm sorry, but ________ ________ ________ ________. Would Wednesday or Thursday be okay for you?

M: ________ ________ ________ ________. And I want to visit the hospital ________ ________ ________ ________ ________.

W: Sure. How about 10 o'clock?

M: Okay.

'the + 비교급, the + 비교급'은 '…하면 할수록 더 ~하다'의 의미이다.

대화를 듣고, 남자의 조언이 아닌 것을 고르시오.

① 가벼운 운동을 해라.
② 자기 전에 TV 시청을 하지 마라.
③ 낮잠을 오래 자지 마라.
④ 따뜻한 우유를 마셔라.
⑤ 과식하지 마라.

08 M: Hi, Samantha. How are you today?

W: Not very good. I'm always tired these days because I ________ ________ ________. I don't know why. I ________ ________ ________ in the evening, but it ________ ________.

M: Hmm.... What do you do ________ ________ ________ ________?

W: I usually ________ ________ ________ ________.

M: That's not good. It is said that the light from your TV or smartphone can ________ ________ ________.

W: I see. Do you have any other tips?

M: ________ ________ ________ for more than 30 minutes. And I heard ________ ________ ________ ________ ________ ________ is good. It can help you feel relaxed ________ ________ ________ ________.

W: A cup of milk? Okay.

M: One more thing! You shouldn't eat too much. ________ ________ ________ ________ ________ ________.

W: Thank you. I'll try to ________ ________ ________.

본인의 상식으로 답을 고르지 않는다.

09 W: Good morning, Mr. Robinson. How are you today?

M: I'm feeling great. ________ ________ ________.

W: Good. My chart says you're here ________ ________ ________ ________ ________. Am I correct?

M: Yes. I'm on the national swimming team, and ________ ________ ________.

W: Okay. We'll ________ ________ ________ ________ ________. After that, we are going to look at your heart and lungs. Do you ________ ________ ________ ________ ________ ________?

M: Hmm.... I sometimes ________ ________ ________ ________ ________. Can you check that, too?

W: Of course. It might be because you exercise a lot. We ________ ________ ________ on the X-ray. Go and ________ ________ ________ ________.

대화의 상황을 머리 속으로 상상하며 듣자.

대화를 듣고, 여자의 직업으로 가장 적절한 것을 고르시오.

① coach
② doctor
③ librarian
④ shop manager
⑤ science teacher

10 W: You don't look good. What's wrong?

M: I ________ ________ ________ ________. I guess I slept the wrong way last night.

W: That's too bad. Hey, I know a good yoga pose for back pain. Do you want me to show you?

M: Oh, please. I'll do anything ________ ________ ________ ________ ________.

W: Okay. Just follow what I do. First, sit down, ________ ________ ________ ________, and put your feet together. Next, ________ ________ ________ ________ ________ ________ ________ with your hands.

M: Touch my toes with my hands? Am I doing it right?

W: You're doing great. ________ ________ ________ ________ and count to ten.

M: Okay. ________ ________ ________ ________ ________ ________.

W: Right. Now, how do you feel?

M: I ________ ________ ________ ________. Thanks!

여자의 말에 따라 동작을 머리 속으로 그리며 듣자.

대화를 듣고, 남자가 하고 있는 동작으로 가장 적절한 것을 고르시오.

①

②

③

④

⑤

대화를 듣고, 의사가 주장하는 올바른 칫솔 관리법으로 언급되지 않은 것을 고르시오.

① 칫솔을 화장실에 보관하지 마라.
② 칫솔모가 서로 닿지 않게 두어라.
③ 3~4개월마다 새 칫솔로 교체해라.
④ 사용하기 전에 칫솔을 흐르는 물에 헹궈라.
⑤ 베이킹 소다를 넣은 물로 소독하라.

11 W: Welcome to *the Helena Kim Show*. Today we have a special guest, Dr. Clark.

M: Hello, I'm here to tell you ______ ______ ______ ______ ______ ______.

W: Okay, let's start. I ______ ______ ______ in the bathroom. Is that okay?

M: No. A toothbrush should ______ ______ ______ ______ ______. But as you know, the bathroom is always wet.

W: Then ______ ______ ______ ______ ______ ______?

M: It's better to ______ ______ ______ ______ ______ or in the bedroom.

W: Okay. What else should we know?

M: Don't let the toothbrush heads ______ ______ ______. Bacteria can move from one toothbrush to another.

W: So we shouldn't store several toothbrushes ______ ______ ______?

M: Right. And change your toothbrush ______ ______ ______ ______ ______. One more thing. You can clean your toothbrush ______ ______ ______ ______ ______ with baking soda.

선택지를 먼저 읽고 어떤 단어나 표현이 나올지 유추해 보자.

대화를 듣고, 방 안의 습도를 높이기 위해 여자가 시도할 방법으로 가장 적절한 것을 고르시오.

① 가습기를 튼다.
② 꽃병을 둔다.
③ 어항을 설치한다.
④ 젖은 수건을 걸어 둔다.
⑤ 숯 조각을 배치한다.

12 W: ______ ______ ______ ______ ______ ______. I hate this cold, dry winter air.

M: That's why you need to ______ ______ ______ ______ ______. I have a fishbowl in my room. It's fun to keep goldfish, and the water in it ______ ______ ______ ______ ______.

W: Well, I don't want goldfish. Changing their water ______ ______.

M: Then how about a vase? You could ______ ______ ______ ______ ______.

W: Is there anything else? ______ ______ ______ ______.

M: Oh, are you? Then ______ ______ ______. *(pause)* Oh, how about this? ______ ______ ______ ______ or some wet laundry in your room. That's an easy way to make the air less dry!

W: That sounds great. I'll ______ ______ ______ ______ today.

남자가 다양한 제안을 하므로, 각각에 대한 여자의 반응을 놓치지 않아야 한다.

Choose the most unnatural conversation.

   ④ ⑤

13 ① W: ______ ______ ______ ______ today?

M: Yes, but I ______ ______ ______ ______ ______.

② W: What seems to be the problem?

M: My eyes are ______ ______ ______.

③ W: Do you ______ ______ ______ ______?

M: Yes. ______ ______ ______ peanuts and shrimp.

④ W: I can't sleep well these days.
M: Why don't you try aromatherapy?
⑤ W: What do you do ________ ________ ________ ________?
M: Stress can ________ ________ ________.

14 W: Do you want to ________ ________ ________ and have a nice body? Then Athletic Fitness Center is for you! Our center has ________ ________ ________ ________ exercise equipment. From weights to treadmills, we'll provide you with everything you need. When you visit us, we'll check ________ ________ ________ ________ ________ to become fit. And then our one-on-one trainers will ________ ________ ________ ________ ________ for you. They will also plan your diet so that it ________ ________ ________ ________. We also offer many free classes, including yoga and dance. ________ ________ ________ ________ ________ ________, you can become a member ________ ________ ________. Also, we provide our new members with free sportswear. ________ ________ this wonderful opportunity!

들어야 할 정보가 많으므로 메모를 하며 듣자.

Which is NOT mentioned as a service that Athletic Fitness Center provides?

① an exercise program
② a diet program
③ yoga and dance classes
④ showers and a sauna
⑤ free sportswear

15~16

M: Do you ________ ________ ________? Research shows that people with ________ ________ ________ ________ ________ get more stressed and ________ ________ ________ ________ ________ ________ ________. These people are said to have a Type D personality. You might be a Type D person ________ ________ ________ ________ ________: First, Type D people worry too much about ________ ________ ________ ________ because they ________ ________. Second, they tend to worry about even the smallest things. It often isn't necessary to worry about these things at all. Third, they ________ ________ ________ ________ from others. This ________ ________ ________ ________ ________ ________, but they keep it inside. Scientists say they need to find a way ________ ________ ________ ________ and get over them. If they don't, they are four times ________ ________ ________ ________ a heart attack caused by stress.

15 주제는 보통 담화의 앞부분에 제시되는 경우가 많다.

15 **What is the speaker mainly talking about?**

① some benefits of being under stress
② people who had a heart attack due to stress
③ several tests to check stress level on one's own
④ a certain type of personality that is easily stressed
⑤ characteristics of people who easily get over stress

16 **What is NOT mentioned as a characteristic of Type D people?**

① caring too much about others' opinions
② being afraid of getting rejected
③ preferring time alone to time with others
④ having too much anxiety about small things
⑤ not expressing feelings well

Review Test

A 다음 각 단어에 해당하는 의미를 〈보기〉에서 고르시오.

1 ease ______ **2** disturb ______ **3** contain ______ **4** allergic ______

5 proper ______ **6** prevent ______ **7** affect ______ **8** symptom ______

보기

ⓐ to have something within

ⓑ to stop something from happening

ⓒ right or suitable for a certain situation

ⓓ to make a problem or pain less severe

ⓔ any sign that shows someone has an illness

ⓕ to make someone or something change in some way

ⓖ to stop someone from working, sleeping, or doing other activities

ⓗ becoming ill when eating certain foods or touching certain things

B 다음 각 질문에 대한 응답으로 가장 적절한 것을 고르시오.

1 What seems to be the problem?

ⓐ This pill will reduce the pain.

ⓑ My throat is dry and swollen.

2 How many times should I take these pills?

ⓐ Take two pills after meals three times a day.

ⓑ Take a pill and wait until the pain goes away.

C 다음 우리말과 일치하도록 빈칸에 알맞은 표현을 쓰시오.

1 Can you ________ me ________ ________ to the pharmacy?
(약국까지 나를 태워다 줄 수 있니?)

2 Eat ________ ________ ________ if you want to get in shape.
(건강해지고 싶다면 균형 잡힌 식사를 해.)

3 They ________ ________ ________ ________ have a heart attack.
(그들은 심장마비에 걸릴 가능성이 더 높다.)

주제별 표현 정리

Topic words & Phrases

A 건강에 대한 표현

건강 상태

- fit (몸이) 건강한, 탄탄한
- fever 열
- itchy 가려운
- swollen 부어오른
- upset stomach 배탈
- hair loss 탈모
- sore throat 인후통, 아픈 목
- ache 고통; 아프다
- stay in shape 건강을 유지하다
- have food poisoning 식중독에 걸리다
- have high blood pressure 고혈압이 있다
- have poor health 몸이 허약하다
- have trouble with digesting 소화를 잘 못하다
- one's nose is stopped up 코가 막히다
- have ringing in ears 이명이 있다, 귀에서 삐 소리가 나다

병원

- injection 주사
- caregiver (병원) 돌보미
- pharmacy 약국
- prescription 처방전
- emergency room 응급실
- medical record 진료 기록
- over the counter 처방전 없이 살 수 있는
- regular checkup 정기검진
- make rounds 회진을 돌다
- get well 몸을 회복하다
- leave a hospital 퇴원하다
- put in eye drops 안약을 넣다
- take medicine[a pill] 약을 먹다
- take one's blood pressure 혈압을 재다
- give someone a shot …에게 주사를 놓다
- fight bacterial growth 세균 증식을 막다
- reduce the symptoms 증상을 완화하다

B 건강에 대해 이야기하기

〈건강에 대해 묻고 답하기〉

What kind of nutrients do tomatoes have? 토마토에는 어떤 영양소가 있나요?
They are high in vitamins C and A. 비타민 C와 A가 풍부하게 들어 있어요.
What seems to be the problem? 어디가 아프신가요?
My stomach hurts. I've been vomiting since last night. 배가 아파요. 어젯밤부터 계속 토했습니다.
Which clinic should I go to? 어느 병원에 가야 하나요?
You need to go to the clinic for internal diseases. 내과에 가야 해요.
How often do you get a regular checkup? 얼마나 자주 정기 검진을 받나요?
I have a checkup once a year. 일 년에 한 번씩 정기 검진을 받아요.

〈건강에 대해 말하기〉

It is said that lavender is quite good to release stress. 라벤더는 스트레스 해소가 효과가 꽤 좋다고 한다.
My blood pressure is a little bit higher than normal range. 내 혈압은 정상 범위보다 조금 더 높다.

Money

Words Preview 자신이 알고 있는 표현에 표시(✓)하시오.

01 □ used	07 □ donate	13 □ overconsumption
02 □ broke	08 □ budget	14 □ exchange rate
03 □ saving	09 □ income	15 □ pay back
04 □ invest	10 □ financial	16 □ win the lottery
05 □ charge	11 □ account	17 □ raise one's allowance
06 □ auction	12 □ charity	18 □ lend (someone) money

Getting Ready II

memo

A 다음을 듣고 빈칸을 채운 후, 알맞은 뜻을 찾아 연결하시오.

1 ________ the lottery •
2 ________ ________ for •
3 sign ________ ________ •
4 pay ________ ________ ________ •
5 break ________ ________ ________ •

• ⓐ …의 대가로
• ⓑ …을 신청하다
• ⓒ 복권에 당첨되다
• ⓓ 수수료를 지불하다
• ⓔ …의 나쁜 습관을 고치다

B 대화를 듣고, 각 상황에 가장 어울리는 그림을 고르시오.

1 ________ 2 ________ 3 ________

ⓐ

ⓑ

ⓒ

C 다음을 듣고, 그에 알맞은 응답을 고르시오.

1 ⓐ It's 1,600 won for one pound today.
ⓑ How much money do you want to change to pound?

2 ⓐ No. You didn't pay back the money you borrowed last time.
ⓑ You should tell him that you want your money back right away.

memo

[01~02] 대화를 듣고, 남자가 돈을 모은 방법을 각각 고르시오.

01 ________ 02 ________

ⓐ 

ⓑ 

ⓒ 

ⓓ 

03 대화를 듣고, 여자가 은행을 방문한 목적으로 가장 적절한 것을 고르시오.

① 송금을 하려고
② 환전을 하려고
③ 현금을 찾으려고
④ 예금 계좌를 개설하려고
⑤ 인터넷 뱅킹을 신청하려고

04 대화를 듣고, 남자의 조언으로 가장 적절한 것을 고르시오.

① 매달 적은 돈이라도 기부해라.
② 반 친구들과 함께 바자회를 열어라.
③ 용돈 기입장을 쓰는 버릇을 들여라.
④ 용돈의 일정 금액을 매달 저금해라.
⑤ 쓸데없는 소비를 줄여서 돈을 절약해라.

05 대화를 듣고, 남자가 한 달 용돈으로 원하는 금액을 고르시오.

① $40 ② $50 ③ $60
④ $70 ⑤ $80

06 다음을 듣고, 그래프와 일치하지 않는 것을 고르시오.

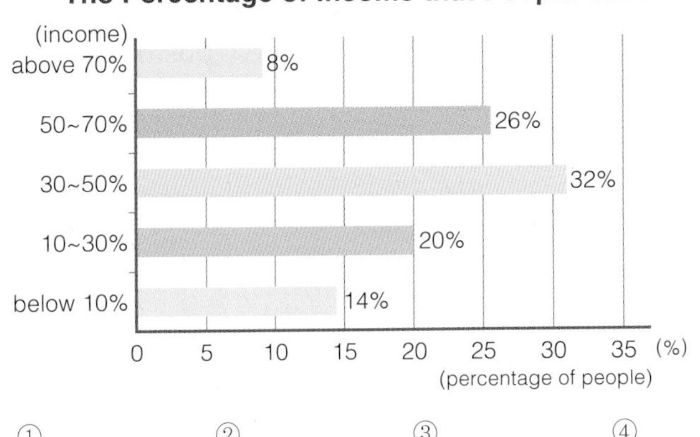

① ② ③ ④ ⑤

07 다음을 듣고, 무엇에 대한 내용인지 가장 적절한 것을 고르시오.

① 용돈 관리 비결
② 경제신문을 읽어야 하는 이유
③ 청소년이 하기 좋은 아르바이트
④ 하루를 일찍 시작하는 것의 중요성
⑤ 아르바이트 경험을 통해 얻은 교훈

08 대화를 듣고, 여자의 고민으로 가장 적절한 것을 고르시오.

① 지갑을 분실했다.
② 교통비가 너무 많이 든다.
③ 친구가 화를 내는 게 두렵다.
④ 친구가 빌린 돈을 갚지 않는다.
⑤ 이번 달 용돈을 이미 다 써버렸다.

memo

memo

09 다음을 듣고, Youth Financial Education Camp에 대해 언급되지 않은 것을 고르시오.

① 시행 날짜 ② 대상자 ③ 프로그램
④ 참가비 ⑤ 신청 방법

10 대화를 듣고, 잡지 사은품에 대한 남자의 태도로 가장 적절한 것을 고르시오.

① critical ② curious ③ positive
④ neutral ⑤ indifferent

11 다음을 듣고, 방송의 목적으로 가장 적절한 것을 고르시오.

① 현명하게 쇼핑하는 방법을 알려주려고
② '아무것도 사지 않는 날'을 권장하려고
③ 북미 추수감사절의 유래를 설명하려고
④ 저명한 광고인 Ted Dave를 소개하려고
⑤ 현대인의 무분별한 소비생활을 비판하려고

12 대화를 듣고, Warren Buffett과의 점심에 대한 내용과 일치하지 않는 것을 고르시오.

① 약 3시간에 걸쳐 이루어진다.
② 뉴욕에 위치한 식당에서 이루어진다.
③ 매년 350만 달러에 판매된다.
④ 수익금은 자선 단체에 기부된다.
⑤ 2000년에 시작되었다.

Challenge

13 **Choose the most unnatural conversation.**

① ② ③ ④ ⑤

14 **How much money will the woman have to pay?**

① $14 ② $16 ③ $20
④ $22 ⑤ $25

[15~16] Listen and answer the questions.

15 **What is the speaker mainly talking about?**

① how to become rich
② the luxurious lives of the rich
③ the reason people play the lottery
④ the dark side of winning the lottery
⑤ the use of profits from selling lottery tickets

16 **What is NOT correct about Michael Carroll according to the talk?**

① He used to be a garbage collector.
② He won the lottery in 2002.
③ He was 19 years old when he won 9.7 million pounds.
④ He spent his money on luxurious things.
⑤ He killed himself because he lost everything.

memo

Dictation

미국식 발음 영국식 발음

대화를 듣고, 남자가 돈을 모은 방법을 각각 고르시오.

01 __________

02 __________

ⓐ 
ⓑ 
ⓒ 
ⓓ 

01 W: I want to buy a bicycle, but I don't __________ __________ __________.

M: I know a good way to __________ __________ __________. It's how I was able to buy a new cell phone.

W: Really? What is it?

M: __________ __________ __________, there's a flea market __________ __________ __________. I sold some of my stuff there. (단서)

W: What kind of stuff did you sell?

M: I __________ __________ __________ and an MP3 player. You can sell __________ __________ __________ __________ __________.

W: I got it. I'll try that next time.

비결을 묻는 여자의 질문에 대한 남자의 대답을 들었는가?

02 W: James, you bought new headphones! Didn't you tell me __________ __________ __________ __________?

M: Yes, I was. So I __________ __________ __________ __________ __________ to buy them.

W: What's your __________ __________ __________ __________?

M: I __________ __________ __________ __________.

W: Oh, what kind of job did you do? Did you work at a restaurant? (함정)

M: No. I __________ __________ __________ __________. I played guitar and sang.

W: So people paid some money __________ __________ __________ __________! I guess that's a kind of part-time job. Good for you.

대화를 듣고, 여자가 은행을 방문한 목적으로 가장 적절한 것을 고르시오.

① 송금을 하려고
② 환전을 하려고
③ 현금을 찾으려고
④ 예금 계좌를 개설하려고
⑤ 인터넷 뱅킹을 신청하려고

03 M: Good afternoon. __________ __________ __________ __________?

W: Yes. I want to send some money __________ __________ __________.

M: All right. First, please fill out this form.

W: Sure. Do I have to __________ __________ __________ __________ to send money?

M: Yes. We charge __________ won.

W: Oh, that's expensive.

M: Why don't you __________ __________ __________? There's no charge, and the service is __________ __________ __________ __________ __________.

W: That __________ __________. I'll use the online service next time.

M: Do you want to __________ __________ __________ __________ __________ today?

W: Well, actually, I signed up several months ago. But I __________ __________ __________ __________.

M: Oh, I see.

여자의 첫 번째 말에 방문 목적이 언급된다.

04 W: Dad, look at the children on TV. ________ ________.

M: Yes. There are many children who ________ ________ ________ ________ ________ ________.

W: I feel sorry for them. Is there any way I can help?

M: The easiest way is ________ ________ ________ ________. Then the money can ________ ________ ________ ________ food for them.

W: But ________ ________ ________ ________? I'm a student, so I don't have a lot of money.

M: It doesn't have to be ________ ________ ________. Every dollar helps.

W: Really?

M: Yes. If you donate ________ ________, it'll ________ ________ ________ ________.

W: I see. Then I'll donate ________ ________ ________ ________.

M: Good!

여자의 고민 내용은 무엇인가?

대화를 듣고, 남자의 조언으로 가장 적절한 것을 고르시오.

① 매달 적은 돈이라도 기부해라.
② 반 친구들과 함께 바자회를 열어라.
③ 용돈 기입장을 쓰는 버릇을 들여라.
④ 용돈의 일정 금액을 매달 저금해라.
⑤ 쓸데없는 소비를 줄여서 돈을 절약해라.

05 M: Mom, I have a favor to ask. Could you ________ ________ ________?

W: Why do you need more money? You have a part-time job now.

M: I'm saving that money to buy a digital camera.

W: Okay, but you have to tell me ________ ________ ________ ________ ________.

M: Sure. I need it ________ ________ ________ ________ ________. And I have to buy some books ________ ________ ________ ________.

W: And I guess you want money ________ ________ ________ ________ too, right?

M: Of course. I'm 16 already. So ________ ________ ________ ________ ________ to do all these things.

W: All right. Then how much more do you need?

M: Can you give me ________ ________ ________? I promise I'll study harder.

원하는 금액이 직접적으로 언급되지 않으므로 언급되는 숫자 정보를 메모하며 듣자.

대화를 듣고, 남자가 한 달 용돈으로 원하는 금액을 고르시오.

① $40 ② $50 ③ $60
④ $70 ⑤ $80

06 W: ① ________ ________ ________ ________ ________ save more than 70% of their income.

② 26% of people save ________ ________ ________ ________ of their income.

③ ________ ________ ________ ________ ________ save between 30 and 50% of their income.

④ ________ ________ ________ save between 10 and 30% of their income.

⑤ More than 15% of people ________ ________ ________ ________ of their income.

다음을 듣고, 그래프와 일치하지 않는 것을 고르시오.

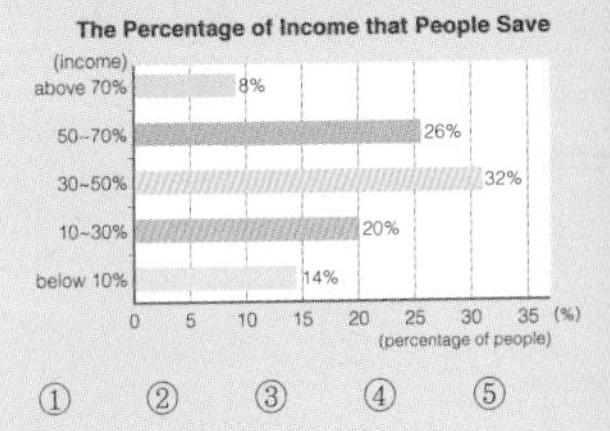

① ② ③ ④ ⑤

다음을 듣고, 무엇에 대한 내용인지 가장 적절한 것을 고르시오.

① 용돈 관리 비결
② 경제신문을 읽어야 하는 이유
③ 청소년이 하기 좋은 아르바이트
④ 하루를 일찍 시작하는 것의 중요성
⑤ 아르바이트 경험을 통해 얻은 교훈

07 M: ________ ________ ________ ________, I delivered newspapers as a part-time job last summer vacation. It was ________ ________ ________ ________ ________, but I learned a lot. On the first day, I found out that many people ________ ________ ________ ________ ________. Because I usually woke up late, it was quite surprising. I realized I ________ ________ ________ ________ ________ ________. Another lesson I learned was that it is ________ ________ ________ ________ ________. While working, I always had to ________ ________ ________ ________ ________. Even when the weather was terrible, I had to work anyway. So my body ________ ________ ________ after work. But I ________ ________ ________, and I earned ________ won a month. It was a very special experience for me.

a part-time job만 듣고 성급하게 답을 고르지 않도록 한다.

대화를 듣고, 여자의 고민으로 가장 적절한 것을 고르시오.

① 지갑을 분실했다.
② 교통비가 너무 많이 든다.
③ 친구가 화를 내는 게 두렵다.
④ 친구가 빌린 돈을 갚지 않는다.
⑤ 이번 달 용돈을 이미 다 써버렸다.

08 M: Dajin, you ________ ________. What's wrong?
W: Max borrowed money from me, but I don't think I can get it back.
M: Why do you think that?
W: Well, he has borrowed money before. But he ________ ________ ________ ________.
M: Then why did you ________ ________ ________ ________?
W: He always has a good excuse. This time, he said he ________ ________ ________, so he needed some money for bus fare.
M: That's not good. If he keeps borrowing money and doesn't return it, it will ________ ________ ________.
W: You're right. ________ ________ ________ ________?
M: Tell him that you want your money back. And don't lend him money again.
W: ________ ________ ________ ________ ________ ________ ________?
M: Well, ________ ________ ________ to ask him to pay the money back. I think he should ________ ________ ________ ________.

'돈을 갚지 않는다'는 의미의 여러 표현이 반복되고 있다.

09 M: INE Bank will hold its Youth Financial Education Camp __________ __________ __________ __________. Students __________ __________ __________ __________ can take part in this camp. It will be a great chance to learn __________ __________ __________, __________, and __________ __________. There will be classes about how to be a wise consumer. Also, students will __________ __________ __________ __________ how to manage their money better. And by visiting the Financial Museum, they will learn about __________ __________ __________ __________. We'll also __________ __________ __________ __________ __________, an account book, and some economic magazines for activities. If you want to take part in the camp, please visit www.inebank.com and __________ __________ __________ __________ __________ by December 15th!

선택지를 먼저 읽고 담화에서 관련된 정보가 언급되는지 확인한다.

다음을 듣고, Youth Financial Education Camp에 대해 언급되지 않은 것을 고르시오.

① 시행 날짜 ② 대상자
③ 프로그램 ④ 참가비
⑤ 신청 방법

10 W: Look! I __________ __________ __________ __________ from this fashion magazine.

M: What did you get?

W: It's a nice bag! It must __________ __________ __________ __________ __________ __________.

M: I wonder how magazine companies can __________ __________ __________ __________ __________. The gifts are often more expensive than the magazine itself.

W: They have to __________ __________. If there's no free gift, __________ __________ __________ __________.

M: That's ridiculous. Then how do they make any money?

W: I think they can __________ __________ __________ __________ __________ __________. The more magazines they sell, the more money they can earn from the ads.

M: So __________ __________ __________ __________ __________, we have to read more and more advertisements.

W: Right.

M: They should know they're __________ __________ __________ of their magazines by doing so.

전반적인 대화 상황을 이해하는 것도 중요하지만, 태도를 드러내는 단어나 표현도 잘 잡아내야 한다.

대화를 듣고, 잡지 사은품에 대한 남자의 태도로 가장 적절한 것을 고르시오.

① critical ② curious
③ positive ④ neutral
⑤ indifferent

다음을 듣고, 방송의 목적으로 가장 적절한 것을 고르시오.
① 현명하게 쇼핑하는 방법을 알려주려고
② '아무것도 사지 않는 날'을 권장하려고
③ 북미 추수감사절의 유래를 설명하려고
④ 저명한 광고인 Ted Dave를 소개하려고
⑤ 현대인의 무분별한 소비생활을 비판하려고

11 W: Do you love shopping? Do you consider yourself a shopaholic? Some of you might say yes. Every day you ______ ______ ______ ______ ______ ______. However, once a year, what about having ______ ______ ______ ______ ______ ______ ______?
Many people buy nothing on the Friday after Thanksgiving in North America. This day, called "Buy Nothing Day," ______ ______ ______ ______. A Canadian advertiser named Ted Dave ______ ______ ______ to make people think about overconsumption. On this day, by buying nothing, you can save money and think about consumerism. Mark your calendar now. But remember! This day doesn't mean buy nothing today, and ______ ______ ______!

이 담화의 주요 소재는 무엇인가?

대화를 듣고, Warren Buffett과의 점심에 대한 내용과 일치하지 않는 것을 고르시오.
① 약 3시간에 걸쳐 이루어진다.
② 뉴욕에 위치한 식당에서 이루어진다.
③ 매년 350만 달러에 판매된다.
④ 수익금은 자선 단체에 기부된다.
⑤ 2000년에 시작되었다.

12 W: ______ ______ ______ ______, Liam?
M: I'm reading a news article about a lunch with Warren Buffett. ______ ______ ______ ______ ______?
W: Of course. He's ______ ______ ______ ______ ______.
But what about this lunch?
M: Every year, there is an auction. The winner gets ______ ______ ______ ______ ______ for about three hours with him at a steakhouse in New York.
W: Oh, I see. So ______ ______ ______ ______ ______ ______ ______?
M: This article says it was sold for about 3.5 million dollars this year.
W: Three and a half million dollars? That's a lot of money. But why did Warren Buffett ______ ______ ______? Does he want to make money?
M: Actually, he has donated the money ______ ______ since he started the event in 2000.
W: He must be ______ ______. I guess that's why many people ______ ______.

듣기 전, 미리 선택지를 읽어 어떤 정보가 언급될지 예상해 보자.

Choose the most unnatural conversation.
① ② ③ ④ ⑤

13 ① M: What's ______ ______ ______ ______ today?
W: It's 1,100 won to one dollar now.
② M: I'm afraid you ______ ______ ______ ______ ______.
W: Please ______ ______ ______.
③ M: How can I spend my allowance wisely?
W: ______ ______ ______ will help you.

④ M: I'd like to transfer money ________ ________ ________ ________.
W: How much would you like to transfer?

⑤ M: Can you ________ ________ ________ ________?
W: I'm sorry. ________ ________ ________ ________.

14 W: Excuse me. Could you ________ ________ ________ ________? I think there's a mistake.

M: Certainly. Let me see. ________ ________ a house salad and the grilled pork. Is that right?

W: I also ordered a cup of cappuccino.

M: All right. ________ ________ ________ ________, the pork is $10, and the cappuccino is $4. So ________ ________ ________ ________ ________.

W: That's right. But ________ ________ ________ ________. It's $22. You ________ ________ ________ ________!

M: Sorry ma'am, but we ________ ________ ________ ________ to every meal. It's ________ ________ ________ ________.

W: Oh, I didn't know that. I guess it's all right then. Sorry for bothering you.

M: No problem.

여자의 항의에 대한 남자의 설명을 들었는가?

How much money will the woman have to pay?

① $14 ② $16 ③ $20
④ $22 ⑤ $25

15~16

W: Imagine you ________ ________ ________ ________ ________. This is what happens to ________ ________ ________ ________ ________. That's why many people buy tickets every week, dreaming of a new, happy life. But that's not ________ ________ ________ ________ for everyone. In England, there was a man named Michael Carroll ________ ________ ________ ________ ________ ________. He won 9.7 million pounds in the lottery in 2002 when he was ________ ________ ________. But he didn't ________ ________ ________ ________. He wasted it on luxurious houses and gambling. In the end, he lost ________ ________ ________ ________ ________ ________ ________. His wife left him, and he started working as a garbage collector again. ________ ________ ________ ________, he tried to commit suicide twice. His case can ________ ________ ________ ________ to people who dream of becoming rich overnight.

15 **What is the speaker mainly talking about?**

① how to become rich
② the luxurious lives of the rich
③ the reason people play the lottery
④ the dark side of winning the lottery
⑤ the use of profits from selling lottery tickets

16 **What is NOT correct about Michael Carroll according to the talk?**

① He used to be a garbage collector.
② He won the lottery in 2002.
③ He was 19 years old when he won 9.7 million pounds.
④ He spent his money on luxurious things.
⑤ He killed himself because he lost everything.

Review Test

A 다음 각 단어에 해당하는 의미를 〈보기〉에서 고르시오.

1 fare ______ 2 charge ______ 3 donate ______ 4 consumer ______

5 starve ______ 6 income ______ 7 broke ______ 8 financial ______

보기

ⓐ not having money
ⓑ involving the management of money
ⓒ a person who buys products or uses a service
ⓓ to get weak or die because of lack of food to eat
ⓔ to give some money or things to an organization
ⓕ money that someone earns from working or investing
ⓖ to ask for a certain amount of money for a product or service
ⓗ the money that someone needs to pay when using a vehicle, such as a bus or train

B 〈보기〉의 문장을 알맞은 순서대로 배치하여, 다음 대화문을 완성하시오.

M: Welcome to NE Bank. How can I help you?
W: 1 ________________________
M: 2 ________________________
W: 3 ________________________
M: 4 ________________________

보기

ⓐ Sure. Please fill out this form first.
ⓑ I'd like to send some money to France.
ⓒ I'm done. Do I need to pay a service fee?
ⓓ Yes. We charge $20 for sending money overseas.

C 다음 우리말과 일치하도록 빈칸에 알맞은 표현을 쓰시오.

1 An old lady ________ ________ to the charity.
(한 노부인이 자선 단체에 돈을 기부했다.)

2 Let me buy you lunch ________ ________ ________ your advice.
(네 조언에 대한 대가로 내가 점심을 사게 해줘.)

3 He helped people in need after he ________ ________ ________.
(그는 복권에 당첨된 후 어려운 사람들을 도왔다.)

주제별 표현 정리

Topic words & Phrases

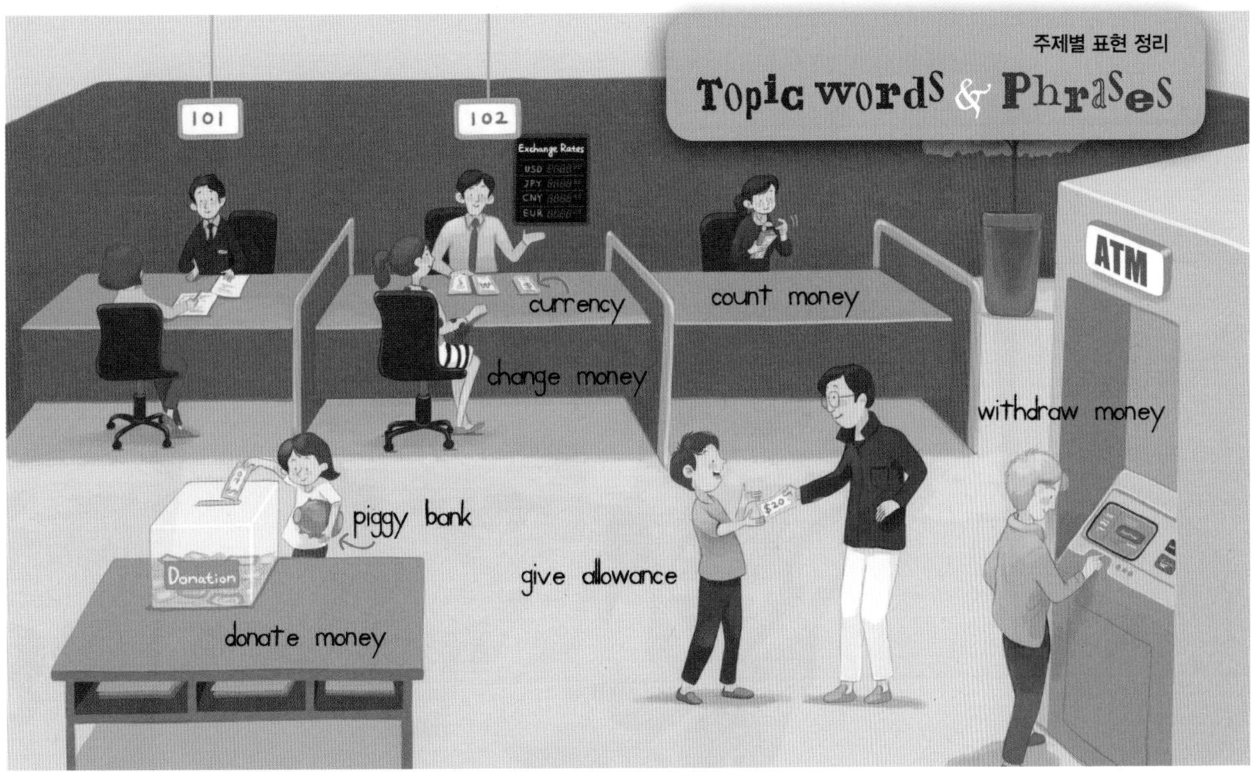

A 돈에 대한 표현

fee 수수료
bill 고지서, 청구서
fare (교통) 요금
afford 형편이 되다
overspend 과소비하다
broke 빈털터리의
bankrupt 파산한
wealth 부, 재산
wealthy 부유한
charge 요금(을 청구하다)
saving 저축
owe 빚을 지다
debt 빚
loan 대출(하다)
budget 예산
finance 재정
account 계좌
auction 경매
balance 잔고, 잔금
payment 지불, 지급
mortgage (담보) 대출(금)

banking 은행 업무
interest 이자
deposit 보증금
currency 화폐
allowance 용돈
account book 용돈기입장
economic 경제의
economical 경제적인
expense 돈, 비용
change 거스름돈
piggy bank 돼지 저금통
ATM 현금 자동 입출금기
exchange rate 환율
count money 돈을 세다
change money 환전하다
donate money 돈을 기부하다
withdraw money 돈을 인출하다
win the lottery 복권에 당첨되다

B 돈에 대해 이야기하기

〈돈에 대해 묻고 답하기〉

Where are you transferring the money to?
돈을 어디로 이체하십니까?

I'd like it transferred to my new account.
제 새 계좌로 이체하고 싶습니다.

What would you do if you were given one million dollars? 백만 달러를 받는다면 무엇을 하고 싶니?

I'd donate that money to help starving children.
나는 굶주린 아이들을 돕기 위해 그 돈을 기부하고 싶어.

How did you save up some money? 너는 어떻게 돈을 모았니?

I sold some used stuff in the flea market.
벼룩시장에서 중고물품들을 좀 팔았어.

〈돈에 대해 말하기〉

Jason has donated some of his income to charity.
Jason은 수입의 일부를 자선 단체에 기부해 왔다.

Many small businesses pay a lot of money for credit card fees.
많은 영세 사업들이 신용카드 수수료 때문에 많은 돈을 지불한다.

I usually plan my budget and write what I spent in my account book.
나는 보통 예산을 짜고 내가 쓴 것을 용돈기입장에 적어.

I'm afraid of being broke, so I save money regularly and don't overspend. 나는 무일푼이 되는 것이 두려워서 정기적으로 돈을 모으고 과소비하지 않아.

Unit 09

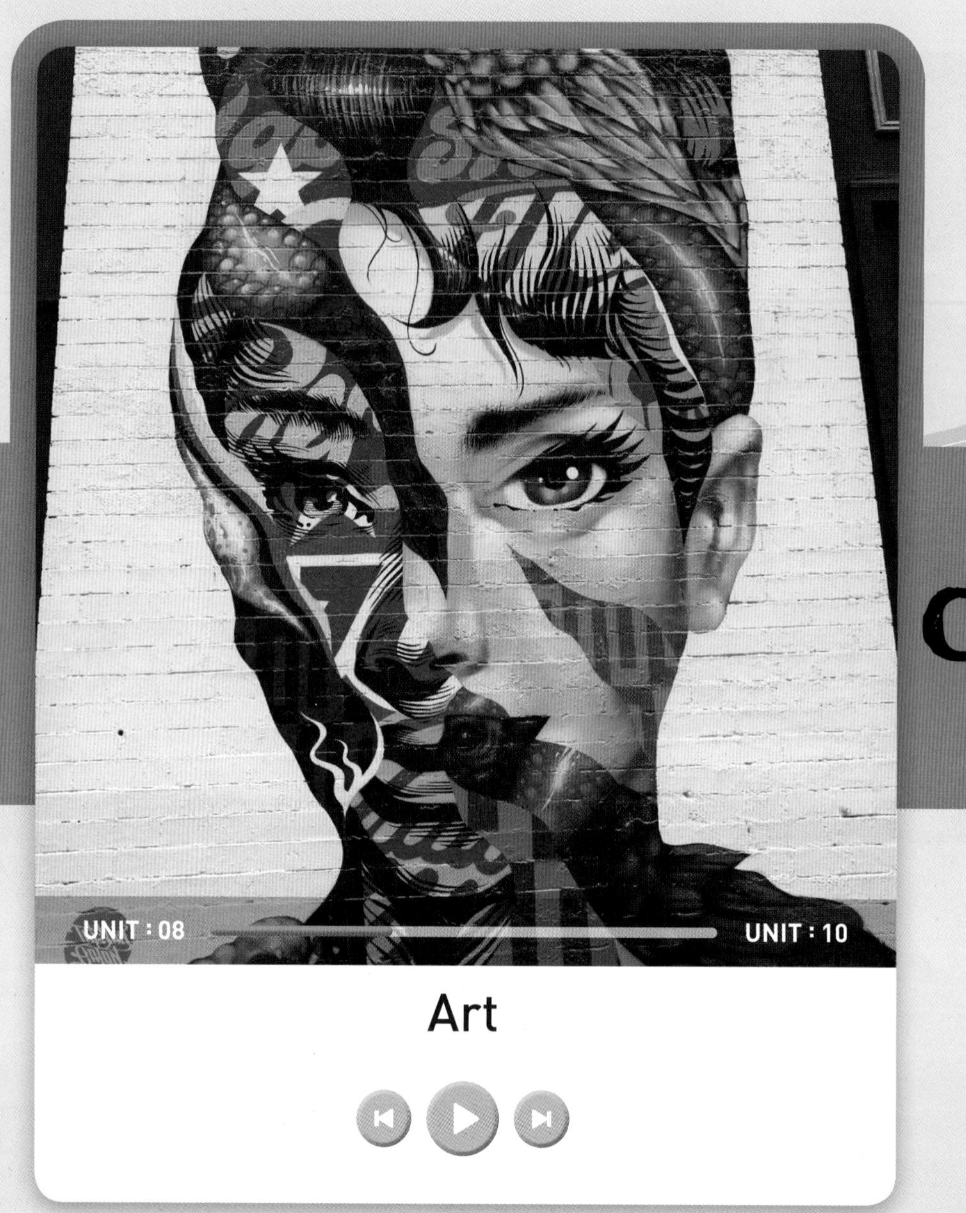

Art

Words Preview 자신이 알고 있는 표현에 표시(✓)하시오.

01 □ carve	07 □ impress	13 □ subject
02 □ theme	08 □ contrast	14 □ composer
03 □ recital	09 □ architect	15 □ entrance fee
04 □ design	10 □ exhibition	16 □ raise funds
05 □ gifted	11 □ symphony	17 □ to one's taste
06 □ display	12 □ landscape	18 □ get media attention

Getting Ready II

memo

A 다음을 듣고 빈칸을 채운 후, 알맞은 뜻을 찾아 연결하시오.

1 ________ an audience • • ⓐ 기부하다
2 get ________ ________ • • ⓑ 시대를 앞선
3 come ________ ________ • • ⓒ 생각이 떠오르다
4 make ________ ________ • • ⓓ 청중을 감동시키다
5 ________ ________ one's time • • ⓔ 언론의 주목을 받다

B 대화를 듣고, 각 상황에 가장 어울리는 그림을 고르시오.

1 ________ 2 ________ 3 ________

ⓐ

ⓑ

ⓒ

C 다음을 듣고, 그에 알맞은 응답을 고르시오.

1 ⓐ This exhibition's goal is to raise funds for children in need.
ⓑ Visitors can see beautiful landscape pictures of New Zealand.

2 ⓐ Claude Monet's paintings are not really to my taste.
ⓑ It's going to be held from October 11th to December 25th.

Topic Listening 

mem0

[01~02] 대화를 듣고, 두 사람이 감상하고 있는 그림으로 가장 적절한 것을 각각 고르시오.

01 ________ 02 ________

ⓐ  ⓑ  ⓒ  ⓓ 

03 다음을 듣고, 남자의 직업으로 가장 적절한 것을 고르시오.

① 지휘자 ② 작곡가 ③ 첼로 연주자
④ 음악 평론가 ⑤ 피아니스트

04 대화를 듣고, 큐레이터가 되기 위한 자질로 언급되지 않은 것을 고르시오.

① 예술에 대한 이해 ② 전시 관련 실무 경험
③ 대인 관계 기술 ④ 전시회 기획 능력
⑤ 뛰어난 정보력

05 대화를 듣고, 여자가 취할 동작으로 가장 적절한 것을 고르시오.

① 
② 
③ 
④ 
⑤ 

06 대화를 듣고, 여자가 화가 난 이유로 가장 적절한 것을 고르시오.

① 전시회장 시설이 좋지 않아서
② 관람객들이 시끄럽게 떠들어서
③ 전시회장 직원들이 부족해서
④ 표 가격이 터무니 없이 비싸서
⑤ 관람객들이 전시회장 내에서 사진을 찍어서

07 대화를 듣고, 전시회에 대해 언급되지 않은 것을 고르시오.

① 전시 일정
② 관람 시간
③ 휴관일
④ 입장료
⑤ 주차 정보

08 다음을 듣고, 그 내용과 일치하지 않는 것을 고르시오.

Violinist Richard Han's Recital

① **Place:** Seoul Art Center
② **Date:** July 3rd ~ 4th, 8 p.m.
③ **Ticket Price:** ₩80,000, ₩60,000, ₩50,000, and ₩30,000
④ **Ticket Reservations:** Tel) 1754-9386
⑤ **Special Guest:** Jessica Wilson

memo

memo

09 대화를 듣고, 모차르트의 무엇에 대해 이야기하고 있는지 가장 적절한 것을 고르시오.

① 음악적 특징
② 의문에 싸인 죽음
③ 음악에 대한 천부적인 재능
④ 대중의 사랑을 받은 명곡들
⑤ 어린 시절 받은 혹독한 훈련

10 다음을 듣고, 담화를 들을 수 있는 장소로 가장 적절한 곳을 고르시오.

① 미술관
② 옷 가게
③ 미술 학원
④ 발레 교습소
⑤ 오페라 공연장

11 대화를 듣고, 여자가 사진전을 개최한 목적으로 가장 적절한 것을 고르시오.

① 어린이를 위한 기금 마련을 위해
② 아프리카로의 여행을 장려하기 위하여
③ 아프리카의 아름다움을 소개하기 위해
④ 지구 환경 오염의 심각성을 알리기 위해
⑤ 식수 부족 문제에 대한 사람들의 관심을 끌기 위해

12 다음을 듣고, 레오나르도 다 빈치에 대한 내용과 일치하지 <u>않는</u> 것을 고르시오.

① 모나리자를 그린 작가이다.
② 과학에 관심이 많았다.
③ 최초의 헬리콥터를 고안했다.
④ 발명으로 많은 돈을 벌었다.
⑤ 직접 악기를 만들기도 했다.

Challenge

13 **Choose the most unnatural conversation.**

① ② ③ ④ ⑤

14 **On which floor is the exhibition about ancient history being held?**

① 1st floor ② 2nd floor ③ 3rd floor
④ 4th floor ⑤ 5th floor

[15~16] Listen and answer the questions.

15 **What are the speakers mainly talking about?**

① travel plans to Spain
② the life of Antonio Gaudi
③ famous churches in Spain
④ great architects around the world
⑤ Antonio Gaudi and his greatest work

16 **Why hasn't Sagrada Familia been finished yet?**

① because of the many tourists
② because of the construction costs
③ because of the opposition of the citizens
④ because of the death of the original architect
⑤ because of the difficulties of finding building materials

memo

Dictation

미국식 발음 영국식 발음

대화를 듣고, 두 사람이 감상하고 있는 그림으로 가장 적절한 것을 각각 고르시오.

01 ________

02 ________

ⓐ  ⓑ 

ⓒ  ⓓ 

01 W: Wow. Look at this painting. I love this one.

M: Yeah. This is great! I like this kind of ________ ________ ________ ________.

W: Yeah. This flower is ________ ________ ________ ________ ________ ________ to Western painters. Think about Van Gogh. He ________ ________ ________ ________ his paintings of sunflowers. 단서

M: You are right. While Chinese or Korean artists ________ ________ ________ ________, many Westerners chose sunflowers. 함정

W: Exactly. But I think I can understand ________ ________ ________ ________ ________ ________. Look at this color. It's so ________ ________ ________.

M: Yeah. I love this yellow.

꽃의 특징을 설명하는 말을 들었는가?

02 M: Hey, look at this painting.

W: Wow. It's ________ ________ ________ ________. The sea looks beautiful.

M: The painter ________ ________ ________ ________. Look at the flowers. The red and yellow colors ________ ________, too.

W: Yeah. There's ________ ________ ________ between the red flowers and the blue water.

M: I can ________ ________ ________ ________ of the sea. I'm sure the artist painted it on a sunny day.

W: Yeah. It ________ ________ ________ ________ ________ ________ to paint. I want to ________ ________ ________ in the painting.

언급되는 사물, 색깔을 잘 듣자.

다음을 듣고, 남자의 직업으로 가장 적절한 것을 고르시오.

① 지휘자 ② 작곡가 ③ 첼로 연주자 ④ 음악 평론가 ⑤ 피아니스트

03 M: I ________ ________ ________ ________ ________. My father was a pianist, and my mother was a composer. Naturally, I had the chance to learn to ________ ________ ________ ________ ________ from an early age. I started with the violin and the piano, but I wasn't very interested in them. When I was six, I ________ ________ ________ of the cello for the first time. Right away, I realized ________ ________ ________ ________ ________. I loved ________ ________, ________ ________. I decided to learn how to play it, and I ________ ________ ________ ________ ________. Now I play the cello in an orchestra.

다양한 직업이 언급되지만 혼동하지 않도록 주의 깊게 듣는다.

04 W: Mr. Ryan, thank you for ________ ________ ________ ________ ________ ________ today. I'm majoring in art at university. Can I ________ ________ ________ ________?

M: Sure.

W: I'd like to be a curator like you someday. Could you tell me what I need to do?

M: First of all, you should ________ ________ ________ ________ ________ ________. And because we work with so many others, it's important ________ ________ ________ ________ ________.

W: I see.

M: Also, you need to have ________ ________ ________ ________ ________. Curators choose the theme and decide ________ ________ ________ ________ ________.

W: Wow. Being a curator sounds hard. What else can you tell me?

M: You should ________ ________ ________ ________ ________ ________. You need to know the trends and ________ ________ ________ ________.

W: Okay. Thank you for your time.

M: You're welcome.

대화를 듣고, 큐레이터가 되기 위한 자질로 언급되지 않은 것을 고르시오.

① 예술에 대한 이해
② 전시 관련 실무 경험
③ 대인 관계 기술
④ 전시회 기획 능력
⑤ 뛰어난 정보력

05 M: Today we are going to ________ ________ ________ ________.

W: Is it difficult?

M: No, but you must get your feet right! First, ________ ________ ________ ________. Now stretch the other leg ________ ________ behind you.

W: Stretch one leg backward?

M: Yes. It should be at a 90-degree angle. Now ________ ________ ________ ________. And stretch the other arm out behind you. Just ________ ________ ________ ________ ________ ________ ________.

W: One arm forward, and the other arm backward. Like this?

M: Good. You're doing pretty well, but ________ ________ ________ ________!

남자는 동작을 단계별로 설명하므로, 머릿속으로 하나씩 따라하며 듣는다.

대화를 듣고, 여자가 취할 동작으로 가장 적절한 것을 고르시오.

①

②

③

④

⑤

대화를 듣고, 여자가 화가 난 이유로 가장 적절한 것을 고르시오.

① 전시회장 시설이 좋지 않아서
② 관람객들의 시끄럽게 떠들어서
③ 전시회장 직원들이 부족해서
④ 표 가격이 터무니 없이 비싸서
⑤ 관람객들이 전시회장 내에서 사진을 찍어서

06 M: ______ ______ ______ ______ Jake Brown's exhibition last weekend? You said he is your favorite photographer.

W: His works were perfect. He ______ ______ ______. But I was ______ ______ ______.

M: Why? Was something wrong?

W: Yes. ______ ______ ______ ______, some people were taking photos, although there was even a sign saying ______ ______ ______ ______.

M: Really? I don't understand ______ ______ ______ ______ ______ ______.

W: Yes. I was really angry because they were even using their flash! I ______ ______ ______ ______ ______.

M: Oh, no! Weren't there any employees nearby?

W: No, there were ______ ______ ______ ______.

M: That's too bad. Once when I was at a piano concert, some people next to me ______ ______. That really ______ ______.

W: They should ______ ______ ______ ______.

남녀의 경험을 각각 구분해서 들어야 한다.

대화를 듣고, 전시회에 대해 언급되지 않은 것을 고르시오.

① 전시 일정
② 관람 시간
③ 휴관일
④ 입장료
⑤ 주차 정보

07 *(telephone rings)*

W: Hello, this is Hailey at the Grand Art Center. May I help you?

M: Yes, ______ ______ ______ ______ ______ ______ for the Salvador Dali exhibition. ______ ______ ______ ______?

W: We're going to ______ ______ ______ from the 1st of September to the 23rd of December.

M: What are its hours?

W: It's open from 10 a.m. to 5 p.m. Tuesday through Friday, and 9 a.m. to 6 p.m. on weekends. ______ ______ ______ ______.

M: Okay. ______ ______ ______ ______ ______?

W: The ticket price will be $15 for adults, $10 for students, and ______ ______ ______.

M: I'm ______ ______ ______ ______ ______ ______. Can I get a discount?

W: Yes. You can get ______ ______ ______.

M: I see. Thank you for the information.

선택지를 먼저 읽어보고 각 정보가 언급되는지 확인하며 듣자.

08 W: ______ ______ ______ ______ ______ ______, Richard Han, is coming back! His violin recital will be at the Seoul Art Center. His amazing violin skills ______ ______ ______ around the world. He will play pieces by Handel, Bach, and Beethoven at the recital. It will be at 8 p.m. on July 3rd, ______ ______ ______ ______. Ticket prices start from 30,000 won. There are also 50,000, 60,000, and 80,000 won tickets. ______ ______ ______ ______ ______ ______, so get yours now by calling 1754-9386. There's one more thing. Our favorite singer, Jessica Wilson will ______ ______ ______ ______ ______. Come and ______ ______ ______ between her voice and Han's violin. Don't miss ______ ______ ______ ______ ______!

다음을 듣고, 그 내용과 일치하지 않는 것을 고르시오.

Violinist Richard Han's Recital
① Place: Seoul Art Center
② Date: July 3rd ~ 4th, 8 p.m.
③ Ticket Price: ₩80,000, ₩60,000, ₩50,000, and ₩30,000
④ Ticket Reservations: Tel) 1754-9386
⑤ Special Guest: Jessica Wilson

09 W: Oh, you're listening to a Mozart symphony.
M: That's right. How did you know that? ______ ______ ______ ______ ______ ______?
W: Yes. I especially like listening to Mozart. I think ______ ______ ______ ______ ______.
M: I think so too. You know what? ______ ______ ______ ______ ______ ______ ______ at the age of five.
W: It's amazing, isn't it? At that age, I was just singing children's songs.
M: Also, it's said that he knew how to play the violin ______ ______ ______ ______ ______.
W: How is that possible? He must ______ ______ ______ ______ ______ ______.
M: Yes. It's a pity ______ ______ ______ ______. If he had lived longer, there would be ______ ______ ______ ______ ______ today.

gifted, natural talent 등을 통해 답을 유추할 수 있다.

대화를 듣고, 모차르트의 무엇에 대해 이야기하고 있는지 가장 적절한 것을 고르시오.

① 음악적 특징
② 의문에 싸인 죽음
③ 음악에 대한 천부적인 재능
④ 대중의 사랑을 받은 명곡들
⑤ 어린 시절 받은 혹독한 훈련

10 W: Okay, everyone. Look at this painting. This is one of the most famous works of Edgar Degas. He ______ ______ ______ ______ and it's called *The Dancing Class*. It ______ ______ ______ from a ballet class. Dancers are ______ ______ ______ ______, who is wearing green clothes in the center of the painting. Did you find him? Good. As you may know, Degas ______ ______ ______ ______ ______. It is said that he started drawing ballerinas around the 1870s. He ______ ______ ______ ______ ______ ______ to draw dancers. He wanted to draw the dancers ______ ______ ______ ______, so he didn't ______ ______ ______ ______. Now, let's see the next painting. ______ ______.

담화가 이루어지는 상황을 상상해보자.

다음을 듣고, 담화를 들을 수 있는 장소로 가장 적절한 곳을 고르시오.

① 미술관 ② 옷 가게
③ 미술 학원 ④ 발레 교습소
⑤ 오페라 공연장

대화를 듣고, 여자가 사진전을 개최한 목적으로 가장 적절한 것을 고르시오.

① 어린이를 위한 기금 마련을 위해
② 아프리카로의 여행을 장려하기 위하여
③ 아프리카의 아름다움을 소개하기 위해
④ 지구 환경 오염의 심각성을 알리기 위해
⑤ 식수 부족 문제에 대한 사람들의 관심을 끌기 위해

11 M: I'm at the Grace Art Gallery to interview Melissa Jones, a famous photographer.
W: Hello, everyone.
M: I ____ ____ ____ ____, and it was amazing. What is the name of the exhibition?
W: It's *Dreams of Africa*. Visitors can ____ ____ ____ ____ ____ ____.
M: I heard that this exhibition ____ ____ ____ ____.
W: Yes. Its goal is to raise funds for children in need. All the profits from the exhibition ____ ____ ____ ____ ____.
M: You're doing wonderful work. ____ ____ ____ ____ ____?
W: About six months ago, I visited Africa. I found many children were dying because of ____ ____ and ____ ____ ____ ____. It was really horrible.
M: I see. I hope ____ ____ ____ ____ ____ will come and make a donation.
W: Thank you.

남자의 질문에 대한 여자의 대답을 집중하여 듣자.

다음을 듣고, 레오나르도 다 빈치에 대한 내용과 일치하지 않는 것을 고르시오.

① 모나리자를 그린 작가이다.
② 과학에 관심이 많았다.
③ 최초의 헬리콥터를 고안했다.
④ 발명으로 많은 돈을 벌었다.
⑤ 직접 악기를 만들기도 했다.

12 M: ____ ____ ____ ____ when you hear the name "Leonardo da Vinci"? Most likely, you think of the Mona Lisa, since it's ____ ____ ____ ____ in the world. Leonardo da Vinci is known for this painting and many others. But actually, he was very interested in science and ____ ____ ____ ____ ____ ____ ____. So we can see more of ____ ____ ____ ____ ____ ____ for inventions. They were really ____ ____ ____ ____! For example, da Vinci drew pictures of the first underwater diving suit. Also, he designed the first helicopter. ____ ____ ____ ____ ____ ____ a helicopter 400 years ago? He even ____ ____ ____ ____ ____ ____!
No wonder people call him a genius!

선택지를 먼저 읽어서 대략 어떤 정보가 언급될지 예상할 수 있다.

Choose the most unnatural conversation.

    ⑤

13 ① W: ____ ____ ____ ____ ____ Picasso's paintings?
M: His paintings are not really ____ ____ ____.
② W: What can we see in the exhibition?
M: We can see ____ ____ ____ ____ ____.
③ W: When is the piano recital?
M: ____ ____ ____ ____ on the Art Center's website.

④ W: Who is your ___________ ___________?
M: I love Gustav Klimt most.

⑤ W: Where can I ___________ ___________ ___________ ___________?
M: You can get one ___________ ___________ ___________ ___________.

14 W: Welcome to the Union Museum. You can borrow an audio guide ___________ ___________ ___________ ___________ on the first floor. *The Modern Chinese Paintings* exhibition is on that floor as well. ___________ ___________ ___________ ___________ ___________ by young Chinese artists. On the second floor, we've been ___________ ___________ ___________ ___________ called *Travel to Ancient Times*. It ___________ ___________ ___________ ___________ ___________ ___________ for its interesting ___________ ___________ ___________ ___________. It will end this month, so don't miss your chance to see it. On the third floor, European photographs are ___________ ___________. These works will show you the beauty ___________ ___________ ___________ ___________ ___________ ___________. A café and restaurant are on the fourth floor. There is ___________ ___________ ___________ on the fifth floor. Thank you.

여러 층수와 정보가 언급되므로 간략하게 메모하며 듣자.

On which floor is the exhibition about ancient history being held?

① 1st floor ② 2nd floor
③ 3rd floor ④ 4th floor
⑤ 5th floor

15~16

M: Grace, I have to ___________ ___________ ___________ ___________ ___________ for my report. Do you know any?

W: How about Antonio Gaudi? He was a famous Spanish architect. And the Sagrada Familia is his greatest work.

M: Sagrada Familia? ___________ ___________ ___________ ___________ is it?

W: It's a church in Barcelona, Spain. ___________ ___________ ___________ ___________, but it hasn't been finished yet.

M: Really? ___________ ___________ ___________ ___________ ___________ ___________ ___________ then?

W: Since Gaudi's death, his followers ___________ ___________ ___________ ___________ ___________. But no one knows when it will be finished. The building costs are only being funded by ___________ ___________ ___________ ___________ ___________ ___________. So it will take a long time.

M: Wow. How do you know so much about it?

W: I traveled to Barcelona last summer. I was very impressed because all the stones of the church ___________ ___________ ___________ ___________ ___________.

M: That's amazing! I wish ___________ ___________ ___________ ___________.

15 여자는 남자에게 보고서의 주제로 무엇을 제안했는가?

15 **What are the speakers mainly talking about?**

① travel plans to Spain
② the life of Antonio Gaudi
③ famous churches in Spain
④ great architects around the world
⑤ Antonio Gaudi and his greatest work

16 **Why hasn't Sagrada Familia been finished yet?**

① because of the many tourists
② because of the construction costs
③ because of the opposition of the citizens
④ because of the death of the original architect
⑤ because of the difficulties of finding building materials

Review Test

A 다음 각 단어에 해당하는 의미를 〈보기〉에서 고르시오.

1 lack ______ **2** carve ______ **3** design ______ **4** gifted ______
5 profit ______ **6** theme ______ **7** display ______ **8** contrast ______

보기

ⓐ money that a business earns
ⓑ to plan how something is made or built
ⓒ to put something in a way that people can see it
ⓓ to make something by cutting into stone or wood
ⓔ having natural talent in a particular subject or activity
ⓕ the condition of not having something when it is needed
ⓖ the main idea or subject of something such as an exhibition or book
ⓗ a clear difference in light or color that someone can see in an artwork such as a painting or photograph

B 다음 각 질문에 대한 응답으로 가장 적절한 것을 〈보기〉에서 고르시오.

1 What exhibition is the Luis Art Gallery holding?

2 What do I need to be a curator?

보기

ⓐ You should have an eye for art.
ⓑ The gallery is open from 9 a.m. to 6 p.m.
ⓒ They are holding an exhibition called *The New Sensation*.

C 다음 우리말과 일치하도록 빈칸에 알맞은 표현을 쓰시오.

1 The gallery is having an exhibition to ________ ________ for abandoned dogs.
(그 미술관은 유기견을 위한 기금을 마련하기 위해서 전시회를 열고 있다.)

2 The young British artist ________ ________ ________ due to his unique style.
(그 젊은 영국 화가는 그의 독특한 스타일로 언론의 주목을 받았다.)

3 Claude Monet ________ ________ ________ ________ when talking about Impressionists.
(인상주의 화가들에 대해 이야기할 때 클로드 모네가 떠올랐다.)

주제별 표현 정리

Topic words & Phrases

A 예술에 대한 표현

예술

theme 주제, 테마
subject 주제; 소재
harmony 조화
carve 조각하다
portrait 초상화
landscape 풍경화
abstract art 추상미술
performance art 행위 예술
contemporary art 현대미술
sculpture 조각품
masterpiece 걸작
collection 수집품
architect 건축가
compose 작곡하다
composer 작곡가
lyricist 작사가
play an instrument 악기를 연주하다

감상

exhibition 전시회
art gallery 미술관
recital 독주회
docent 전시 안내원
audio guide 오디오 가이드
museum tour 박물관 견학
opening hours 관람 시간
pay an entrance fee 입장료를 내다
interpret artwork 예술 작품을 해석하다
appreciate artwork 예술 작품을 감상하다
have an eye for …을 보는 안목이 있다
keep a safe distance from the art 미술품으로부터 안전한 거리를 유지하다

B 예술에 대해 이야기하기

〈예술에 대해 묻고 답하기〉

Do you like Picasso's paintings?
너는 피카소의 작품이 마음에 드니?

Yes. His work deeply touches me.
응. 그의 작품은 나에게 깊은 감동을 줘.

How did you like the orchestra's concert?
오케스트라 음악회는 어땠니?

It was good. A famous composer conducted the orchestra.
좋았어. 유명 작곡가가 오케스트라를 지휘했어.

〈예술에 대해 말하기〉

I think the painter poured his soul into that piece.
나는 화가가 이 작품에 그의 영혼을 쏟아 부었다고 생각해.

Visitors can appreciate the artwork of African artists in this exhibition.
관람객들은 이 전시회에서 아프리카 예술가들의 작품을 감상할 수 있다.

I never understand what the artist wanted to express.
나는 저 예술가가 무엇을 표현하고 싶었는지 절대 이해를 못하겠어.

You don't have to understand the work, just enjoy it.
작품을 이해할 필요는 없으니 그냥 즐겨.

Unit 10

Issues

Words Preview 자신이 알고 있는 표현에 표시(✓)하시오.

01 □ policy
02 □ bully
03 □ illegal
04 □ privacy
05 □ shortage
06 □ economic
07 □ property
08 □ blackmail
09 □ multicultural
10 □ personal information
11 □ international marriage
12 □ turn out
13 □ feel guilty
14 □ break into
15 □ make fun of
16 □ donate blood
17 □ commit suicide
18 □ make up a story

Getting Ready II

memo

A 다음을 듣고 빈칸을 채운 후, 알맞은 뜻을 찾아 연결하시오.

1 lose ________ • • ⓐ 자살하다

2 ________ suicide • • ⓑ …을 놀리다

3 ________ the company • • ⓒ 자신감을 잃다

4 make ________ ________ • • ⓓ 회사를 협박하다

5 ________ ________ a story • • ⓔ 이야기를 지어내다

B 다음을 듣고, 각 문장에 가장 어울리는 그림을 고르시오.

1 ________ 2 ________ 3 ________

ⓐ

ⓑ 

ⓒ 

C 다음을 듣고, 그에 알맞은 응답을 고르시오.

1 ⓐ France made a new policy to solve the problem.
ⓑ Youth unemployment is a serious social issue now.

2 ⓐ International marriages have been increasing these days.
ⓑ They can't understand the lessons as they're not fluent in the language.

Topic Listening 

memo

01 **대화를 듣고, 두 사람의 관계로 가장 적절한 것을 고르시오.**

① 이웃
② 학부모 - 교사
③ 경비원 - 주민
④ 건축가 - 주민
⑤ 인테리어 디자이너 - 의뢰인

02 **대화를 듣고, 헌혈에 대한 여자의 주장으로 가장 적절한 것을 고르시오.**

① 헌혈에 대한 홍보가 부족하다.
② 헌혈을 하면 건강에 도움이 된다.
③ 혈액 관리가 더 철저하게 이루어져야 한다.
④ 헌혈의 집 위생상태를 철저하게 관리해야 한다.
⑤ 헌혈은 안전하고, 많은 이들이 혈액을 필요로 한다.

03 **대화를 듣고, 남자의 마지막 말의 의도로 가장 적절한 것을 고르시오.**

① 칭찬
② 비판
③ 거절
④ 제안
⑤ 부탁

04 **다음을 듣고, Sandra의 문제로 가장 적절한 것을 고르시오.**

① 몸이 몹시 허약하다.
② 연예인이라 너무 바쁘다.
③ 극심한 다이어트를 한다.
④ 장래에 대해 불안해 한다.
⑤ 스트레스를 받으면 폭식을 한다.

[05~06] 다음을 듣고, 설명하고 있는 사회 문제로 가장 적절한 것을 〈보기〉에서 각각 고르시오.

05 ________　　　06 ________

보기

ⓐ 불법 다운로드　　ⓑ 악덕 소비자
ⓒ 전화 금융사기　　ⓓ 불량 식품 유통

memo

07 대화를 듣고, 대화가 이루어지고 있는 상황으로 가장 적절한 것을 고르시오.

①

②

③

④

⑤

08 다음을 듣고, 최근 학교폭력의 경향으로 언급되지 <u>않은</u> 것을 고르시오.

① 약 20%의 학생이 피해 경험이 있다.
② 가해자들의 평균 연령대가 낮아지고 있다.
③ 무리를 형성해서 함께 피해자를 괴롭힌다.
④ 여학생 가해자의 수가 증가하고 있다.
⑤ 가해자들이 죄책감을 거의 느끼지 않는다.

memo

09 다음을 듣고, 그래프와 일치하지 않는 것을 고르시오.

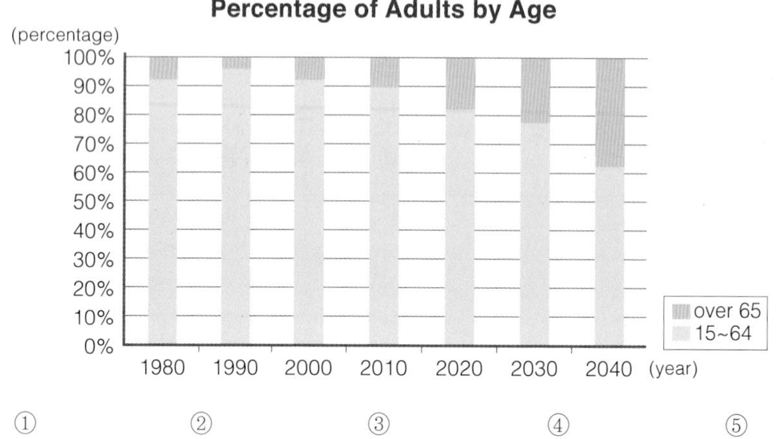

① ② ③ ④ ⑤

10 대화를 듣고, 무엇에 대해 이야기하고 있는지 가장 적절한 것을 고르시오.

① 경제 침체의 장기화
② 청년 실업의 심각성
③ 경제 정책의 문제점
④ 직장 생활의 어려움
⑤ 면접을 잘 보는 방법

11 다음을 듣고, 그 내용과 일치하지 않는 것을 고르시오.

① 세계 사망 원인의 약 6%가 자살에 해당한다.
② 한국에서 자살은 사망 원인 1위이다.
③ 한국은 OECD 가입국 중 자살률 1위이다.
④ 한국에서 하루에 약 40명의 사람이 자살을 한다.
⑤ 스트레스가 자살의 주된 원인이다.

12 대화를 듣고, 남자의 심정으로 가장 적절한 것을 고르시오.

① tired
② proud
③ satisfied
④ ashamed
⑤ encouraged

memo

13 **Choose the most unnatural conversation.**

① ② ③ ④ ⑤

14 **What is the speaker mainly talking about?**

① the origin of paparazzi
② European law against paparazzi
③ good and bad points of paparazzi
④ the main cause of stars' depression
⑤ too much concern about stars by the public

[15~16] Listen and answer the questions.

15 **What are the speakers mainly talking about?**

① a new policy for multicultural families
② the increase in international marriages
③ the problem caused by illegal immigration
④ the bullying of children with foreign parents
⑤ problems children from multicultural families have in school

16 **What does the woman think schools should do?**

① educate bullies
② start a campaign
③ offer Korean classes
④ give financial support
⑤ run a mentoring program

Dictation

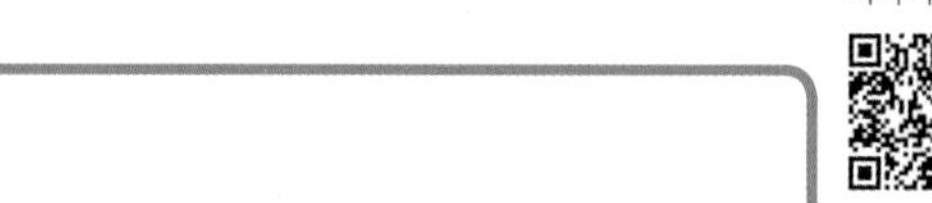

대화를 듣고, 두 사람의 관계로 가장 적절한 것을 고르시오.

① 이웃
② 학부모 - 교사
③ 경비원 - 주민
④ 건축가 - 주민
⑤ 인테리어 디자이너 - 의뢰인

01 M: Hello. ________ ________ ________ ________ late at night. I ________ ________.
단서

W: It's okay. What's wrong?

M: Well, I'm here to ________ ________ ________ ________ coming from your apartment. I can hear it through the ceiling, and I can't ________ ________ ________.

W: Oh, I'm ________ ________. Maybe it's because of my children. I ________ ________ ________ ________.

M: Yes, I think ________ ________ ________ ________ ________. Actually it's not just tonight. I understand children can play like that, but please ________ ________ ________ ________ ________ ________ late at night.

W: ________ ________. I'm sorry again. I'll ________ ________ ________ ________.

M: Thank you. I ________ ________.

대화의 상황을 머릿속으로 상상하며 듣자.

대화를 듣고, 헌혈에 대한 여자의 주장으로 가장 적절한 것을 고르시오.

① 헌혈에 대한 홍보가 부족하다.
② 헌혈을 하면 건강에 도움이 된다.
③ 혈액 관리가 더 철저하게 이루어져야 한다.
④ 헌혈의 집 위생상태를 철저하게 관리해야 한다.
⑤ 헌혈은 안전하고, 많은 이들이 혈액을 필요로 한다.

02 W: Brody, ________ ________ ________ ________ ________?

M: No, I haven't. ________ ________ ________, I'm worried about possible health problems.

W: ________ ________ ________ ________?

M: My friend said he ________ ________ ________ ________ after donating blood.

W: You don't need to worry. Before you do it, a nurse ________ ________ ________ ________ ________ to make sure it's safe for you to give blood.

M: Yeah? But I'm also ________ ________ ________ ________. I don't like getting shots.

W: Come on! There are ________ ________ ________ ________ ________. And hospitals don't have enough blood to give them.

M: Okay, okay. I'll think about it.

자신의 상식을 동원하지 말고, 문제에서 요구하는 여자의 의견을 잘 잡아내자.

대화를 듣고, 남자의 마지막 말의 의도로 가장 적절한 것을 고르시오.

① 칭찬 ② 비판 ③ 거절
④ 제안 ⑤ 부탁

03 M: Jenny, you look tired today. What happened? ________ ________ ________ ________ last night?

W: Yeah. I ________ ________. It was really ________ ________ last night.

M: What happened? Were ________ ________ ________ ________?

W: No. You know, a famous singer ________ ________ ________ ________ last week. And like a hundred of his fans were waiting for him making a lot of noise.

M : Wow. Everyone in the building ___________ ___________ ___________ ___________ ___________.

W : Yeah. But that's not everything. I was scared! Some of the fans ___________ ___________ ___________ ___________ ___________ ___________.

M : Really? ___________ ___________. I read on the Internet that someone ___________ ___________ ___________ ___________ in his house.

W : Yeah. I feel so sorry for the singer. He said this was his third time moving ___________ ___________ ___________.

M : The fans should learn ___________ ___________ ___________ ___________ ___________ like everybody does.

여자에게 벌어진 일과 그에 대한 남자의 전반적 반응을 잘 살피자.

04 W : My friend, Sandra, is ___________ ___________ ___________ ___________ ___________. It started when she ___________ ___________ ___________ ___________ ___________ on TV. Whenever she looked at them, she ___________ ___________ ___________ ___________ ___________ ___________. She thought that she was too fat. She started to eat very little. Whenever she did eat something, she felt very bad. So she often ___________ ___________ ___________ ___________. Now she is really skinny, but she ___________ ___________ ___________ ___________. Her health has been ___________ ___________. She often feels dizzy and gets sick easily. Also, she always ___________ ___________ ___________ ___________. I'm very worried about her.

eating disorder는 '섭식 장애'라는 의미이다.

다음을 듣고, Sandra의 문제로 가장 적절한 것을 고르시오.

① 몸이 몹시 허약하다.
② 연예인이라 너무 바쁘다.
③ 극심한 다이어트를 한다.
④ 장래에 대해 불안해 한다.
⑤ 스트레스를 받으면 폭식을 한다.

05 M : Yesterday, I got a phone call ___________ ___________ ___________ ___________. The caller said that he was a police officer. He told me that a website I joined ___________ ___________ ___________. He asked me for some personal information, including ___________ ___________ ___________ ___________ ___________. He said he needed them for the investigation. I believed him and ___________ ___________ ___________. Later, I found out that ___________ ___________ ___________ ___________ from my account. I realized that the police would ___________ ___________ ___________ ___________ ___________. I was fooled!

전화로 개인정보를 캐내는 형태의 범죄는 무엇인가?

다음을 듣고, 설명하고 있는 사회 문제로 가장 적절한 것을 〈보기〉에서 각각 고르시오.

05 ___________

06 ___________

보기

ⓐ 불법 다운로드 ⓑ 악덕 소비자
ⓒ 전화 금융사기 ⓓ 불량 식품 유통

06 W: I __________ __________ __________ __________ today. A man bought a snack and __________ __________ __________ __________ __________. Many people were angry at the food company. But surprisingly, it __________ __________ that the customer __________ __________ __________ __________. He just wanted money from the company. Sometimes people make up __________ __________ __________. Then they __________ __________, asking for lots of money. But it's __________ __________ __________ __________ if those products really had problems or not. Companies usually just __________ __________ __________ __________ __________ __________ __________.

함정

make up the story는 '이야기를 지어내다'라는 의미이다.

대화를 듣고, 대화가 이루어지고 있는 상황으로 가장 적절한 것을 고르시오.

① 
② 
③ 
④ 
⑤ 

07 M: It's __________ __________ __________ __________ __________. What's wrong with the air conditioner?

W: I think it's because of __________ __________ __________ __________.

M: What policy?

W: The government announced that the indoor temperature __________ __________ __________ __________ __________ __________ in public places. It's to save energy.

M: Well, I understand we have to save energy. But I don't know __________ __________ __________ __________ __________ __________.

W: Don't you remember the blackout last year? __________ __________ are very serious these days.

M: I know. But who wants to use the subway __________ __________ __________ __________ __________? I hope they at least __________ __________ __________ during rush hours. I'm sweating! I __________ __________ __________.

W: Why don't you __________ __________? It will help you __________ __________.

두 사람은 현재 어디에 있는가?

다음을 듣고, 최근 학교폭력의 경향으로 언급되지 않은 것을 고르시오.

① 약 20%의 학생이 피해 경험이 있다.
② 가해자들의 평균 연령대가 낮아지고 있다.
③ 무리를 형성해서 함께 피해자를 괴롭힌다.
④ 여학생 가해자의 수가 증가하고 있다.
⑤ 가해자들이 죄책감을 거의 느끼지 않는다.

08 M: These days, many people are __________ __________ __________ __________. The news often __________ __________ about students who have killed themselves because of it. It is reported that about 20% of students have experienced bullying. __________ __________ __________ __________ __________ __________. And the __________ __________ __________ __________ who bully their classmates is __________ __________. Even some elementary school students __________ __________ __________. Bullies usually __________ __________ __________ __________. Since they are with their friends, they __________ __________ __________ even more cruelly. What's worse, they __________ __________ __________ about what they do. They do it just for fun.

미리 선택지를 읽어 대략 어떤 어떤 정보가 언급될지 예상해 보자.

09 W: ① ______ ______ ______ ______ ______ between 15 and 64 has been decreasing since 1990.

② ______ ______ ______ ______ ______ ______ increased slightly between 1980 and 1990.

③ In 2000, ______ ______ 20% of the population ______ ______ ______.

④ Population of those ______ ______ ______ ______ will ______ ______ ______ in 2030.

⑤ Citizens over 65 are expected to make up nearly 40% of the population ______ ______.

다음을 듣고, 그래프와 일치하지 <u>않는</u> 것을 고르시오.

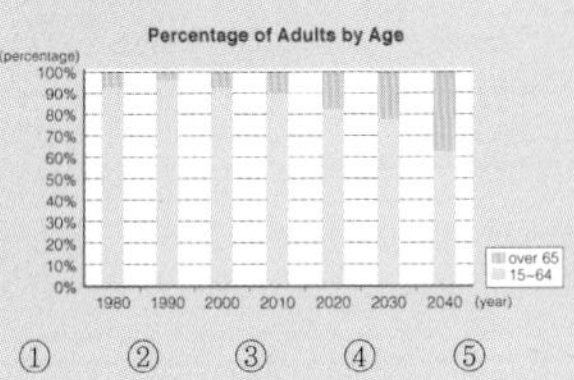

① ② ③ ④ ⑤

10 M: You ______ ______. What's wrong?

W: I just heard from ______ ______ ______ ______ ______. I didn't get the job.

M: Oh, I'm sorry to hear that. You ______ ______ ______ ______.

W: I feel like I'll ______ ______ ______ ______. Maybe I'm not good enough for any company.

M: Actually, I'm also ______ ______ ______ ______. I applied to more than 20 companies, and only one of them ______ ______ ______ ______ ______.

W: What? That's really terrible!

M: Yeah. I don't think the ______ ______ ______ ______ ______ right now. There are lots of applicants, but just a few openings.

W: Something has to be done ______ ______ ______ ______ for young people.

여자가 우울한 이유는 무엇인가?

대화를 듣고, 무엇에 대해 이야기하고 있는지 가장 적절한 것을 고르시오.

① 경제 침체의 장기화
② 청년 실업의 심각성
③ 경제 정책의 문제점
④ 직장 생활의 어려움
⑤ 면접을 잘 보는 방법

11 M: Do you know ______ ______ ______ ______ ______? It is reported that about 6% of all deaths are caused by suicide in the world. Also, it's one of ______ ______ ______ ______ ______ in Korea. It is ______ ______ ______ ______ ______ for all deaths in Korea. Korea ______ ______ ______ ______ ______ among OECD countries. The suicide rate has been increasing since the late 2000s. It is estimated that about 40 people ______ ______ ______ ______. There are various reasons ______ ______ ______ ______. Stress is a major cause of the problem. The stress often ______ ______ ______ which can cause people to kill themselves. There needs to be more ways ______ ______ ______ ______ ______.

여러 숫자 정보를 서로 헷갈리지 않아야 한다.

다음을 듣고, 그 내용과 일치하지 <u>않는</u> 것을 고르시오.

① 세계 사망 원인의 약 6%가 자살에 해당한다.
② 한국에서 자살은 사망 원인 1위이다.
③ 한국은 OECD 가입국 중 자살률 1위이다.
④ 한국에서 하루에 약 40명의 사람이 자살을 한다.
⑤ 스트레스가 자살의 주된 원인이다.

대화를 듣고, 남자의 심정으로 가장 적절한 것을 고르시오.

① tired ② proud
③ satisfied ④ ashamed
⑤ encouraged

12 W: Have you finished the history homework? It's __________ __________.

M: Not yet. I'm going to do it in the evening after the soccer game.

W: __________ __________ __________ __________ right away. It __________ __________ __________ __________ __________ __________.

M: Don't worry. I found several papers about the topic on the Internet. I'm going to __________ __________ __________ __________ __________.

W: What? You shouldn't do that!

M: Why not? Those people __________ __________ __________ __________ __________ where everyone can read them.

W: How would you feel if someone __________ __________ __________ __________ __________ __________?

M: That's stealing! I wouldn't allow it.

W: There you are! It's __________ __________ __________ __________ __________ __________. They should be protected __________ __________ __________.

M: I guess you're right. I'll try to remember that. __________ __________ __________ __________ __________ to write those papers.

여자의 말에 대한 남자의 반응이 어떻게 변화하는지 주의하며 듣자.

Choose the most unnatural conversation.

① ② ③ ④ ⑤

13 ① M: __________ __________ __________ __________ __________ in your country now?

W: Our main concern is the upcoming presidential election.

② M: __________ __________ __________ __________ has been increasing.

W: Yeah. It's __________ __________ __________ __________.

③ M: What is the government's new policy for?

W: It's to __________ __________ __________ __________ __________.

④ M: The movie industry is __________ __________ __________ __________ __________.

W: The movie offers many things to think about.

⑤ M: Many young people can't find a job.

W: Yes. __________ __________ __________ __________ __________ about that.

14 M: __________ __________ __________ is always __________ __________ __________.
They're not satisfied with seeing stars on TV. They want to __________ __________ __________ __________ __________ as well. That's why paparazzi follow the stars wherever they go. They try to __________ __________ __________ __________ stars do. Some stars __________ __________ __________ because it means they are popular. Also, it can make them even more famous. But many others __________ __________ __________ __________ __________ by paparazzi. They want to have __________ __________ __________ __________ __________. But details of their lives are often revealed in magazines or on the Internet. This makes them feel __________ __________ __________ __________ __________ __________ by someone all the time. As a result, some of them even suffer from depression and __________ __________ __________.

선택지를 통해 스타나 파파라치에 관한 내용임을 미리 확인할 수 있으므로 들으며 구체적인 정보를 확인해야 한다.

What is the speaker mainly talking about?

① the origin of paparazzi
② European law against paparazzi
③ good and bad points of paparazzi
④ the main cause of stars' depression
⑤ too much concern about stars by the public

15~16

M: I __________ __________ __________ __________ in my class. His mother is from Thailand!

W: I'm not surprised. __________ __________ are becoming more common these days. So it's natural that the number of children from such families is increasing.

M: True. But many people __________ __________ __________ __________ __________. Some of my classmates __________ __________ __________ __________ __________.

W: That's not good. He is also Korean.

M: Right. But sometimes students like him __________ __________ __________ __________. Many of them __________ __________ __________ __________ __________.

W: That's true. And since they aren't good at the language, they __________ __________ __________ __________ __________. I think schools should help them do better __________ __________ __________ __________ after school.

M: I agree. Also people __________ __________ __________ __________. We should accept that people __________ __________ __________ make our country stronger.

W: Yes. You're right.

15 What are the speakers mainly talking about?

① a new policy for multicultural families
② the increase in international marriages
③ the problem caused by illegal immigration
④ the bullying of children with foreign parents
⑤ problems children from multicultural families have in school

16 What does the woman think schools should do?

① educate bullies
② start a campaign
③ offer Korean classes
④ give financial support
⑤ run a mentoring program

Review Test

A 다음 각 단어에 해당하는 의미를 〈보기〉에서 고르시오.

1 major ______ **2** bully ______ **3** illegal ______ **4** reveal ______
5 commit ______ **6** fluent ______ **7** attitude ______ **8** property ______

보기
ⓐ not allowed by law
ⓑ things that are owned by someone
ⓒ able to speak a certain language well
ⓓ to do something usually morally or legally wrong
ⓔ more important, significant, or serious than other things
ⓕ to hurt or threaten another who is weaker than someone
ⓖ a way of thinking or behaving toward someone or something
ⓗ to make some information or secret which was unknown before be seen or known

B 〈보기〉의 문장을 알맞은 순서대로 배치하여, 다음 대화문을 완성하시오.

W: Our government made a new policy.
M: **1** ______________________________
W: **2** ______________________________
M: **3** ______________________________
W: **4** ______________________________

보기
ⓐ What kind of policy is it?
ⓑ That's interesting. What's that new policy for?
ⓒ The government imposed a 'soda tax' on soda drinks.
ⓓ It's to fight obesity. Obesity is a serious problem in our country.

C 다음 우리말과 일치하도록 빈칸에 알맞은 표현을 쓰시오.

1 The thief __________ __________ the bank at midnight.
(그 도둑은 자정에 은행에 침입했다.)

2 Many teenagers __________ __________ __________ their peers.
(많은 십 대들이 자신들을 자기 또래들과 비교한다.)

3 Don't __________ __________ a(n) __________ for your own benefit.
(네 자신의 이익을 위해 이야기를 지어내지 마.)

주제별 표현 정리

Topic words & Phrases

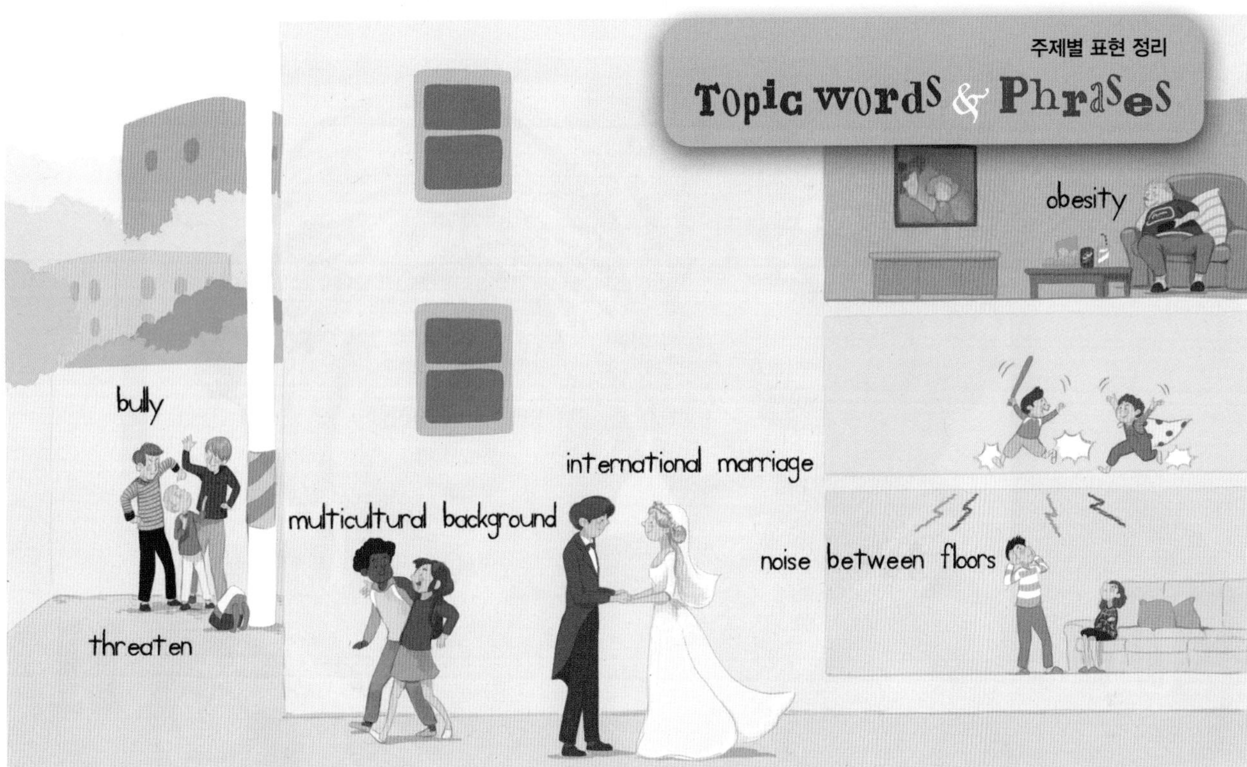

A 사회적 이슈에 대한 표현

이슈

- illegal 불법적인
- stalker 스토커
- privacy 사생활, 프라이버시
- racism 인종차별
- obesity 비만
- invasion 침해
- copyright 저작권
- intellectual property 지적 재산
- discrimination 차별
- threaten 협박하다
- blackmail 협박하다
- bully 괴롭히다
- crime rate 범죄율
- low birthrate 저출산
- school bully 학교폭력
- aging society 고령화 사회
- economic crisis 경제위기
- energy shortage 에너지 부족
- illegal immigration 불법이민
- international marriage 국제결혼
- multicultural background 다문화적 배경
- noise between floors 층간소음
- ban 금지; 금지하다
- commit suicide 자살하다

B 사회적 이슈에 대해 이야기하기

〈사회적 이슈에 대해 묻고 답하기 〉

What's the purpose of the government's new policy?
정부의 새 정책의 목적은 무엇이니?

It's to improve public health.
그것은 대중의 건강을 증진하기 위함이야.

What are the biggest issues affecting your country today?
오늘날 너희 나라에 영향을 주는 가장 큰 문제는 무엇이니?

Water shortage is a major concern in our country.
물 부족 문제가 우리나라의 주된 걱정거리야.

〈사회적 이슈에 대해 말하기〉

Obesity is a serious social issue around the world.
비만은 전 세계적으로 심각한 사회적 문제이다.

Many black consumers are blackmailing companies to get money.
많은 블랙컨슈머들이 돈을 얻기 위해 기업들을 협박하고 있다.

The government should solve the problem of youth unemployment.
정부는 청년 실업의 문제를 해결해야 한다.

All of society needs to care about the safety of minors.
모든 사회가 소수자들의 안전에 관심을 가질 필요가 있다.

If you ignore others' troubles, it can lead to bigger social problems.
다른 이들의 문제를 무시하면, 그것은 더 큰 사회적 문제가 될 수도 있다.

Unit 11

UNIT : 10 UNIT : 12

Culture

Words Preview 자신이 알고 있는 표현에 표시(✓)하시오.

01 □ bow	07 □ harvest	13 □ be used to
02 □ vary	08 □ patience	14 □ depending on
03 □ greet	09 □ tradition	15 □ make a gesture
04 □ polite	10 □ embarrass	16 □ check one's coat
05 □ custom	11 □ culture shock	17 □ wish (someone) luck
06 □ behave	12 □ adjust to	18 □ to one's disappointment

Getting Ready II

memo

A 다음을 듣고 빈칸을 채운 후, 알맞은 뜻을 찾아 연결하시오.

1 to one's ________ • • ⓐ 문화마다
2 get ________ ________ • • ⓑ 실망스럽게도
3 ________ the tradition • • ⓒ 전통을 따르다
4 ________ (someone) ________ • • ⓓ …에 익숙해지다
5 ________ culture ________ culture • • ⓔ 행운을 빌어주다

B 다음을 듣고, 그림 속 행동이 예의에 맞으면 Good, 어긋나면 Bad에 표시(✓)하시오.

1

2

3

	1	2	3
Good	________	________	________
Bad	________	________	________

C 다음을 듣고, 그에 알맞은 응답을 고르시오.

1 ⓐ It's bad manners to cut bread with a knife in France.
ⓑ You'll make mistakes if you don't know the country's table manners.

2 ⓐ Some people adjust to new cultures well.
ⓑ People asked me personal questions and that embarrassed me.

Topic Listening

memo

01 대화를 듣고, 이야기하고 있는 파티 모습으로 가장 적절한 것을 고르시오.

①

②

③

④

⑤

02 대화를 듣고, 무엇에 대해 이야기하고 있는지 가장 적절한 것을 고르시오.

① 일본의 유명 온천지
② 몸을 씻는 특이한 방법
③ 때를 미는 것의 장단점
④ 나라마다 다른 목욕 문화
⑤ 핀란드에서 사우나가 발달한 이유

[03~04] 다음을 듣고, 각 나라에서 열리는 축제로 가장 적절한 것을 〈보기〉에서 고르시오.

03 Peru: ___________

04 India: ___________

보기	
ⓐ 낙타 축제	ⓑ 등불 축제
ⓒ 태양신 축제	ⓓ 꽃송이 세기 축제

05 대화를 듣고, 여자가 Nini에게 선물할 물건으로 가장 적절한 것을 고르시오.

06 대화를 듣고, 남자가 한국에 처음 왔을 때 겪은 문제로 가장 적절한 것을 고르시오.

① 한국어가 서툰 것
② 사람들의 행동이 급한 것
③ 고향의 가족이 그리운 것
④ 음식에 적응하기 어려운 것
⑤ 사람들이 개인적인 질문을 하는 것

07 다음을 듣고, 각 나라의 식사 예절과 일치하지 <u>않는</u> 것을 고르시오.

① 중국: 음식을 남기지 않는다.
② 일본: 숟가락을 되도록 사용하지 않는다.
③ 이탈리아: 식탁 너머로 물건을 건네달라고 하지 않는다.
④ 터키: 뜨거운 음식을 불어 먹지 않는다.
⑤ 프랑스: 빵을 칼로 잘라먹지 않는다.

08 대화를 듣고, 여자의 심정으로 가장 적절한 것을 고르시오.

① sorry ② curious ③ satisfied
④ shocked ⑤ disappointed

memo

memo

09 대화를 듣고, 여자의 결정과 관련 있는 속담으로 가장 적절한 것을 고르시오.

① Slow and steady wins the race.
② Birds of a feather flock together.
③ Don't judge a book by its cover.
④ A little knowledge is dangerous.
⑤ When in Rome, do as the Romans do.

10 대화를 듣고, 영국의 wedding list가 무엇인지 가장 적절한 것을 고르시오.

① 결혼식 하객 명단
② 결혼식 순서 안내표
③ 피로연에 나올 음식 목록
④ 신랑 신부가 받고 싶은 선물 목록
⑤ 인기 있는 신혼 여행지 목록

11 대화를 듣고, 남자가 만든 손의 모양으로 가장 적절한 것을 고르시오.

①

②

③

④

⑤

12 다음을 듣고, 무엇에 대한 내용인지 가장 적절한 것을 고르시오.

① 나라별 기피 음식
② 아시아의 음식 문화
③ 한중일 전통 간식의 유래
④ 국가별 음식과 관련된 전설
⑤ 시험 전에 먹는 특별한 음식

Challenge

13 **Choose the most unnatural conversation.**

① ② ③ ④ ⑤

14 **What is the woman most likely to do right after the conversation?**

① buy a new coat
② put on a thicker coat
③ check her coat in the coat room
④ pick up her clothes from the laundry
⑤ wait for the man next to the entrance

[15~16] Listen and answer the questions.

15 **What is the speaker mainly saying about culture shock?**

① how to deal with it
② an example of India
③ various research results
④ the experience and ways to minimize it
⑤ usual situation when people experience it

16 **What is NOT mentioned as a way to experience less culture shock?**

① meeting foreign friends often
② keeping an open mind
③ having patience
④ studying the local language
⑤ reading books about different cultures

memo

Dictation

미국식 발음 영국식 발음

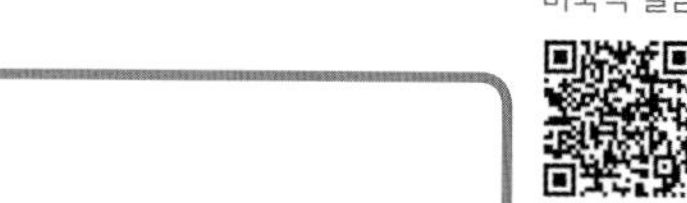

대화를 듣고, 이야기하고 있는 파티 모습으로 가장 적절한 것을 고르시오.

①  ② 

③ ④

⑤ 

01 M: ________ ________ ________ ________, Caroline?

W: I'm making a piñata for my little brother's birthday party.

M: A piñata? What's that?

W: It's a figure ________ ________ ________ ________ ________. It's filled with toys, candy, or chocolate. It's used for a fun party game.

M: What kind of game?

W: We ________ ________ ________ ________ ________ and try to hit it with a wooden stick. But you ________ ________ ________ ________ when you do this. 단서

M: Sounds fun!

W: It is! While one person tries to hit it, the others ________ ________ ________ ________ ________. When the song is over, the person's turn is over.

M: So they hit the piñata ________ ________ ________ ________, right?

W: Yes. When it breaks open, everyone rushes to ________ ________ ________ ________ ________ ________ on the ground.

여자의 설명을 들으며 파티의 모습을 상상해 보자.

대화를 듣고, 무엇에 대해 이야기하고 있는지 가장 적절한 것을 고르시오.

① 일본의 유명 온천지
② 몸을 씻는 특이한 방법
③ 때를 미는 것의 장단점
④ 나라마다 다른 목욕 문화
⑤ 핀란드에서 사우나가 발달한 이유

02 W: Is it true that Koreans often ________ ________ ________ ________ ________ with a special towel?

M: Yes, many people do that ________ ________ ________ ________.

W: Oh, I think that's a rather unique way of washing your body. 함정

M: Yeah. I ________ ________ ________ after washing like that.

W: Actually, in America, we usually use ________ ________ ________ ________ ________.

M: That's interesting. There are really different bathing habits from culture to culture. Japanese people like to ________ ________ ________ ________.

W: Right. Their hot springs are very famous. And in Finland, people really enjoy going to a sauna.

M: Oh, saunas are ________ ________ ________, ________.

제시되는 다양한 예시를 종합하자.

다음을 듣고, 각 나라에서 열리는 축제로 가장 적절한 것을 〈보기〉에서 고르시오.

03 Peru: ________

04 India: ________

보기

ⓐ 낙타 축제 ⓑ 등불 축제
ⓒ 태양신 축제 ⓓ 꽃송이 세기 축제

03~04

M: There are lots of different festivals around the world. In early March, there is the Flower Count in Victoria, Canada. It's an event ________ ________ ________. For one week, people ________ ________ ________ ________ they can find in the region. So far, ________ ________ ________ ________ ________, which was made in 2010. In Peru, people celebrate the Sun God Festival every June. They gather together at dawn and

__________ __________ __________ __________ __________. Then they have a party for the Sun God and __________ __________ __________ __________ __________. People in India hold the Camel Festival __________ __________. More than 30,000 camels are put on the market at the same time. Also, people __________ __________ __________ __________ during the festival. They believe they can __________ __________ __________ by doing it.

Peru와 India가 언급될 때 특히 주의하여 듣자!

05 W: Nini is going back to China next week. What kind of present __________ __________ __________ __________?

M: I'm thinking about giving her a necklace. How about you?

W: I bought a really cute umbrella!

M: Uh-oh. You'd better __________ __________ __________ to the store.

W: Why? It's red, __________ __________ __________!

M: The Chinese __________ __________ __________ __________ __________ as a gift. Umbrella means "separation" because the two words __________ __________ __________ __________ in Chinese.

W: Oh, I didn't know that. Are there any other presents that __________ __________ __________?

M: Yes. Don't give her a handkerchief. It makes Chinese people __________ __________ __________. So they believe it will __________ __________.

W: I see. Then I'll __________ __________ __________ __________ __________.

M: That sounds better.

남자의 설명에 따라 여자의 선택이 바뀌므로 주의한다.

대화를 듣고, 여자가 Nini에게 선물할 물건으로 가장 적절한 것을 고르시오.

① 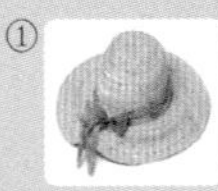
② 
③ 
④ 
⑤ 

06 W: Derek, was there anything you __________ __________ when you first came to Korea?

M: Not really. But there was something that __________ __________.

W: What was that?

M: Korean people would ask me personal questions, even when we had only just met for the first time. They asked me my age and __________ __________ __________ __________ or had a girlfriend.

W: Yes, those things are important to Koreans, __________ __________ __________.

M: Why is it important?

W: In Korea, we __________ __________ __________ __________ toward others depending on their age.

M: I see. I think it's __________ __________ __________ __________. But I don't have a problem with it now. I'm __________ __________ __________ __________.

여자의 질문에 대한 남자의 대답을 주의 깊게 들어야 한다.

대화를 듣고, 남자가 한국에 처음 왔을 때 겪은 문제로 가장 적절한 것을 고르시오.

① 한국어가 서툰 것
② 사람들의 행동이 급한 것
③ 고향의 가족이 그리운 것
④ 음식에 적응하기 어려운 것
⑤ 사람들이 개인적인 질문을 하는 것

다음을 듣고, 각 나라의 식사 예절과 일치하지 않는 것을 고르시오.

① 중국: 음식을 남기지 않는다.
② 일본: 숟가락을 되도록 사용하지 않는다.
③ 이탈리아: 식탁 너머로 물건을 건네 달라고 하지 않는다.
④ 터키: 뜨거운 음식을 불어 먹지 않는다.
⑤ 프랑스: 빵을 칼로 잘라먹지 않는다.

07 W: Table manners ______ ______ ______ ______. The following tips will ______ ______ ______ ______ when you go abroad. In China, you shouldn't eat ______ ______ ______ ______. Eating all the food means that ______ ______ ______ ______ ______ ______. So it's better to leave some food. Japanese people ______ ______ ______. They think spoons are for children, so they eat rice with chopsticks. Also, it's considered impolite ______ ______ ______ ______ ______ to cool it in Turkey. But don't worry. Most food is served just warm. When you eat with Italians, don't ask them ______ ______ ______ ______ ______ ______. It's believed to bring bad luck. Finally, it's ______ ______ in France to cut bread with your knife. Make sure you ______ ______ ______ ______ ______.

문제의 각 국가명이 언급될 때 선택지와 하나씩 비교하며 듣자.

대화를 듣고, 여자의 심정으로 가장 적절한 것을 고르시오.

① sorry ② curious
③ satisfied ④ shocked
⑤ disappointed

08 M: This is a New Year's gift for you.

W: Thanks, Takuya! ______ ______ ______ ______?

M: Actually, I don't even know. This is a Japanese New Year's gift called *hukubukuro*, a lucky bag. Shoppers buy a random bag ______ ______ ______ ______.

W: Wow! That's interesting.

M: Yes. Many people think it shows ______ ______ ______ ______ in the coming year. Sometimes the items in the bag are ______ ______ ______ ______ ______ you paid.

W: Okay. And that ______ ______ ______ ______ during the new year?

M: Yes. ______ ______ ______, I only got a small toy last year. But I heard that ______ ______ ______ ______ ______.

W: Wow! It's a great New Year's custom. I ______ ______ ______ ______ ______ ______!

M: Open it! There could be some diamonds!

안에 무엇이 들었는지 모르는 선물을 열어볼 때 어떤 기분일까?

09 W: Adolfo, why are the stores ________ ________ ________ ________ ________? It's only 2 p.m. on a Monday.

M: Oh, it's siesta time. In Spain, stores close ________ ________ ________ ________ ________ ________. It's our tradition.

W: Really? All the stores?

M: Big department stores ________ ________ ________, but many stores ________ ________ ________.

W: Why did it start?

M: It's very hot in Spain, ________ ________ ________ ________. It's difficult to ________ ________ ________ during that time, so people need to ________ ________ ________ ________ ________.

W: What do people do during siesta time?

M: They ________ ________ ________. And afterwards, they can concentrate better.

W: Well, since I'm in Spain, I should ________ ________ ________ ________ ________ ________. I'll go back to my hotel and have a siesta.

M: Okay. How about ________ ________ ________ ________ and having dinner?

W: Great!

여자는 무엇을 하겠다고 했는가?

대화를 듣고, 여자의 결정과 관련 있는 속담으로 가장 적절한 것을 고르시오.

① Slow and steady wins the race.
② Birds of a feather flock together.
③ Don't judge a book by its cover.
④ A little knowledge is dangerous.
⑤ When in Rome, do as the Romans do.

10 M: My Korean friend ________ ________ ________ ________ ________ this Saturday. What would be a good wedding present?

W: Koreans usually ________ ________ ________ ________ ________.

M: Oh, that's simple. In Britain, we have a wedding list.

W: A wedding list? What's that?

M: It's ________ ________ ________ ________ the couple would like to receive. The list is sent to the wedding guests ________ ________ ________ ________.

W: Then each guest ________ ________ ________ ________ ________ and buys it for the couple?

M: Yes.

W: What if ________ ________ ________ ________ ________ ________?

M: The couple usually ________ ________ ________ ________ or online shopping mall. The store puts the list on its website and ________ ________ ________. Guests can check it by calling, too.

W: That's interesting!

대화를 듣고, 영국의 wedding list가 무엇인지 가장 적절한 것을 고르시오.

① 결혼식 하객 명단
② 결혼식 순서 안내표
③ 피로연에 나올 음식 목록
④ 신랑 신부가 받고 싶은 선물 목록
⑤ 인기 있는 신혼 여행지 목록

대화를 듣고, 남자가 만든 손의 모양으로 가장 적절한 것을 고르시오.

11 M: Evelyn, I heard Americans _____ _____ _____ _____ with their fingers to wish people luck.

W: Yes, Minho. You should use _____ _____ _____ _____ _____.

M: Which is the index finger?

W: The one _____ _____ _____ _____ _____.

M: Got it. What should I do _____ _____ _____ _____ then?

W: You need to _____ _____. Place your middle finger on your index finger and _____ _____.

M: So you wrap your middle finger _____ _____ _____ _____? Like this?

W: That's right! You can do it when your friend is getting _____ _____ _____ _____ _____.

여자의 말을 들으며 따라 해보자.

다음을 듣고, 무엇에 대한 내용인지 가장 적절한 것을 고르시오.

① 나라별 기피 음식
② 아시아의 음식 문화
③ 한중일 전통 간식의 유래
④ 국가별 음식과 관련된 전설
⑤ 시험 전에 먹는 특별한 음식

12 W: In some Asian countries, there are special customs for taking exams. In Korea, people _____ _____ _____ _____ called *yeot*, or rice cakes. It's believed that _____ _____ _____ _____ _____ _____, and it helps students pass their exams. Chinese people eat a long bread stick and two eggs. The bread stick _____ _____ _____ _____ _____ and each egg resembles a zero. Together, they make "100," _____ _____ _____ _____ _____ _____. You have to eat both eggs, not just one, _____ _____ _____ _____ _____! In Japan, fried pork cutlets _____ _____ _____. Their name sounds similar to the word "win" in Japanese. _____ _____ _____ _____ _____ _____, but they're all eaten in hopes of _____ _____ _____ _____.

담화에서 언급되는 소재로 선택지가 구성되어 있으므로, 담화를 끝까지 집중하여 듣는다.

Choose the most unnatural conversation.

① ② ③ ④ ⑤

13 ① W: How do they _____ _____ _____ in France?

M: French people _____ _____ _____ _____ _____ _____ when they meet.

② W: Why don't Muslims eat pork?

M: I heard that's because they think _____ _____ _____.

③ W: _____ _____ _____ _____ culture shock?

M: You can prevent culture shock by studying other cultures.

④ W: What are the table manners in your country?

M: We should wait _____ _____ _____ _____ _____.

⑤ W: What does the "salad bowl" theory mean?
M: It refers to American culture as ________ ________ ________ ________ there.

14 M: Yuri, why didn't you ________ ________ ________ in the coat room?
W: It's a little cold. ________ ________ ________ ________ ________.
M: Here in Russia, it's good manners to ________ ________ ________ ________ inside a building.
W: Really? Why?
M: Well, Russians ________ ________ ________ ________ ________ ________. It would be very uncomfortable and bother other people ________ ________ ________ ________ ________ ________.
W: So, are there coat rooms in every building in Russia?
M: Yes, usually. You can normally ________ ________ ________ ________ ________ ________.
W: I see. Do I have to ________ ________ ________ ________ ________?
M: No, it's free. You just ________ ________ ________ ________ ________ ________ ________, and you'll get a number. When you leave, you can use it to get your coat back.
W: Okay. I'll go check my coat now.

러시아에서는 무엇이 바른 예절이라고 했는가?

15~16
M: In India, people ________ ________ ________ ________ ________. They usually don't use spoons or chopsticks. ________ ________ ________ ________ ________ ________, you might feel a little strange. This feeling is called "culture shock." It happens when you ________ ________ ________. Many people experience culture shock when they are ________ ________ ________ ________. But how much ________ ________ ________ ________ ________ depends on the individual. Some people ________ ________ ________ ________ quickly. But others feel angry or even get sick. To prevent this, you need to ________ ________ ________ ________. Also, having patience is important. It always takes some time to ________ ________ ________ ________ ________. You can also read books about the country you'll visit ________ ________ ________ ________. Finally, it helps to study the new culture before you go. If you know ________ ________ ________ ________ better, you'll be more comfortable.

15 첫 문장을 듣고 성급하게 답을 선택하지 않는다.

What is the woman most likely to do right after the conversation?
① buy a new coat
② put on a thicker coat
③ check her coat in the coat room
④ pick up her clothes from the laundry
⑤ wait for the man next to the entrance

15 **What is the speaker mainly saying about culture shock?**
① how to deal with it
② an example of India
③ various research results
④ the experience and ways to minimize it
⑤ usual situation when people experience it

16 **What is NOT mentioned as a way to experience less culture shock?**
① meeting foreign friends often
② keeping an open mind
③ having patience
④ studying the local language
⑤ reading books about different cultures

Review Test

A 다음 각 단어에 해당하는 의미를 〈보기〉에서 고르시오.

1 vary ______ **2** greet ______ **3** figure ______ **4** personal ______
5 check ______ **6** custom ______ **7** valuable ______ **8** embarrass ______

보기
ⓐ worth a lot of money
ⓑ the shape of someone or something
ⓒ belonging or relating to a particular individual
ⓓ to leave something with someone for a short time
ⓔ to make someone feel uncomfortable or ashamed
ⓕ to give a word or sign politely upon meeting someone
ⓖ to be changed from one condition or situation to another
ⓗ a way of behaving or belief that has been shared in a group of people

B 〈보기〉의 문장을 알맞은 순서대로 배치하여, 다음 대화문을 완성하시오.

M: **1** ______________________________
W: **2** ______________________________
M: **3** ______________________________
W: **4** ______________________________

보기
ⓐ Why is that?
ⓑ Don't give them pears.
ⓒ Are there any presents that I should avoid giving to Chinese people?
ⓓ Pears mean "separation" in Chinese because those two words sound same.

C 다음 우리말과 일치하도록 빈칸에 알맞은 표현을 쓰시오.

1 Now, ______ ______ ______ ______ Asian culture.
(이제, 나는 아시아 문화에 익숙하다.)

2 People usually ______ ______ ______ when they ______ ______.
(사람들은 대개 외국에 가면 문화 충격을 경험한다.)

3 In Korea, people give rice cakes to students to ______ ______ ______ before exams. (한국에서는 사람들이 시험 전에 그들에게 행운을 빌어주기 위해 학생들에게 떡을 준다.)

주제별 표현 정리

Topic words & Phrases

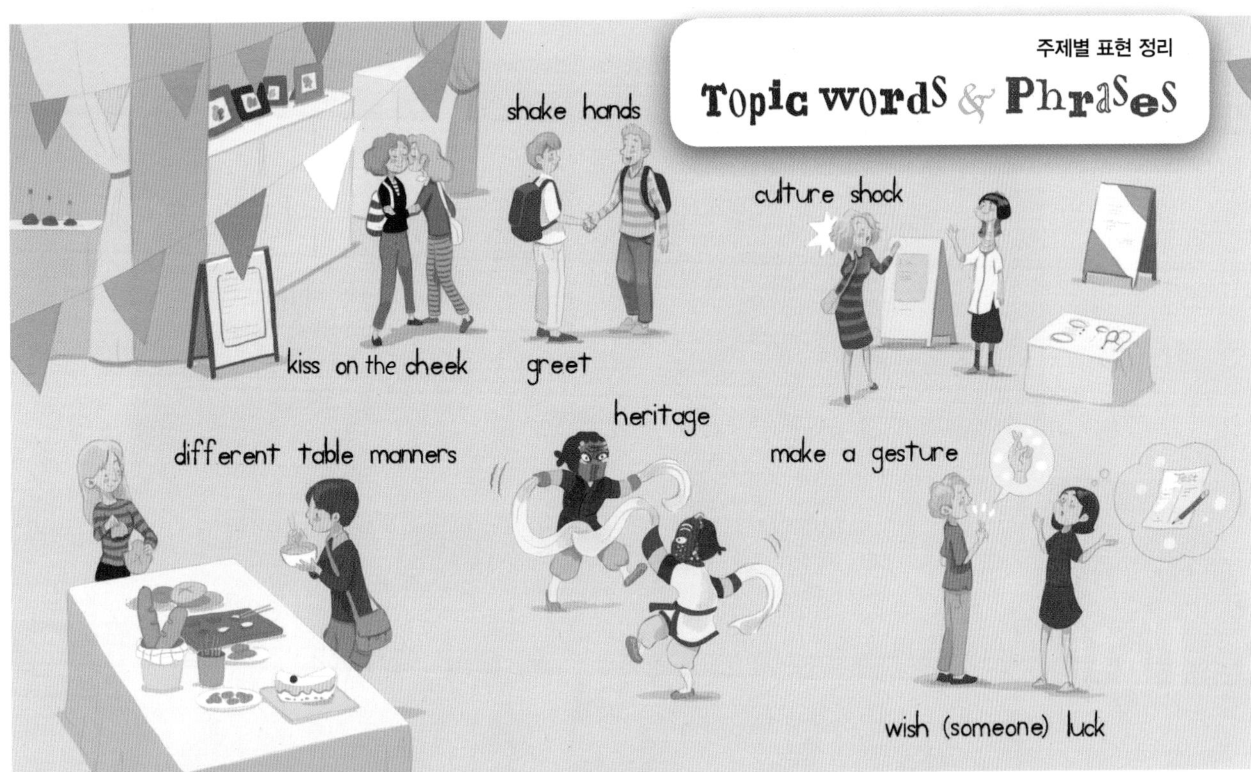

A 문화에 대한 표현

문화

value 가치
ritual 의식
custom 관습, 풍습
heritage 유산
diversity 다양성
behavior 행동
tradition 전통
religion 종교
respect 존중하다
celebrate 기념하다, 축하하다
traditional food 전통음식
table manners 식사 예절
go abroad 외국에 가다
greet 인사하다
bow 절하다
shake hands 악수하다
kiss on the cheek 뺨에 키스하다
culture shock 문화 충격
mainstream culture 주류 문화
get used to …에 익숙해지다
make a gesture 몸짓을 하다
keep an open mind 열린 마음을 가지다
wish (someone) luck 행운을 빌어주다

B 문화에 대해 이야기하기

〈문화에 대해 묻고 답하기〉

How can I prevent culture shock? 어떻게 문화 충격을 예방할 수 있을까?

It helps you to study about other cultures.
다른 문화에 대해 공부하는 것이 도움이 될 거야.

What should I remember when giving presents to Mexican people? 멕시코 사람들에게 선물을 줄 때 무엇을 기억해야 하니?

In Mexico, people avoid giving yellow flowers as a gift.
멕시코에서는 노란 꽃을 선물로 주는 것을 피해.

Why is it important to know someone's age in Korea?
한국에서는 왜 누군가의 나이를 아는 것이 중요하니?

In Korea, we talk and behave differently toward the person depending on his or her age.
한국에서 우리는 그 사람의 나이에 따라 그 사람에게 다르게 말하고 행동해.

〈문화에 대해 말하기〉

You should respect other cultures and accept their differences.
너는 다른 문화를 존중하고 차이를 인정해야 해.

It's not easy to adjust to a new culture so it's important to be patient. 다른 문화에 적응하는 것은 쉽지 않으니까 인내심을 가지는 것이 중요해.

Culture includes a lot of things, such as language, history, religion, and society.
문화는 언어, 역사, 종교, 사회와 같은 많은 것들은 포함한다.

When you travel abroad, try to experience different food and customs as much as you can.
해외로 여행을 가면, 할 수 있는 한 많이 다른 음식과 풍습을 경험해 보도록 해.

Unit 12

Earth & Nature

Words Preview 자신이 알고 있는 표현에 표시(✓)하시오.

01 □ rot	07 □ continent	13 □ break apart
02 □ soil	08 □ ecosystem	14 □ break down
03 □ planet	09 □ categorize	15 □ separate trash
04 □ recycle	10 □ atmosphere	16 □ save resources
05 □ creature	11 □ environment	17 □ be washed away
06 □ extinction	12 □ give off	18 □ turn (something) into

Getting Ready II

mem()

A 다음을 듣고 빈칸을 채운 후, 알맞은 뜻을 찾아 연결하시오.

1 ________ out • • ⓐ 실시되다

2 ________ ________ as • • ⓑ 다 떨어지다

3 go ________ ________ • • ⓒ 공통점이 있다

4 have ________ ________ • • ⓓ …으로 분류되다

5 be threatened ________ ________ • • ⓔ 멸종 위기에 처하다

B 대화를 듣고, 각 상황에 가장 어울리는 그림을 고르시오.

1 ________ 2 ________ 3 ________

ⓐ O X

ⓑ

ⓒ

C 다음을 듣고, 그에 알맞은 응답을 고르시오.

1 ⓐ The policy is designed to reduce carbon emissions.
ⓑ The policy was abandoned as the citizens protested heavily.

2 ⓐ It takes up around 20% of the world's land area.
ⓑ Many wild animals are living on the African continent.

Topic Listening

memo

01 대화를 듣고, 남자가 묻고 있는 환경 마크로 가장 적절한 것을 고르시오.

①

②

③

④

⑤

02 대화를 듣고, 무엇에 대해 이야기하고 있는지 가장 적절한 것을 고르시오.

① 산불의 주요 원인
② 산림 보호의 중요성
③ 산불의 긍정적인 측면
④ 산불을 예방하는 방법
⑤ 산림을 잘 가꾸는 방법

[03~04] 다음을 듣고, Producer와 Consumer에 해당하는 것을 〈보기〉에서 각각 고르시오.

03 Producers: __________

04 Consumers: __________

보기

ⓐ seaweed
ⓑ eagles
ⓒ spiders
ⓓ wild flowers

05 대화를 듣고, 그 내용과 일치하면 T, 일치하지 않으면 F를 쓰시오.

1) 플라스틱병은 옷을 만드는 데 재활용될 수 있다. __________
2) 어떤 도시에서는 유리를 재활용해 건물을 짓는다. __________
3) 재활용 종이는 물병을 만드는 데 사용되기도 한다. __________

06 다음을 듣고, 그래프와 일치하지 않는 것을 고르시오.

Land Area Percentage by Continent

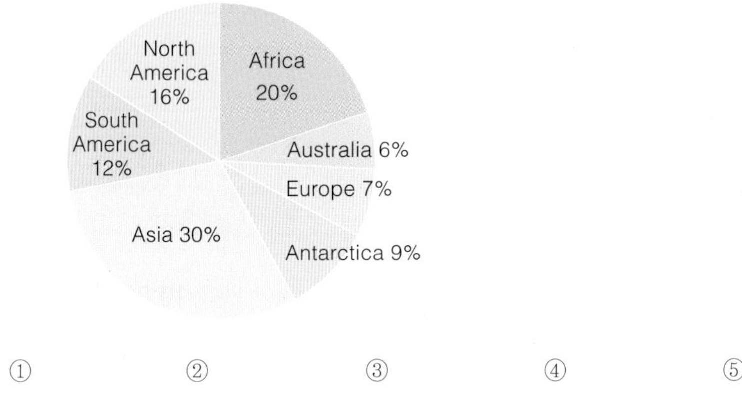

① ② ③ ④ ⑤

07 대화를 듣고, 여자가 잠을 못 잔 이유를 고르시오.

① 밤에 더워서
② 늦게까지 공부하느라
③ 여동생이 밤새 울어서
④ 밤늦게 할머니 댁에 가느라
⑤ 집 근처의 공장이 시끄러워서

08 다음을 듣고, 안내 방송과 일치하지 않는 것을 고르시오.

A New Policy for Garbage

When: ① starting next Monday (August 2nd)
What: ② separate food waste from all other trash
(③ include egg shells in food waste)
Garbage Collection Day: ④ every Sunday
Question: ⑤ call 2014-7777 or visit management office

memo

memo

09 대화를 듣고, 두 사람이 대화 직후에 할 일로 가장 적절한 것을 고르시오.

① 산에서 내려간다.
② 쓰레기를 줍는다.
③ 쓰레기통을 비운다.
④ 산 정상에 오른다.
⑤ 환경 단체에 전화한다.

10 대화를 듣고, 두 사람이 만날 시각을 고르시오.

① 9:30
② 10:00
③ 10:30
④ 11:00
⑤ 12:00

11 대화를 듣고, 여자의 동아리 활동으로 언급되지 않은 것을 고르시오.

①

②

③

④

⑤

12 다음을 듣고, 발견된 공룡 뼈를 통해 알 수 있는 것으로 가장 적절한 것을 고르시오.

① 수백만 년 전에 지구에 급격한 기후 변화가 있었다.
② 공룡은 튼튼한 다리로 빠르게 대륙을 횡단할 수 있었다.
③ 수백만 년 전의 대륙은 현재보다 크기가 현저히 작았다.
④ 현재 나누어져 있는 대륙들은 과거에 서로 연결되어 있었다.
⑤ 수백만 년 전 지하에는 공룡의 뼈를 녹이는 산성수가 흘렀다.

Challenge

13 **Choose the most unnatural conversation.**

① ② ③ ④ ⑤

14 **Which is NOT mentioned about Mars in the past in the conversation?**

① its creatures ② its climate ③ its water
④ its soil ⑤ its atmosphere

[15~16] Listen and answer the questions.

15 **What is the speaker mainly talking about?**

① why the fart tax was suggested
② how many cows there are in New Zealand
③ why methane gas is bad for the environment
④ what the major reasons of global warming are
⑤ how serious global warming is in New Zealand

16 **Why did the government want to make the farmers pay a new tax?**

① because they owned too much land
② because they made too much beef from cows
③ because they didn't pick up their cows' waste
④ because their animals produced too much methane gas
⑤ because they exported farm animals to other countries

memo

Dictation

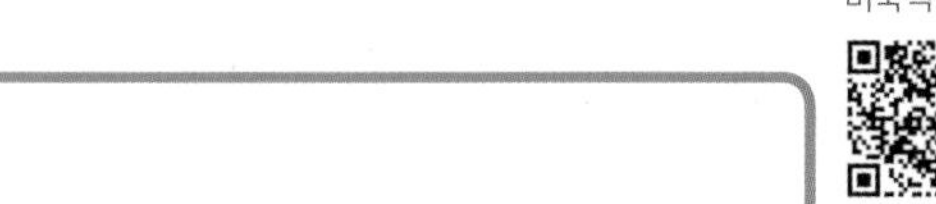

대화를 듣고, 남자가 묻고 있는 환경 마크로 가장 적절한 것을 고르시오.

① 

② 

③ 

④ 

⑤ 

01 M: Did you buy any toilet paper? We ________ ________ ________.
W: Yes, I put it over there.
M: Okay, I see it. But what's ________ ________ ________ ________ ________ ________?
W: What mark? Ah, it's ________ ________ ________.
M: ________ ________ ________ between this green mark and the PET mark on some bottles? I know the PET mark means the bottle ________ ________ ________ ________ ________. 〈함정〉
〈단서〉 W: Right, and this green one is called a GR mark. It means that the toilet paper is ________ ________ ________ ________ ________ ________.
M: Oh, I see. Using these kinds of products ________ ________ ________.

그림이 선택지로 제시된다고 해서 묘사가 나오기만을 기다리면 안 된다.

대화를 듣고, 무엇에 대해 이야기하고 있는지 가장 적절한 것을 고르시오.

① 산불의 주요 원인
② 산림 보호의 중요성
③ 산불의 긍정적인 측면
④ 산불을 예방하는 방법
⑤ 산림을 잘 가꾸는 방법

02 M: Ms. Murphy, is it true that forest fires can sometimes ________ ________ ________ ________ ________?
W: Yes, in some cases forest fires do ________ ________ ________ on the environment.
M: That's really surprising. Can you ________ ________ ________?
W: Well, for example, forest fires are a natural way ________ ________ ________ ________.
M: Why is that important?
W: They allow other trees ________ ________ ________ ________ ________ and sunlight. And new and different kinds of trees can grow.
M: Oh, I've never ________ ________ ________ like that before.
W: Forest fires are ________ ________ ________ ________ ________. But sometimes the forest itself ________ ________ ________ ________.

남자의 첫 질문을 들었는가?

다음을 듣고, Producer와 Consumer에 해당하는 것을 〈보기〉에서 각각 고르시오.

03 Producers: ________

04 Consumers: ________

보기
ⓐ seaweed ⓑ eagles
ⓒ spiders ⓓ wild flowers

03~04

W: Living creatures on earth ________ ________ ________ ________ "________" or "________." Producers can produce energy by themselves. When ________ ________ ________ ________ ________, water and some nutrition, they make energy. Most green plants such as trees and moss are producers. On the other hand, consumers, ________ ________, animals, and insects, ________ ________ ________ ________ ________. Therefore, they have to eat other living things to live. Some of them eat only producers, and others eat only consumers. There are also ________ ________ ________ ________ ________. When consumers die, their bodies ________ ________ ________ ________ and this ________ ________ ________ ________, allowing them to grow.

05 W: ________ ________ ________ ________?

M: It's a special program ________ ________. It's about all the different things that ________ ________ ________ ________ ________ ________.

W: Like what?

M: Well, did you know that plastic soda bottles can ________ ________ ________ ________ ________ ________ ________?

W: Really? I thought plastic bottles ________ ________ ________ ________ ________ ________.

M: Not always. And some cities use recycled glass when making ________ ________ ________ ________ ________.

W: Interesting. Are there any other examples?

M: Sure. Paper is used to make water bottles. They can ________ ________ ________ ________ ________.

W: Wow! I knew recycling was good for the environment, but I've never thought about ________ ________ ________.

M: Me neither. Why don't you sit down and ________ ________ ________ ________ ________?

듣기 전에 선택지의 내용을 먼저 읽어보자.

대화를 듣고, 그 내용과 일치하면 T, 일치하지 않으면 F를 쓰시오.

1) 플라스틱병은 옷을 만드는 데 재활용될 수 있다. ________

2) 어떤 도시에서는 유리를 재활용해 건물을 짓는다. ________

3) 재활용 종이는 물병을 만드는 데 사용되기도 한다. ________

06 W: ① Africa ________ ________ ________ of the world's land area.

② Australia ________ ________ ________ ________ ________.

③ Asia has the largest land area ________ ________ ________ ________.

④ South America is ________ ________ ________ ________ ________ ________.

⑤ Antarctica ________ ________ ________ ________ ________ of the world's land area.

'배수사 + as + 원급 + as'는 '…의 (몇)배 만큼 ~한'의 의미이다.

다음을 듣고, 그래프와 일치하지 않는 것을 고르시오.

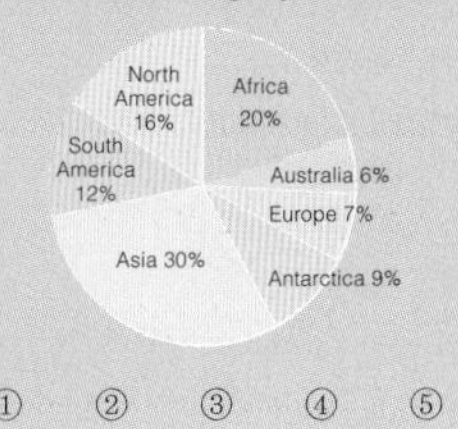

① ② ③ ④ ⑤

대화를 듣고, 여자가 잠을 못 잔 이유를 고르시오.

① 밤에 더워서
② 늦게까지 공부하느라
③ 여동생이 밤새 울어서
④ 밤늦게 할머니 댁에 가느라
⑤ 집 근처의 공장이 시끄러워서

07 M: Stella. Did you see the news yesterday? *(pause)* Stella? Hey!
W: Oh, sorry. I ________ ________ ________ ________. What did you say?
M: On, nothing. ________ ________ ________. What happened? Did you ________ ________ ________ ________ ________?
W: No. I couldn't sleep well last night ________ ________ ________ ________ ________.
M: Ah, yeah. It is pretty bad these days. My baby sister couldn't sleep and ________ ________ ________ last night.
W: I don't have this problem at my grandmother's house. I sometimes ________ ________ ________ ________ in the country ________ ________ ________. And I sleep well.
M: Yeah. It's ________ ________ ________ ________. The buildings and factories create a lot of heat, and the paved road ________ ________ ________ and doesn't cool off quickly. It ________ ________ ________ ________ ________ at night.
W: I hope it rains tonight.

가장 많이 반복되는 표현은 heat이다.

다음을 듣고, 안내 방송과 일치하지 않는 것을 고르시오.

A New Policy for Garbage

When: ① starting next Monday (August 2nd)
What: ② separate food waste from all other trash
(③ include egg shells in food waste)
Garbage Collection Day: ④ every Sunday
Question: ⑤ call 2014-7777 or visit management office

08 M: Attention, all residents of Eaton Apartments. ________ ________ ________ ________ ________ ________ next Monday, August 2nd. Starting then, food waste must ________ ________ ________ ________ ________ ________. Please put your food waste in the new food waste cans. But make sure that bones and egg shells ________ ________ ________ ________ ________ ________ ________. We will not collect food waste cans that contain ________ ________ ________ ________. Garbage collection day will not change; it's still Sunday. Once again, remember to separate food waste from all other trash. Thank you for your cooperation. If you ________ ________ ________ ________, call 2014-7777 or visit the management office.

선택지를 읽고, 들어야 할 정보를 미리 파악하자.

대화를 듣고, 두 사람이 대화 직후에 할 일로 가장 적절한 것을 고르시오.

① 산에서 내려간다.
② 쓰레기를 줍는다.
③ 쓰레기통을 비운다.
④ 산 정상에 오른다.
⑤ 환경 단체에 전화한다.

09 M: Wow, ________ ________ ________ ________ ________ ________.
It was a great idea to go hiking today.
W: I agree. The trees and flowers ________ ________ ________ ________.
I'd like to come here again next week.
M: Me too. Oh, no. ________ ________ ________ ________ ________ ________ ________! I can't believe it!
W: People threw lots of garbage around here. ________ ________ ________! I don't understand ________ ________ ________ ________ ________ ________.
M: Me neither. They should take their trash with them when they go back down.

W: You're right. They seem to __________ __________ like a trash can.

M: It's terrible. I think __________ __________ __________ __________. Why don't we __________ __________ __________ __________?

W: That's a good idea. __________ __________ __________ __________, we can help keep the environment clean. Let's do it.

제시된 문제 상황은 무엇인가?

10 M: Helena, have you heard about tonight? There'll be __________ __________ __________ __________ in the sky!

W: Really? I've __________ __________ __________ __________ __________ __________.

M: I saw one a few years ago, and it was amazing. You should watch them tonight.

W: I really want to. __________ __________ __________ __________ __________ together?

M: Sure, I'd love to. I guess the hill behind the school __________ __________ __________ __________ __________ __________ __________. I heard the best time to see them is between 11 p.m. and 12 a.m.

W: Okay, __________ __________ __________ 10:30 p.m. in front of the school building.

M: Ah, why don't we meet __________ __________ __________ __________ __________? I want to get there early to __________ __________ __________ __________.

W: All right. I will __________ __________ __________ __________.

여러 시각 정보가 언급되므로 헷갈리지 말자.

대화를 듣고, 두 사람이 만날 시각을 고르시오.

① 9:30 ② 10:00 ③ 10:30
④ 11:00 ⑤ 12:00

11 M: Mina, I heard you __________ __________ __________ __________. What kind of things do you do?

W: We just do __________ __________ __________ __________ __________ __________. For example, we try to save resources like electricity and tap water.

M: You mean like __________ __________ __________ __________ when you leave a room?

W: Yes, like that. Also, all our members try to use a cup __________ __________ __________ __________. You can save a lot of water that way. And of course, all of us __________ __________ __________ __________ __________.

M: That's great. Is there anything else that you do?

W: There is. We go to the park to __________ __________ __________ __________ __________ __________. It's rewarding. I actually feel happy when the park is clean.

M: Your club is doing great things. I __________ __________ __________!

W: Really? Great! __________ __________ __________ __________ __________.

그림 선택지를 보고, 관련 영어 표현을 미리 생각해 보자.

대화를 듣고, 여자의 동아리 활동으로 언급되지 않은 것을 고르시오.

①

②

③

④

⑤

다음을 듣고, 발견된 공룡 뼈를 통해 알 수 있는 것으로 가장 적절한 것을 고르시오.

① 수백만 년 전에 지구에 급격한 기후 변화가 있었다.
② 공룡은 튼튼한 다리로 빠르게 대륙을 횡단할 수 있었다.
③ 수백만 년 전의 대륙은 현재보다 크기가 현저히 작았다.
④ 현재 나누어져 있는 대륙들은 과거에 서로 연결되어 있었다.
⑤ 수백만 년 전 지하에는 공룡의 뼈를 녹이는 산성수가 흘렀다.

12 W: Recently, scientists ________ ________ ________ ________ ________. They were found in Africa, but they were from a South American dinosaur! ________ ________ ________ ________? The continental drift theory ________ ________ ________ ________ ________ ________. According to this theory, millions of years ago, all seven continents ________ ________ ________ ________ ________ as one piece of land. This means that South America and Africa ________ ________ ________ ________. So the dinosaur in South America ________ ________ ________ ________ ________ to Africa. As time passed, the continents ________ ________ ________ ________. They slowly moved apart over many millions of years and ________ ________ ________ ________ ________ ________.

Choose the most unnatural conversation.

① ② ③ ④ ⑤

13 ① W: ________ ________ ________ ________ ________ for metal cans to break down?
M: It is very difficult to break down metal cans.

② W: What do you do ________ ________ ________?
M: I try to use an electric fan ________ ________ ________ ________ ________.

③ W: Why is it important to plant trees in the forest?
M: Trees in the forest ________ ________ ________ ________ ________ ________.

④ W: I heard they will build new factories by the river.
M: It'll ________ ________ ________ ________.

⑤ W: Many animals ________ ________ ________ ________ ________.
M: Yes. We should do something to protect them.

14 W: I have to ___ ___ ___ about Mars, but I haven't decided ___ ___ ___ ___.

M: Hmm…. How about comparing Mars with Earth? The two planets ___ ___ ___ ___ ___.

W: Really? I didn't know they were similar.

M: Scientists say that Mars also might ___ ___ ___ like bacteria ___ ___ ___ in the past.

W: Wow! Was the environment of Mars different in the past?

M: Maybe. Mars might ___ ___ ___ and ___ ___.

W: Oh, I didn't know that.

M: There's more. ___ ___ ___ ___ billions of years ago may have been similar to ___ ___ ___ ___ ___.

W: That's very interesting. I know now what I can write about. Thank you ___ ___ ___.

선택지를 먼저 읽어보고 각 정보가 언급되는지 들으며 확인하자.

Which is NOT mentioned about Mars in the past in the conversation?

① its creatures ② its climate
③ its water ④ its soil
⑤ its atmosphere

15~16

M: Have you ever heard of a "fart tax"? Several years ago, New Zealand tried to ___ ___ ___ ___ ___ ___ ___. This policy was designed to ___ ___ ___ ___. Methane gas is one of the main causes of global warming. About 20% of all methane gas ___ ___ ___ ___ of farm animals. In fact, a single cow ___ ___ ___ of methane gas every year. Surprisingly, this is more than ___ ___ ___ ___ ___ ___ ___. That's why the New Zealand government wanted to ___ ___ ___ ___. However, the farmers were really angry because they suddenly ___ ___ ___ ___ ___. So they ___ ___. Eventually, their protests were successful and ___ ___ ___ ___. But the idea still gets a lot of attention around the world because of the dangers of global warming.

15 **What is the speaker mainly talking about?**

① why the fart tax was suggested
② how many cows there are in New Zealand
③ why methane gas is bad for the environment
④ what the major reasons of global warming are
⑤ how serious global warming is in New Zealand

16 **Why did the government want to make the farmers pay a new tax?**

① because they owned too much land
② because they made too much beef from cows
③ because they didn't pick up their cows' waste
④ because their animals produced too much methane gas
⑤ because they exported farm animals to other countries

Review Test

A 다음 각 단어에 해당하는 의미를 〈보기〉에서 고르시오.

1 current ______ 2 resident ______ 3 protest ______ 4 categorize ______
5 resource ______ 6 abandon ______ 7 atmosphere ______ 8 ecosystem ______

보기

ⓐ a person who lives in a certain place
ⓑ relating to the present or happening now
ⓒ the gases surrounding some planets such as Earth
ⓓ to show disagreement strongly usually by taking action
ⓔ to put people or things into groups by a specific standard
ⓕ to stop doing an activity because it's difficult to keep doing it
ⓖ all the living creatures in an area and how they relate to each other
ⓗ natural things such as water, wood, and oil that people use to support their lives

B 〈보기〉의 문장을 알맞은 순서대로 배치하여, 다음 대화문을 완성하시오.

W: Jake, it feels really nice by the river.
M: 1 ______________________________
W: 2 ______________________________
M: 3 ______________________________

보기

ⓐ What a shame! Why don't we pick it up?
ⓑ Yes. Oh, no. Look! People have dumped their trash there.
ⓒ That's a great idea. We can help protect nature with just a small amount of effort.

C 다음 우리말과 일치하도록 빈칸에 알맞은 표현을 쓰시오.

1 Many houses ________ ________ ________ by the flood.
(많은 집들이 홍수에 휩쓸려 가버렸다.)

2 If the policy is passed, it will ________ ________ ________ in 2017.
(만약 그 정책이 통과되면, 그것은 2017년에 실시될 것입니다.)

3 Humans and Chimpanzees ________ many things ________ ________.
(인간과 침팬지는 많은 것에서 공통점이 있다.)

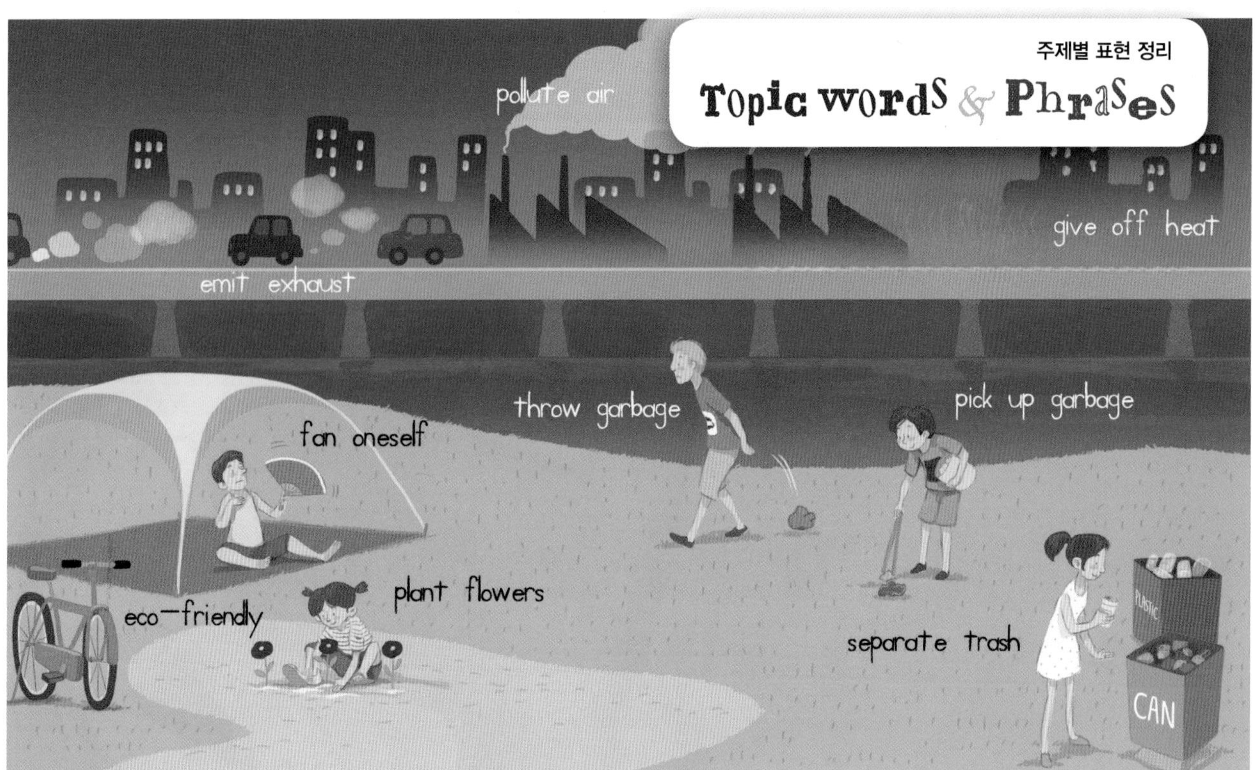

주제별 표현 정리

Topic words & Phrases

A 지구 · 환경에 대한 표현

지구

planet 행성
species 종
continent 대륙
soil 토양
atmosphere 대기
extinction 멸종
endangered 멸종 위기의
ecosystem 생태계
rainforest 열대 우림
environment 환경
natural habitat 자연 서식지

환경

eco-friendly 친환경적인
tropical night 열대야
plant flowers 꽃을 심다
alternative energy 대체 에너지
sun power 태양열
wind power 풍력
water power 수력
fossil fuel 화석 연료
exhaustion (자원 등의) 고갈
preserve 보호하다, 보존하다
recycle 재활용하다
waste 쓰레기, 폐기물
reusable 재사용할 수 있는
disposable 일회용의
fan oneself 부채질을 하다
emit exhaust 매연을 내뿜다
pollute air 대기를 오염시키다
give off heat 열을 뿜어내다
separate trash 분리수거를 하다
throw garbage 쓰레기를 버리다
pick up garbage 쓰레기를 줍다

B 지구 · 환경에 대해 이야기하기

〈지구 · 환경에 대해 묻고 답하기〉

What can we do to help protect the environment?
환경을 보호하는 것을 돕기 위해 무엇을 할 수 있을까?

You can maintain the indoor temperature at 26 degrees to save energy. 에너지 절약을 위해 실내 온도를 26도로 유지할 수 있어.

Why do people throw trash on the road?
왜 사람들이 길에다 쓰레기를 버릴까?

I think they are careless. If they treated the road like it was their house, they wouldn't do that. 그들이 부주의한 것 같아. 길이 그들의 집과 같다고 생각한다면, 그러지 않을 텐데.

〈지구 · 환경에 대해 말하기〉

We should preserve natural habitats for wild animals.
우리는 야생동물의 자연 서식지를 보호해야 해.

Make sure you turn off the light when you leave a room to save resources.
자원을 아끼기 위해 방을 나올 때 반드시 불을 끄도록 해.

Many companies have been developing electric cars to solve pollution problems.
많은 기업들이 환경 문제를 해결하기 위해 전기 차를 개발해오고 있어.

The government should pay more attention to developing alternative energy.
정부는 대체 에너지 개발에 더 관심을 기울여야 해.

Some countries and enterprises are trying to find a new planet we can live on. 일부 국가들과 기업들이 우리가 살 수 있는 새로운 행성을 찾으려고 노력하고 있어.

PART 2

PART1 Answers

The creative person wants to be a know-it-all. He wants to know about all kinds of things-ancient history, nineteenth century mathematics, current manufacturing techniques, hog futures. Because he never knows when these ideas might come together to form a new idea. It may happen six minutes later, or six months, or six years. But he has faith that it will happen. *— Carl Ally*

실전모의고사 활용법

파트 1에서 주제별로 재미있게 듣기 공부를 하셨나요? 이제는 실전모의고사를 풀어봄으로써 시·도 교육청 공동 주관 영어듣기능력평가가 어떻게 출제되는지 체험하고, 실제처럼 연습할 시간입니다! 파트 2에는 총 3회의 실전모의고사가 수록되어 있으니, 이를 통해 여러분의 듣기 실력을 한층 업그레이드할 수 있어요.

1. 실제 시험 상황처럼 스피커를 사용하여 음성을 들으세요. 이어폰이 조금 더 명확하게 들릴 수 있으니, 이어폰만으로 연습한다면 실제 시험을 칠 때 당황할 수 있어요.
2. 총 20문항을 한번에 들으며 문제를 풀어요. 듣기평가가 시행되는 20분은 높은 집중력을 요구하므로, 평소에도 그 시간 동안 집중해서 듣는 연습을 해야 해요.
3. 문제를 푼 후에는 Dictation으로 넘어가 하나하나 자세히, 정확하게 한 번 더 들어요. 빈칸을 채우려 집중해서 듣다 보면 어느 부분을 놓쳐서 정답을 고르지 못했는지 알게 될 거예요. 또, 잘 들리지 않는 표현과 영국식 발음도 확인할 수 있어요.
4. 또, Dictation에 문제 유형에 따른 다양하고 유용한 학습팁을 수록해 놓았으니, 참고하도록 해요.
5. 듣기는 반복 청취가 중요하답니다. 평소에 집중해서 끝까지 듣는 연습을 하고, 듣는 연습을 많이 하세요. 어느새 듣기 실력이 향상되어 있을 거예요.

실전모의고사 1회 

mem0

01 대화를 듣고, 남자의 선생님을 고르시오.

①  
② 
③ 
④ 
⑤  

02 대화를 듣고, 여자가 남자에게 전화한 목적으로 가장 적절한 것을 고르시오.

① 세탁기를 환불하려고
② TV 프로그램에 제보하려고
③ 고장난 세탁기를 수리하려고
④ 세탁기 사용법을 물어보려고
⑤ 피부병 치료법을 물어보려고

03 다음 그림의 상황에 가장 적절한 대화를 고르시오.

① ② ③ ④ ⑤

04 대화를 듣고, 두 사람이 구입할 담요를 고르시오.

① 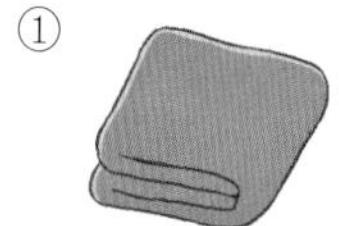
② 
③ 
④ 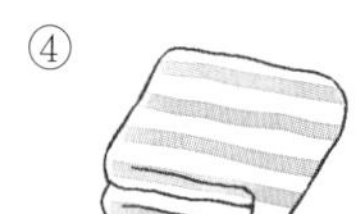
⑤  

05 대화를 듣고, 남자의 직업으로 가장 적절한 것을 고르시오.

① waiter ② tour guide ③ hotel staff
④ photographer ⑤ flight attendant

06 대화를 듣고, 여자의 심정으로 가장 적절한 것을 고르시오.

① anxious ② cheerful ③ thankful
④ indifferent ⑤ disappointed

07 대화를 듣고, 두 사람의 대화가 어색한 것을 고르시오.

① ② ③ ④ ⑤

08 대화를 듣고, 여자가 남자에게 부탁한 일로 가장 적절한 것을 고르시오.

① 약 사다 주기 ② 일찍 퇴근하기
③ 학교에 데려다 주기 ④ 선생님께 전화하기
⑤ 병원에 데려다 주기

09 대화를 듣고, 남자의 마지막 말의 의도로 가장 적절한 것을 고르시오.

① 동의 ② 비판 ③ 요청
④ 칭찬 ⑤ 항의

10 대화를 듣고, 여자가 지불할 금액을 고르시오.

① 4,500 won ② 4,800 won ③ 5,500 won
④ 5,600 won ⑤ 6,000 won

memo

memo

11 대화를 듣고, 두 사람이 대화하고 있는 장소로 가장 적절한 곳을 고르시오.

① library ② subway ③ airplane
④ travel agency ⑤ movie theater

12 다음을 듣고, 선수에 대해 언급되지 않은 것을 고르시오.

① 나이 ② 국적 ③ 체중
④ 훈련 방법 ⑤ 주종목

13 다음 관람 구역 배치도를 보면서 대화를 듣고, 남자가 예약할 좌석의 구역을 고르시오.

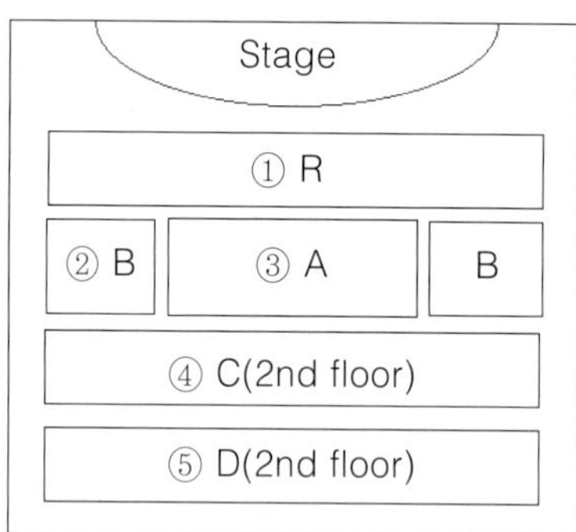

14 다음을 듣고, 무엇에 대한 설명인지 가장 적절한 것을 고르시오.

① 썰매 ② 스키 ③ 스노보드
④ 아이스하키 ⑤ 스케이트보드

15 대화를 듣고, 여자가 다음 일요일에 할 일로 가장 적절한 것을 고르시오.

① 재능 기부하기 ② 액세서리 만들기
③ 벼룩시장에 참가하기 ④ 음식점 창업 준비하기
⑤ 요리 경연 대회에 참가하기

16 대화를 듣고, 현장 학습을 가기로 한 날짜를 고르시오.

① April 7th ② April 9th ③ April 10th
④ April 11th ⑤ April 16th

17 다음 상황 설명을 듣고, Andy가 할 말로 가장 적절한 것을 고르시오.

Andy: ____________________

① I want a full refund.
② I hope my wife likes my gift.
③ I'd like to exchange these earrings.
④ Do you have this ring in a larger size?
⑤ I'm afraid there's a mistake on the receipt.

18 대화를 듣고, 남자가 대화 직후에 할 일로 가장 적절한 것을 고르시오.

① 점심 먹기 ② 바이킹 타기
③ 간식 사 오기 ④ 롤러코스터 타기
⑤ 줄 서서 기다리기

19 대화를 듣고, 남자의 상황을 가장 잘 표현한 속담을 고르시오.

① Easier said than done. ② Better late than never.
③ Think before you speak. ④ A stitch in time saves nine.
⑤ Slow and steady wins the race.

20 대화를 듣고, 남자의 마지막 말에 대한 여자의 응답으로 가장 적절한 것을 고르시오.

Woman: ____________________

① No, that's fine with me. ② Don't forget the due date.
③ Can you hand over the book? ④ It's my favorite genre of book.
⑤ I hope I can write my own essay someday.

memo

대화를 듣고, 남자의 선생님을 고르시오.

①  ② 
③  ④ 
⑤

그림 묘사 지시문을 먼저 읽고 누구를 찾아야 하는지 파악한 후, 유사 정보와 혼동하지 않아야 한다.

01 W: ______ ______ ______ ______ ______ of school?

M: It was good. I'm ______ ______ ______ ______ as my best friend, Jessica.

W: Do you like ______ ______ ______ ______? Is the teacher ______ ______ ______?

M: She is a young woman. I like her. 단서

W: ______ ______ ______ ______ ______? 함정

M: She has short, straight hair and she wears glasses. She was ______ ______ ______ ______ and blue jeans today.

W: Oh, is her name Kate? Kate was your sister's homeroom teacher last year. She has red hair, doesn't she?

M: No. Her name is Jessie. ______ ______ ______ ______.

대화를 듣고, 여자가 남자에게 전화한 목적으로 가장 적절한 것을 고르시오.

① 세탁기를 환불하려고
② TV 프로그램에 제보하려고
③ 고장난 세탁기를 수리하려고
④ 세탁기 사용법을 물어보려고
⑤ 피부병 치료법을 물어보려고

전화 목적 전화 초반에 목적이 직접적으로 언급되거나 결정적인 단서가 제시되므로 처음부터 주의 깊게 듣는다.

02 *(telephone rings)*

M: Hello. This is Star Electronics.

W: How do I ______ ______ ______ ______ I bought last month?

M: Is there anything wrong with it?

W: I just don't want to use it any longer.

M: ______ ______ ______ ______?

W: Well, it doesn't have any serious problems, but I heard bad things about the machine.

M: Could you ______ ______ ______ ______?

W: A TV program claimed that your washing machine doesn't work well. It doesn't rinse the laundry well enough and ______ ______ ______ ______ ______. So some people who used the machine have had ______ ______ ______ ______. How can I use this machine without worry?

M: I'm sorry that you are worried about our product. However, if you haven't experienced the rinsing problem, it's okay for you ______ ______ ______ ______.

W: But I'm uncomfortable....

M: I'm afraid I have to tell you that we can't ______ ______ ______ ______ if the machine isn't broken.

다음 그림의 상황에 가장 적절한 대화를 고르시오.

① ② ③ ④ ⑤

그림 상황에 적절한 대화 그림을 먼저 보고, 대화 장소와 등장인물들의 관계를 파악한다.

03 ① M: May I ______ ______ ______?

W: What's ______ ______?

② M: Do you ________ ________ ________ ________?
W: I'm sorry, but ________ ________ ________.
③ M: Could you ________ ________ ________ ________, please?
W: Here it is.
④ M: Would you like any toppings on your latte?
W: I'd like whipped cream on it.
⑤ M: I heard your restaurant is looking for a new waiter.
W: You're right. ________ ________ ________?

그림 묘사 어떤 물건을 구매할 경우, 최종적으로 무엇을 구입하기로 결정하는지 끝까지 잘 듣는다.

04 W: I really like our new house. How about you?
M: Me, too. By the way, we need to ________ ________ ________ ________ because our blanket is old. A new blanket will ________ ________ ________.
W: I agree. Oh, there are some blankets over there. Let's pick one together.
M: Okay. I like this simple one.
W: That grey is too dark. It's spring now. Let's ________ ________ ________ ________.
M: Okay. Well, I know you don't like flowers.
W: Right. You know me so well. I like ________ ________ ________.
M: It's good, but ________ ________ ________. It will make me hot. How about this striped one instead? It's similar to ________ ________ ________.
W: I think ________ ________ ________ ________ ________.

대화를 듣고, 두 사람이 구입할 담요를 고르시오.

①  ② 
③  ④ 
⑤ 

직업 자주 출제되는 직업과 관련된 단어나 표현들을 미리 익혀 둔다.

05 W: Excuse me.
M: What can I do for you?
W: Could you ________ ________ ________ ________ from up there? My arm ________ ________ ________ ________.
M: Here you are. But ________ ________ ________ ________ ________ ________ electronic devices now. You should not take pictures.
W: Okay.
M: Do you need anything else?
W: I'm ________ ________ ________ ________. Can you give me some water?
M: Oh, ________ ________ ________ ________. I'll bring it once the seatbelt signs are off.
W: Good.
M: Please ________ ________ ________ ________ for takeoff. I hope you ________ ________ ________.

대화를 듣고, 남자의 직업으로 가장 적절한 것을 고르시오.
① waiter
② tour guide
③ hotel staff
④ photographer
⑤ flight attendant

대화를 듣고, 여자의 심정으로 가장 적절한 것을 고르시오.

① anxious ② cheerful
③ thankful ④ indifferent
⑤ disappointed

심정 심정을 나타내는 표현을 미리 학습해두는 것이 중요하다.

06 W: Hey, Eugene! Are you busy these days?

M: Not at all.

W: Are you going ___ ___ ___ next Sunday?

M: Maybe. ___ ___ ___ ___?

W: Do you remember my friend, Jed?

M: Yes, I remember him, but not clearly.

W: He's going to ___ ___ ___ next Sunday.

M: So?

W: I'd like you to ___ ___ ___ ___ with me.

M: What kind of concert is it?

W: You know, he's a trumpet player and ___ ___ ___.

M: Oh, an orchestra concert? Well, classical music is very boring. I'll ___ ___ during the concert. ___ ___ ___ ___.

W: Oh, okay. I'll ask someone else then.

대화를 듣고, 두 사람의 대화가 어색한 것을 고르시오.

① ② ③ ④ ⑤

어색한 대화 의문사가 있는 의문문은 의문사와 그에 대한 답을 잘 듣는 것이 중요하다.

07 ① W: ___ ___ ___ ___ ___ the movie?

M: It's very interesting.

② W: ___ ___ ___ ___ your cell phone?

M: My father bought it for me.

③ W: Why did you go to school ___ ___?

M: Because my bicycle was stolen.

④ W: ___ ___ ___ ___?

M: I'm going to the supermarket. Can you give me a ride?

⑤ W: ___ ___ ___ ___ ___ for the flight to San Francisco?

M: ___ ___ ___ ___.

대화를 듣고, 여자가 남자에게 부탁한 일로 가장 적절한 것을 고르시오.

① 약 사다 주기
② 일찍 퇴근하기
③ 학교에 데려다 주기
④ 선생님께 전화하기
⑤ 병원에 데려다 주기

부탁한 일 지시문을 먼저 읽고 누가 부탁한 일을 묻는지 확인한 후, 해당 인물이 직접적으로 부탁의 내용을 말하는 부분을 잘 듣는다.

08 *(telephone rings)*

M: Hello?

W: Hi, Dad.

M: Why ___ ___ ___ ___ ___? You should be at school by now.

W: ___ ___ ___ ___. I have a headache and fever. I might have ___ ___ ___ ___. I think I can't go to school today.

M : Oh, that's too bad.

W: Can you ___ ___ ___ ___ ___ ___ on your way home?

M : Okay, sure. I'll get it and come home right after ___ ___ ___. Call me anytime if ___ ___ ___.

W: Yes, I will. Thanks, Dad.

의도 대화의 주제나 화제를 파악하면, 화자의 말의 의도를 유추할 수 있다.

09 M : You've been holding your smartphone all day long. Are you playing a game?

W: No, I'm looking at my friends' SNS profiles. I'm ___ ___ ___ my friends this way.

M : Why don't you call or meet them?

W: I'm talking with many friends in another way. I ___ ___ ___ ___ easily and quickly. I see their pictures that show ___ ___ ___ ___ ___. Plus, I can ___ ___ with many people thanks to SNS.

M : You mean ___ ___ ___ ___ with SNS?

W: Of course!

M : ___ ___ ___ on your smartphone. Because of that, ___ ___ ___ ___ to talk with your friends on the phone or ___ ___ ___ ___, do you? So how can you say that ___ ___ ___?

대화를 듣고, 남자의 마지막 말의 의도로 가장 적절한 것을 고르시오.

① 동의 ② 비판 ③ 요청
④ 칭찬 ⑤ 항의

금액 무엇을 주문/구입하는지 메모하며 듣고, 할인 정보 등 금액 계산에 필요한 정보를 놓치지 않고 듣는다.

10 M : May I take your order?

W: Yes, I want a latte and a plain bagel with cream cheese.

M : ___ ___ ___ ___ ___?

W: Regular size. How much are they?

M : A regular latte is 4,000 won and a bagel is 1,500 won. And ___ ___ ___ ___ for the cream cheese. ___ ___ ___ is 6,000 won. But you can take a morning set for 5,000 won and pay extra 500 won for the cream cheese. The morning set is cheaper.

W: Good. ___ ___ ___. Here is my membership card. I can ___ ___ ___ ___ with the membership, right?

M : Usually, but you can't get a discount ___ ___ ___ ___.

W: Wait a moment. Then it's better for me not to get the morning set. Please ___ ___ ___ ___ with my membership.

M : Okay.

대화를 듣고, 여자가 지불할 금액을 고르시오.

① 4,500 won ② 4,800 won
③ 5,500 won ④ 5,600 won
⑤ 6,000 won

대화를 듣고, 두 사람이 대화하고 있는 장소로 가장 적절한 곳을 고르시오.
① library
② subway
③ airplane
④ travel agency
⑤ movie theater

대화 장소 세부 어휘나 표현이 결정적인 단서가 될 수 있으므로, 세부 내용을 놓치지 않는다.

11 M: Excuse me, but I think you are ________ ________ ________ ________.
W: Oh, sorry. My mistake. I should move to the window seat.
M: That's okay. If you want the aisle seat, ________ ________ ________ ________ with you.
W: Oh, that would be very kind of you. I'm worried I'll have to ________ ________ ________ ________.
M: You can ________ ________ ________ ________ then. By the way, ________ ________ ________ ________?
W: I'm on my way back home from a business trip.
M: Oh, me too. How'd your work go?
W: I'd like to talk with you, but I have to ________ ________ ________ to my office before takeoff. ________ ________ ________ ________ for a second?
M: Of course. ________ ________.
W: Oh, I have a question. Do you know the time in China now? I'm always ________ ________ ________ ________ ________.
M: Let me see. *(pause)* It's 3 a.m. ________ ________ ________ ________.

다음을 듣고, 선수에 관해 언급되지 않은 것을 고르시오.
① 나이 ② 국적 ③ 체중
④ 훈련 방법 ⑤ 주종목

언급된 내용 선택지를 언급된 담화 내용과 하나씩 대조하며 듣는다.

12 M: Now the last player of the team ________ ________ ________. His name is Jonathan Whistler, and he is 20 years old. ________ ________ ________. He is 188 cm tall and weighs 80 kg. His body ________ ________ ________ ________. He ________ ________ in the Olympics for the first time. He began swimming when he was five years old and he ________ ________ ________ ________ at the national level. His main event is the 400-meter freestyle. Let's see if he can win a medal in this event. ________ ________ ________ ________ his ability in the Olympics.

다음 관람 구역 배치도를 보면서 대화를 듣고, 남자가 예약할 좌석의 구역을 고르시오.

Stage
① R
② B ③ A B
④ C(2nd floor)
⑤ D(2nd floor)

특정 정보 대화에서 설명하는 위치를 찾아 그림에 표시하고 간단하게 메모하며 듣는다.

13 M: We need to hurry and make a reservation before ________ ________ ________ ________.
W: You're right.
M: ________ ________ ________ ________ ________?
W: Well, the seats in section R have the best view, of course.
M: How much are they?
W: They're ________ ________ ________.

M: Wow, __________ __________ __________ for me. How about section B?

W: You can see only one side of the stage from there.

M: Right, and the seats on the second floor are __________ __________ __________ __________ __________. Without opera glasses, it's too difficult to see the stage well from there.

W: I agree. We __________ __________ __________ __________ __________ then.

M: That's right. I'll buy two tickets in that section.

주제·화제 담화에서 설명하는 내용을 하나씩 머릿속에 그려 설명하는 대상을 완성한다.

14 W: You're going to enjoy participating in this exciting winter sport. To do this sport, you need __________ __________ __________ __________ __________ and long sticks. The boards are narrow and __________ __________ __________ __________. When you wear the boards and __________ __________ __________, you can ride down the slippery slopes __________ __________ __________. If you want to __________ __________ __________ __________, you have to __________ __________ __________ in different directions. If you want to stop, you should __________ __________ __________ __________. This exciting winter sport is a lot of fun, but it's also a little bit dangerous. You should definitely __________ __________ __________.

다음을 듣고, 무엇에 관한 설명인지 가장 적절한 것을 고르시오.

① 썰매
② 스키
③ 스노보드
④ 아이스하키
⑤ 스케이트보드

할 일 상대방의 제안이나 부탁을 통해 할 일을 유추할 수 있다.

15 M: Oh, __________ __________.

W: How was the food? __________ __________ __________ __________ __________?

M: I really enjoyed the food you made for me. Thanks a lot.

W: I'm happy to hear that. __________ __________ __________ __________ __________ __________?

M: Yes, please. __________ __________ __________ __________ __________?

W: Of course, you can. Wait a moment. *(pause)* Here is a cup of coffee and some cookies. I baked them yesterday. __________ __________.

M: I can't believe you made these cookies. You're a very good cook.

W: Oh, you flatter me.

M: I'm serious. I hope many more people can enjoy your food. How about selling your cookies __________ __________ __________ __________? There are many people __________ __________ __________ __________, like accessories.

W: Oh, I'd love to.

M: I heard a flea market is held nearby every Sunday morning.

W: That's great. I'm going to prepare for the next one then.

M: __________ __________ __________ __________ __________ if you need my help.

대화를 듣고, 여자가 다음 일요일에 할 일로 가장 적절한 것을 고르시오.

① 재능 기부하기
② 액세서리 만들기
③ 벼룩시장에 참가하기
④ 음식점 창업 준비하기
⑤ 요리 경연 대회에 참가하기

대화를 듣고, 현장 학습을 가기로 한 날짜를 고르시오.

① April 7th ② April 9th
③ April 10th ④ April 11th
⑤ April 16th

날짜 날짜를 직접적으로 언급하지 않고 설명하는 경우가 많으므로, 날짜를 계산하는 데 필요한 단서를 놓치지 않고 듣는다.

16 M: Kate, we need to decide when to go on a field trip.
W: Right. ______ ______ ______ ______?
M: Well, I think the second Wednesday in April is good. There's going to be nice weather which will be good ______ ______ ______.
W: ______ ______ ______ ______? I think it would be good, too. I'll ______ ______ ______ ______. *(pause)* Oops! We're ______ ______ ______ ______ that week.
M: When is the exam exactly?
W: It starts on Monday, April 7th and ______ ______ ______, ______ ______.
M: Then Friday of that week ______ ______ ______ ______. If students go on a field trip ______ ______ ______ ______, they will be able to relax and ______ ______ ______ ______!
W: That's great!

다음 상황 설명을 듣고, Andy가 할 말로 가장 적절한 것을 고르시오.

Andy: ______________

① I want a full refund.
② I hope my wife likes my gift.
③ I'd like to exchange these earrings.
④ Do you have this ring in a larger size?
⑤ I'm afraid there's a mistake on the receipt.

상황에 적절한 말 담화의 시작이나 마지막 부분에 나오는 상황을 집약적으로 정리하는 말을 집중하여 듣는다.

17 W: This Sunday is Andy's ______ ______ ______. He wants to give his wife a special memory. So he suggests going on a trip. He ______ ______ ______ ______ for when they arrive. He buys a ring, hairpin, and earrings. When he ______ ______ ______ ______ ______, it's more expensive than he thought. He ______ ______ ______ and notices that ______ ______ ______ ______. In this situation, what would Andy say to the clerk?

대화를 듣고, 남자가 대화 직후에 할 일로 가장 적절한 것을 고르시오.

① 점심 먹기 ② 바이킹 타기
③ 간식 사 오기 ④ 롤러코스터 타기
⑤ 줄 서서 기다리기

할 일 여러 논의를 한 후에 대화 마지막 부분에 무엇을 할지에 대한 최종 결정이 드러나는 경우가 많다.

18 W: The Viking ship was really exciting!
M: ______ ______ ______.
W: Shall we ______ ______ ______ again?
M: Well, how about riding a roller coaster?
W: Great! ______ ______ ______ ______.
M: Oh, it's very long. We'll have to ______ ______ ______ ______. I'm hungry. I want to eat something.
W: I'm hungry, too. But after lunch, ______ ______ ______ ______ ______ in line.
M: You're right. I'll ______ ______ ______ while you wait in line.
W: That's a good plan.
M: Wait here. ______ ______ ______ ______.

속담 자주 출제되는 영어 속담의 의미와 교훈을 익혀 둔다.

19 W: What are you carrying? Is that a sketchbook?

M: Yes, it is. I'm learning painting these days.

W: Wow, great! ________ ________ ________ ________.

M: It's not just a hobby. I ________ ________ ________ ________ ________ in this field.

W: You ________ ________ ________ ________ ________?

M: Yes. You know, I wanted to be a painter when I was young. But I ________ ________ ________ and became a teller instead.

W: I thought ________ ________ ________ ________ in your job.

M: My job is good. But I don't want to ________ ________ ________ ________ ________. If I give up, I'll regret it ________ ________ ________. That's why I decided to learn to paint.

W: Good job! I hope ________ ________ ________ ________. Don't forget, many people around you are always here for you.

대화를 듣고, 남자의 상황을 가장 잘 표현한 속담을 고르시오.

① Easier said than done.
② Better late than never.
③ Think before you speak.
④ A stitch in time saves nine.
⑤ Slow and steady wins the race.

마지막 말에 대한 응답 대화의 전반적인 내용을 파악하면서, 대화의 마지막 질문을 주의 깊게 듣는다.

20 M: What are you reading?

W: I'm ________ ________ ________ ________ about a trip to Italy.

M: Do you like travel essays?

W: Yes, I like to read travel essays when I want to go on a trip but can't. I can ________ ________ ________ ________ when read them.

M: I want to read the book, too. ________ ________ ________ ________ to Italy someday.

W: Are you? Then ________ ________ ________ you read this essay. It'll make you feel like going to Italy right now.

M: Do you mind ________ ________ ________ ________ after you're done?

W: ________________________________

대화를 듣고, 남자의 마지막 말에 대한 여자의 응답으로 가장 적절한 것을 고르시오.

Woman: ________________

① No, that's fine with me.
② Don't forget the due date.
③ Can you hand over the book?
④ It's my favorite genre of book.
⑤ I hope I can write my own essay someday.

실전모의고사 2회

mem()

01 대화를 듣고, 두 사람이 구입할 케이크를 고르시오.

① 
② 
③ 

④ 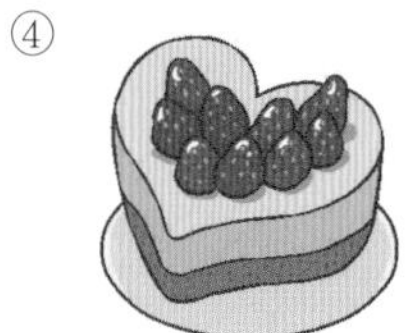
⑤ 

02 대화를 듣고, 남자가 여자에게 전화한 목적으로 가장 적절한 것을 고르시오.

① 도넛을 사갈지 물어보려고
② 제과점 위치를 물어보려고
③ 시험 불합격 소식을 전하려고
④ 제빵사 고용 소식을 전하려고
⑤ 좋아하는 빵 종류를 물어보려고

03 다음 그림의 상황에 가장 적절한 대화를 고르시오.

① ② ③ ④ ⑤

04 대화를 듣고, 여자의 직업으로 가장 적절한 것을 고르시오.

① chef
② teller
③ reporter
④ secretary
⑤ photographer

05 대화를 듣고, 남자가 구입할 넥타이를 고르시오.

① ② ③ ④ ⑤

06 대화를 듣고, 남자의 심정으로 가장 적절한 것을 고르시오.

① lonely ② scared ③ excited
④ depressed ⑤ exhausted

07 대화를 듣고, 두 사람의 대화가 어색한 것을 고르시오.

① ② ③ ④ ⑤

08 대화를 듣고, 여자가 남자에게 부탁한 일로 가장 적절한 것을 고르시오.

① 빨래 개기 ② 마중 나오기
③ 세탁물 맡기기 ④ 우산 빌려 주기
⑤ 청소기 돌리기

09 대화를 듣고, 남자의 마지막 말의 의도로 가장 적절한 것을 고르시오.

① 비난 ② 칭찬 ③ 위로
④ 요청 ⑤ 충고

10 대화를 듣고, 여자가 지불할 금액을 고르시오.

① $4 ② $10 ③ $20 ④ $30 ⑤ $40

memo

memo

11 대화를 듣고, 두 사람이 대화하고 있는 장소로 가장 적절한 곳을 고르시오.

① parking lot ② clothes shop
③ laundry shop ④ grocery store
⑤ department store

12 다음을 듣고, My Mother's Secret Recipe에 대해 언급되지 않은 것을 고르시오.

① 개업 날짜 ② 위치 ③ 영업 시간
④ 할인 메뉴 ⑤ 테이블 수

13 다음 표를 보면서 대화를 듣고, 실제 예약 내용과 일치하지 않는 것을 고르시오.

Hotel Reservation

① **Name:** Kevin Morgan
② **Check In:** March 1st
③ **Check Out:** March 4th
④ **Room Type:** Standard Double
⑤ **Breakfast:** 2 Included

14 다음을 듣고, 무엇에 대한 안내 방송인지 가장 적절한 것을 고르시오.

① 점심 시간 변경 공지 ② 엘리베이터 점검 안내
③ 사무실 대청소 일정 공지 ④ 화재 발생 시 대처 요령 설명
⑤ 엘리베이터 안전 이용 수칙 설명

15 대화를 듣고, 남자가 할 일로 가장 적절한 것을 고르시오.

① 라자냐 만들기 ② 사무실 이사하기
③ 오븐 수리 맡기기 ④ 새 오븐 구매하기
⑤ 참치 샐러드 재료 사러 가기

16 대화를 듣고, 여자가 책을 반납할 날짜를 고르시오.

① May 4th ② May 7th ③ June 1st
④ June 4th ⑤ June 7th

17 다음 상황 설명을 듣고, Terry가 Joan에게 할 말로 가장 적절한 것을 고르시오.

Terry: ______________________________

① Did you enjoy your meal?
② I'll give you a surprise for your birthday.
③ It's too expensive for such low-quality food.
④ Why don't we go to the restaurant over there?
⑤ Do you want to wait or go to another restaurant?

18 대화를 듣고, 남자가 대화 직후에 할 일로 가장 적절한 것을 고르시오.

① 휴대전화 끄기 ② 아버지 깨우기
③ 안경 가져 오기 ④ 영화표 예매하기
⑤ 휴대전화 가져 오기

19 대화를 듣고, 남자의 의견을 가장 잘 표현한 속담을 고르시오.

① 도둑이 제 발 저린다. ② 비 온 뒤에 땅이 굳는다.
③ 서투른 목수가 연장 탓한다. ④ 사공이 많으면 배가 산으로 간다.
⑤ 일찍 일어나는 새가 벌레를 잡는다.

20 대화를 듣고, 남자의 마지막 말에 대한 여자의 응답으로 가장 적절한 것을 고르시오.

Woman: ______________________________

① Does it take long to get to the parking lot?
② Please keep your driver's license on you at all times.
③ You can use your new driver's license from now on.
④ You should be careful not to lose your driver's license.
⑤ You should fax your ID card or old driver's license by 6 p.m. today.

memo

그림 묘사 구입할 물건을 고를 때는 대화를 마지막까지 잘 듣고 결정된 사항을 파악한다.

대화를 듣고, 두 사람이 구입할 케이크를 고르시오.

① 
③ 
③ 
④ 
⑤ 

01 W: Which do you like most?

함정

M: I like this cake with __________ __________ __________ __________ __________. Donna's daughter will like it. This cake will be the best gift for her second birthday.

W: It looks good. But she __________ __________ __________ __________ __________ the cake. She is too young.

M: I see your point. So we should buy a cake that Donna will like.

W: That's right! She __________ __________ __________. How about this one? Pure white really __________ __________ __________.

M: I like it, too. __________ __________ __________. Now why don't we go to a flower shop? Let's buy some flowers and surprise her.

W: We don't have much money. Instead of buying flowers, how about this cake __________ __________ __________?

단서

M: __________ __________! Let's get it.

전화 목적 유사 정보와 혼동하지 않고 대화를 주의 깊게 듣는다.

대화를 듣고, 남자가 여자에게 전화한 목적으로 가장 적절한 것을 고르시오.

① 도넛을 사갈지 물어보려고
② 제과점 위치를 물어보려고
③ 시험 불합격 소식을 전하려고
④ 제빵사 고용 소식을 전하려고
⑤ 좋아하는 빵 종류를 물어보려고

02 *(telephone rings)*

W: Hello. This is Lena speaking.

M: Honey, it's me. I have __________ __________ __________ __________.

W: What's that?

M: I __________ __________ __________ __________ __________ on the way back home from work. I wanted to get some of the donuts you like __________ __________ __________ __________. You've been depressed __________ __________ __________ the exam.

W: Thanks for __________ __________ __________. But I'm okay now. I'll keep looking for another opportunity.

M: Great! I'll __________ __________ __________ __________. I saw a poster that said the donut company __________ __________ __________ __________. You'd be interested in that, right?

W: Absolutely! I feel much better after hearing that. __________ __________ __________. I don't think I need to eat the donuts.

M: __________ __________ __________ __________ __________? But you like donuts from this shop.

W: Well, I'd be much happier with them.

M: Okay. __________ __________ __________. I'll be there soon.

그림 상황에 적절한 대화 그림의 상황을 먼저 파악하고 어떤 대화가 이루어질지 예상해 본다.

03 ① M : ________ ________ ________ ________ ________, please?
W : I'm afraid ________ ________ ________ ________.
② M : Could you ________ ________ ________ ________ ________?
W : Okay, sure. ________ ________ ________ ________.
③ M : I'd like tickets ________ ________ ________.
W : Here you are. It's 12 dollars.
④ M : Where is the entrance?
W : Over there, ________ ________ ________ ________.
⑤ M : Excuse me, you should ________ ________ ________.
W : Oh, sorry. I didn't know.

다음 그림의 상황에 가장 적절한 대화를 고르시오.

① ② ③ ④ ⑤

직업 문제에서 누구의 직업을 묻는지 확인한 후, 이에 집중하여 듣는다.

04 M : Hi, I'm Jackson.
W : Hi, I'm Emily.
M : This train is very fast! I'm taking it ________ ________ ________ ________. Where are you going? I'm going to Seoul.
W : I'm going to Seoul, too, to ________ ________ ________ ________.
M : Oh, are you a photographer? That's cool.
W : I just take photos ________ ________ ________.
M : I see. What kind of work do you do, then?
W : I ________ ________ ________ ________. How about you?
M : I'm a reporter. I'd be happy to report on your exhibition.
W : Wow, that would ________ ________!
M : Shall we ________ ________ ________?
W : Sure. Let's go to the dining car and have some snacks and coffee.

대화를 듣고, 여자의 직업으로 가장 적절한 것을 고르시오.

① chef ② teller
③ reporter ④ secretary
⑤ photographer

그림 묘사 색, 크기, 모양, 무늬 등 사물을 묘사하는 표현을 평소에 익혀 둔다.

05 W : I'll buy a necktie for you. ________ ________ ________.
M : Wow, really? Thank you but why?
W : I just want to wish you well ________ ________ ________ ________.
M : That's nice of you! ________ ________ ________ ________?
W : Well, how about this one?
M : Striped patterns are so common. I'd like a checkered one or dotted one.
W : Umm. I think ________ ________ ________ ________ ________.
Why don't you ________ ________ ________ ________?
M : I see. I'll take this gray tie with no pattern.
W : Excellent choice! I think this color will ________ ________ ________ ________ ________.

대화를 듣고, 남자가 구입할 넥타이를 고르시오.

① ③
③ ④
⑤

대화를 듣고, 남자의 심정으로 가장 적절한 것을 고르시오.

① lonely ② scared
③ excited ④ depressed
⑤ exhausted

심정 심정을 유추할 수 있는 표현이 언급되는 경우가 많으므로, 이를 주의 깊게 듣는다.

06 W: When did you ________ ________ ________ ________ ________?

M: I just got back.

W: ________ ________ ________? Was there anything special there?

M: My trip was great. But at the end of the journey, ________ ________ ________ ________!

W: What happened?

M: I took so many pictures. ________ ________ ________ ________, food I ate, rooms I stayed in, and so on. I tried to ________ ________ ________ ________.

W: I envy you! Can I see them?

M: That's the problem! Unfortunately, someone ________ ________ ________.

W: How did that happen?

M: I asked a man to ________ ________ ________ in front of a statue. When I was getting ready for the photo, he ________ ________ ________ ________ ________.

W: Oh, no!

M: I know! All of my photos ________ ________.

대화를 듣고, 두 사람의 대화가 어색한 것을 고르시오.

① ② ③ ④ ⑤

어색한 대화 혼동하기 쉬운 관용적 표현을 잘 익혀 둔다.

07 ① M: How have you been doing?

W: ________ ________ ________ ________.

② M: I can't wait to go on a trip.

W: I don't want to go, either.

③ M: ________ ________ ________ turning off the heater?

W: Not at all.

④ M: When do I need to ________ ________ ________?

W: They're ________ ________ ________.

⑤ M: Would you like to ________ ________ ________ ________ with me?

W: Sure. ________ ________ ________ ________?

대화를 듣고, 여자가 남자에게 부탁한 일로 가장 적절한 것을 고르시오.

① 빨래 개기 ② 마중 나오기
③ 세탁물 맡기기 ④ 우산 빌려 주기
⑤ 청소기 돌리기

부탁한 일 주로 화자가 직접적으로 부탁의 내용을 언급하므로 이를 잘 듣고, 성급한 판단을 내리지 말아야 한다.

08 *(cell phone rings)*

M: Hello.

W: Hi, honey. Are you at home?

M: Yes. How come you're calling me at this hour? Are you ________ ________ ________?

W: Did you know ________ ________ ________?

M: No. I didn't look outside.

W: It ________ ________ ________. Didn't you hear it? It was so loud.

M: I was ________ ________ ________ ________, so I couldn't hear ________ ________ ________ ________. Anyway, do you have an umbrella? If not, I can ________ ________ ________ at your office.

W: No, it's okay. I have one. Instead, can you ________ ________ ________? I need my dress tomorrow. I'm going to a party. Make sure ________ ________ ________.

M: Okay, sure.

의도 대화 상황을 파악하여, 상황에 적합한 말을 생각해 본다.

09 W: Oh, can you ________ ________ ________?

M: What sound?

W: Please ________ ________ ________ ________.

M: Oh, okay. *(pause)* Do you mean the siren?

W: Right. ________ ________ ________ ________ ________. I hope it is a minor accident. I don't want anyone ________ ________ ________.

M: Yes. Oh, the sound is getting ________ ________ ________. It's probably getting closer.

W: I've got to ________ ________ ________ ________.

M: That's good. Look at those cars. They won't give way to the ambulance. How can they ________ ________ ________?

대화를 듣고, 남자의 마지막 말의 의도로 가장 적절한 것을 고르시오.

① 비난 ② 칭찬 ③ 위로 ④ 요청 ⑤ 충고

금액 금액을 계산하는 데 필요한 정보를 메모하여 놓치지 않아야 한다.

10 M: Could I ________ ________ ________, please?

W: Here it is.

M: Okay. Please ________ ________ ________ here. I'll check the weight.

W: Could you help me? It's ________ ________ ________ ________ ________ ________.

M: Sure. Oh, it's quite heavy. I'm afraid this baggage will be more than 20 kg. Let me check. *(pause)* It's 24 kg.

W: So what should I do?

M: You have to ________ ________ ________ ________ for overweight bags.

W: How much is the fee?

M: It's ten dollars ________ ________ ________ ________.

W: Okay. Is the baggage allowance 20 kg?

M: Yes, it is.

대화를 듣고, 여자가 지불할 금액을 고르시오.

① $4 ② $10 ③ $20 ④ $30 ⑤ $40

대화를 듣고, 두 사람이 대화하고 있는 장소로 가장 적절한 곳을 고르시오.

① parking lot
② clothes shop
③ laundry shop
④ grocery store
⑤ department store

대화 장소 특정 장소를 유추할 수 있는 표현을 잘 듣는다.

11 M: Excuse me, could you ________ ________ ________ ________ this blouse?
W: Is there a problem?
M: ________ ________ ________ ________ ________ on it. You can see it.
W: Oh, I'm sorry, but I'm afraid this spot ________ ________ ________.
M: That's not what you said on the phone. You said you could ________ ________ ________. If you had said you couldn't, I ________ ________ ________ ________ ________.
W: I apologize. I'll try. I'm not sure ________ ________ ________ ________. It's not a simple job ________ ________ ________ ________ ________. I hope you understand.
M: Okay. When can I ________ ________ ________?
W: It will be ready in three days.

다음을 듣고, My Mother's Secret Recipe에 대해 언급되지 않은 것을 고르시오.

① 개업 날짜 ② 위치
③ 영업 시간 ④ 할인 메뉴
⑤ 테이블 수

언급된 내용 대화 내용과 선택지를 하나씩 대조하며 듣는다.

12 W: A new restaurant called *My Mother's Secret Recipe* ________ ________ ________ ________ next Monday. We're located on 3rd Avenue. We're open every day from 11:00 a.m. to 12:00 a.m. Our restaurant will ________ ________ ________ ________ just for you. We don't have ________ ________ ________, but we can make any Japanese food you want. You can ________ ________ ________ ________ ________ ________. You can taste a mother's love in our food. We have only one table. The whole restaurant ________ ________ ________ only for you. Please ________ ________ ________ ________ and make a reservation for your special meal. We promise we can make your meal ________ ________ ________ ________ ________ of your life. Lastly, you should remember this. We're going to have an opening party at 5 p.m. on opening day. Please ________ ________ ________ ________ and enjoy the party!

다음 표를 보면서 대화를 듣고, 실제 예약 내용과 일치하지 않는 것을 고르시오.

Hotel Reservation
① Name: Kevin Morgan
② Check In: March 1st
③ Check Out: March 4th
④ Room Type: Standard Double
⑤ Breakfast: 2 Included

내용 일치 선택지와 대조하며 대화를 듣고, 내용이 바뀌는 경우가 있으므로 성급하게 오답을 고르지 않는다.

13 W: Hello. I'm very pleased to welcome you to our hotel.
M: I made a reservation ________ ________ ________ ________ Kevin Morgan.
W: Wait a moment, please. *(pause)* Okay, I ________ ________ ________.
M: I was wondering if I could have a room ________ ________ ________ ________.
W: Let me check. You reserved a standard double room. I'm sorry we don't have a standard room with an ocean view.
M: Okay, I see.

W: You're going to check out on March 4th so you'll ______ ______ ______ ______, right?

M: No, I reserved ______ ______ ______. Please check again.

W: I'm sorry. There must have been a mistake. Now we don't have a standard room for four nights. Instead, I'll ______ ______ ______ ______ ______ to a superior room. You can enjoy an ocean view in your room.

M: Oh, thanks.

W: Let me check one more thing. You wanted breakfast for two people, right?

M: Yes. ______ ______ ______ ______ ______?

W: Our restaurant is ______ ______ ______ ______. Here is your room key. Go up to the 6th floor.

M: Thank you. Where's the elevator?

주제 · 화제 안내 방송일 경우, 앞부분에 주제를 언급하는 경우가 많으므로 초반 내용을 주의 깊게 듣는다.

14 M: Hello. ______ ______ ______ ______ for the workers of the building. Recently, the elevators have been ______ ______ ______. So we're going to check them to prevent breakdowns or accidents. We will start at 2:00 p.m. Please hurry back to your desks after lunch before ______ ______ ______ ______. We expect the check will ______ ______ ______ ______ ______, but we might need more time. We'll make another announcement if we do. Please remember the time ______ ______ ______ ______. Thank you for your understanding.

다음을 듣고, 무엇에 대한 안내 방송인지 가장 적절한 것을 고르시오.

① 점심 시간 변경 공지
② 엘리베이터 점검 안내
③ 사무실 대청소 일정 공지
④ 화재 발생 시 대처 요령 설명
⑤ 엘리베이터 안전 이용 수칙 설명

할 일 지시문을 먼저 읽고 '누가' '언제' 할 일인지 확인한다.

15 M: What's wrong?

W: I'm making lasagna. I put it in the oven, but I'm afraid ______ ______ ______ ______.

M: Again? This oven has a lot of problems. I think ______ ______ ______ ______ ______ ______.

W: No way! It is almost new. ______ ______ ______ ______. Why don't we ask for after-sales service?

M: We've already fixed it many times.

W: This is the last time. If it ______ ______ again, let's get a new one.

M: Good. I heard that a service center moved near my office. I'll ______ ______ ______ ______ ______ ______ ______.

W: Will you? Thanks so much. Let's eat tuna salad now. It's done already. I'll make lasagna another time after ______ ______ ______ ______.

대화를 듣고, 남자가 할 일로 가장 적절한 것을 고르시오.

① 라자냐 만들기
② 사무실 이사하기
③ 오븐 수리 맡기기
④ 새 오븐 구매하기
⑤ 참치 샐러드 재료 사러 가기

대화를 듣고, 여자가 책을 반납할 날짜를 고르시오.

① May 4th ② May 7th
③ June 1st ④ June 4th
⑤ June 7th

날짜 단서가 되는 내용을 놓치면 정답을 고르기 힘드므로, 메모하며 듣는다.

16 *(telephone rings)*

W: Hello, this is Susan Johnson. I'm calling ________ ________ ________ ________.

M: Okay.

W: I was wondering if I could ________ ________ ________ I borrowed late.

M: You know ________ ________ ________ ________ ________. It's one dollar per day.

W: Oh, okay. Then if I ________ ________ ________ ________, I can return them late, right?

M: Basically yes. How many days are you going to be late?

W: The due date is June 4th, but maybe I'll need three more days.

M: Okay, ________ ________ ________ ________ ________. There are many people waiting for the books.

W: I will. Thank you.

다음 상황 설명을 듣고, Terry가 Joan에게 할 말로 가장 적절한 것을 고르시오.

Terry: ________________

① Did you enjoy your meal?
② I'll give you a surprise for your birthday.
③ It's too expensive for such low-quality food.
④ Why don't we go to the restaurant over there?
⑤ Do you want to wait or go to another restaurant?

상황에 적절한 말 담화의 전체적인 내용과 상황을 파악하는 것이 가장 중요하다.

17 W: Joan really wanted to go to a new Japanese restaurant downtown. Terry ________ ________ ________ Joan to the restaurant on her birthday. Finally, the day comes, and Terry and Joan visit the restaurant. Unfortunately, ________ ________ ________ ________. There are several groups ________ ________ ________. Terry regrets that he did not make a reservation for the special night. He does not want to ________ ________. He thinks he ________ ________ ________ ________, but he is afraid ________ ________ ________ ________. So it is not easy for him ________ ________ ________ ________ ________. In this situation, what would Terry be most likely to say to Joan?

대화를 듣고, 남자가 대화 직후에 할 일로 가장 적절한 것을 고르시오.

① 휴대전화 끄기
② 아버지 깨우기
③ 안경 가져 오기
④ 영화표 예매하기
⑤ 휴대전화 가져 오기

할 일 제안이나 해결책 등 여러 정보가 언급되므로 문제에서 요구하는 정보를 놓치지 않도록 주의한다.

18 W: We're going to be ________ ________ ________ ________.

M: Okay, I'm ready. Let's go!

W: Did you ________ ________ ________ ________? You often forget it when you go out.

M: Look! I got it.

W: ________ ________ you don't forget anything.

M: Okay, Mom. Oh, oh, ________ ________ ________ ________.

W: Yes, you do! You ___ ___ ___ ___ ___ the movie without them. Anyway, ___ ___ ___. Dad's waiting for us outside.

M: Okay, I'm coming. Please ___ ___ ___ ___ first. I'll be there soon.

속담 우리말 속담과 영어 속담의 의미를 미리 익혀 둔다.

19 M: I heard that you ___ ___ ___ ___. How are things going?

W: Not bad. Everyone is friendly. I'm trying to ___ ___ ___ them.

M: Good.

W: But actually, I have a problem. My cello is not good. It's just ___ ___ ___.

M: What's wrong with that?

W: Most people in the orchestra ___ ___ ___ ___.

M: It doesn't matter. If you ___ ___, you will be able to play the cello very well.

W: You don't understand. My cello isn't nice; it ___ ___ ___ ___.

대화를 듣고, 남자의 의견을 가장 잘 표현한 속담을 고르시오.

① 도둑이 제 발 저린다.
② 비 온 뒤에 땅이 굳는다.
③ 서투른 목수가 연장 탓한다.
④ 사공이 많으면 배가 산으로 간다.
⑤ 일찍 일어나는 새가 벌레를 잡는다.

마지막 말에 대한 응답 자주 출제되는 관용적 표현을 미리 익혀 둔다.

20 W: Hello, what can I do for you?

M: I'd like to ___ ___ ___ ___.

W: Okay, please give me your driver's license.

M: *(pause)* Oh, I left it in my car. I parked it ___ ___ ___. Is it necessary?

W: No, it isn't. However, I ___ ___ ___ ___.

M: Oh, my ID number? When should I ___ ___ ___ ___? Can I call you later?

W: No. Please ___ ___ ___ ___ by the end of the day.

M: ___ ___ ___ ___?

W: ___

대화를 듣고, 남자의 마지막 말에 대한 여자의 응답으로 가장 적절한 것을 고르시오.

Woman: ___

① Does it take long to get to the parking lot?
② Please keep your driver's license on you at all times.
③ You can use your new driver's license from now on.
④ You should be careful not to lose your driver's license.
⑤ You should fax your ID card or old driver's license by 6 p.m. today.

실전모의고사 3회

memo

01 **대화를 듣고, 여자의 유니폼을 고르시오.**

①  ②  ③  ④  ⑤ 

02 **대화를 듣고, 남자가 우체국을 방문한 목적으로 가장 적절한 것을 고르시오.**

① 우편물을 반송하려고
② 포장 재료를 사려고
③ 국제 우편을 보내려고
④ 친구에게 선물을 보내려고
⑤ 손상된 우편물을 배상 받으려고

03 **다음 그림의 상황에 가장 적절한 대화를 고르시오.**

① ② ③ ④ ⑤

04 **대화를 듣고, 여자가 구입할 책상을 고르시오.**

① 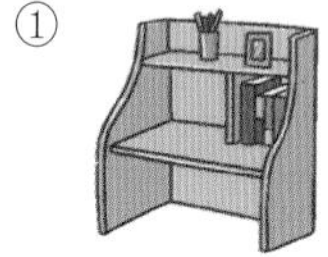 ②  ③  ④ 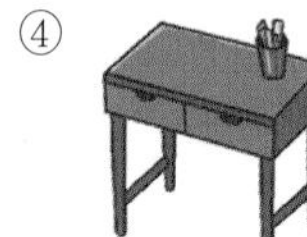 ⑤  

05 대화를 듣고, 남자의 직업으로 가장 적절한 것을 고르시오.

① docent ② painter ③ teacher
④ musician ⑤ shop manager

06 대화를 듣고, 여자의 심정으로 가장 적절한 것을 고르시오.

① lonely ② scared ③ excited
④ hopeless ⑤ surprised

07 대화를 듣고, 두 사람의 대화가 어색한 것을 고르시오.

① ② ③ ④ ⑤

08 대화를 듣고, 남자가 여자에게 부탁한 일로 가장 적절한 것을 고르시오.

① 병원 데려다 주기 ② 시청 가는 길 알려 주기
③ 병원 진료 예약하기 ④ 길 건너는 것 도와 주기
⑤ 내려야 할 정거장 알려 주기

09 대화를 듣고, 여자의 마지막 말의 의도로 가장 적절한 것을 고르시오.

① 거절 ② 동의 ③ 요청
④ 추천 ⑤ 충고

10 대화를 듣고, 남자가 지불할 금액을 고르시오.

① $45 ② $48 ③ $50 ④ $54 ⑤ $60

memo

mem()

11 대화를 듣고, 두 사람이 대화하고 있는 장소로 가장 적절한 곳을 고르시오.

① taxi ② bus stop
③ restaurant ④ post office
⑤ tourist information center

12 다음을 듣고, Green Resort에 대해 언급되지 않은 것을 고르시오.

① 개장일 ② 위치 ③ 주변 환경
④ 객실 구성 ⑤ 숙박료

13 다음 표를 보면서 대화를 듣고, 내용과 일치하지 않는 것을 고르시오.

Royal Hotel

① **Breakfast Buffet:** 1F / 7:00~11:30 a.m.
② **Sauna:** B1 / 24 hours for free
③ **Fitness Gym:** B1 / 24 hours for free
④ **Sky Bar:** 23F / 5:00 p.m.~12:00 a.m.
⑤ **Check Out:** 3:00 p.m.

14 다음을 듣고, 무엇에 대한 설명인지 가장 적절한 것을 고르시오.

① 관람차 ② 열기구 ③ 자동차
④ 전망대 ⑤ 회전목마

15 대화를 듣고, 두 사람이 대화 직후에 할 일로 가장 적절한 것을 고르시오.

① 친구 집에서 놀기 ② 선생님께 전화하기
③ 시험 날짜 확인하기 ④ 언어 시험 공부하기
⑤ 친구에게 숙제 질문하기

16 대화를 듣고, 두 사람이 여행을 떠날 날짜를 고르시오.

① May 1st ② May 2nd ③ May 4th
④ May 9th ⑤ May 11th

17 대화를 듣고, 여자가 대화 직후에 할 일로 가장 적절한 것을 고르시오.

① TV 시청하기 ② 영화표 취소하기
③ 콘서트 관람하기 ④ 콘서트 일정 변경하기
⑤ 가수의 팬 클럽 가입하기

18 다음 상황 설명을 듣고, Yura가 Henry에게 할 말로 가장 적절한 것을 고르시오.

Yura: ______________________

① Do you have any problems?
② Are you doing well in school?
③ You look very busy these days.
④ You should not be late for school.
⑤ I want you to think I'm more important.

19 대화를 듣고, 상황을 가장 잘 표현한 속담을 고르시오.

① Look before you leap. ② Well begun is half done.
③ Hunger is the best sauce. ④ Rome wasn't built in a day.
⑤ Do to others as you would have them do to you.

20 대화를 듣고, 여자의 마지막 말에 대한 남자의 응답으로 가장 적절한 것을 고르시오.

Man: ______________________

① There is no taxi station near here.
② Don't forget to take your luggage.
③ Please check if this is your luggage.
④ Okay, sure. Are you going to the airport?
⑤ Where are you going to stay during your trip?

memo

대화를 듣고, 여자의 유니폼을 고르시오.

①  ②  ③  ④  ⑤ 

그림 묘사 색깔, 무늬 등 의복을 묘사하는 표현을 집중하여 듣는다.

01 M: I heard you ______ ______ ______ ______ ______.

W: Yes. I'm a midfielder on my team.

M: Wow, great! ______ ______ ______ you wearing the uniform.

W: I actually look very nice in the uniform.

M: Do you? What does ______ ______ ______ ______?

W: The top has ______ ______ ______ ______. 단서

M: Really? That's the same as Argentina's uniform. 함정

W: Yes, but ______ ______ ______ ______, not black.

M: I want to see you wear the uniform sometime.

W: You can ______ ______ ______ someday.

대화를 듣고, 남자가 우체국을 방문한 목적으로 가장 적절한 것을 고르시오.

① 우편물을 반송하려고
② 포장 재료를 사려고
③ 국제 우편을 보내려고
④ 친구에게 선물을 보내려고
⑤ 손상된 우편물을 배상 받으려고

목적 대화의 일부 어휘나 표현을 이용한 오답 선택지를 고르지 않도록 주의한다.

02 W: How can I help you, sir?

M: I've just ______ ______ ______ from the US. My aunt sent me this ______ ______ ______ ______.

W: Yes, is there any problem with it?

M: You should ______ ______ ______ ______ ______. The vase is broken. ______ ______ ______ ______?

W: Glass is easily broken. Sometimes, this happens.

M: What can you do ______ ______ ______?

W: I'm sorry, but the post office ______ ______ ______ for the damage to your package. There is nothing I can do to ______ ______ ______ ______ ______.

M: That doesn't make sense. It's obviously your fault. My aunt wrapped it perfectly! You should ______ ______ ______ ______ or replace the vase.

W: Sir, please read the package policy. Basically, you can't send fragile things .

다음 그림의 상황에 가장 적절한 대화를 고르시오.

① ② ③ ④ ⑤

그림 상황에 적절한 대화 듣기 전에 미리 그림을 보고 상황을 파악한다.

03 ① W: Are we a little bit late?

M: Oops! ______ ______ ______ ______.

② W: Look at that! The car ______ ______ ______.

M: Oh, terrible! I'll ______ ______ ______.

③ W: I'm tired of heavy traffic.

M: Me, too. The streets ______ ______ ______ ______!

④ W: Will you ______ ______ ______ at the crosswalk?

M: Okay, sure.

⑤ W: I think I should ______ ______ ______ ______ ______.

M: What's the problem?

그림 묘사 미리 그림을 살펴보고 어떤 단어나 표현이 나올지 예상한다.

04 M: May I help you?

W: Yes. I'm ________ ________ ________ ________ for my daughter. She'll enter elementary school next month.

M: Wow, congratulations! I'll ________ ________ ________ ________. *(pause)* How about this one? ________ ________ ________ ________.

W: It's good. But I think it is too big because of ________ ________ ________ ________ ________.

M: Okay, then what about this one? It has three drawers, so ________ ________ ________ ________.

W: I like it. But I'd like to look around at some others.

M: Sure! Oh! Your daughter will love this. This character is ________ ________ ________ ________.

W: I think ________ ________ ________ ________. I want one that she can use for a very long time.

M: Umm... then this is the best one for you! It's very simple ________ ________ ________ ________ and it's durable.

W: Great. I'll take it. I hope she likes it.

대화를 듣고, 여자가 구입할 책상을 고르시오.

① 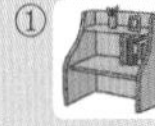
③ 
③ 
④ 
⑤ 

직업 대화가 이루어지는 장소와 상황이 답을 고르는 단서가 될 수 있다.

05 W: I like this painting so much. I can't ________ ________ ________ ________ it.

M: I wonder what drew you to it.

W: ________ ________ ________ ________ ________ looks beautiful and the people there ________ ________. The snowy scene is beautiful, isn't it?

M: Yes, it is. That's one of Michel Delacroix's most famous works.

W: Oh, I've never heard of him.

M: Many people ________ ________ ________ this painter. Actually, our gallery ________ ________ ________ ________ for the first time in Korea.

W: Oh, I'm ________ ________ ________ ________. I'd like to know more about him and his works.

M: Okay, then come with me, please. I'll show you some paintings from his early career and ________ ________ ________ ________ ________.

W: Good.

M: Do you ________ ________ ________? I can bring one to you.

W: Yes, I need one.

대화를 듣고, 남자의 직업으로 가장 적절한 것을 고르시오.

① docent ② painter
③ teacher ④ musician
⑤ shop manager

대화를 듣고, 여자의 심정으로 가장 적절한 것을 고르시오.

① lonely ② scared
③ excited ④ hopeless
⑤ surprised

심정 기쁨, 슬픔, 놀람, 실망 등을 나타내는 어구나 감탄사, 대화자의 어조에 유의하여 듣는다.

06 *(telephone rings)*

M: Hi, Anne.
W: Oh, Dean! ________ ________?
M: I just called to ask ________ ________ ________.
W: I'm fine. How about you?
M: Very good. ________ ________ ________ ________ for you.
W: What's that? ________ ________.
M: I'm going to Miami next week!
W: What are you coming here for? Is it ________ ________ ________?
M: No. My sister ________ ________ ________.
W: Wow, your little sister Jessica? That's really happy news!
M: Right. I will stay there for ten days. I expect I'll have ________ ________ ________ ________.
W: I've missed you so much. I'm already ________ ________ ________ ________ ________.
M: Of course, me too! I'll call you when ________ ________ ________.
W: See you then.

대화를 듣고, 두 사람의 대화가 어색한 것을 고르시오.

① ② ③ ④ ⑤

어색한 대화 의문사가 있는 의문문의 경우, 의문사가 대답의 결정적인 단서가 되므로 주의 깊게 듣는다.

07 ① W: ________ ________ ________ ________ tomorrow?
M: Every Monday.
② W: ________ ________ ________. What happened to you?
M: No, it's nothing.
③ W: What were you doing when I called you?
M: I ________ ________ ________ take a shower.
④ W: I ________ ________ ________ ________ these days.
M: I'm sorry to hear that. Why don't you ________ ________ ________?
⑤ W: Do you know ________ ________ ________ ________?
M: No, I don't. You can ________ ________ ________ with your smartphone.

대화를 듣고, 남자가 여자에게 부탁한 일로 가장 적절한 것을 고르시오.

① 병원 데려다 주기
② 시청 가는 길 알려 주기
③ 병원 진료 예약하기
④ 길 건너는 것 도와 주기
⑤ 내려야 할 정거장 알려 주기

부탁한 일 부탁하는 내용을 직접적으로 말하는 경우가 많으므로, 부탁이나 요청을 나타내는 관용 표현이 나오면 집중하여 듣는다.

08 M: Excuse me. Can I ________ ________ ________?
W: Sure.
M: Does this bus go to Peter's Clinic?
W: No, you ________ ________ ________ ________ ________ at City Hall.
M: Oh, is the clinic ________ ________ ________?

W: Yes, it's ___________ ___________ ___________ ___________.

M: Oh, I see. ___________ ___________ ___________ ___________ ___________ at City Hall?

W: Number 21. After you get off this bus, you should ___________ ___________ ___________ and take bus number 21.

M: I got it. But may I ___________ ___________ ___________ ___________?

W: Sure.

M: ___________ ___________ ___________ ___________. I would appreciate it if you let me know when ___________ ___________ ___________ ___________.

W: Okay, sure. I'll tell you ___________ ___________ ___________ ___________.

의도 대화 상황을 잘 파악하고, 의견을 나타내는 표현을 짚어내야 한다.

대화를 듣고, 여자의 마지막 말의 의도로 가장 적절한 것을 고르시오.

① 거절 ② 동의 ③ 요청 ④ 추천 ⑤ 충고

09 M: What are you doing, Ariana?

W: I'm ___________ ___________ ___________ about tourist attractions.

M: Why do you need it?

W: My friend from Australia ___________ ___________ ___________ Korea next week. I'm going to take him to some nice places.

M: So you're ___________ ___________ ___________ ___________? How about referring to some blogs? You can get information and reviews there.

W: I'm afraid I ___________ ___________ ___________ ___________. They should have reliable information ___________ ___________ ___________ ___________. But sometimes they ___________ ___________ ___________ and it confuses us.

금액 화자가 최종적으로 구입하는 물건을 명확하게 파악하고, 할인 등의 내용을 오류 없이 계산한다.

대화를 듣고, 남자가 지불할 금액을 고르시오.

① $45 ② $48 ③ $50 ④ $54 ⑤ $60

10 W: ___________ ___________ ___________, please.

M: I'll take these. How much are they?

W: Let me see. This shirt is ___________, and the pants are ___________. It's $50 ___________ ___________. But, you get a 5% discount when buying two items, and ___________ ___________ ___________ ___________ ___________ ___________.

M: Oh, really? Then, ___________ ___________ ___________ this scarf.

W: Okay. It's $10. Do you need anything gift-wrapped?

M: Yes, please. ___________ ___________ ___________. You can just put the shirt and pants ___________ ___________ ___________ ___________.

W: Okay, I see. Please ___________ ___________ ___________. Another clerk will wrap them for you. How would you like to pay?

M: I'll pay for them ___________ ___________ ___________.

대화를 듣고, 두 사람이 대화하고 있는 장소로 가장 적절한 곳을 고르시오.
① taxi ② bus stop
③ restaurant ④ post office
⑤ tourist information center

대화 장소 선택지를 미리 확인하고 각 장소에서 언급될 만한 내용을 짐작해 본다.

11 M: ____________ ____________, please.
W: Hello, I want to visit a traditional market near here.
M: There is one not far from here. ____________ ____________ ____________ ____________, please.
W: Okay, I'm done. How long will it take to get there?
M: It usually takes about 20 minutes, but ____________ ____________ ____________ ____________ now because it is rush hour.
W: I see. You ____________ ____________ ____________ ____________. I have lots of time.
M: Okay, don't worry. ____________ ____________ ____________ ____________?
W: I'm from America.
M: Oh, I went to Los Angeles ____________ ____________ ____________ ____________ when I was a university student. It was a very good city.
W: ____________ ____________ ____________ ____________! I was born in Los Angeles. By the way, could you ____________ ____________ ____________ where I can enjoy traditional food?
M: You can eat nice food ____________ ____________ ____________.

다음을 듣고, Green Resort에 대해 언급되지 않은 것을 고르시오.
① 개장일 ② 위치
③ 주변 환경 ④ 객실 구성
⑤ 숙박료

언급된 내용 담화 내용과 선택지를 하나씩 대조하며 듣는다.

12 M: Hello, listeners. Have you ever visited Green Resort? The resort opened on ____________ ____________ ____________ ____________ ____________ this year. Since then, many people have visited the resort and enjoyed ____________ ____________, ____________ ____________. The resort ____________ ____________ ____________ ____________ Hyeopjae Beach. You can walk to the beach in just five minutes. The resort ____________ ____________ ____________ beautiful green mountains. You can see ____________ ____________ ____________ ____________ ____________ that leads to the forest. Each villa has three bedrooms and two bathrooms, so the resort is ____________ ____________ ____________ ____________ ____________. When you come to Jeju, ____________ ____________ ____________ ____________ the Green Resort. It's a beautiful place ____________ ____________ ____________ ____________.

다음을 듣고, 그 내용과 일치하지 않는 것을 고르시오.

Royal Hotel
① Breakfast Buffet: 1F / 7:00~11:30 a.m.
② Sauna: B1 / 24 hours for free
③ Fitness Gym: B1 / 24 hours for free
④ Sky Bar: 23F / 5:00 p.m.~12:00 a.m.
⑤ Check Out: 3:00 p.m.

내용 일치 의문사로 시작하는 질문이 선택지의 내용을 묻는 경우가 많으므로, 질문의 내용과 그에 대한 대답을 유의해서 듣는다.

13 W: ____________ ____________ ____________ about our hotel. You can enjoy the breakfast buffet at the restaurant ____________ ____________ ____________ ____________.
M: ____________ ____________ ____________ ____________ ____________?
W: It opens at 7 and closes at 11:30. Between 8 and 9 is the busiest.
M: Okay, I think I should ____________ ____________ ____________ then.
W: We have a fitness gym and sauna ____________ ____________ ____________ ____________

________. You can use them ________ ________ ________ ________.

M: Oh, that's good. My wife loves fitness. ________ ________ ________ ________ ________?

W: You can use the sauna and fitness gym ________ ________.

M: Great!

W: If you want to go to the bar, you can ________ ________ ________ ________ ________, the top floor of the building.

M: Okay, I see.

W: Here is your room key. I'd appreciate it if you ________ ________ ________ ________ ________

M: Okay, I will.

W: Thank you.

주제·화제 선택지를 미리 읽고, 각각의 특징을 생각해 둔다.

14 W: This is ________ ________, ________ ________. You can see this at amusement parks or at the center of tourist attractions. It ________ ________ ________ ________ ________ and rotates very slowly using an electric motor. ________ ________ ________, there are many small cars. Passengers can sit in the cars and ________ ________ ________ ________. The cars go all the way up to the top and then ________ ________ ________ ________ ________ ________. Passengers can ________ ________ ________ ________ ________ on all sides.

다음을 듣고, 무엇에 대한 설명인지 가장 적절한 것을 고르시오.

① 관람차 ② 열기구 ③ 자동차
④ 전망대 ⑤ 회전목마

할 일 흐름상 대화 후반부 내용에 특히 집중한다.

15 W: What are you doing? ________ ________ ________.

M: Yes, I'm so busy. I have lots of things to do today. If I try to ________ ________ ________ ________, I'll have to ________ ________ ________ ________.

W: What is the homework?

M: Don't you know? We have to ________ ________ ________ on a topic of our choice by tomorrow.

W: ________ ________. The due date is next Wednesday. We have five more days. You ________ ________ ________ ________.

M: Umm. One of us is wrong. ________ ________ ________ who is right. I'll call Lisa and check the due date.

W: I think ________ ________ ________ ________ is the best idea.

M: Great. Do you have his phone number?

W: Yes, ________ ________ ________ ________.

대화를 듣고, 두 사람이 대화 직후에 할 일로 가장 적절한 것을 고르시오.

① 친구 집에서 놀기
② 선생님께 전화하기
③ 시험 날짜 확인하기
④ 언어 시험 공부하기
⑤ 친구에게 숙제 질문하기

대화를 듣고, 두 사람이 여행을 떠날 날짜를 고르시오.

① May 1st ② May 2nd
③ May 4th ④ May 9th
⑤ May 11th

날짜 남은 일수, 날짜 변경 등의 변동 요소를 놓치지 않도록 주의 깊게 듣는다.

16 W: We have only three days left to go on a trip.
M: Yes. It's May 1st today. But I'm afraid ________ ________ ________ ________ ________. The weather report said it would begin to rain tomorrow and last ________ ________ ________ ________ ________.
W: I don't believe it. ________ ________ ________ ________ ________ ________.
M: You're right. But I think we'd better ________ ________ ________ just in case. How about going ________ ________ ________? Then it won't be raining.
W: We don't need to do that. ________ ________ ________. Moreover, we made a reservation for the hotel already. ________ ________ ________ ________ now.
M: Okay.

대화를 듣고, 여자가 대화 직후에 할 일로 가장 적절한 것을 고르시오.

① TV 시청하기
② 영화표 취소하기
③ 콘서트 관람하기
④ 콘서트 일정 변경하기
⑤ 가수의 팬 클럽 가입하기

할 일 대화 일부에서 언급된 내용을 이용한 오답 선택지가 제시되는 경우가 많으므로 이에 주의한다.

17 *(telephone rings)*
M: Hi, Tina. This is Sam.
W: Hi. ________ ________?
M: What will you do this weekend?
W: I ________ ________ ________ ________ ________.
M: Why don't you go to a concert? You wanted to go to ________ ________ ________ ________, *Bad Girls*, right? I got two tickets. ________ ________ ________ ________ ________.
W: Wow! Fantastic!
M: Good. Then let's meet Saturday afternoon.
W: Okay! *(pause)* Oh, no! ________ ________ ________ ________ a movie on Saturday. I ________ ________ ________ ________.
M: What will you do? You ________ ________ ________ ________.
W: Well, the concert, of course! I've got to ________ ________ ________ ________ right away.

다음 상황 설명을 듣고, Yura가 Henry에게 할 말로 가장 적절한 것을 고르시오.

Yura: ________________

① Do you have any problems?
② Are you doing well in school?
③ You look very busy these days.
④ You should not be late for school.
⑤ I want you to think I'm more important.

상황에 적절한 말 인물이 처한 상황이나 심정을 파악하는 것이 중요하다.

18 M: Henry is Yura's friend. They usually ________ ________ ________ each other. But sometimes, Yura ________ ________ with Henry. Henry is frequently late for meetings with Yura ________ ________ ________ ________. Moreover, he often ________ ________ ________ with her. Actually, Henry is a dependable person. He always tries to ________

__________ __________ and he is never late for school. But his dependability __________ __________ __________ __________ __________ Yura. This makes Yura feel that __________ __________ __________. In this situation, what would Yura be most likely to say to Henry?

속담 속담의 교훈에 해당하는 내용이 직접적으로 언급되는 경우가 있으니 놓치지 않는다.

19 W: I don't like this restaurant. I __________ __________ __________ __________.
M: Why not? I like this food.
W: The food is okay, but the servers are not good. They never smile, and __________ __________ __________.
M: I agree with you __________ __________ __________. But you were not very nice to them, either. When you __________ __________ __________, you were rude.
W: Was I? I'm just.... When they __________ __________ __________, they put them on the table so loudly.
M: __________ __________ __________. Just put yourself in their shoes. If someone were not nice to you, could you be kind and nice back? You __________ __________ __________ __________ __________ first.
W: Okay, okay. I understand __________ __________ __________.

대화를 듣고, 상황을 가장 잘 표현한 속담을 고르시오.

① Look before you leap.
② Well begun is half done.
③ Hunger is the best sauce.
④ Rome wasn't built in a day.
⑤ Do to others as you would have them do to you.

마지막 말에 대한 응답 대화 마지막 부분의 질문, 요청, 제안 등의 표현을 집중하여 듣는다.

20 M: How can I help you, ma'am?
W: __________ __________ __________ __________ __________, please.
M: __________ __________ __________ __________?
W: Room number 1103. Here is the key.
M: Thank you. Did you __________ __________ __________ here?
W: Yes. I __________ __________ __________ __________. Could you carry it?
M: Sure. A bellboy will carry it right away. Wait a second while __________ __________ __________ __________.
W: Okay.
M: We checked the room and everything was fine. __________ __________ __________ __________ to have you with us. I hope you visit us again.
W: Thanks, bye. Oh, I have __________ __________ __________ __________ __________. Can you __________ __________ __________ for me?
M: ______________________________

대화를 듣고, 여자의 마지막 말에 대한 남자의 응답으로 가장 적절한 것을 고르시오.

Man: __________

① There is no taxi station near here.
② Don't forget to take your luggage.
③ Please check if this is your luggage.
④ Okay, sure. Are you going to the airport?
⑤ Where are you going to stay during your trip?

memo

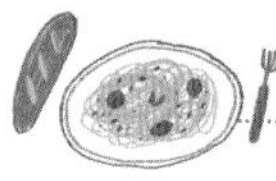

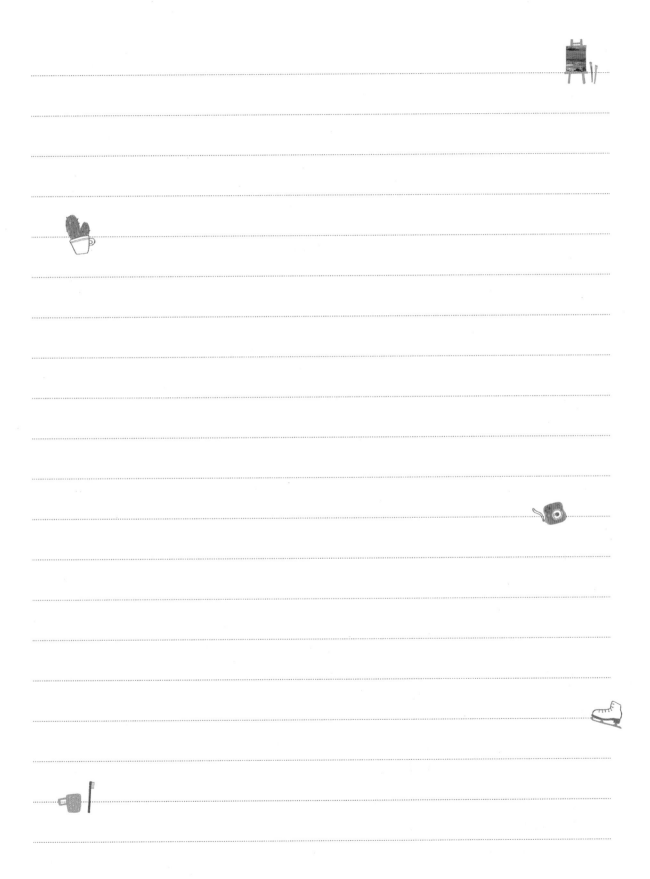

지은이

NE능률 영어교육연구소

NE능률 영어교육연구소는 혁신적이며 효율적인 영어 교재를 개발하고
영어 학습의 질을 한 단계 높이고자 노력하는 NE능률의 연구조직입니다.

주니어 리스닝튜터 〈완성〉

펴 낸 이	주민홍
펴 낸 곳	서울특별시 마포구 월드컵북로 396(상암동) 누리꿈스퀘어 비즈니스타워 10층 (주)NE능률 (우편번호 03925)
펴 낸 날	2015년 7월 10일 개정판 제1쇄 2024년 3월 15일 제14쇄
전 화	02 2014 7114
팩 스	02 3142 0356
홈페이지	www.neungyule.com
등록번호	제 1-68호
I S B N	979-11-253-0817-1 53740
정 가	11,000원

NE 능률

고객센터

교재 내용 문의 : contact.nebooks.co.kr (별도의 가입 절차 없이 작성 가능)
제품 구매, 교환, 불량, 반품 문의 : 02-2014-7114
☎ 전화문의는 본사 업무시간 중에만 가능합니다.

NE능률 교재 MAP

듣기 말하기 쓰기

아래 교재 MAP을 참고하여 본인의 현재 혹은 목표 수준에 따라 교재를 선택하세요.
NE능률 교재들과 함께 영어실력을 쑥쑥~ 올려보세요!
MP3 등 교재 부가 학습 서비스 및 자세한 교재 정보는 www.nebooks.co.kr 에서 확인하세요.

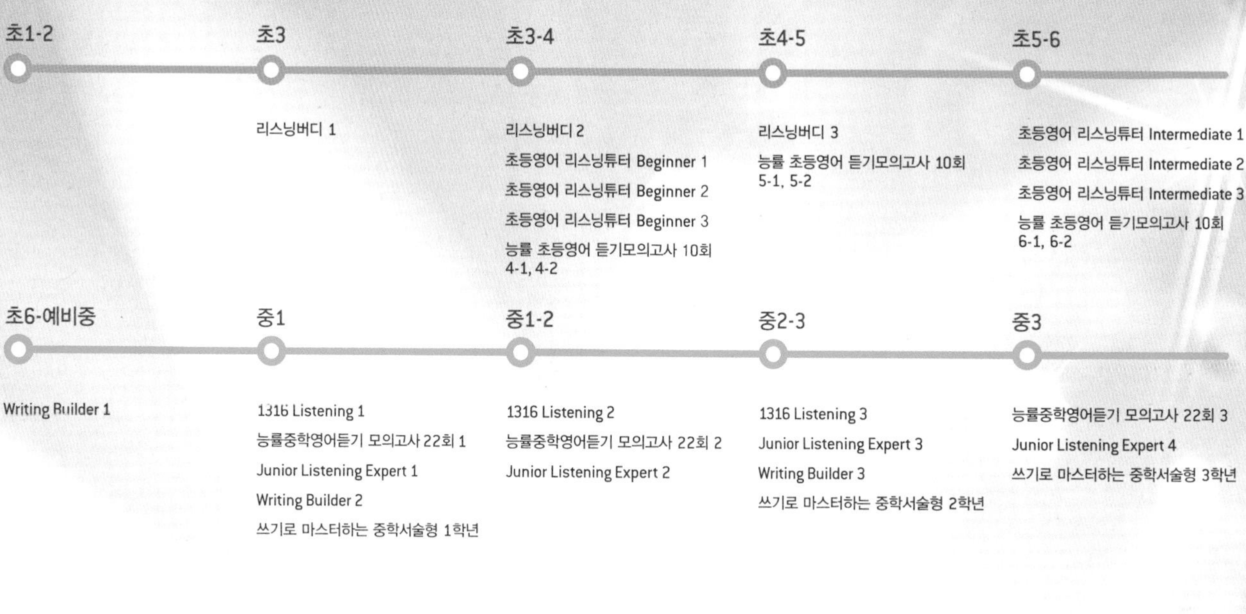

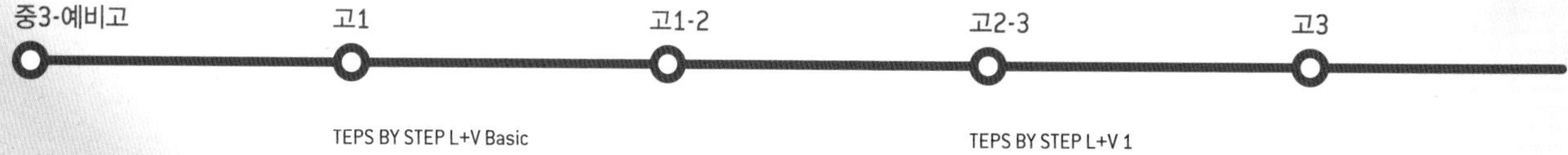

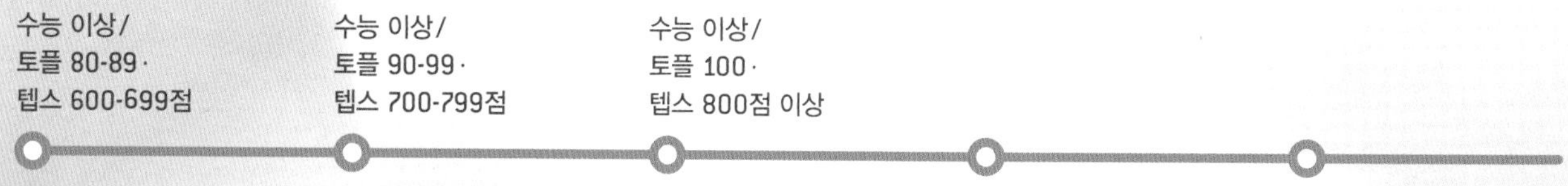

Junior LISTENING TUTOR

즐겁게 충전되는 영어 자신감

주니어 리스닝튜터

정답 및 해설

NE 능률

즐겁게 충전되는 영어 자신감

Junior LISTENING TUTOR

정답 및 해설

Unit 00 Sound Focus

나의 영어 듣기 실력 점검하기

본문 p. 008

1 1) total 2) present 3) common 4) blind date
5) department store
2 1) Please mix the flour and eggs together.
2) Who is the big guy exercising in the gym?
3) I'm supposed to travel to the east side of the country.
4) The total comes to seventy thousand won.
5) Can I take a look at your new cell phone?

2 1) 밀가루와 달걀들을 섞으세요.
2) 체육관에서 운동하고 있는 저 큰 남자는 누구니?
3) 나는 그 나라의 동부를 여행할 거야.
4) 총액은 7천원입니다.
5) 네 새 휴대전화를 볼 수 있을까?

Point 1

본문 p. 009

1 1) hole 2) row 3) knight 4) flour 5) dessert
6) bad 7) weight 8) male
2 1) knew 2) fill 3) pour 4) bought 5) pull

• 이 휴대전화를 사고 싶어요.
• 당신은 다음 주 월요일까지 그 일을 끝내야 해요.

1 1) 네 스웨터에 구멍이 있어.
2) 많은 사람들이 줄 서 있다.
3) 그 기사는 강하고 용감했다.
4) 케이크를 만들기 위해 밀가루가 좀 필요해.
5) 나는 후식으로 커피와 아이스크림을 먹었다.
6) 미안하지만, 네게 나쁜 소식을 전해야 할 것 같아.
7) 나는 체중을 줄이기 위해 지방이 많은 음식을 피한다.
8) 네가 남성이든 여성이든 중요하지 않아.

2 1) A : 나 시험에 합격했어.
B : 멋지다! 나는 네가 해낼 줄 알았어.
2) A : 수영 수업을 등록하고 싶어요.
B : 이 양식을 작성해 주셔야 해요.
3) A : 다른 거 필요하세요?
B : 네. 잔에 물을 한 잔 따라 주시겠어요?
4) A : 네 신발 아주 멋져 보여. 어디서 났니?
B : 엄마가 사 주셨어.
5) A : 이가 흔들려.
B : 이를 뽑아야 할 거야. 치과에 가 보는 게 어때?

Point 2

본문 p. 010

1 1) late tonight 2) full refund 3) put stamps
4) front door 5) big goal 6) both think
7) last thing 8) took care 9) department store
10) next door last night
2 1) Recently, old, bought, secondhand, practiced driving, street 2) supposed to, quit, next month, part-time, find, must take, risks, perfect time

• 나는 방과 후에 산책을 하곤 했다.
• 저는 이곳에 여섯 달 정도 머무를 거예요.
• 나는 내 어린 시절 기억들을 잊을 수 없다.

1 1) 우리 오늘 밤늦게까지 일할 거야.
2) 이 카메라를 전액 환불해 주세요.
3) 나는 편지에 우표 붙이는 것을 잊었다.
4) 너희 집 현관에 서 있는 남자는 누구니?
5) 올해 나의 큰 목표는 친구를 많이 사귀는 거야.
6) 우리 둘 다 그가 그 일에 적합한 사람이라고 생각한다.
7) 설거지는 내가 제일 하고 싶지 않은 일이야.
8) 나는 지난 주말 동안 Jamie의 개를 돌보았다.
9) 백화점에 가는 길을 알려 주시겠어요?
10) 지난 밤에 옆집에서 나는 소리 들었니?

2 1) 최근에, 그 노인은 운전면허를 땄다. 그리고 그는 중고차를 한 대 샀다. 그는 더 나은 운전사가 되기 위해 도로에서 열심히 연습했다.
2) 나는 다음 달에 일을 그만 둘 예정이다. 새로운 일을 찾기 전까지 아르바이트를 할 것이다. 나는 위험을 감수해야 할지라도, 내 사회생활을 다시 시작할 완벽한 때라고 생각한다.

Point 3

본문 p. 011

1 1) item 2) level 3) similar 4) system 5) animal 6) interest
2 1) angel 2) company 3) center 4) spent all of it 5) quantity
3 1) failed again, Chin up, give up 2) good at 3) take it, times a 4) that is, sold out, it on

- 네 휴가는 어땠어?
- 저와 일정에 대해서 이야기 할 수 있을까요?
- 2시 20분에 치과 예약이 있어.

2 1) Jessy는 천사처럼 보인다.
2) 나는 이 회사에서 일하고 있다.
3) 그 호텔은 도시 중심에 위치해 있다.
4) 나는 지난 주에 용돈을 받았지만, 이미 그것을 모두 썼다.
5) 그것들을 포장하기 전에 제품의 양을 확인해야 한다.

3 1) A : 나 또 떨어졌어.
B : 기운 내. 포기하면 안 돼.
2) A : 너 사진 잘 찍는구나.
B : 고마워.
3) A : 얼마나 자주 약을 먹어야 하나요?
B : 하루에 세 번 드셔야 해요.
4) A : 죄송하지만 그것은 품절됐어요. 대신 이것은 어떠세요?
B : 네, 입어 볼게요.

Point 4

본문 p. 012

1 1) 동 2) 명 3) 명 4) 동 5) 명 6) 동 7) 동 8) 명
2 1) pérmit 2) présent 3) protést 4) íncrease 5) cónduct 6) súbject 7) addréss 8) expórt

- 나는 나중에 복습하기 위해 항상 수업을 녹음해.
그 운동선수는 올림픽에서 신기록을 세웠어.
- 저희는 당신의 돈을 당신께 모두 환불할 것입니다.
죄송합니다만, 환불해 드릴 수 없어요.

2 1) 주차 허가증을 보여주세요.
2) 이것은 우리 부모님이 주신 선물이다.
3) 많은 사람들이 그 법에 반대한다.
4) 암으로 인한 사망이 증가를 보인다.
5) 너는 네 행동에 책임을 져야 한다.
6) 세미나의 주제는 아직 발표되지 않았다.
7) 회의에서 연설해야 해서 초조하다.
8) 그 회사는 그들의 제품을 중국에 수출할 계획이다.

Point 5

본문 p. 013

1 1) 50,000,000 2) 1102 3) 13.50 4) 2004 5) 6:50 6) 7.50, 20 7) 423-9008 8) 2018

1 1) 그 도시에 5천만 명 이상의 사람들이 산다.
2) 객실은 1102호입니다. 여기 객실 열쇠입니다.
3) 이것들을 모두 사시면, 13달러 50센트를 지불하셔야 합니다.
4) 나는 부산에서 태어나서 2004년에 서울로 이사했다.
5) 너는 저녁을 먹기 위해 6시 50분까지 식당에 도착해야 한다.
6) 총 7달러 50센트예요. 그리고 20% 할인받으실 수 있어요.
7) 질문이 있으면, 423-9008로 전화 주세요.
8) 2018년에 평창에서 동계 올림픽이 개최될 것이다.

Point 6

본문 p. 014

1 1) Please call me back / when you come back.
2) Finally, / I finished my work / last weekend.
3) I'm angry / that you didn't keep your promise.
4) Let's meet / at 5 / at the theater / in downtown.
5) Can you tell me / how to get to the hospital?
6) It is Michael / who helped me / with my report.
2 A: May I help you?
B: I'd like to book a flight / to London / on Sunday.
A: Okay. We have two flights: / Flight 121 at 9 a.m. / and Flight 122 at 2 p.m.
B: Flight 122, please.
A: Which class do you want: / economy or business?
B: Business, please.
A: Okay. Here is your ticket. You can board the airplane / at Gate 12 / at 1:40.
B: Thank you.

- 내가 버스를 타야 한다고 네가 말했잖아.
- 나는 시청으로 가는 버스를 타야 해.
- 나는 은행 앞에서 시청으로 가는 버스를 타야 해.

• 내가 은행 앞에서 시청으로 가는 버스를 타야 한다고 네가 말했잖아.

1 1) 돌아오면 나에게 다시 전화 주세요.
2) 마침내, 나는 지난 주말에 일을 끝냈다.
3) 네가 약속을 지키지 않아서 나 화났어.
4) 5시에 시내에 있는 극장에서 만나자.
5) 병원 가는 길을 알려 줄래?
6) 내 보고서를 도와준 사람은 Michael이다.

2 A: 도와드릴까요?
B: 일요일에 런던행 비행기를 예약하고 싶어요.
A: 네. 오전 9시 121편과 오후 2시 122편, 두 항공편이 있습니다.
B: 122편으로 주세요.
A: 이코노미와 비지니스 중에 어떤 등급으로 원하십니까?
B: 비지니스로 주세요.
A: 네. 표 여기 있습니다. 1시 40분에 12번 게이트에서 비행기에 탑승하실 수 있습니다.
B: 감사합니다.

Point 7

본문 p. 015

1 1) 미 2) 영 3) 영 4) 영 5) 영 6) 영 7) 미 8) 미
2 1) fragile things 2) waiting 3) dance party
4) don't wear glasses 5) bottom floor
6) should not stop

2 1) 깨지기 쉬운 것들은 우편으로 보내실 수 없습니다.
2) 여기서 얼마나 기다리고 있었니?
3) 나는 지난 주 토요일에 댄스 파티에 갔었어.
4) 나는 안경을 쓰지 않으면 잘 보이지 않아.
5) 내 사무실은 건물 맨 아래층에 있다.
6) 결승선에 이르기 전에는 달리기를 멈추면 안 된다.

Unit 01 Travel

Words Preview

본문 p. 016

01 착륙하다 02 빌리다 03 항공편; 비행 04 조각상 05 요금 06 환승(하다) 07 경치 08 불평하다, 항의하다 09 기념품 10 탑승 수속을 하다 11 길을 잃다 12 여행길에 오르다 13 예약이 다 차다 14 환전하다 15 …으로 가는 도중에 16 여행을 떠나다 17 (식당에) 자리를 예약하다 18 수하물을 찾다

Getting Ready

본문 p. 017

A 1 change, ⓐ 2 drop by, ⓑ 3 way to, ⓔ
4 set out on, ⓒ 5 pick up, ⓓ
B 1 ⓑ 2 ⓒ 3 ⓐ
C 1 ⓑ 2 ⓑ

B .... 1 ⓑ 2 ⓒ 3 ⓐ

1 W: What brings you here?
M: I had my backpack stolen.
여: 무슨 일로 오셨나요?
남: 제 가방을 도둑맞았어요.

2 M: Look. My suitcase's wheel has come off.
W: I'm so sorry for the inconvenience.
남: 보세요. 제 여행가방의 바퀴가 빠졌어요.
여: 불편을 끼쳐드려 죄송합니다.

3 W: Can I reserve a table for 7 p.m.?
M: I'm sorry. we are all booked up today.
여: 오후 7시에 자리를 예약할 수 있을까요?
남: 죄송합니다. 오늘 저희는 예약이 다 찼습니다.

C .... 1 ⓑ 2 ⓑ

1 Front desk. How can I help you?
안내데스크입니다. 어떻게 도와드릴까요?
ⓐ 호텔로 돌아가서 좀 쉬어요.
ⓑ 1705호인데요. 샤워기가 고장이에요.

2 Can I check in here for Flight CA1142 to Victoria?
여기서 빅토리아행 CA1142 항공편의 탑승 수속을 할 수

있나요?
ⓐ 곧 착륙합니다.
ⓑ 네. 여권과 항공권을 보여주시겠어요?

Topic Listening

본문 pp. 018~021

01 ⓑ 02 ⓒ 03 ③ 04 ① 05 ④ 06 ② 07 ①
08 ① 09 ④ 10 ② 11 ①, ③ 12 ⑤ 13 ⑤ 14 ①
15 ① 16 ⑤

01 ⓑ

여: 모두 여기 계십니까? 좋습니다. 이 아름다운 분수에 대해 말씀드리겠습니다. 수백 년 동안 방문객들은 그 물속에 동전을 던져 왔습니다. 옛 이야기에 따르면 여러분이 물속에 동전을 한 개 던지면 언젠가 로마로 돌아오게 될 거라고 합니다. 두 개의 동전은 여러분에게 새로운 사랑을 가져다줄 것이고, 세 개의 동전은 결혼으로 이어지게 될 것이라고 합니다. 지금 잠시 시간을 드릴 테니 한번 시도해 보세요.

어휘 fountain[fáuntən] 명 분수 coin[kɔin] 명 동전 according to …에 따르면 tale[teil] 명 이야기 romance[roumǽns] 명 연애; *사랑(의 기운) lead to …으로 이어지다 marriage[mǽridʒ] 명 결혼

해설 동전을 던질 수 있는 로마에 있는 트레비 분수에 대해 설명하고 있다.

02 ⓒ

남: 이것은 세계에서 가장 유명한 조각상입니다. 1886년에 프랑스가 이 조각상을 미국에 선물로 주었습니다. 이는 미국 독립 100주년 기념일을 축하하기 위한 것이었습니다. 머리 꼭대기에 있는 왕관이 보이십니까? 우리는 엘리베이터로 저곳까지 올라갈 것입니다. 여러분은 뉴욕의 멋진 경치를 보게 될 것입니다. 그러고 나서 박물관과 기념품 가게도 방문할 것입니다. 저를 따라오세요.

어휘 statue[stǽtʃuː] 명 조각상 celebrate[séləbrèit] 동 기념하다, 축하하다 anniversary[æ̀nəvə́ːrsəri] 명 기념일 independence[indipéndəns] 명 독립 crown[kraun] 명 왕관 view[vjuː] 명 경관, 전망

해설 머리에 왕관을 쓴 자유의 여신상에 대해 설명하고 있다.

03 ③

① 여: 실례합니다. 근처에 박물관이 있습니까?
남: 죄송합니다만, 저는 여기 방문객이에요.
② 여: 방문의 목적이 무엇입니까?
남: 휴가를 보내러 여기에 왔습니다.
③ 여: 달러로 환전을 좀 할 수 있습니까?
남: 그럼요. 얼마나 환전하시겠습니까?
④ 여: 여기서 토론토행 CA114 항공편의 탑승 수속을 할 수 있나요?
남: 네. 비행기 표와 여권을 보여 주시겠습니까?
⑤ 여: 실례합니다. 어디서 갈아타야 하나요?
남: 저 표지판 보이세요? '환승'이라고 적힌 저 표지판을 따라가세요.

어휘 nearby[níərbái] 부 근처에 I'm afraid ((표현)) (유감이지만) …이다 purpose[pə́ːrpəs] 명 목적 on vacation 휴가로 change money 환전하다 check in 탑승 수속을 하다 flight[flait] 명 비행; *항공편 passport[pǽspɔːrt] 명 여권 transfer[trænsfə́r] 동 갈아타다, 환승하다 [trǽnsfər] 명 환승 sign[sain] 명 징후; *표지판

해설 환전소에서 이루어지고 있는 대화이다.

04 ①

(전화벨이 울린다)
여: 여보세요?
남: 엄마, 안녕하세요. 저예요, Oliver요.
여: Oliver! 너 괜찮니?
남: 무슨 말씀이세요? 그냥 안부를 전하려고 전화했는데요.
여: 너 지금 인도네시아에 있는 거 아니니?
남: 아뇨, 저는 베트남에 있어요. 여행을 하다가 계획을 바꿔서 인도네시아 대신 여기에 왔어요.
여: 어제 인도네시아에서 큰 지진이 있었단다. 몇몇 도시가 큰 피해를 입었고 많은 사람들이 다쳤어. 네 걱정을 많이 했단다.
남: 정말요? 그런 줄 몰랐어요.
여: 네가 무사하단 소리를 들으니 마음이 놓이는구나. 왜 전화를 하지 않았니? 네 전화기에 메시지를 여러 개 남겼는데.
남: 전화기가 고장이 나서 사용할 수가 없어요. 지금 호텔 전화기로 전화하고 있는 거예요.
여: 그렇구나. 이번 주 수요일에 집에 오는 거지?
남: 네, 엄마. 걱정하지 마세요. 3일 뒤에 뵐게요.

어휘 say hello to …에게 안부를 전하다 earthquake[ə́ːrθkwèik] 명 지진 badly[bǽdli] 부 심하게, 몹시

damage[dǽmidʒ] 동 피해를 입히다 injure[índʒər] 동 부상을 입히다 relieved[rilíːvd] 형 안도하는 several [sévərəl] 한 몇몇의 broken[bróukən] 형 고장 난

해설 남자는 어머니에게 자신의 안부를 전하기 위해 전화를 걸었다.

05 ④

(전화벨이 울린다)

남: Landmark 호텔입니다.

여: 안녕하세요. 11월 11일에 방을 예약하고 싶어요.

남: 네. 얼마나 머무르실 건가요?

여: 사흘 밤이요.

남: 알겠습니다. 혼자 오시나요? 싱글룸이 필요하신가요?

여: 아니요. 제 여동생이 저와 함께 가니까, 더블룸이 필요해요. 그게 침대가 두 개 있는 객실이죠, 그렇죠?

남: 아닙니다. 트윈룸이 침대가 두 개 있습니다. 사흘 밤을 머무르실 트윈룸을 원하십니까?

여: 네. 그리고 12일, 13일 조식을 원해요.

남: 두 명 분 맞죠?

여: 음, 제 여동생은 아침을 먹지 않아요. 그러니까 한 명 분이면 됩니다.

남: 알겠습니다, 그럼 조식 요금은 전체 10달러입니다.

어휘 stay[stei] 동 머무르다 single room 1인용 객실
double room 2인실(2인용 더블침대가 있는 객실)
twin room 2인실(1인용 침대가 두 개 있는 객실)
charge[tʃɑːrdʒ] 명 요금 in total 합계하여, 통틀어
[문제] extra bed 추가 침대

해설 여자는 트윈룸을 사흘 밤 머무르기 위해 예약하였으며 한 명에 대한 조식을 이틀 신청하였으므로 160달러(150+10)를 지불할 것이다.

객실 정보	
싱글룸: 1박에 30달러	더블룸: 1박에 40달러
트윈룸: 1박에 50달러	트리플룸: 1박에 70달러
조식: 하루에 5달러	
추가 침대: 1박에 3달러	

06 ②

여: 안녕하십니까, 선생님. 무슨 일로 오셨나요?

남: 도움이 좀 필요해서요. 제 지갑을 도둑맞았습니다.

여: 아, 유감입니다. 몇 가지 질문을 할게요. 관광객이신가요?

남: 네. 저는 한국에서 이틀 전에 이곳에 도착했습니다.

여: 그렇군요. 언제 지갑이 없어진 걸 아셨죠?

남: 에펠탑에서 한 여성이 저에게 루브르 박물관으로 가는 길을 물었어요. 그녀와 이야기를 나눈 후, 지갑이 없어진 걸 알았죠.

여: 지갑 속에는 무엇이 있었나요?

남: 약간의 현금과 유레일 패스요.

여: 어디에 묵고 계십니까? 저희가 지갑을 찾으면 제가 그곳으로 연락을 드리죠.

남: 저는 Royal 게스트하우스에 묵고 있습니다. 제 이름은 박주완입니다. 저는 이번 금요일에 떠납니다.

여: 알겠습니다. 저희로부터 다시 소식을 들으실 겁니다.

어휘 steal[stiːl] 동 훔치다 (stole-stolen) disappear [dìsəpíər] 동 사라지다 contact[kɑ́ntækt] 동 연락하다

해설 남자는 지갑을 도난당한 피해자이며, 여자는 조사를 하고 있는 것으로 보아, 경찰관임을 알 수 있다.

07 ①

남: 실례합니다.

여: 안녕하세요, 고객님. 어떻게 도와드릴까요? 객실에 필요한 것이 있나요?

남: 아니요, 괜찮습니다. 가족과 나가서 저녁을 먹으려고 해요. 이 근처에 괜찮은 레스토랑이 있나요?

여: 네. 훌륭한 파스타 레스토랑이 있습니다. 이탈리아에 오셨으니, 드셔봐야죠.

남: 좋아요. 호텔에서 먼가요?

여: 아니요. 다음 구역에 있어요. 하지만 그 장소는 매우 인기가 있어요. 아마 전화해서 자리를 예약할 수 있는지 물어보셔야 할 거예요.

남: 알겠어요. 전화를 좀 써도 될까요?

여: 물론이죠, 여기 전화기와 식당 번호입니다.

어휘 block[blɑk] 명 (도로로 나뉘는) 구역, 블록 reserve a table (식당에) 자리를 예약하다

해설 남자는 호텔 전화를 이용해서 식당에 예약 전화를 할 것이다.

08 ①

남: 실례합니다.

여: 네. 무엇을 도와드릴까요?

남: 방금 제 수하물을 찾았어요. 그리고 제 여행 가방이 망가진걸 발견했습니다. 보세요. 바퀴가 빠졌어요.

여: 오, 불편을 끼쳐드려 정말 죄송합니다. 어떤 항공편을 타셨나요?

남: 모릅니다. 2시 15분에 여기 착륙했어요. 워싱턴에서 왔습니다.

여: 알겠습니다, 그건 4103 항공편이네요. 먼저 가방을 확인하겠습니다.

남: 서둘러주세요. 환승을 해야 해요.

여: 음, 손님께서 가방을 수선하신 후에 저희가 수선 비용을 드리거나 대체품으로 다른 여행 가방을 드릴 수 있습니다.

남: 당장 제대로 작동하는 여행 가방이 필요하니, 대체품을 주세요.

여: 알겠습니다, 손님. 기다려주세요. 곧바로 가져다 드리겠습니다.

어휘 pick up one's luggage 수하물을 찾다 suitcase [sú:tkèis] 명 여행 가방 wheel [*h*wi:l] 명 바퀴 come off 떨어지다 land [lænd] 동 착륙하다 repair cost 수리비용 fix [fiks] 동 수리하다 offer [ɔ́(:)fər] 동 제의하다; *제공하다 replacement [ripléismənt] 명 교체; *대체품 working [wə́:rkiŋ] 형 직장이 있는; *작동하는

해설 방금 찾은 수하물이 파손되었다고 했으며, 남자가 비행기를 갈아타야 한다고 이야기하고 있는 것으로 보아 공항임을 알 수 있다.

09 ④

남: 드디어 도착했어! 오랜 비행이었어. 기분이 어떠니?

여: 난 괜찮아. 와, 날씨가 정말 좋다. 여기에 와서 정말 좋아.

남: 나도 그렇긴 한데, 너무 피곤해. 우선 호텔에 가서 좀 쉴 수 있을까?

여: 그래. 공항버스를 탈까, 아니면 택시를 타고 싶니?

남: 있잖아, 우리가 여기에서 며칠 동안 머무를 예정이니까 차를 빌리는 게 어때?

여: 좋은 생각이야. 하지만 그건 너무 비싸지 않니?

남: 아니야, 돈이 그렇게 많이 들진 않아. 그리고 돌아다니기 훨씬 더 편리하잖아.

여: 좋아. 그러면 차를 빌릴 수 있는 곳을 찾아야겠다.

남: 저쪽에 하나 있다.

어휘 exhausted [igzɔ́:stid] 형 기진맥진한, 아주 지친 rent [rent] 동 빌리다 convenient [kənví:njənt] 형 편리한 get around 돌아다니다

해설 두 사람은 공항에 도착한 후 호텔에 가기 전에 차를 빌릴 것이다.

10 ②

여: 내일은 파리에서의 마지막 날이라서 나는 많은 일들을 할 계획이다. 아침에는 몇몇 유명한 그림들을 보러 루브르 박물관을 방문할 것이다. 그것들을 직접 볼 수 있다니 믿기지 않는다. 그 후에는 뤽상부르 공원에 들러 점심으로 샌드위치를 먹을 것이다. 나는 여행 중 돈을 많이 썼기 때문에 점심에 비싼 식당에 갈 수 없다. 그러고 나서 전통 시장에 가서 가족들에게 줄 기념품을 살 것이다. 저녁에는 뮤지컬 '노트르담 드 파리'을 보러 갈 것이다. 미리 예약을 해서 좋은 좌석을 얻었다. 그것을 보는 것이 정말로 기대된다! 공연을 보고 나서는 런던으로 가는 야간열차를 탈 것이다.

어휘 in person 직접 drop by …에 들르다 fancy [fǽnsi] 형 복잡한; *값비싼, 고급의 traditional [trədíʃənəl] 형 전통의 souvenir [sù:vəníər] 명 기념품 in advance 미리 look forward to *doing* …하기를 고대하다

해설 여자는 돈을 많이 썼기 때문에 비싼 식당에 가지 않고 공원에서 샌드위치를 먹겠다고 했다.

파리에서의 마지막 날	
아침	① 루브르 박물관 방문하기
오후	② 유명 식당에서 점심 먹기 ③ 가족을 위한 선물 사기
저녁	④ '노트르담 드 파리' 관람하기 ⑤ 런던으로 떠나기

11 ①, ③

여: Evan, 안녕. 오랜만이야. 어디에 갔었어?

남: 캐나다로 배낭여행을 갔었어. 바로 며칠 전에 돌아왔지.

여: 아, 그랬니? 여행은 어땠어?

남: 글쎄, 쉽진 않았어. 첫째 날, 저녁을 먹으러 가는 도중에 길을 잃었거든.

여: 정말? 그래서 어떻게 했니?

남: 다행히 한 친절한 여성이 날 호텔까지 다시 데려다 줬어. 하지만 저녁으로 멋진 식사 대신 샌드위치를 먹을 수밖에 없었어.

여: 안됐구나.

남: 그게 다가 아니야. 지하철에 디지털 카메라를 두고 내렸는데 찾지 못했어.

여: 아, 저런! 그렇다면 여행 사진이 전혀 없는 거야?

남: 응. 아직도 너무 속상해.

여: 이해해. 나는 파리에서 여권을 도난당해서 여행 전체를 망쳤었거든.

어휘 get lost 길을 잃다 on one's way to …으로 가는 도중에 upset [ʌpsét] 형 속상한 ruin [rú(:)in] 동 망치다

해설 남자는 여행 중에 길을 잃었고, 디지털 카메라를 잃어버렸다.

12 ⑤

여: 동굴 속에서 잠자기! 고대 역사처럼 들리십니까? 터키의 카파도키아에서 그것은 현실입니다! 매년 많은 관광객들이 자연 속에서 휴식을 취하기 위해 저희 Grand Cave 호텔을 방문합니다. 그것은 진짜 동굴과 같습니다. 저희 객실의 벽은 진짜 바위들입니다. 내부는 어두우며 에어컨 없이 시원하게 지내실 수 있습니다, 심지어 여름에도요! 불편할 것 같은가요? 걱정하지 마세요. 이곳은 여느 호텔처럼 편안합니다. 객실에는 침대와 욕조, 벽난로가 있습니다. 더욱이, 동굴에서 무료 와이파이를 사용할 수 있습니다! 객실을 미리 예약하시면 10% 할인과 공항에서의 무료 셔틀버스 서비스를 받을 수 있습니다. 그러니 잊지 말고 예약하세요. 더 많은 정보를 위해서는 저희 웹사이트 www.capcavehotel.net을 방문하세요.

어휘 cave[keiv] 명 동굴 ancient[éinʃənt] 형 고대의 reality[ri(:)ǽləti] 명 현실 relax[rilǽks] 동 휴식을 취하다 uncomfortable[ʌnkʌ́mfərtəbl] 형 불편한 normal[nɔ́:rməl] 형 보통의 include[inklú:d] 동 포함하다 bathtub[bǽθtʌ̀b] 명 욕조 fireplace[fáiərplèis] 명 벽난로 reserve[rizə́:rv] 동 예약하다 discount[diskáunt] 명 할인 shuttle[ʃʌ́tl] 명 셔틀버스

해설 미리 예약하는 숙박객에 한해 무료 셔틀버스 서비스가 제공된다.

13 ⑤

남: Anna! 여행은 어땠니?

여: 좋았어. 타워 브리지, 베르사유 궁전, 콜로세움을 포함해서 많은 관광 명소들을 방문했어.

남: 우와, 그것에 대해 더 얘기해 줘.

여: 나는 아름다운 경치를 즐겼던 잉글랜드에서 시작했어.

남: 그 다음엔 어디로 갔어?

여: 프랑스에서 3일간 머문 다음 이탈리아로 이동했어. 프랑스의 음식이 정말 좋았어.

남: 좋았겠구나. 이탈리아는 어땠어?

여: 유명한 유적지가 많더라고. 그래서 이곳저곳을 다니느라 아주 바빴어. 독일에도 갔었어. 베를린 장벽을 봤지.

남: 스페인도 갔니? 투우가 정말 재미있다고 들었거든.

여: 가고 싶었는데 시간이 충분하지 않았어! 언젠가 갈 수 있으면 좋겠다.

어휘 tourist attraction 관광 명소 palace[pǽlis] 명 궁전 scenery[sí:nəri] 명 경치 well-known[wélnóun] 형 유명한 historic site 유적지 be busy *doing* …하느라 바쁘다 from place to place 이곳저곳 bullfight [búlfàit] 명 투우

해설 여자는 시간이 없어서 스페인(Spain)에는 가지 못했다고 했다.
Q 여자가 방문하지 않은 국가는 어디인가?
① 잉글랜드 ② 프랑스 ③ 이탈리아 ④ 독일

14 ①

(전화벨이 울린다)

남: 안녕하세요. 안내데스크입니다. 어떻게 도와 드릴까요?

여: 1105호입니다. 7시에 온수가 나오지 않는다고 항의 전화를 했는데요. 한 시간이 지났지만 아직도 수리되지 않았어요.

남: 죄송합니다, 손님, 하지만 지금 저희가 고치고 있습니다.

여: 얼마나 더 기다려야 할까요?

남: 아마도 두 시간 안에는 다 될 것 같습니다.

여: 저는 지금 샤워를 하고 잠을 자고 싶은데요. 그냥 방을 바꿀 수 있나요?

남: 죄송합니다만 오늘 밤은 예약이 다 찼습니다. 하지만 원하신다면 내일 바다가 보이는 방으로 업그레이드 해 드리겠습니다.

여: 좋아요. 그럼 헬스장은 어디에 있죠? 그곳에서 샤워를 해야겠어요.

남: 7층에 있습니다. 이해해 주셔서 감사합니다.

어휘 complain[kəmpléin] 동 불평하다, 항의하다 pass[pæs] 동 통과하다; *(시간이) 흐르다, 지나가다 be booked up 예약이 다 차다 upgrade[ʌ̀pgréid] 동 (호텔 객실 등을) 상위 등급으로 높여주다 [문제] refrigerator[rifrídʒərèitər] 명 냉장고 view[vju:] 명 견해; *전망 equipment[ikwípmənt] 명 장비 poor[puər] 형 가난한; *(질적으로) 좋지 못한

해설 여자는 자신의 방에서 온수가 나오지 않아서 불평하고 있다.
Q 여자는 왜 방에 대해 항의했는가?
① 온수가 나오지 않았다.
② 냉장고가 작동하지 않았다.
③ 객실의 전망이 좋지 않았다.
④ 방의 온도가 너무 높았다.
⑤ 헬스장의 장비가 형편없었다.

15-16 15 ① 16 ⑤

남: 안녕하세요. 'Travel World'입니다. 많은 시청자들께서 저희가 여행을 떠나고 싶게 만든다고 말씀하십니다.

오늘 방송을 보시고 나면 분명히 여행을 떠나고 싶으실 겁니다. 오늘은 여러분께 볼리비아의 우유니 소금사막의 믿어지지 않을 만큼 근사한 풍경을 보여 드리겠습니다. 과거에 우유니 소금사막은 바다 아래에 있었습니다. 하지만 시간이 흐르면서 솟아 올랐고, 바닷물은 전부 증발해 버렸습니다. 그 결과, 소금만 남아 오늘날과 같은 하얀 사막이 되었습니다. 그러나 우기 동안에는 비가 땅 위에 남아 커다란 호수가 됩니다. 그 광경은 너무나 아름다워서 전세계의 많은 사진작가들과 여행객들이 이곳으로 모여듭니다. 직접 보고 싶지 않습니까? 지금 여행을 떠나 보세요.

어휘 viewer[vjúːər] 명 시청자 hit the road 길을 떠나다, 여행길에 오르다 unbelievably[ʌ̀nbilíːvəbli] 부 믿을 수 없게 desert[dézərt] 명 사막 rise up 솟아 오르다 dry up 마르다 rainy season 우기 remain[riméin] 동 남아 있다 gather[gǽðər] 동 모이다 set out on a trip 여행을 떠나다 [문제] tourist spot 관광지[명소] be located 위치하다

해설 **15** 우유니 소금사막을 소개하고 있다.

Q 화자는 주로 무엇에 대해 이야기하고 있는가?
① 소금사막으로의 여행
② 사막을 여행하는 방법
③ 사진 찍기에 좋은 장소들
④ 세상에서 가장 큰 호수
⑤ 전세계의 유명 관광명소

16 전 세계에서 사진작가들과 관광객들이 모여든다고 했다.

Q 담화에 따르면, 우유니 사막에 대해 옳지 않은 것은?
① 볼리비아에 있다.
② 바다 아래에 위치해 있었다.
③ 소금 때문에 하얗게 보인다.
④ 때때로 호수가 된다.
⑤ 아직 관광객들에게는 개방되지 않았다.

Dictation

본문 pp. 022~027

01 Is everyone here, visitors have thrown coins, if you throw a coin, come back to Rome, give you some time

02 the most famous statue, as a present, to celebrate the 100th anniversary, the crown on the top of its head, visiting the museum, Please follow me

03 Is the museum nearby, I'm afraid, What's the purpose of your visit, change some money to dollars, check in, see your ticket and passport, go to transfer

04 Are you all right, say hello to you, changed my plans while traveling, a big earthquake, many people were injured, I'm relieved to hear, My phone is broken, this Wednesday, see you in three days

05 for November 11th, For how long, For three nights, a room with two beds, Do you want a twin room, doesn't eat breakfast, $10 in total

06 What brings you here, My wallet was stolen, Are you a tourist, arrived here two days ago, a woman asked me the way, Some cash, contact you there, leaving this Friday, hearing from us

07 need anything in your room, go out for dinner, you should try it, Is it far from the hotel, really popular, reserve a table, use the phone

08 What can I do for you, picked up my luggage, my suitcase is broken, sorry for the inconvenience, landed here, check your bag first, I have to transfer, after you get it fixed, a working suitcase

09 arrived at last, How do you feel, I'm exhausted, take a break first, catch a taxi, renting a car, doesn't cost that much, convenient for getting around, find a place

10 Tomorrow is my last day, to see some famous paintings, drop by, have a sandwich for lunch, can't go to a fancy restaurant, go to a traditional market, made a reservation in advance, take a night train

11 Long time no see, went backpacking, it wasn't easy, on my way to dinner, took me back to the hotel, on the subway, had my passport stolen, ruined my whole trip

12 Does that sound like ancient history, to relax in nature, It is dark inside, stay cool, as comfortable as a normal hotel, include a bed, bathtub, and fireplace, free shuttle service from the airport, don't forget

13 How was your trip, visited many tourist attractions, tell me more about it, enjoyed the beautiful scenery, stayed in France, moved on to Italy, Sounds wonderful, historic sites, didn't have enough time

14 in Room 1105, called to complain, An hour has passed, we're working on it, be done in two hours, change my room, upgrade your room, if you'd like, on the seventh floor

15-16 to go on a trip, hit the road, the unbelievably amazing scenery, was under the sea, dried up, that it is today, during the rainy season, becomes a huge lake, gather here, Set out on a trip

Review Test

본문 p. 028

A 1 ⓐ 2 ⓓ 3 ⓒ 4 ⓖ 5 ⓑ 6 ⓗ 7 ⓔ 8 ⓕ
B 1 ⓑ 2 ⓒ
C 1 leads to 2 historic sites
3 drop by, on our way to

A ······ 1 ⓐ 2 ⓓ 3 ⓒ 4 ⓖ 5 ⓑ 6 ⓗ 7 ⓔ 8 ⓕ

1 망치다: ⓐ 어떤 것을 망치다

2 갈아타다: ⓓ 하나의 탈것에서 다른 것으로 옮겨가다

3 모이다: ⓒ 특정 장소로 모여들다

4 경치: ⓖ 나무나 언덕과 같은 자연물들의 모습

5 착륙하다: ⓑ 육지로 내려오다

6 연락하다: ⓗ 보통 전화로 누군가와 이야기를 하다

7 불평하다, 항의하다: ⓔ 어떤 것이 만족스럽지 않다고 말하다

8 대체품: ⓕ 다른 것의 업무를 수행할 수 있는 어떤 것

B ······ 1 ⓑ 2 ⓒ

1 Durell 박물관이 어디인지 아시나요?

2 방의 에어컨이 작동하지 않아요. 방을 바꿀 수 있나요?

> ⓐ 사흘 밤을 머무를 거예요.
> ⓑ 죄송하지만 전 여기 관광객이에요.
> ⓒ 죄송합니다. 방을 업그레이드 해 드리겠습니다.

Unit 02 Love

Words Preview

본문 p. 030

01 까다로운 02 거절하다 03 후회하다 04 낭만적인 05 매력적인 06 소개팅 07 극복하다 08 …에 관해 싸우다 09 사랑에 빠지다 10 헤어지다 11 누군가를 만나다(사귀다) 12 …의 마음을 얻다 13 …에게 데이트 신청을 하다 14 사랑을 고백하다 15 눈을 마주치다 16 …을 집에 바래다주다 17 …을 거절하다 18 인기투표를 하다

Getting Ready

본문 p. 031

A 1 over, ⓒ 2 fall, ⓐ 3 eye contact, ⓑ
4 win, heart, ⓓ 5 walk, home, ⓔ
B 1 ⓑ 2 ⓒ 3 ⓐ
C 1 ⓑ 2 ⓐ

B ······ 1 ⓑ 2 ⓒ 3 ⓐ

1 M: Here are some flowers for you.
W: How romantic! Thank you.
남: 여기 너를 위한 꽃이야.
여: 낭만적이야! 고마워.

2 M: I heard Tom asked you out.
W: Yes. We went to see a movie.
남: Tom이 너한테 데이트 신청했다고 들었어.
여: 응. 우리는 영화를 보러 갔지.

3 M: Why do you look sad?
W: I broke up with my boyfriend yesterday.
남: 너 왜 슬퍼 보이니?
여: 나 어제 남자친구와 헤어졌어.

C ······ 1 ⓑ 2 ⓐ

1 How was your blind date last weekend?
지난 주말 소개팅은 어땠어?
ⓐ 응. 난 그것을 고대하고 있어.
ⓑ 좋았어. 그는 내 타입이었어.

2 Are you seeing anyone these days?

요즘 만나는 사람 있니?
ⓐ 응, 나는 Jefferson과 데이트하기 시작했어.
ⓑ 응, 난 활동적인 남자가 좋아.

Topic Listening

본문 pp. 032~035

01 ④	02 ①	03 ⑤	04 ①	05 ⓑ	06 ⓓ	07 ⑤
08 ⑤	09 ②	10 ④	11 1) T 2) T 3) F	12 ⑤		
13 ③	14 ④	15 ③	16 ②			

01 ④

남: Christine, 어제 소개팅 어땠니?
여: 정말 좋았어! 우린 근사한 레스토랑에 가서 멋진 저녁을 먹었지.
남: 그는 어땠어?
여: 나 꿈에 그리던 남자를 만난 것 같아.
남: 우와, 잘됐구나! 어떻게 생겼는데? 잘생겼니?
여: 아니, 전혀 그렇지 않아. 그는 그저 평범해 보여.
남: 그럼 스타일이 좋니? 넌 늘 옷을 잘 입는 남자를 좋아하잖아.
여: 사실 그 남자는 스타일이 좋은 것과는 거리가 멀어. 줄무늬 셔츠에 줄무늬 바지를 입고 있었거든.
남: 그럼 너는 왜 그 남자가 너의 이상형이라고 생각하는 거야?
여: John, 외모가 전부는 아니야. 나는 날 웃게 만들 수 있는 남자가 좋은데, 그는 지금까지 내가 만났던 사람 중 최고로 재미있는 사람이었어.

어휘 blind date 소개팅 fancy[fǽnsi] 형 근사한 ordinary[ɔ́:rdənèri] 형 평범한 stylish[stáiliʃ] 형 스타일이 좋은, 멋진 dress well 옷을 잘 입다 far from 전혀 …이 아닌 striped[straipt] 형 줄무늬가 있는 Mr. Right 이상형의 남자 appearance[əpí(:)ərəns] 명 외모

02 ①

남: Rachel, 오늘 뭐 하고 싶니? 영화 볼래?
여: 우린 거의 매 주말에 영화를 보잖아. 뭔가 다른 걸 할 수 있을까?
남: 그럼 야외에서 뭔가 하는 게 어때? 날씨가 좋잖아.
여: 좋은 생각이야. 무엇을 할 수 있을까?
남: 야구장에 가서 경기를 관람하는 게 어때?
여: 좋아! 그런데 지금 입장권을 구하는 게 가능할까?
남: 아, 벌써 4시구나. 지금쯤이면 입장권은 아마 매진되었을 거야. 아마 다음 주에 갈 수 있겠다.
여: 그래. 그럼 대신 공원에서 자전거를 탈까? 거기에서 배드민턴도 칠 수 있어.
남: 좋아! 가자.

어휘 stadium[stéidiəm] 명 경기장 probably[prábəbli] 부 아마 sold out 매진된

해설 두 사람은 영화관이나 야구장 대신 공원에 가기로 했다.

03 ⑤

여: Terry, 방이 너무 지저분해. 옷장에서 옷을 다 꺼내놨네. 도대체 무얼 하는 거야?
남: 나 지금 나갈 준비 중인데, 무엇을 입어야 할지 모르겠어.
여: 너 왜 그걸 그렇게 신경을 쓰는 거야? 오늘 무슨 특별히 할 일 있어?
남: 저녁에 소개팅이 있거든. 내 첫 번째 소개팅이니까 완벽하게 보이고 싶단 말이야.
여: 오, 내가 너에게 조언을 좀 해 줄게. 네가 만약 멋지게 보이고 싶다면 인터넷에 'be stylish'를 검색해봐. 그 웹사이트는 머리, 옷, 화장품에 관한 많은 정보를 보여줘. 넌 그 사이트에서 조언을 얻을 수 있을 거야.
남: 바로 찾아봐야겠다. 고마워.
여: 천만에. 행운을 빌어.

어휘 messy[mési] 형 지저분한 closet[klázit] 명 옷장 on earth (의문문 강조) 도대체 care about …에 대해 신경 쓰다 search for …을 찾다 cosmetics[kazmétiks] 명 화장품

해설 여자의 조언에 따라 'be stylish'라는 웹사이트를 검색할 것이다.

04 ①

여: Adam, 저 건물들 좀 보세요! 정말 멋진 야경이에요!
남: 그래요, 아름답네요. 당신이 좋아해서 기쁘네요.
여: 어떻게 안 좋아할 수 있겠어요? 당신과 함께 보고 있잖아요.
남: 당신 정말 낭만적이네요! 이제 저녁 먹어요. 제가 미리 특별한 식사를 주문해 놓았어요.
여: 정말요? 대체 무슨 일이에요, Adam? 오늘 무슨 특별한 날인가요? 오늘은 제 생일도 아니고 아무 날도 아닌데요.
남: 음, 사실은 당신에게 읽어줄 것이 있어요.
여: 편지 썼어요?
남: 그래요. 들어봐요. Kelly…. 당신을 만난 이후로 당신을 만난 것을 한 번도 후회한 적이 없어요. 제 남은 인

생을 당신과 함께 보내고 싶어요. 이 반지를 받아주고 나와 결혼해 줄래요?

여: 오, 네. 물론 그러겠어요! 더 행복할 순 없을 것 같아요.

어휘 view[vjuː] 명 견해; *경치 romantic[roumǽntik] 형 낭만적인 meal[miːl] 명 식사 in advance 미리 regret[rigrét] 동 후회하다 the rest 나머지 marry [mǽri] 동 …와 결혼하다 accept[əksépt] 동 받아주다, 수락하다

해설 야경이 보이는 식당에서 남자가 여자에게 청혼을 하고 있다.

05 ⓑ

남: Britney, 네 생각엔 여자애들이 내가 매력적이라고 생각할 것 같니? 솔직하게 말해줘.

여: 왜 갑자기 나한테 그런 질문을 하니?

남: 음, 우리 반 여학생들이 인기투표를 했거든. 그런데 나는 한 표도 받지 못했어. 난 정말 실망했다고.

여: 저런, 안됐구나. 내 생각엔 네가 여자애들이 주변에 있을 때 수줍음을 너무 많이 타는 것 같아.

남: 맞아. 그게 문제인 것 같니?

여: 응, 여자애들은 자신감 있고 외향적인 남자애들을 좋아해.

남: 그럼 내가 뭘 해야 할까?

여: 여자애들에게 먼저 말을 걸어봐. 어떤 종류의 대화라도 괜찮을 거야.

어휘 attractive[ətrǽktiv] 형 매력적인 honestly[ɑ́nistli] 부 솔직히 popularity vote 인기투표 shy[ʃai] 형 수줍어하는 confident[kɑ́nfidənt] 형 자신감 있는 outgoing[áutgòuiŋ] 형 외향적인

해설 남자는 반 여자애들에게 인기투표에서 한 표도 못 받아 고민하고 있다.

06 ⓓ

남: Rebecca, 나 여자친구랑 문제가 있어. 조언 좀 해 줄래?

여: 물론. 어서 말해봐.

남: 우리는 석 달째 데이트를 하고 있어. 하지만 데이트할 때마다 내가 저녁 식사와 영화 표를 포함해서 모든 것에 돈을 내고 있어. 전부 다 말이야!

여: 와. 너한테 많은 부담이 되겠구나.

남: 응, 그래. 어떻게 해야 할지 모르겠어. 나는 그 애를 정말 좋아하지만 나에게 너무 무리야.

여: 내 생각엔 네가 여자친구에게 그 문제에 대해서 이야기하고 때로는 비용을 내달라고 부탁해야 해. 네 여자친구가 너를 정말로 사랑한다면 상황을 이해해 줄 거야.

어휘 date[deit] 동 …와 데이트[연애]를 하다 I'm all ears ((표현)) 듣고 있어, 어서 말해봐 pay[pei] 동 지불하다 including[inklúːdiŋ] 전 …을 포함하여 burden [bə́ːrdən] 명 부담 truly[trúːli] 부 정말로, 진심으로 situation[sìtʃuéiʃən] 명 상황

해설 남자는 자신이 모든 데이트 비용을 내는 상황을 부담스러워 한다.

07 ⑤

여: 얘, Jack. 저기에 있는 저 남자 보이니?

남: 어떤 사람? 야구 모자를 쓰고 있는 남자 말하는 거니?

여: 아니. 정장을 입고 있는 남자를 말하는 거야.

남: 정장을 입은 사람이 두 명이야. 커피를 마시고 있는 사람을 말하는 거니?

여: 서류 가방을 들고 있는 남자야. 그는 내 타입이야.

남: 뭐라고? 너 강해 보이는 남자가 좋다고 말하지 않았니?

여: 응, 그랬지. 하지만 알잖아, 사람들의 취향은 바뀔 수도 있어. 요즘 난 똑똑한 남자를 선호해. 그리고 남자가 정장을 입을 때 지적으로 보이는 것 같아.

남: 이제 알겠다. 그럼 저 사람에게 가서 말을 걸어보지 그래?

여: 말도 안 돼. 저 사람이 나를 거절할까 봐 걱정이 돼.

남: 아, 저 남자가 막 떠나려고 해. 너 나중에 후회할지도 몰라.

어휘 business suit 정장 briefcase[bríːfkèis] 명 서류 가방 type[taip] 명 유형; *(특정한 특징을 지닌) 사람, 타입 taste[teist] 명 취향 intelligent[intélidʒənt] 형 지적인 turn (someone) down …을 거절하다 be about *to do* 막 …하려는 참이다

해설 여자는 정장을 입은 남자 중 서류 가방을 들고 있는 남자가 자신이 선호하는 타입이라고 했다.

08 ⑤

남: 인간의 심장은 가장 중요한 장기 중 하나입니다. 그런데 어떻게 심장의 모양이 낭만적인 사랑의 상징이 되었는지 아십니까? 아마도 그 이유는 고대 그리스의 신화에서 비롯된 듯합니다. 고대 그리스 사람들은 사랑의 신이 Eros라고 알려진 작은 소년이라고 믿었습니다. 활과 화살을 가지고 다니면서 그는 사람들에게 사랑의 화살을 쏘곤 했습니다. 만약 어떤 사람이 그의 화살 중 하나를 심장에 맞으면 그 사람은 바로 사랑에 빠졌습니

다. 이것이 우리가 심장의 모양으로 사랑을 나타내는 이유인 듯합니다.

어휘 organ[ɔ́:rgən] 명 장기 symbol[símbəl] 명 상징 ancient[éinʃənt] 형 고대의 myth[miθ] 명 신화 bow [bau] 명 활 arrow[ǽrou] 명 화살 would[wud] 조 …하곤 했다 shoot[ʃu:t] 동 쏘다 (shot-shot) fall in love 사랑에 빠지다 symbolize[símbəlàiz] 동 상징화하다, 나타내다 [문제] desire[dizáiər] 명 열망, 바람

해설 남자는 심장의 모양이 어떻게 사랑의 상징이 되었는지 설명하고 있다.
① 낭만적인 사랑에 대한 사람들의 열망
② 심장의 모양을 그리는 방법
③ 고대 그리스 신화에 나오는 사랑의 신
④ 사람들을 사랑에 빠지게 하는 가장 좋은 방법
⑤ 심장이 사랑의 상징이 된 유래

09 ②

여: 나 어제 카페에서 내 첫사랑을 보았어.
남: 정말? 그에게 인사했니?
여: 아니. 그 애가 다른 여자애와 함께 있어서 그냥 지나쳤어. 데이트를 하고 있었던 것 같아.
남: 기분이 어땠니? 실망스러웠니?
여: 아니, 전혀. 그 애는 이제 나에게 아무런 의미가 없어. 그나저나, 너의 첫사랑은 누구였니?
남: 교회에서 만난 여자애였어.
여: 진짜로? 나도 너랑 같은 교회에 다녔잖아. 내가 그 여자애를 알지도 모르겠네.
남: 음, 그럴 수도. 하지만 아직 그 애를 좋아하기 때문에 너한테 얘기해 주지 않을 거야.
여: 아, 정말 낭만적이구나! 그 애가 누구 만나는 사람이 있니?
남: 아니, 없어.
여: 그 애에게 너의 감정에 대해 얘기하는 게 어떠니, 진호야? 원한다면 내가 도와줄게.
남: 그래야 된다고 생각하니? 음…. 내 첫사랑은 혜진이 너였어.

어휘 say hello to …에게 인사하다 pass by (…의 옆을) 지나가다, 지나치다 church[tʃə:rtʃ] 명 교회 see (someone) (주로 진행형으로 쓰여) 누군가를 만나다(사귀다)

해설 여자는 이제 첫사랑이 자신에게 아무 의미가 없다고 했다.

10 ④

여: 얘! 네가 Sally에게 데이트 신청을 했다고 들었어.
남: 맞아. 그리고 그녀가 응해서 지난 일요일에 데이트했어. 믿어지니?
여: 운이 좋구나. 그녀는 남자에 관해 매우 까다롭다고 들었거든. 그래서 좋은 시간 보냈니?
남: 응. 우리는 저녁을 먹으러 이탈리안 레스토랑에 갔어. 그녀는 이야기도 많이 했고 내가 무언가를 말할 때마다 웃었어.
여: 그건 좋은 징조야. 그 다음엔 뭘 했어?
남: 영화를 보러 갔어. 내가 미리 표를 예매해 두어서 좋은 좌석을 얻을 수 있었지. 그녀는 그 영화를 무척 즐기는 것 같았어.
여: 잘됐네. 좋은 시간을 보낸 것 같구나.
남: 응. 그리고 영화를 보고 나서는 디저트 카페에서 아이스크림을 먹었지. 평소보다 더 달콤하더라고. 그러고 나서 그녀의 집까지 바래다주었어. 그리고 그거 알아? 그녀가 이번 금요일에 있을 파티에 나를 초대했어!
여: 멋지구나. 행운을 빌어, Jason!

어휘 ask (someone) out …에게 데이트 신청을 하다 go out (with) (…와) 데이트하다 picky[píki] 형 까다로운 whenever[hwenévər] 접 …할 때마다 sign[sain] 명 간판; *징조, 징후 book[buk] 동 예약하다 walk (someone) home 집까지 바래다주다

해설 남자는 다가오는 금요일에 파티에 참석할 예정이다.

11 1) T 2) T 3) F

남: 누군가에게 사랑을 고백했지만 거절을 당해 본 적이 있습니까? 다음번에는 '페닐에틸아민'의 도움을 받는 게 어떠세요? 사람들이 사랑에 빠지면 이 호르몬이 분비됩니다. 그래서 이것은 '사랑의 호르몬'이라고 불립니다. 그것이 작용하게 할 수 있는 몇 가지 방법들이 있습니다. 첫째, 당신이 누군가에게 당신의 감정에 대해서 이야기할 때 눈을 맞추십시오. 눈을 마주치는 것은 이 호르몬이 분비되는 것을 도와서 당신이 그 사람의 마음을 얻을 가능성을 높여줄 수도 있습니다. 둘째, 초콜릿을 가져가세요. 초콜릿은 이 사랑의 호르몬을 함유하고 있습니다. 그러니 당신의 감정을 고백하기 전에 그 사람에게 초콜릿을 작은 선물로 주세요. 페닐에틸아민의 신비로운 힘이 도움이 될지도 모릅니다.

어휘 confess[kənfés] 동 고백하다 reject[ridʒékt] 동 거절하다 hormone[hɔ́:rmòun] 명 호르몬 make eye contact 눈을 마주치다 release[rilí:s] 동 방출하다, 분비하다 chance[tʃæns] 명 기회, 가능성 win one's heart …의 마음을 얻다 contain[kəntéin] ⓢ함유하다 magical[mǽdʒikəl] ⓗ마력이 있는, 신비로운

해설 3) 단순히 선물을 주는 행위가 아니라 페닐에틸아민을 함유하고 있는 초콜릿을 선물로 주는 것이 좋다고 했다.

12 ⑤

남: Rosie, 오늘 행복해 보이는구나. 무슨 일이니?
여: 내일이 내 남자친구와 사귄 지 1년째 되는 날이야.
남: 축하해! 무엇을 할 거니?
여: 멋진 식당에서 저녁을 먹고 서로에게 선물을 줄 거야.
남: 멋지구나. 남자친구에게 무엇을 사 줄 거니?
여: 아직 결정하지 못했어. 반지를 생각해 보았는데 그건 너무 비싸. 남자들을 위한 좋은 선물을 추천해 줄래?
남: 음, 남자들은 모자나 청바지 같은 것을 좋아해. 아니면 티셔츠는 어때? 너희 두 사람이 입을 같은 디자인의 티셔츠를 살 수 있어.
여: 오, 이미 했어.
남: 음…. 향수를 주는 건 어때? 요즘 많은 남자들도 향수를 뿌려.
여: 좋은 생각이야. 고마워!

어휘 decide[disáid] ⓢ결심하다 recommend[rèkəménd] ⓢ추천하다 perfume[pə́ːrfjùːm] ⓜ향수

해설 여자는 남자의 추천에 따라 향수를 선물하기로 결정했다.

13 ③

여: 안녕, Brian. 무슨 일 있니? 걱정스러워 보여.
남: 내 여자친구가 나에게 크게 화가 났어.
여: 왜? 너 뭔가 잘못을 했니?
남: 며칠 전에 사소한 일로 다퉜어. 그 이후에 그녀가 헤어지고 싶다고 얘기했어.
여: 음, 그녀가 진심은 아니었을 거야. 그녀와 대화를 해서 문제가 무엇인지 알아낼 필요가 있어.
남: 나도 알아. 그래서 그녀에게 전화를 몇 차례 했는데 받질 않았어.
여: 집으로 찾아가서 직접 얘기를 나눠보는 게 어때? 그냥 기다리는 건 좋지 않은 것 같아.
남: 네 말이 맞아. 그렇게 해야겠어. 지금 당장 가야겠다.
여: 아, 잠깐만! 꽃을 좀 가져가는 게 어때? 그녀는 그걸 좋아할 거야.
남: 아주 좋은 생각이야. 꽃집에 먼저 들러야겠어. 고마워.

어휘 the other day 며칠 전에, 일전에 fight over …에 관해 싸우다 break up 헤어지다 mean[miːn] ⓢ의미하다; *의도하다 in person 직접 drop by …에 들르다

해설 남자는 여자의 제안에 따라 여자친구의 집에 가기 전에 꽃집에 먼저 가겠다고 했다.
Q 남자가 대화 직후에 할 일로 가장 적절한 것은?
① 여자친구에게 전화하기 ② 소개팅에 나가기
③ 꽃집에 가기 ④ 여자친구의 집에 가기
⑤ 싸움의 이유를 알아보기

14 ④

여: 얘, Peter! 오랜만이야.
남: 와, 우린 오랫동안 연락하지 못했네.
여: 어떻게 지냈니?
남: 잘 지냈어, 고마워. 넌 어때? 어떻게 지내?
여: 요즘 난 기말고사를 준비하고 있어.
남: 너 정말 바쁘겠다. 그나저나 아직 Chris랑 사귀는 거야?
여: 실은 지난달에 헤어졌어.
남: 오, 유감이구나. 무슨 일이 있었던 거야?
여: 우린 단지 너무 달라. 그는 활동적이고 항상 많은 사람들과 어울려 노는 걸 좋아하지만 난 그렇지 않아. 난 혼자 있는 시간이 필요하거든.

어휘 be in touch 연락하고 지내다 final exam 기말고사 hang out with …와 놀다, 시간을 보내다

해설 Q 여자는 왜 남자친구와 헤어졌는가?
① 그녀가 다른 동네로 이사 가서
② 서로 연락하기 힘들어서
③ 그녀의 남자친구에게 다른 여자친구가 있어서
④ 그녀와 남자친구는 너무 달라서
⑤ 그녀가 기말고사 공부 때문에 바빠서

15-16 15 ③ 16 ②

여: 사랑에 빠진 적이 있습니까? 사랑에 빠지면 세상은 완벽하고 더 아름다워 보입니다. 하지만 그 사랑이 갑자기 끝나면 어떨까요? 그것을 극복하는 것은 매우 힘들 것입니다. 여기 나아가기를 원하는 사람들에게 도움이 되는 몇 가지 조언이 있습니다. 첫째, 바쁘게 지내려고 해보십시오. 파티에 참석하고 스포츠와 같은 다양한 활동에 참여하세요. 이것은 여러분이 다른 것에 초점을 맞추게 해줄 것입니다. 둘째, 그 사람을 떠올리게 하는 것들을 가까이하지 마세요. 함께 찍었던 사진이나 당신의 옛사랑이 줬던 선물들을 치우세요. 그것들을 보면 당신은 계속 옛 연인을 생각하게 될 겁니다. 셋째, 여러분의 모든 감정을 적으세요. 여러분이 느끼거나 말하고

싶은 모든 것을 적어보세요. 그걸 쓰는 동안, 여러분의 스트레스나 슬픔이 줄어들기 시작할 겁니다. 마지막으로 여러분의 개인 공간을 재정리해보세요. 하나의 이별은 새로운 시작을 의미합니다. 그러니 여러분의 공간을 치우고 새로운 방식으로 정리해보세요. 그것은 여러분의 기분을 상쾌하게 하고 앞으로 일어날 새로운 일들에 준비가 되도록 해 줄 겁니다.

어휘 get over 극복하다 move on (계속) 앞으로 나아가다, 넘어가다 attend[əténd] ⓢ참석하다 a variety of 여러 가지의 focus on …에 집중하다, 초점을 맞추다 stay away from …을 가까이 하지 않다 remind (someone) of (something) …에게 ~을 생각나게 하다 get rid of …을 제거하다 ex[eks] ⓝ전 남편, 전 애인 write (something) down …을 적다 grieve[griːv] ⓢ 슬퍼하다 lessen[lésən] ⓢ(크기, 강도 등이) 줄다 breakup[bréikʌ̀p] ⓝ 해체; *이별 organize [ɔ́ːrgənàiz] ⓢ정리하다, 정렬시키다 refreshed[rifréʃt] ⓐ상쾌한 [문제] soulmate[sóulmeit] ⓝ마음이 통하는 사람 make up with …와 화해하다 counselor [káunsələr] ⓝ상담자, 조언자 past[pæst] ⓝ과거

해설 **15** 여자는 이별을 극복하는 네 가지 방법을 알려주고 있다.
Q 화자가 주로 이야기하고 있는 것은?
① 마음이 통하는 상대를 찾는 방법
② 행복한 연인이 되는 방법
③ 이별을 극복하는 방법
④ 연인과 화해하는 방법
⑤ 개인 공간을 재정리하는 방법

16 Q 담화에서 언급된 조언이 아닌 것은?
① 많은 다양한 활동들을 시작해라.
② 과거에 대해 이야기할 상담사를 만나라.
③ 옛 연인을 기억나게 하는 물건들을 모두 치워라.
④ 느끼는 바를 적어라.
⑤ 자신만의 공간을 새로운 방식으로 정리해라.

Dictation

본문 pp. 036~041

01 went to a fancy restaurant, the man of my dreams, What does he look like, is he stylish, wearing a striped shirt, make me laugh, the funniest man I've ever met

02 Would you like to watch a movie, do something different, doing something outside, watching a game, it's already 4 o'clock, shall we ride bicycles

03 is so messy, What on earth are you doing, have something special to do, have a blind date, look perfect, let me give you some advice, search for, hair, clothes, and cosmetics, Good luck to you

04 What a fantastic night view, How could I not like it, You're so romantic, ordered a special meal in advance, have something to read, Did you write a letter, accept this ring, marry me, couldn't be happier

05 girls find me attractive, asking me that question, took a popularity vote, didn't get any votes, that's the problem, confident and outgoing, Try to talk to them first

06 having a problem with my girlfriend, I am all ears, paid for everything on every date, be a big burden for you, it's too much for me, ask her to pay, understand the situation

07 see that guy over there, wearing a business suit, He is my type, men who look strong, change their taste, look intelligent, he might turn me down, regret it later

08 the most important organs, the symbol of romantic love, the god of love, Carrying his bow and arrows, was shot in the heart, fall in love right away, with the shape of a heart

09 saw my first love, say hello to him, passed him by, they were dating, doesn't mean anything to me, a girl I met at church, I won't tell you, Is she seeing anyone, tell her about your feelings

10 you asked out, she's very picky, have a good time, smiled whenever I said something, see a movie, get good seats, enjoy the movie a lot, ate ice cream, tasted sweeter than usual, invited me to her party

11 confessed your love to someone, this hormone is released, make it work, make eye contact, improve your chance, bring chocolate, as a little present

12 since I started dating my boyfriend, give presents to each other, What will you buy for him, thought about rings, too expensive, things like caps and jeans, the same design, giving him a bottle of perfume

13 look worried, is really angry at me, fought over something small, she wanted to break up, I called her several times, talk to her in person, How about bringing some flowers, drop by a flower shop

14 Long time no see, haven't been in touch, preparing for my final exams, are you still seeing, What happened, so different, hang out with many people

15-16 what if that love suddenly ended, people who want to move on, keep busy, stay away from things, Get rid of pictures, keep thinking about your ex, grieving might begin to lessen, means a new beginning, make you feel refreshed, new things to happen

Review Test

본문 p. 42

A 1 ⓓ 2 ⓑ 3 ⓔ 4 ⓖ 5 ⓒ 6 ⓐ 7 ⓕ
B 1 ⓐ 2 ⓓ 3 ⓒ 4 ⓑ
C 1 broke up with 2 win her heart
3 turned me down

A

1 ⓓ 2 ⓑ 3 ⓔ 4 ⓖ 5 ⓒ 6 ⓐ 7 ⓕ

1 까다로운: ⓓ 무언가를 고르는 데 있어서 매우 신중한

2 근사한: ⓑ 평범하지 않은, 즉 잘 꾸며진

3 거절하다: ⓔ 누군가의 제안이나 요청을 받아들이지 않다

4 짐, 부담: ⓖ 견뎌야 하는 어려운 책임감

5 슬퍼하다: ⓒ 무언가에 대해서 매우 슬프다

6 이별, 헤어짐: ⓐ 관계의 끝

7 지적인: ⓕ 빠르고 잘 생각하거나 이해할 수 있는

B

1 ⓐ 2 ⓓ 3 ⓒ 4 ⓑ

여: 난 네가 지난 토요일 Julia에게 데이트 신청을 했다고 들었어.
남: ⓐ 맞아. 그녀가 응했어.
여: ⓓ 운이 좋구나. 그녀는 까다롭다고 들었거든. 그래서 무얼 했니?
남: ⓒ 우린 멋진 점심을 먹고 놀이공원에 갔어.
여: ⓑ 넌 즐거운 시간을 보낸 것 같구나.

Unit 03 Hobbies & Leisure

Words Preview

본문 p. 044

01 (짐을) 싸다, 챙기다 02 도전 03 초보자 04 풍경 05 위급 상황 06 집에서 만든 07 장비 08 야외활동 09 다치다 10 속도를 늦추다 11 시도하다, 한번 해보다 12 앞으로 숙이다 13 텐트를 치다 14 …에 숙련되다, 능숙하다 15 여가에 16 높은 곳을 무서워하다 17 건강을 증진하다 18 회비를 내다

Getting Ready

본문 p. 045

A 1 slow, ⓑ 2 take, ⓔ 3 leave, ⓒ
4 familiar with, ⓓ 5 a try, ⓐ
B 1 ⓒ 2 ⓑ 3 ⓓ 4 ⓐ
C 1 ⓐ 2 ⓑ

B

1 ⓒ 2 ⓑ 3 ⓓ 4 ⓐ

1 She is making jewelry by herself.
그녀는 직접 장신구를 만들고 있다.

2 She is taking a dance class as a hobby.
그녀는 취미로 댄스 수업을 듣는다.

3 She is baking cookies to give to her friends.
그녀는 친구들에게 주려고 쿠키를 굽고 있다.

4 She is putting up a tent on the grass field.
그녀는 초원에 텐트를 치고 있다.

C

1 ⓐ 2 ⓑ

1 Why don't we try bungee jumping?
우리 번지점프를 해보는 게 어때?
ⓐ 싫어. 나는 높은 곳을 무서워해.
ⓑ 일부 사람들은 익스트림 스포츠를 즐겨.

2 Isn't it dangerous to go mountain climbing at night?
밤에 등산하는 것은 위험하지 않니?
ⓐ 등산은 네 건강에 좋아.
ⓑ 걱정하지 마. 나는 위급 상황을 대비한 물건을 가져가.

Topic Listening

본문 p. 046~049

01 ② 02 ② 03 ⑤ 04 ① 05 ④ 06 ⑤ 07 ①
08 ② 09 ② 10 ③ 11 ⓓ 12 ⓒ 13 ③ 14 ②
15 ① 16 ⑤

01 ②

남: Eva, 이번 주말에 호수로 낚시하러 가는 게 어떠니?

여: 또 낚시요? 아빠, 낚시는 지루해요. 저는 차라리 영화를 보거나 컴퓨터 게임을 하겠어요.

남: 그런 것들은 언제라도 할 수 있잖니. 호수에서 쉬면 좋을 거야.

여: 호수에서 수영하는 것은 좋지만 물고기가 오기만을 그저 기다리는 것은 재미가 없어요. 그리고 아빠는 항상 저에게 조용히 하라고 하시잖아요!

남: 하지만 물고기를 잡고 나서 그것들을 요리하는 것을 생각해 보렴. 집에서 먹는 것보다 훨씬 맛있잖아.

여: 음, 그건 그래요. 좋아요, 함께 갈게요.

남: 좋아! 그럼 다음 주말에는 대신 수영을 하러 가자꾸나.

어휘 would rather *do* (차라리) …하겠다 relax[rilǽks] 동 쉬다

해설 두 사람은 이번 주말에 호수에서 낚시를 하기로 했다.

02 ②

여: 얘, 너 어디 가니?

남: 난 관악산에 가고 있어.

여: 오후 6시에? 밤에 등산하는 것은 위험하지 않니? 곧 어두워질 텐데.

남: 네가 생각하는 것만큼 위험하지 않아. 산길이 그렇게 험하지 않거든. 그리고 나는 그 산을 여러 번 올라봤기 때문에 그 산에 익숙해.

여: 하지만 쉽게 다치거나 다리가 부러질 수 있어.

남: 아주 조심할게. 그리고 전문 산악인 몇 명과 함께 가거든. 그들은 야간 산행에 아주 경험이 많아.

여: 알았어. 위급 상황을 대비한 물건들을 가져가니?

남: 당연하지. 손전등과 따뜻한 옷, 그리고 약을 좀 챙겼어.

여: 좋아. 하지만 조심하렴.

어휘 trail[treil] 명 산길 rough[rʌf] 형 (표면이) 거친, (길 등이) 험한 be familiar with …에 익숙하다 expert[ékspəːrt] 형 전문가의, 전문적인 be experienced at …에 숙련되다, 능숙하다 night hiking 야간 산행 in case of …에 대비하여 emergency[imə́ːrdʒənsi] 명 위급 상황 pack[pæk] 동 (짐을) 싸다, 챙기다 lantern[lǽntərn] 명 손전등

해설 여자는 야간 산행을 가는 남자를 걱정하고(worried) 있다.
① 신이 난 ③ 질투하는 ④ 부끄러운 ⑤ 실망한

03 ⑤

여: 너는 취미가 있니, Lincoln?

남: 응, 나는 여가에 보통 쿠키와 케이크를 구워.

여: 멋진 취미구나. 너는 왜 빵을 굽는 것을 좋아하니?

남: 내가 만드는 것을 사람들에게 선물로 줄 수 있어. 그것이 나를 행복하게 해.

여: 정말 멋지구나! 나는 집에서 만든 쿠키와 케이크가 가게에서 사는 것보다 더 좋다고 생각해. 네가 마음을 쓰고 있다는 것을 보여주잖아.

남: 맞아. 사실 이번 토요일이 우리 엄마 생신이야. 엄마를 위해 초콜릿 케이크를 만들 거야.

여: 멋지다. 언젠가 네가 구운 것을 맛보고 싶어.

남: 알았어. 다음 주에 쿠키를 좀 가져다줄게.

어휘 bake[beik] 동 (빵을) 굽다 in one's spare time 여가에 homemade[hóumméid] 형 집에서 만든 care[kɛər] 동 상관하다, 관심을 가지다

해설 남자는 자신이 만드는 쿠키와 케이크를 다른 사람들에게 선물할 수 있기 때문에 자신의 취미를 좋아한다고 말했다.

04 ①

여: 좋아요, 이 겨울 스포츠 교실에 참가해주셔서 감사합니다. 이 눈 덮인 언덕에서 즐겁게 보내고 싶다면 주의 깊게 들으세요. 우선, 부츠를 신은 채 서서 그것들을 여러분의 스키에 연결하세요. 여러분의 스키를 내리막 아래로 향하게 한 후 발걸음을 조금씩 떼세요. 여러분의 체중을 스키 폴에 실으세요. 무릎을 굽히고 약간 앞으로 숙이세요. 속도를 줄이기 위해서는, 스키 뒷부분을 벌려서 스키를 'V'자 형태로 만드세요. 다시 그것들을 같이 놓으면 더 빨리 내려갈 겁니다. 멈추고 싶다면, 왼쪽이나 오른쪽으로 도세요. 하지만 기억하세요, 너무 속도를 올리지 마세요. 여러분은 초보자이므로 넘어져서 다칠 수 있습니다.

어휘 hill[hil] 명 언덕, 산 take a step 걸음을 내딛다, 발걸음을 떼다 point[pɔint] 동 (손가락 등으로) 가리키다; *(특정 방향으로) 향하게 하다 downhill[dáunhíl] 부 비탈[내리막] 아래로 pole[poul] 명 막대기 bend[bend] 동 굽히다 lean forward 앞으로 숙이다 slightly[sláitli] 부 약간, 조금 slow down 속도를 늦추다 spread[spred]

동(접혀 있던 것을) 펼치다; *벌리다 apart[əpɑ́ːrt] 부 떨어져 speed up 속도를 높이다 beginner[bigínər] 명 초보자

해설 여자는 스키 타는 방법을 설명하고 있으므로 스키 강사임을 알 수 있다.

05 ④

남: 테니스를 치고 사람들을 만나는 것에 관심이 있습니까? 그렇다면 Eagles 테니스 동호회에 가입하는 것이 어때요? 당신은 건강을 증진하고 친구들을 사귈 수 있습니다. 저희는 약 40명의 활발히 활동하는 회원이 있습니다. 저희는 매주 일요일 정기적으로 모입니다. 이전 올림픽 챔피언인 John Smith 씨가 저희를 가르칩니다. 저희는 함께 기본적인 테니스 기술을 익히고 친선 경기를 합니다. 또한, 때때로 저희는 함께 소풍을 갑니다. 회원들은 한 달에 한 번 100달러의 회비를 내야 하는데, 이것은 코트를 빌리는 데 사용됩니다. 저희 웹사이트에 있는 양식을 작성하셔서 저희 동호회에 가입하실 수 있습니다. 지금 가입하셔서 저희와 함께 즐거운 시간을 보내세요!

어휘 improve one's health 건강을 증진하다 active[ǽktiv] 형 활동적인; *활발한, 왕성한 regularly[régjələrli] 부 정기적으로, 규칙적으로 former[fɔ́ːrmər] 형 이전의 basic[béisik] 형 기본적인 match[mætʃ] 명 성냥; *경기 be required *to do* …하도록 요구되다 membership fee 회비 rent[rent] 동 세내다; *(단기간) 빌리다 court[kɔːrt] 명 (테니스의) 코트 [문제] instructor[instrʌ́ktər] 명 (특정한 기술이나 운동을 가르치는) 강사 free of charge 무료인

해설 회원들은 한 달에 100달러를 회비로 내야 한다고 했다.

Eagles 테니스 동호회
① 목적: 운동하고 친구 사귀기
② 모임: 매주 일요일
③ 강사: John Smith
④ 회비: 무료
⑤ 가입 방법: 웹사이트의 양식 작성

06 ⑤

남: 이 스케치들은 뭐니? 귀엽구나!

여: 그건 내 만화의 스케치들이야. 나는 만화를 그려서 일주일에 한 번씩 내 블로그에 올려.

남: 정말? 무엇에 관한 건데?

여: 주로 내 고양이와 개에 대한 거야. 내 애완동물들이 이 야기의 주인공이거든.

남: 네 만화에서 그 애들이 사랑스러울 거라고 확신해.

여: 응. 사람들은 내 것과 같은 애완동물을 키우고 싶다고 댓글을 남겨.

남: 너 자신이 자랑스럽겠다. 나도 너의 만화를 보고 싶어.

여: 인터넷에서 'Layla's Cartoon World'를 검색해 봐. 그게 내 블로그의 이름이야.

남: 'Layla's Cartoon World'라고? 나 그 블로그 알아! 가장 인기 있는 만화 블로그들 중 하나잖아. 모두 그것이 재미있다고 말해! 그것이 네 블로그인 줄은 전혀 몰랐어!

여: 정말? 그거 재미있다.

어휘 sketch[sketʃ] 명 스케치, 밑그림 cartoon[kaːrtúːn] 명 만화 post[poust] 동 (웹사이트에 정보·사진을) 올리다 leave a comment 댓글을 남기다 be proud of …을 자랑으로 여기다 search for …을 찾다, 검색하다 title[táitl] 명 제목, 표제

07 ①

남: 작년에 나는 아버지에게서 카메라를 생일 선물로 받았다. 그때 이후로 나는 사진 찍는 것을 즐긴다. 종종 나는 카메라를 챙겨 풍경 사진을 찍으러 나간다. 오늘은 날씨가 좋은 날이었다. 햇빛은 밝았고 하늘은 파랬다. 나는 공원으로 걸어갔는데, 그곳은 나무가 울창했다. 나는 사진을 찍기에 최적의 장소를 찾아다니며 공원 주변을 계속 걸었다. 그러다가 나는 멋진 장소를 발견했다. 작은 분수가 있는 연못이었다. 꽃들이 그 주변에 피어 있었다. 그 광경은 아주 평화로워 보였다. 나는 그곳의 사진을 찍었다. 사진이 꽤 잘 나온 것 같다.

어휘 landscape[lǽndskèip] 명 풍경 be full of …으로 가득 차다 keep *doing* …을 계속하다 spot[spɑːt] 명 점; *장소, 곳 pond[pɑnd] 명 연못 fountain[fáuntən] 명 분수 bloom[bluːm] 동 (꽃이) 피다 come out (사진이) 잘 나오다

해설 남자는 분수가 있고 꽃이 주변에 피어 있는 연못 사진을 찍었다.

08 ②

여: Bill, 이리 와봐. TV에 지금 강원도에 대한 프로그램이 하고 있어.

남: 우리가 이번 여름에 가려고 계획 중인 곳이잖아. 그곳에서 할 일들에 대한 아이디어를 그것이 좀 줄 수도 있겠다.

여: 맞아! 저 동굴을 좀 봐. 안에 이상하게 생긴 바위들이 많이 있어. 저기에 가보지 않을래?
남: 미안하지만 난 어두운 곳을 좋아하지 않아. 너도 알잖니.
여: 아, 맞다. 계속 보자.
남: 봐! 사람들이 래프팅을 하고 있어. 몹시 신나 보여.
여: 우와, 난 수상 스포츠를 몹시 좋아해!
남: 저기 가는 게 어때? 재미있을 거야.
여: 응, 가자. 정말 재미있을 것 같아! 인터넷에서 정보를 더 얻자.

어휘 cave[keiv] 명 동굴 shaped[ʃeipt] 형 …한 모양을 한 rafting[rǽftiŋ] 명 래프팅, 급류 타기 water sport 수상 스포츠

해설 두 사람은 강원도를 소개하는 프로그램을 시청하다가 래프팅을 하기로 결정했다.

09 ②

여 : ① 소녀들은 소년들보다 TV를 더 많이 본다.
② 소년과 소녀 모두 TV를 보는 것에 가장 많은 여가를 보낸다.
③ 소년은 소녀들보다 독서에 시간을 더 적게 보낸다.
④ 소녀들은 평균적으로 일주일에 한 시간 운동을 한다.
⑤ 평균적으로, 소년들은 컴퓨터 게임을 하는 데 일주일에 일곱 시간을 보낸다.

어휘 on average 평균적으로

해설 소년들은 컴퓨터 게임을 하는 데 여가를 가장 많이 보낸다.
[그래프] 십 대들이 자신의 여가를 보내는 방법

10 ③

남: 네 팔찌 예쁘다. 어디에서 샀니?
여: 내가 직접 만들었어. 나는 시간이 날 때마다 장신구를 만들어.
남: 너 손재주가 좋구나. 전문 디자이너가 만든 것처럼 보여.
여: 고마워.
남: 네 팔찌 중 하나를 나에게 팔래? 내 여자친구에게 주고 싶어.
여: 하나 사고 싶다고? 하지만 네가 직접 만든다면 더욱 의미가 있을 텐데.
남: 그거 좋겠다. 하지만 내가 할 수 있을까?
여: 그렇게 어렵지 않아. 한번 시도해봐.
남: 좋아, 해볼게. 하지만 네가 나를 도와줘야 해.
여: 그럴게. 오늘 오후에 새 장신구를 만들 구슬과 줄을 사러 갈 거야. 나와 같이 가는 게 어때?
남: 좋아. 난 오후 3시 이후에 한가해.

어휘 bracelet[bréislit] 명 팔찌 jewelry[dʒúːəlri] 명 장신구 be good with one's hands 손재주가 좋다 professional[prəféʃənəl] 형 전문의, 직업의 meaningful[míːniŋfəl] 형 의미 있는 give it a try 시도하다, 한번 해보다 bead[biːd] 명 구슬 string[striŋ] 명 줄, 끈

해설 두 사람은 오후에 함께 팔찌를 만들 재료를 사러 가기로 했다.

11-12 11 ⓓ 12 ⓒ

남: 신혜야, 네가 익스트림 스포츠를 좋아한다고 들었어.
여: 응. 내가 살아있다는 것을 느끼게 해주거든. 나는 흥분을 즐겨.
남: 너 정말 용감하구나! 번지점프를 해 본 적 있니?
여: 당연하지! 하지만 아직 스카이다이빙은 해 보지 못했어. 언젠가는 꼭 해 보고 싶어.
남: 정말?
여: 응. 하늘에서 떨어지는 기분이 어떨지 궁금해. 짜릿할 것 같지 않니?
남: 나는 별로. 난 높은 곳을 무서워해. 내가 해 보고 싶은 것은 정글 마라톤이야.
여: 정글 마라톤?
남: 응. 그건 정글을 통과하는 마라톤이야. 경주를 하는 동안, 주자는 재규어나 아나콘다와 같은 위험한 동물들을 볼 수도 있어.
여: 재미있겠다. 길이가 얼마나 되는데?
남: 222km를 7일간 달려야 해. 그 기간 동안 먹을 것과 잠잘 곳을 스스로 찾아야만 해.
여: 와, 진짜 도전이겠다!

어휘 alive[əláiv] 형 살아 있는 thrill[θril] 명 흥분, 황홀감, 스릴 thrilling[θríliŋ] 형 짜릿한, 흥분시키는 height [hait] 명 높이; *높은 곳 on one's own 혼자 힘으로 challenge[tʃǽlindʒ] 명 도전

해설 여자는 스카이다이빙에, 남자는 정글 마라톤에 도전해보고 싶다고 했다.

13 ③

① 여: 너는 어떤 종류의 야외활동을 좋아하니?
남: 나는 모든 종류의 겨울 스포츠를 좋아해.
② 여: 너는 취미가 있니?
남: 나는 시간이 있을 때마다 꽃꽂이를 해.

③ 여: 이번 주말에 스키 타러 가는 게 어때?
남: 나는 악천후 때문에 그것을 취소해야만 했어.

④ 여: 나는 등산하러 가.
남: 날씨는 확인했니?

⑤ 여: 너는 수상 스포츠를 좋아하니?
남: 아니, 나는 물을 무서워해.

어휘 outdoor activity 야외활동 flower arrangement 꽃꽂이

해설 스키를 타러 가자는 제안에는 그에 대해 찬성하거나 반대하는 대답을 해야 한다.
Q 가장 부자연스러운 대화를 고르시오.

14 ②

남: 무엇을 보고 있니?
여: 댄스 수업의 시간표를 보고 있어. 수업 중 하나를 듣고 싶거든.
남: 어떤 종류의 춤을 배우고 싶어?
여: 잘 모르겠어. 뭐가 재미있을 것 같아?
남: 차차차를 배워보는 건 어때? 예전에 해본 적이 있는데 재미있었어.
여: 응, 하지만 그건 토요일에만 하잖아. 나는 토요일에 아르바이트를 해.
남: 그렇구나. 비용이 얼마인지 신경 쓰니?
여: 음, 한 달에 100달러까지 지불할 수 있을 것 같아.
남: 그렇다면 너는 룸바 수업은 들을 수 없겠다. 그건 120달러야. 너는 이 두 수업 중에서 골라야 해.
여: 시간을 확인해 볼게. 학교 수업이 5시 30분에 끝나니까 그보다 일찍 갈 수는 없어.
남: 그렇다면 너는 한 가지 선택권만 있어.
여: 응, 그것을 선택해야겠어.

어휘 work part-time 아르바이트를 하다 up to …까지 choice[tʃɔis] 명 선택 [문제] fee[fiː] 명 요금

해설 여자는 요일, 강습료, 시간을 고려해 탱고 수업을 듣기로 했다.
Q 여자는 어느 댄스 수업을 수강할 것인가?

	요일	시간	월 요금
① 룸바	월 / 목	오후 6~8시	120달러
② 탱고	월 / 목	오후 7~9시	100달러
③ 삼바	월 / 금	오후 5~7시	100달러
④ 차차차	토	오후 6~8시	80달러
⑤ 왈츠	토	오후 5~7시	80달러

15-16 15 ① 16 ⑤

여: 요즘 점점 더 많은 사람들이 캠핑을 가고 있습니다. 캠핑 장비의 판매도 급격하게 증가하고 있습니다. 사람들은 텐트, 테이블, 침낭 그리고 심지어 바비큐 그릴같은 것들을 구입하고 있습니다. 하지만 무엇보다도 많은 사람들이 camper나 RV라고 불리는 특별한 차를 가지고 싶어 합니다. 그것들은 캠핑을 위해 고안되었습니다. 매우 비싸지만 당신에게 필요한 거의 모든 것을 갖추고 있습니다. 당신이 집에서와 마찬가지로 편히 잘 수 있는 안락한 침대가 있습니다. 심지어 잠자리에 들기 전에 TV를 볼 수도 있습니다. 또한 부엌과 샤워 시설, 화장실도 내부에 있습니다. 그리고 배터리로 전기가 공급되기 때문에 전기 기구도 사용할 수 있습니다. 여러분은 거의 모든 곳에서 머물 수 있기 때문에 그 차들은 아주 편리합니다. 텐트를 설치할 장소를 찾을 필요 없이, 그저 RV를 주차하기만 하면 됩니다. 이러한 이유들 때문에 캠핑을 좋아하는 많은 사람들이 한 대 가지고 싶어 합니다.

어휘 equipment[ikwípmənt] 명 장비 rapidly[rǽpidli] 부 급격하게 sleeping bag 침낭 camper[kǽmpər] 명 캠핑용 자동차 RV 레저용 자동차 (= Recreational Vehicle) design[dizáin] 동 디자인하다; *고안하다 contain[kəntéin] 동 …이 들어 있다 comfortable [kʌ́mfərtəbl] 형 편안한 electricity[ilektrísəti] 명 전기 supply[səplái] 동 공급하다 electrical appliance 전기 기구 put up (건물 등을 어디에) 세우다, 짓다 [문제] site[sait] 명 장소 feature[fíːtʃər] 명 특징

해설 **15** 최근 인기를 끌고 있는 캠핑용 자동차에 대해 이야기하고 있다.
Q 화자는 주로 무엇에 대해 이야기하고 있는가?
① 캠핑 여행을 위한 특별한 자동차
② 사람들이 캠핑을 좋아하는 이유
③ 운전자들에게 가장 좋은 캠핑 장소
④ 좋은 캠핑 물품을 고르는 방법
⑤ 캠핑에서 쉽게 만들 수 있는 음식

16 캠핑용 자동차에 침대와 TV, 부엌, 샤워 시설 등이 갖추어져 있다고 했으나, 냉장고(refrigerator)는 언급되지 않았다.
Q 담화에서 해당 자동차의 특징으로 언급되지 않은 것은?
① 침대 ② 텔레비전 ③ 부엌 ④ 샤워 시설

Dictation

본문 pp. 050~055

01 how about going fishing, I'd rather watch a movie, It would be nice to relax, to be quiet, after catching them, more delicious than eating at home, I'll go with you, go swimming instead

02 where are you going, go climbing at night, not as dangerous as you think, I'm familiar with it, get hurt or break your leg, going with some expert climbers, in case of an emergency, warm clothes, and some medicine

03 Do you have any hobbies, in my spare time, what I make as presents, How nice, that you care, make a chocolate cake for her, something you've baked sometime, bring you some cookies

04 joining this winter sports class, enjoy your time, Take small steps, Put your weight on, lean slightly forward, put them together again, turn to the left or right, As you are beginners, hurt yourselves

05 Are you interested in playing tennis, improve your health, 40 active members, learn basic tennis skills, go on picnics together, are required to pay, for renting the courts, filling out a form, have fun with us

06 What are these sketches, draw and post them, mainly about my cat and dog, I bet, leave comments, You must be proud of yourself, read your cartoons, one of the most popular cartoon blogs, That's funny.

07 got a camera from my father, go out to take landscape photographs, The sun was bright, which was full of trees, looking for the best spot, a pond with a small fountain, looked very peaceful, came out quite nice

08 Come here, on TV now, we're planning to go this summer, Look at that cave, I don't like dark places, Let's keep watching, look so excited, why don't we go there, get some more information

09 most of their spare time, spend less time reading, an hour a week on average, spend seven hours a week

10 Where did you buy it, whenever I have time, with your hands, a professional designer made it, Will you sell, give it to my girlfriend, if you made one yourself, give it a try, I'll try, to make new jewelry, I'm free after 3 p.m.

11-12 They make me feel alive, You're really brave, want to try it someday, to fall from the sky, sound thrilling, I'm afraid of heights, runners might see dangerous animals, How long is it, find food and places to sleep, that's a real challenge

13 What kind of outdoor activities, Do you have any hobbies, make flower arrangements, going skiing, I had to cancel it, going mountain climbing, check the weather, I'm afraid of water

14 looking at the schedule, take one of them, What about learning, I've tried it before, work part-time on Saturdays, pay up to $100 per month, choose between these two classes, can't go earlier than that, I should choose that one

15-16 more and more people, camping equipment, rapidly increasing, They are designed for camping, have almost everything you need, get a good night's sleep, before you go to bed, because you can stay almost anywhere, to put up a tent

Review Test

본문 p. 056

A 1 ⓐ 2 ⓗ 3 ⓖ 4 ⓒ 5 ⓓ 6 ⓕ 7 ⓑ 8 ⓔ
B 1 ⓒ 2 ⓑ 3 ⓐ
C 1 put up a tent 2 pay a membership fee
3 give it a try

A .... 1 ⓐ 2 ⓗ 3 ⓖ 4 ⓒ 5 ⓓ 6 ⓕ 7 ⓑ 8 ⓔ

1 (꽃이) 피다: ⓐ 꽃이 열리다

2 (표면이) 거친, (길 등이) 험한: ⓗ 매끈하지 않거나 상태가 나쁜 표면을 가진

3 공급하다: ⓖ 누군가에게 필요한 어떤 것을 제공하다

4 높은 곳: ⓒ 높은 장소나 위치

5 전문가의: ⓓ 뛰어난 기술이나 지식을 가진

6 검색하다: ⓕ 컴퓨터를 이용해서 정보를 찾으려 하다

7 개선하다: ⓑ 어떤 것을 더 좋게 만들다

8 도전: ⓔ 많은 노력을 요하는 상황이나 업무

B ········ 1 ⓒ 2 ⓑ 3 ⓐ

여: ⓒ 너는 여가에 주로 무엇을 하니?
남: 나는 주로 암벽타기를 가.
여: 위험하지 않니? 나는 높은 곳을 무서워해.
남: ⓑ 네가 생각하는 것만큼 위험하지는 않아.
여: 왜 그 익스트림 스포츠를 좋아하니?
남: ⓐ 그건 내가 살아있다고 느끼게 해주기 때문이야.

Unit 04 Advice

Words Preview

본문 p. 058

01 오래가다 **02** 조언하다, 충고하다 **03** 방해하다 **04** 기고문, 칼럼 **05** 짜증 나게 하는 **06** 감사하는 마음, 감사함 **07** (일이) 갑자기 일어나다 **08** 포기하다 **09** 어찌할 바를 모르다 **10** 습관을 기르다 **11** 버릇을 고치다 **12** 체중이 늘다 **13** …에 대한 관심을 잃다 **14** 노력하다 **15** …에 집중하다 **16** 스트레스가 쌓이다, 스트레스로 지치다 **17** 자신감을 잃다 **18** 성적을 향상하다

Getting Ready

본문 p. 059

A 1 confidence, ⓒ 2 on, ⓑ 3 stressed out, ⓔ 4 an effort, ⓐ 5 express, feelings, ⓓ
B 1 ⓒ 2 ⓐ 3 ⓑ
C 1 ⓑ 2 ⓑ

B ········ 1 ⓒ 2 ⓐ 3 ⓑ

1 M: What's wrong?
W: I think I'm a terrible singer.
남: 무슨 일이니?
여: 난 노래를 잘 못 부르는 것 같아.

2 M: You are studying very hard.
W: I want to improve my grades this semester.
남: 너 공부를 아주 열심히 하는구나.
여: 나 이번 학기에 성적을 올리고 싶어.

3 M: I think she surfs the Internet too much.
W: I think so, too. She should break that habit.
남: 그녀는 인터넷 검색을 너무 많이 하는 것 같아.
여: 나도 그렇게 생각해. 그녀는 그 습관을 고쳐야 해.

C ········ 1 ⓑ 2 ⓑ

1 What advice did the doctor give to you?
의사는 네게 어떤 조언을 해 주었니?
ⓐ 나는 그의 조언에 감사했어.
ⓑ 그 의사는 나에게 물을 많이 마시라고 조언했어.

2 I think my girlfriend has lost interest in me.

내 여자친구가 나에게 관심을 잃은 것 같아.
ⓐ 너와 네 여자친구는 완벽한 한 쌍이야!
ⓑ 너 여자친구와 솔직한 대화를 해야겠구나.

Topic Listening

본문 pp. 060~063

01 ④	02 ⑤	03 ③	04 ⑤	05 ⓓ	06 ⓒ	07 ③
08 ②	09 ④	10 ⑤	11 ②	12 ②	13 ⑤	14 ⑤
15 ③	16 ①					

01 ④

남: Jessie, 너는 매일 인터넷을 얼마나 오래 사용하니?
여: 약 한 시간 정도. 왜?
남: 고작 한 시간? 나는 하루에 거의 다섯 또는 여섯 시간 정도를 온라인상에서 보내.
여: 정말? 그건 너무 오래야.
남: 응, 그러게. 나는 인터넷을 하는 데 너무 많은 시간을 보내. 심지어 잠자리에 들어서도, 갑자기 궁금한 것이 떠오르면 일어나서 인터넷을 검색해.
여: 오, 그건 좋지 않아.
남: 응. 난 그것에 대해 무언가를 해야 할 것 같아.
여: 있지, 며칠 전에 그것에 대한 기사를 읽었어. 작가는 사람들에게 인터넷을 하지 않는 시간을 정하라고 조언했어. 원한다면 그 칼럼을 너에게 이메일로 보내 줄게.
남: 고마워. 너는 참 친절하구나.

어휘 be curious about …에 대해 궁금해하다 pop up (일이) 갑자기 일어나다 surf the Internet 인터넷을 검색하다 article[ɑ́ːrtikl] 명 (신문) 기사 advise[ədváiz] 동 조언하다, 충고하다 email[íːmeil] 동 이메일로 보내다 column[kɑ́ləm] 명 기고문, 칼럼

해설 남자는 인터넷을 너무 오래 사용하기 때문에 무언가를 할 필요가 있다고 했다.

02 ⑤

여: 너에게 할 말이 있어.
남: 뭔데?
여: 있지, 너 Dan 아니? 그는 내 가장 친한 친구들 중 한 명이야.
남: 응, 그 애를 알아. 그는 잘생기고 재미있지, 그래서 여자애들에게 아주 인기가 많잖아.
여: 응. 그런데 그 애가 다른 여자애들에게 친절하게 대하는 것을 볼 때마다 난 정말 질투가 나! 왜 그런지 모르겠어.
남: 내 생각엔 네가 그 애를 그저 친구로만 여기지는 않는 것 같아. 아마 너는 그 애를 좋아하나 봐!
여: 아니야! 나는 그 애를 좋아하지 않아. 그럴 리가 없어. 우리는 8년간이나 친구였는걸.
남: 그렇다면 왜 네가 질투가 나겠니? 사랑에 빠졌을 때 그건 자연스러운 거야.
여: 말도 안 돼!

어휘 every time …할 때마다 jealous[dʒéləs] 형 질투하는 think of A as B A를 B로 생각하다[여기다] can't be …일 리가 없다 natural[nǽtʃərəl] 형 자연의; *자연스러운 no way ((표현)) (기막힘 · 부정) 말도 안돼

해설 여자는 오랜 친구인 Dan이 다른 여자들에게 친절히 대하는 것에 질투를 느낀다.

03 ③

남: Harper, 너 별로 안 좋아 보여. 괜찮니?
여: 두통이 있고 콧물이 나. 감기에 걸린 것 같아.
남: 기침이 나거나 목이 아프니?
여: 아니야. 왜 물어보니?
남: 나도 며칠 전에 비슷한 증상이 있었는데 감기가 아니었어.
여: 그럼 뭐였는데?
남: 의사 선생님이 에어컨 때문에 그랬을 수 있다고 하셨어.
여: 그거 이상한데.
남: 의사 선생님 말씀으로는 실내와 실외의 온도 차이가 크면 그것이 피로감을 느끼고 아프게 할 수 있대.
여: 그렇구나.
남: 그러니 실내 온도를 너무 낮게 설정하지 말도록 해. 또 집안을 자주 환기하는 것이 좋아.
여: 알려줘서 고마워.

어휘 have a runny nose 콧물이 나다 cough[kɔ(ː)f] 명 기침 have a sore throat 목이 아프다 similar[símələr] 형 비슷한, 유사한 symptom[símptəm] 명 증상 indoor[índɔ̀ːr] 형 실내의 outdoor[áutdɔ̀ːr] 형 실외의 air out 환기하다

해설 남자는 여자에게 실내외 온도 차가 크지 않도록 실내 온도를 너무 낮게 설정하지 말고 자주 환기하라고 조언했다.

04 ⑤

남: 친구에게 좋은 조언을 해주려고 노력한 적이 있습니까? 당신은 아마 그것이 어렵다고 느꼈을 겁니다. 친구에게 조언을 해주는 것은 특별한 기술입니다. 그것은 경청과 이해, 관심, 그리고 계획을 필요로 합니다. 도움

을 주는 것의 열쇠는 경청에서 시작합니다. 들을 때는 친구에게 모든 주의를 집중하십시오. 그리고 말은 아주 적게 하세요. 이것은 친구가 자신의 감정을 드러내는 데 도움을 줄 것입니다. 이러한 감정들을 이해하기 위해 열심히 노력하세요. 이것은 당신이 마음을 쓰고 있다는 것을 보여줄 것입니다. 마지막 단계는 친구의 문제를 해결하기 위한 계획을 세우는 것입니다. 친구와 함께 몇 가지 계획을 생각해 보세요. 그런 다음 친구에게 가장 좋은 것을 고르도록 하세요. 이러한 방식으로 당신은 큰 도움이 될 수 있습니다.

어휘 skill[skil] 명 기술 require[rikwáiər] 동 요구하다 focus[fóukəs] 동 집중하다 attention[əténʃn] 명 주의, 집중 express[iksprés] 동 표현하다, 드러내다 feelings[fí:liŋz] 명 *pl.* 감정 step[step] 명 단계 solve a problem 문제를 해결하다 choose[tʃu:z] 동 고르다, 선택하다

05 ······ ⓓ

남: Perry 선생님, 저를 도와주세요. 저는 요새 스트레스가 심해요.
여: 무엇이 문제인지 말해 보렴, Shawn.
남: 저는 농구팀에 소속되어 있는데요, 시합 도중에 큰 실수를 해서 그것 때문에 우리 팀이 졌어요.
여: 그것 때문에 기분이 아주 안 좋겠구나.
남: 네. 팀원들 중 몇몇이 저에게 화가 났어요.
여: 괜찮아질 거야. 그들은 그저 속이 좀 상한 거란다.
남: 네, 저도 이해해요. 하지만 더 큰 문제는 제가 자신감을 잃었다는 거예요. 저는 팀을 그만두고 싶어요.

어휘 be stressed out 스트레스가 쌓이다, 스트레스로 지치다 make a mistake 실수하다 lose[lu:z] 동 지다 (lost-lost) teammate[tí:mmèit] 명 팀원 upset[ʌpsét] 형 속상한 lose confidence 자신감을 잃다 quit[kwit] 동 그만두다 (quit-quit) [문제] one by one 하나씩

해설 남자는 자신의 실수로 팀이 패배해 자신감을 잃게 되었다고 했으므로 지난 일이므로 다음에 더 잘하라고 조언하는 것이 적절하다.
ⓐ 네가 그들에게 먼저 인사하는 게 어떠니?
ⓑ 휴식을 좀 취하렴. 시험이 인생의 전부는 아니야.
ⓒ 일정을 짜서 일들을 하나씩 끝내도록 해.
ⓓ 그것은 지나간 일이야. 계속 연습해서 다음에 더 잘하도록 해.

06 ······ ⓒ

남: Perry 선생님, 잠시 대화 좀 할 수 있을까요? 걱정이 있어서요.
여: 물론이지. 무엇이 문제인지 말해 보렴, John.
남: 저는 해야 할 일이 너무 많아요. 3권의 책을 읽고 그에 대한 과제물을 써야 해요.
여: 아, 정말 많구나.
남: 그게 다가 아니에요. 조별 과제도 있거든요. 그래서 저는 모임에 참석하기 전에 정보를 좀 찾아봐야만 해요.
여: 정말 유감이구나. 어떻게 해야 할지 모르겠구나.
남: 네! 어디에서부터 시작해야 할지 모르겠어요.

어휘 essay[ései] 명 (학교 학습활동의 일환으로 제출하는 짧은 논문식) 과제물, 리포트 assignment[əsáinmənt] 명 과제 attend[əténd] 동 참석하다 feel lost 어찌할 바를 모르다

해설 남자는 할 일이 너무 많아서 무엇부터 해야 할지 모르겠다고 했으므로 일정을 짜서 하나씩 완료하라고 조언하는 것이 적절하다.

07 ······ ③

남: 너 기분이 안 좋아 보인다. 무슨 일 있니?
여: 나는 여동생이랑 방을 같이 쓰거든. 그 아이는 록 음악을 듣는 것을 좋아해서 방에서 항상 그것을 크게 틀어놔.
남: 너는 그게 짜증스럽겠구나.
여: 응. 나는 집에 있을 때는 그냥 쉬고 싶거든.
남: 그것에 관해 동생에게 이야기해 봤니?
여: 물론이지, 하지만 그 아이는 내 말을 듣지 않았어. 무엇을 해야 할지 모르겠어.
남: 동생에게 헤드폰을 사주는 게 어떠니? 동생이 헤드폰을 쓰고 음악을 듣는다면 네 방은 조용해질 거야. 그럼 너희 둘 다 만족스러울 거고.
여: 아, 정말 훌륭한 생각이야! 동생은 선물을 받아서 좋고, 나는 쉴 수 있으니 좋고.

어휘 share[ʃɛər] 동 공유하다, 함께 쓰다 loudly[láudli] 부 큰 소리로 annoying[ənɔ́iiŋ] 형 짜증나게 하는 rest[rest] 동 쉬다 a pair of 한 쌍의 satisfied[sǽtisfaid] 형 만족스러운 [문제] sack[sæk] 명 부대(밀가루 등을 운반하는 큰 자루) feather[féðər] 명 깃털 in the air 공중에

해설 남자의 조언대로 동생에게 헤드폰을 선물하면, 동생은 헤드폰이 생겨서 좋고 여자는 조용한 방을 가질 수 있어 좋다.
① 나쁜 소식은 빨리 알려진다.
② 끝이 좋으면 다 좋다.
③ 돌 하나로 두 마리 새를 잡는다. (일석이조)
④ 모든 말이 자신의 짐이 가장 무겁다고 생각한다.
⑤ 손 안의 깃털 하나가 공중의 새 한 마리보다 낫다.

08 ·· ②

여: 안녕하세요, Sydney 중학교 학생 여러분. 저는 여러분의 교장 선생님이고, 발표할 좋은 소식이 있습니다. 우리 학교의 상담실이 오늘 문을 엽니다. 그것은 본관 1층에 위치하고 있습니다. 상담실은 매주 화요일과 금요일 오전 9시 30분부터 오후 5시 30분까지 개방될 것입니다. 학업, 친구 및 가족과의 관계, 외모나 혹은 다른 어떤 것에든 문제가 있으면 들러서 조언을 얻으세요. 전문 상담사인 Roberts 박사님이 여러분들에게 어떻게 문제를 해결할 것인지 조언해줄 것입니다. 직접 방문하는 것이 불편한 경우, 전화를 하거나 이메일을 보내셔도 됩니다. 감사합니다.

어휘 principal [prínsəpəl] 명 교장 announce [ənáuns] 동 알리다, 발표하다 counseling office 상담실 be located on …에 위치해 있다 relationship [riléiʃənʃip] 명 관계 come by 들르다 professional [prəféʃənəl] 형 전문적인 counselor [káunsələr] 명 상담가 in person 직접

해설 상담실은 매주 화요일과 금요일 오전 9시 30분부터 오후 5시 30분까지 운영된다.

상담실을 개관합니다!
- 위치: ① 본관 1층
- 시간: ② 매주 화요일과 금요일 오후
- 상담사: ③ Roberts 박사
- 가능한 상담 내용: ④ 학생 생활의 모든 문제들
- 상담 방법: ⑤ 상담실 방문, 전화 또는 이메일

09 ·· ④

여: 안녕하세요, 손님. 앉으세요. 무슨 일로 오셨죠?

남: 제가 너무 마른 것 같아서요. 키가 170cm인데 몸무게는 55kg밖에 나가지 않아요. 살을 좀 찌우고 싶어요.

여: 식사는 잘하시나요? 체중을 늘리기 위해서는 건강에 좋은 음식을 먹어야 합니다.

남: 저는 대개 많이 먹어요. 하지만 그것이 도움이 되진 않아요.

여: 그렇다면 운동은 어때요? 규칙적으로 운동을 하시나요?

남: 아니요. 운동을 하면 살이 빠질지도 모른다고 생각했거든요. 하지만 제 친구가 이곳에 와보라고 조언해 주더군요. 그는 운동을 해서 체중이 늘었다고 했어요.

여: 사실 어떻게 운동을 하느냐에 따라서 체중을 늘릴 수도 줄일 수도 있어요.

남: 그건 몰랐어요.

여: 제가 어떻게 운동을 해야 하는지 가르쳐 드리겠습니다. 그러면 튼튼한 근육이 생기고 체중이 늘 겁니다.

남: 멋지군요. 감사합니다.

어휘 skinny [skíni] 형 깡마른 weigh [wei] 동 무게가 …이다 put on weight 몸무게가 늘다, 살찌다 gain [gein] 동 얻다 work out 운동하다 muscle [mʌ́sl] 명 근육

해설 여자가 남자에게 체중을 늘리는 데 도움이 되는 운동법을 알려준다고 했으므로 여자의 직업은 헬스 트레이너임을 알 수 있다.

10 ·· ⑤

여: Dave, 왜 그렇게 심각해 보이니?

남: 내 생각에 내 여자친구가 나에게 관심을 잃어가는 것 같아. 우리가 만날 때 결코 제시간에 오지 않아.

여: 그녀가 언제부터 데이트에 늦기 시작했니?

남: 우리가 처음 만났을 때부터 항상 나를 기다리게 했어.

여: 있잖아. 아마도 그건 그냥 그녀의 성격일 거야. 그녀가 너를 좋아하지 않을 거라고 걱정할 필요는 없어.

남: 그래. 하지만 난 그녀를 만나고 싶을 때마다 기다리는 게 너무 짜증이 나. 오늘도 마찬가지로 거의 한 시간이나 그녀를 기다렸어!

여: 여자친구와 솔직한 대화를 나눠보는 게 좋겠다. 오래된 버릇을 고치기란 그녀에게 쉽지 않을 거야. 하지만 너를 좋아한다면 그녀는 노력을 해야 할 거야.

어휘 serious [sí(:)əriəs] 형 심각한 lose interest in …에 대한 관심을 잃다 on time 제시간에 personality [pə̀rsənǽləti] 명 성격 had better *do* …하는 게 낫다 break a habit 버릇을 고치다 make an effort 노력하다

해설 남자는 여자친구가 약속 시간에 매번 늦는 것이 불만이다.

11 ·· ②

여: 어서 오십시오. 무엇을 도와드릴까요?

남: 제가 노래를 너무 못해서 걱정이에요.

여: 제가 목소리를 좀 들어 볼 수 있게 노래를 좀 불러주시겠어요?

남: 좋아요. 시작할게요. *(노래를 부르는 목소리로)* 'I believe I can fly. I believe I can touch the sky....'

여: 좋아요, 그렇게 나쁘진 않았어요. 그저 몇 달 간 훈련이 필요합니다.

남: 이곳에서 어떤 종류의 훈련을 받게 되나요?

여: 우선 자신감을 갖고 더 크게 노래 부르는 훈련을 받으실 겁니다. 그런 후에 제가 호흡을 조절하는 방법을 가

르쳐 드릴게요.

남: 제가 노래를 더 잘하게 될 거라고 생각하시나요?

여: 물론이죠. 하지만 노래를 잘하기 위해서는 노래에 당신의 감정을 싣는 법도 배워야 합니다.

남: 아, 그렇군요. 어서 강습을 받고 싶네요.

어휘 voice[vɔis] 명 목소리 train[trein] 동 훈련하다 control[kəntróul] 동 조절하다 breath[breθ] 명 호흡 can't wait *to do* 어서 …하고 싶다

해설 노래를 못하는 남자가 노래를 잘 부르는 방법을 배우기 위해 노래 교실에 온 상황이다.

12 ②

남: 안녕, 유리야! 여기에서 무엇을 하고 있니?

여: 안녕, Logan. 부모님께 드릴 선물을 사려고 해. 다음 주 수요일이 두 분의 15번째 결혼기념일이거든.

남: 그렇구나. 사고 싶은 게 있니?

여: 처음에는 부모님께 잠옷을 사 드리고 싶었어. 그런데 내 마음에 드는 잠옷을 찾을 수 없었어. 혹시 어떤 다른 의견 있니?

남: 음…. 글쎄, 나는 어버이날에 부모님을 위해 특별한 케이크를 주문했었어. 부모님께서 아주 좋아하셨지.

여: 음, 그건 전에 해 드린 적이 있어.

남: 그렇구나. 그럼 두 분을 위한 찻잔 세트는 어떠니? 그리 비싸지도 않고 실용적이잖아.

여: 좋은 생각이야. 우리 부모님께서는 차를 즐겨 드시거든. 가게에 가서 사야겠어. 조언 고마워.

남: 천만에. 너희 부모님께서 네 선물을 좋아하시길 바라.

어휘 pajamas[pədʒɑ́ːməz] 명 잠옷 Parents' Day 어버이날 practical[prǽktikəl] 형 실용적인

해설 여자는 남자의 조언에 따라 부모님 선물로 찻잔 세트를 사러 가겠다고 했다.

13 ⑤

여: Henry는 그의 다리가 부러졌을 때 그를 많이 도와주었던 세 친구를 위한 선물을 사고 싶어한다. 하지만 그는 선물을 사기에 돈이 충분하지 않다는 것을 깨달았다. 잠시 동안 그는 그저 고맙다는 말만 해야겠다고 생각했으나, 그는 정말로 선물과 카드로 감사한 마음을 그들에게 보여주고 싶다. 그래서 그는 어머니께 돈을 좀 달라고 하기로 결정했다. 이러한 상황에서, 그는 어머니에게 뭐라고 말하겠는가?

어휘 gratefulness[gréitfəlnis] 명 감사하는 마음, 감사함 ask for …을 요청하다

해설 Henry는 어머니께 돈을 달라고 말하기로 결정했다.

Q 상황을 듣고 Henry가 할 말로 가장 적절한 것을 고르시오.

① 엄마, 친구들을 초대하고 싶어요.
② 엄마, 쇼핑 갈 시간 있어요?
③ 엄마, 병원에 있는 친구에게 가 봐야 할 것 같아요.
④ 엄마, 백화점에 언제 가실 거예요?
⑤ 엄마, 친구들을 위해 선물 살 돈 좀 주실 수 있어요?

14 ⑤

(전화벨이 울린다)

남: 조 박사의 상담실에 전화해 주셔서 감사합니다. 무엇을 도와 드릴까요?

여: 제 아들 Eddie에 관한 일이에요. 그 애는 새로운 것을 시도하는 것을 좋아해요.

남: 문제 될 것이 없는데요.

여: 알아요. 문제는 그 애가 많은 것에 관심을 갖지만, 그 관심이 오래가지 않는다는 것이죠.

남: 아드님에 대해 좀 더 얘기해 주시겠습니까?

여: 그 애는 피아노를 배우기 시작했지만 지루하다고 생각해서 2주 만에 그만두었어요. 그런 다음, 스페인어를 배우기로 결심했다가 한 달 후에 그만두었고요.

남: 왜 그만두었지요?

여: 스페인어가 전혀 늘지 않는다더군요. 지금은 스케이트보드를 해 보고 있는데, 장담컨대 금방 포기할 거예요.

남: 왜 그렇게 말씀하시죠?

여: 왜냐하면 지금은 아들이 아이스하키에 관심을 보이기 시작했거든요.

어휘 last[læst] 동 오래가다 get better 나아지다 give up 포기하다 [문제] negative[négətiv] 형 부정적인

해설 여자는 자신의 아들이 새로운 것을 시도했다가 쉽게 흥미를 잃어 걱정이라고 했다.

Q 여자는 왜 자신의 아들을 걱정하는가?

① 아들이 전혀 공부를 하지 않는다.
② 아들이 스페인어 공부를 그만두었다.
③ 아들이 새로운 일에 부정적이다.
④ 아들이 운동에 너무 많은 시간을 쓴다.
⑤ 아들이 많은 것을 시도하지만 쉽게 포기한다.

15-16 15 ③ 16 ①

남: 성적을 올리고 싶습니까? 그렇다면 좋은 공부 습관을 기르도록 노력하세요. 첫째, 수업 시간에 최대한 집중해야 합니다. 당신은 깨어 있는 시간의 대부분을 학교에서 보냅니다. 수업에 집중하지 않는다면 당신은 시간

을 낭비하고 있는 겁니다. 둘째, 규칙적으로 공부할 수 있는 장소를 찾으십시오. 그곳이 당신의 집이든, 도서관이든, 학교든 상관없습니다. 공부를 하는 데 동일한 장소를 이용하면 당신의 몸은 공부에 집중하도록 훈련될 것입니다. 셋째, 공부를 하는 동안에는 휴대전화를 끄거나 치워 두십시오. 당신은 전화기가 없으면 불안할지도 모릅니다. 하지만 당신이 계속 친구에게 문자 메시지를 보낸다면, 그것이 당신의 학습을 방해할 것이라는 것을 알아야 합니다. 마지막으로 공부를 하고 나서 당신이 얼마나 이해했는지 확인하는 시간을 가지십시오. 친구와 서로 간단한 질문을 하거나 필기한 것을 비교해 볼 수 있습니다. 이런 방법들을 시도해 보면 당신의 성적은 향상될 것입니다.

어휘 improve[imprúːv] ⓢ향상하다 grade[greid] ⓜ성적 build a habit 습관을 기르다 pay attention 주의를 기울이다 waking[wéikiŋ] ⓗ깨어 있는 concentrate on …에 집중하다 matter[mǽtər] ⓢ중요하다 put away …을 치우다 disturb[distə́ːrb] ⓢ방해하다 quiz[kwiz] ⓢ질문을 하다 compare[kəmpɛ́ər] ⓢ비교하다 [문제] memory[méməri] ⓜ기억력 form[fɔːrm] ⓢ형성하다

해설 **15** 어떻게 하면 좋은 공부 습관을 기를 수 있는지에 관한 내용이다.

Q 화자는 주로 무엇에 대해 이야기하고 있는가?
① 공부하기에 좋은 몇몇 장소들
② 기억력을 향상하는 방법들
③ 좋은 공부 습관을 기르는 방법
④ 나쁜 버릇을 고치는 것의 어려움
⑤ 좋은 친구를 사귀는 것의 중요성

16 Q 조언으로 언급되지 않은 것은?
① 잠을 충분히 자는 것
② 수업에 집중하는 것
③ 동일한 장소에서 공부하는 것
④ 공부하는 동안 휴대전화를 사용하지 않는 것
⑤ 친구들과 함께 공부하는 것

Dictation

본문 pp. 064~069

01 how long do you use the Internet, almost five or six hours, something I'm curious about, surf the Internet, read an article about it, not to use the Internet, email you the column

02 I have something to tell you, He's one of my best friends, handsome and funny, feel really jealous, as just a friend, We've been friends for eight years, feel jealous

03 you don't look so good, I have a headache, a sore throat, I had similar symptoms, between indoor and outdoor temperatures, tired and sick, set the indoor temperature, to air out, letting me know

04 to give good advice, have found it difficult, caring and planning, focus all your attention, help your friend express, This will show you care, think of several plans, choose the best one

05 I'm stressed out, made a big mistake, we lost, must feel very bad, were angry with me, I lost my confidence, quit the team

06 for a minute, tell me what's wrong, too many things to do, write essays about them, a group assignment, before attending the meeting, feel lost, I don't know where to start

07 You look upset, she's always playing it loudly, to rest when I'm home, didn't listen to me, buy her a pair of headphones, while wearing headphones, will be satisfied, get a gift, get some rest

08 your principal, good news to announce, It is located on the first floor, 9:30, 5:30, appearance or anything else, advise you on how to solve, visiting in person

09 What brings you here, I only weigh 55 kg, Do you eat well, not helping, Do you work out regularly, I might lose weight, he gained weight by exercising, according to how you exercise, get strong muscles

10 is losing interest in me, being late for your dates, just her personality, it's really annoying to wait, waited almost an hour, to break an old habit, make an effort

11 I can hear your voice, that wasn't too bad, how to control your breath, become a better singer, into your singing, to start taking lessons

12 their 15th wedding anniversary, I wanted to buy pajamas, I ordered a special cake, I've done that before, It's not very expensive, My parents enjoy drinking tea

13 for three of his friends, he doesn't have enough money, to show his gratefulness, ask his mother for some money

14 It's about my son, to try new things, he's interested in many things, He started learning the piano, stopped after a month, going to give up, beginning to show an interest

15-16 to improve your grades, pay full attention in class, find a place, if it's in your house, your body becomes trained, turn off, put it away while studying, disturb your studies, how much you understand, compare notes

Review Test

본문 p. 070

A 1 ⓔ 2 ⓕ 3 ⓑ 4 ⓓ 5 ⓒ 6 ⓐ
B 1 ⓒ 2 ⓓ 3 ⓑ 4 ⓐ
C 1 break, habit 2 feel lost
3 turn off, concentrate on

A

1 ⓔ 2 ⓕ 3 ⓑ 4 ⓓ 5 ⓒ 6 ⓐ

1 질투하는: ⓔ 사랑하는 사람이 다른 사람에게 관심을 가져서 속이 상하는

2 기고문, 칼럼: ⓕ 특정한 사람에 의해 쓰였거나 특정한 주제에 대한 신문이나 잡지의 기사

3 실용적인: ⓑ 특별한 목적에 적절하거나 유용한

4 상담사: ⓓ 조언을 주고 사람들이 문제를 해결하도록 도와주는 것이 직업인 사람

5 기념일: ⓒ 전년에 특별한 일이 일어났던 날

6 감사하는 마음: ⓐ 감사함을 드러내거나 느끼는 것

B

1 ⓒ 2 ⓓ 3 ⓑ 4 ⓐ

남: Lisa, 너 침울해 보여. 무슨 문제 있니?
여: ⓒ 실은 요즘 종종 우울해져. 왜 그러는지 모르겠어.
남: ⓓ 상담사에게 가 보는 건 어때? 우리 학교에서 이제 막 상담소를 열었어.
여: ⓑ 정말? 거기 가봐야겠다. 정보 고마워.
남: ⓐ 천만에. 문제를 해결하길 바라.

Unit 05 Entertainment

Words Preview

본문 p. 072

01 줄거리 02 환호하다 03 자막 04 의상 05 청중, 관중 06 저작권 07 녹음, 녹화 08 공연 09 중간 휴식 시간 10 주연 여배우 11 분장실 12 시상식 13 앉다 14 …에 의해 작곡되다 15 …에 매혹되다 16 분장을 하다 17 …에서 눈을 떼다 18 대사를 연습하다

Getting Ready

본문 p. 073

A 1 after, ⓔ 2 fascinated by, ⓒ 3 impressed by, ⓓ
4 gain, ⓑ 5 warm up, ⓐ
B 1 ⓓ 2 ⓒ 3 ⓐ 4 ⓑ
C 1 ⓑ 2 ⓐ

B

1 ⓓ 2 ⓒ 3 ⓐ 4 ⓑ

1 Many fans are cheering for the band.
많은 팬들이 밴드에게 환호를 보내고 있다.

2 The actor is practicing his lines backstage.
배우가 무대 뒤에서 대사를 연습하고 있다.

3 The lead ballerina is putting on her makeup.
주연 발레리나가 분장을 하고 있다.

4 Photography is strictly forbidden in the theater.
극장에서 사진촬영은 엄격히 금지된다.

C

1 ⓑ 2 ⓐ

1 How did you like the concert?
콘서트는 어땠니?
ⓐ 나 Jake의 콘서트 표를 구했어!
ⓑ 음, 콘서트장의 음향 시설이 형편없었어.

2 When is the intermission?
중간 휴식 시간은 언제인가요?
ⓐ 제2막 후에 10분간의 중간 휴식 시간이 있습니다.
ⓑ 중간 휴식 시간 후에 다시 들어오려면 표가 필요합니다.

Topic Listening

본문 pp. 074~077

01 ② 02 ② 03 ① 04 ④ 05 ⓒ 06 ⓑ, ⓓ
07 ② 08 ③ 09 ③ 10 ⑤ 11 ③ 12 ④ 13 ④
14 ④ 15 ⑤ 16 ④

01 ②

여: 와, 굉장했어. 이제 왜 모두가 뮤지컬 'Cats'가 매우 훌륭하다고 하는지 이해가 돼.

남: 맞아. 믿기 어려울 정도로 좋았어. 나는 배우들이 정말로 실제 고양이 같아서 놀랐어!

여: 그러니까! 특히 그들의 얼굴 분장 말이야! 그들의 날렵한 눈과 코가 그들을 정말 진짜 고양이처럼 만들었어.

남: 그리고 또한 그들이 뛰고 춤을 출 때, 고양이들의 털이 아주 자연스럽게 날렸어! 만져보고 싶었어! 어떻게 분장을 했는지도 궁금해.

여: 각 고양이들이 아주 달라 보였어. 그들의 분장실을 방문해서 어떻게 그렇게 하는지 보고 싶어. 고양이 캐릭터가 되는 데 시간이 아주 오래 걸릴 거라고 확신해.

남: 응. 다음에 이 뮤지컬을 정말 다시 한 번 더 보고 싶다.

어휘 unbelievable[ʌ̀nbilíːvəbl] 형 믿기 어려울 정도인[정도로 좋은/나쁜] makeup[méikʌp] 명 (배역의) 분장 sharp[ʃɑːrp] 형 날카로운 wonder[wʌ́ndər] 동 궁금하다 dressing room 분장실

해설 두 사람은 뮤지컬 'Cats'를 보고, 배우들의 고양이 분장이 몹시 진짜 같았다고 이야기하고 있다

02 ②

남: 신사 숙녀 여러분, 오늘 찾아주셔서 감사합니다. 기다리시는 공연이 15분 뒤에 시작되므로 착석해 주십시오. 공연이 시작되기 전에, 휴대전화를 꺼주시길 바랍니다. 또한, 다른 관중들을 방해할 수 있으므로 큰 소리로 이야기해서는 안 됩니다. 극장 내에서는 음식이나 음료는 허용되지 않습니다. 저작권 문제로 인해 사진 촬영이나 녹화는 엄격히 금지되어 있다는 것을 기억해 주십시오. 제2막 후에 15분의 중간 휴식 시간이 있을 것입니다. 다시 입장하기 위해서 표가 필요하므로 그것을 잃어버리지 않도록 하십시오. 공연이 끝난 후, 주연 배우들과의 사진을 찍을 기회가 있을 것입니다. 공연을 즐기시길 바랍니다.

어휘 be seated 앉다 bother[bɑ́ðər] 동 신경 쓰이게 하다 audience[ɔ́ːdiəns] 명 청중, 관중 allow[əláu] 동 용납하다, 허락하다 recording[rikɔ́ːrdiŋ] 명 녹음, 녹화 strictly[stríktli] 부 엄격히 forbid[fərbíd] 동 금하다 due to ··· 때문에 copyright[kɑ́pirài t] 명 저작권 issue[íʃuː] 명 주제; *문제 intermission[ìntərmíʃən] 명 (공연에서의) 중간 휴식 시간 act[ækt] 명 행동; *(연극 등의) 막 performance[pərfɔ́ːrməns] 명 공연

해설 공연 시작 전 주의사항을 안내하고 있으므로 공연장임을 알 수 있다.

03 ①

남: Katelyn, 오늘 밤에 계획 있니?

여: 아니, 없어. 왜 묻니?

남: 뮤지컬 'Wicked'의 표 두 장이 있거든. 같이 갈래?

여: 당연하지! 난 뮤지컬을 아주 좋아해. 몇 시에 시작해?

남: 8시에. Elliot 극장에서 공연해.

여: 7시 30분 정도에 만날까? 공연이 시작하기 최소 20분 전에는 도착해야 해.

남: 먼저 저녁을 같이 먹는 게 어떠니? 공연장 근처에 괜찮은 카페가 있어.

여: 좋은 생각이야. 내가 저녁을 살게. 공연 시작 2시간 전에 만나.

남: 좋아! 저녁을 먹기에 충분한 시간이 되겠다.

어휘 play[plei] 동 공연되다 at least 최소한, 적어도

해설 두 사람은 공연이 시작되기 전 저녁을 먹기 위해 공연 시작 2시간 전인 6시에 만나기로 했다.

04 ④

남: 오늘 밤 The Pinkmuses의 콘서트는 정말 좋았어!

여: 동감이야! 표가 꽤 비쌌지만 그만큼의 가치가 있었어.

남: 응. 난 Jennifer의 춤이 특히 좋았어. 그녀에게서 눈을 뗄 수 없었지.

여: 맞아, 그녀는 굉장히 매력적이더라. 나는 Lisa의 노래에 반했어. 그녀는 감미로운 목소리를 가지고 있어.

남: 동의해. 모든 멤버가 노래도 정말 잘했고 춤도 진짜 잘 춘 것 같아. 팬이 많은 게 당연해.

여: 난 벌써 그들의 다음 콘서트가 기대돼!

남: 나도 그래. 하지만 다음번에는 어딘가 다른 곳에서 콘서트를 열면 좋겠어.

여: 왜? 공연장이 별로였니?

남: 응. 음향 시설이 좋다고 생각되진 않더라. 때때로 가사를 정확히 알아들을 수 없었거든.

어휘 you can say that again ((표현)) 정말 그렇다, 전적으로 동의한다 worth[wəːrθ] 형 …할 가치가 있는 take one's eyes off …에서 눈을 떼다 attractive[ətrǽktiv] 형 매

력적인 be fascinated by …에 매혹되다 no wonder …하는 것은 당연하다 hold[hould] 동 잡고 있다; *열다, 개최하다 clearly[klíərli] 부 또렷하게, 분명하게

해설 남자는 공연장의 음향 시설이 마음에 들지 않는다고 했다.

05-06 ········ 05 ⓒ 06 ⓑ, ⓓ

남: Kate, 이번 주말에 특별한 계획 있니?
여: 딱히 없어. 왜?
남: 토요일에 'Carmen' 보러 가자. 세계에서 가장 유명한 오페라 중 하나야.
여: 오페라? 미안하지만 난 오페라에 흥미가 없어.
남: 정말? 왜 안 좋아해? 거기에는 멋진 오케스트라 음악이 있잖아.
여: 하지만 노래들이 이탈리아어나 독일어, 프랑스어와 같은 외국어로 되어있잖아. 알아듣기 힘들어. 화면의 자막을 계속 읽어야 하니까 지쳐.
남: 공연 전에 내가 너에게 줄거리 요약본을 줄 수 있어. 이야기를 알면 음악을 더 잘 즐길 수 있을 거야.
여: 고맙지만 난 잘 모르겠어. 표도 상당히 비싸잖아.
남: 아, 걱정하지 마. 나에게 두 장의 무료 표가 있어. 나랑 같이 가자. 재미있는 시간이 될 거야.

어휘 feature[fíːtʃər] 동 특별히 포함하다, 특징으로 삼다 subtitle[sʌ́btàitl] 명 자막 plot[plɑt] 명 줄거리, 구성 summary[sʌ́məri] 명 요약

해설 **05** 남자는 멋진 오케스트라 음악이 있다고 했다.
06 여자는 오페라의 표 가격이 비싸고 노래가 외국어로 되어 있어 이해하기 힘들다고 했다.

07 ········ ②

여: 안녕하십니까. 저는 Battle of the Year 대회의 시상식에 와 있습니다. 이 대회는 세계에서 가장 크고, 가장 유명한 비보잉 대회입니다. 올해의 우승팀은 한국의 비보잉 그룹인 Jumping Crew입니다! 이 팀은 브레이크 댄스에 열광했던 세 명의 친구들로 2005년에 시작되었습니다. 현재는 열 명의 멤버가 있습니다. 이 대회를 위해 이들은 하루에 8시간씩 함께 연습했습니다. 힘들었지만 그들은 춤을 출 때 가장 행복하다고 합니다. 전 세계가 그들의 창의적인 움직임에 환호를 보내는 가운데 그들의 꿈은 마침내 이루어졌습니다. 그들의 춤을 향한 열정과 엄청난 노력이 그들을 세계 최고로 만들었습니다. NBC News의 조예지입니다.

어휘 awards ceremony 시상식 competition[kɑ̀mpitíʃən] 명 경쟁; *대회 be crazy about …에 열광하다 come true 실현되다, 이루어지다 cheer[tʃiər] 동 환호하다 move[muːv] 명 움직임 passion[pǽʃən] 명 열정

해설 세계 대회에서 우승을 차지한 한국의 비보이 팀에 대하여 보도하고 있다.

08 ········ ③

여: James, 이게 뭔지 맞혀 봐.
남: 글쎄, 모르겠어. 영화 표니?
여: 아니! Gregory Porter의 콘서트 표야! 그는 내가 제일 좋아하는 가수인 것을 너도 알지. 너무 기다려져!
남: 잘됐구나! 그 표를 구하기가 정말 어려웠다고 들었어. 그는 몹시 인기가 많잖아.
여: 맞아. 사실 나도 처음에는 구할 수 없었어. 어제 표가 판매되기 시작하고 5분 만에 매진되었거든. 나는 아주 실망했었어.
남: 그러면 어떻게 표를 구한 거야?
여: 혹시나 해서 웹사이트를 다시 확인했는데 한 자리가 남아 있는 걸 발견했어.
남: 운이 좋았구나! 네가 확인하기 바로 직전에 누가 예매를 취소했나 봐.
여: 응. 아, 내가 그의 콘서트에 가다니 믿어지지 않아! 내가 이걸 얼마나 기다려 왔는지 너는 모를 거야.
남: 하하, 나중에 어땠는지 얘기해줘.

어휘 go on sale 판매에 들어가다 just in case 만약을 위해서 cancel[kǽnsəl] 동 취소하다

해설 여자는 자신이 가장 좋아하는 가수의 콘서트 표를 어렵게 구했으므로 매우 기쁠(delighted) 것이다.
① 침착한 ② 짜증이 난 ④ 당황스러운 ⑤ 실망한

09 ········ ③

남: 신사 숙녀 여러분, 서울 음악 축제의 날짜가 마침내 확정되었습니다. 5월 21일 토요일에 개최될 것입니다. 7시에 시작됩니다. 여러분이 가장 좋아하는 음악가를 월드컵 경기장에서 만날 수 있습니다. 다수의 세계적으로 유명한 음악가들이 참석합니다! 저희의 출연진은 Greg Porter, Herbie Hans, Owl Town입니다. 여러분 중 많은 사람들이 Sunday Jazz의 음악을 듣고 싶어 했다는 것을 알고 있습니다만, 일정상의 문제로 그들은 올해는 참석할 수 없습니다. 구역 A의 표는 5만 원, 구역 B는 7만 원, 구역 C는 9만 원입니다. 표는 4월 16일 오후 2시에 www.ticketworld.com에서 판매가 시작됩니다. 서둘러주십시오. 여러분이 이 예술가들을

직접 들을 수 있는 이 멋진 기회를 놓치고 싶지 않을 거라 저는 확신합니다.

어휘 set[set] 동 놓다; *정하다, 결정하다 world-famous 세계적으로 유명한 lineup[láinʌ̀p] 명 출연진 conflict [kɑ́nflikt] 명 충돌 section[sékʃən] 명 구역 in person 직접

해설 Sunday Jazz는 일정상 참여하지 못한다고 했다.

서울 음악 축제
① 날짜: 5월 21일, 토요일
② 장소: 월드컵 경기장
③ 출연진: Greg Porter / Herbie Hans / Sunday Jazz
④ 가격: 5만 / 7만 / 9만 원
⑤ 표 예매: www.ticketworld.com

10 ⑤

남: 안녕하세요, 'Play of the Week'의 Kevin Brown입니다. 저는 지금 연극 'Swan'의 분장실에 와 있습니다! 아, 여기 연극의 주연 여배우가 계시네요.

여: 안녕하세요, 여러분! 저는 Helena Moor입니다.

남: 와, Helena, 이곳은 정말 분주하군요.

여: 네, 연극이 단 두 시간 후면 시작하니까요. 준비할 것들이 많거든요. 저희는 분장을 하고 의상도 입어야 해요.

남: 그렇군요. 연극 전에 배우들은 분장실에서 또 무엇을 하나요?

여: 많은 배우들이 대사 연습을 하거나 스트레칭을 하고 목을 풀죠. 제 경우에는 긴장을 풀기 위해 눈을 감고 잠시 가만히 있어요.

남: 분장실에서 어떤 일이 벌어지는지 보는 것은 즐겁군요. 자, Helena Moor 씨와의 짧은 인터뷰였습니다.

어휘 play[plei] 명 놀이; *연극 lead actress 주연 여배우 put on (얼굴에) …을 바르다; …을 입다 costume [kɑ́stjuːm] 명 의상 line[lain] 명 대사 warm up one's voice 목을 풀다 relax[rilǽks] 동 휴식을 취하다; *긴장을 풀다

11 ③

여: 그 훌륭한 공연들을 전부 직접 보다니 정말 신나는 일이었어!

남: 맞아! 나는 정말 그 쇼를 즐겁게 보았어.

여: 어떤 프로그램이 제일 좋았니?

남: 난 마지막 스케이트 선수의 프로그램이 가장 좋았어. 빙판 위에 있을 때 그녀는 마치 나비 같아 보이더라. 그녀의 높은 점프를 보았니?

여: 그럼. 그것들은 믿기 어려울 정도였어.

남: 동의해. 이제 그녀가 어떻게 올림픽에서 금메달을 땄는지 이해가 돼.

여: 네 말이 맞아. 난 웃긴 가면을 썼던 스케이트 선수의 프로그램도 좋던데.

남: 아, 그의 공연을 보면서 정말 많이 웃었어. 그가 그렇게 웃길지 예상하지 못했거든.

여: 응, 그리고 그의 움직임은 음악과 잘 어울렸어. 그는 아주 멋졌어.

어휘 ice[ais] 명 얼음; *(스케이트를 타는) 빙판 match[mætʃ] 동 어울리다

해설 스케이트 선수들이 출연하는 공연은 아이스쇼이다.

12 ④

남: 영화 산업에 아카데미상이 있듯이 연극계에는 토니상이 있습니다. 이 시상식은 매년 6월에 뉴욕에서 열립니다. 상은 지난 시즌 브로드웨이에서 공연된 훌륭한 연극이나 뮤지컬에 수여됩니다. 이 상의 명칭은 Antoinette Perry의 이름을 따서 지어졌는데, 그녀는 여배우이자 감독이었습니다. 토니는 그녀의 애칭이었지요. 이 상은 1947년 처음 수여되었으며 11개 부문을 다루었습니다. 지금은 '최고 연극상', '최고 뮤지컬상', '최고 의상 디자인상'을 포함하여 26개의 각기 다른 부문이 있습니다. 토니상의 긴 역사 동안 많은 기록들이 세워졌습니다. 뮤지컬 'The Producers'는 2001년 12개로 한 해에 가장 많은 상을 받았습니다. 가장 많은 상을 받은 사람은 Harold Prince입니다. 그는 그의 뮤지컬 작품들로 수년에 걸쳐 21개의 상을 받았습니다.

어휘 film industry 영화 산업 theater[θí(ː)ətər] 명 극장; *연극계 name after …의 이름을 따서 명명하다 nickname[níknèim] 명 애칭 cover[kʌ́vər] 동 …을 덮다; *…을 포함하다, (범위가) …에 이르다 category [kǽtəgɔ̀ːri] 명 부문 set[set] 동 (특정한 장소에) 놓다; *(모범·수준 등을) 만들다, 세우다 individual [ìndəvídʒuəl] 명 개인

해설 처음에는 11개의 부문이었으나, 현재는 26개의 부문에 걸쳐 수여되고 있다고 했다.

13 ④

① 여: 오늘 출연진은 누구니?

남: Robert Moss와 Juliana Miller야.

② 여: 공연은 어땠니?
남: 무대 세트 디자인에 아주 감명받았어.

③ 여: 어느 구역에 앉고 싶니?
남: 가운데 구역에 앉고 싶어.

④ 여: 표는 얼마인가요?
남: 표는 5월 3일 오후 12시에 판매에 들어갑니다.

⑤ 여: 구역 A에 남아있는 좌석이 있나요?
남: 아니요. 모든 좌석이 매진입니다.

어휘 cast[kæst] 명 출연진 be impressed by …에 감동[감명] 받다 set[set] 명 무대 세트, 무대 장치

해설 표의 가격을 묻는 질문에 판매 시작일을 말하는 대답은 적절하지 않다.
Q 가장 부자연스러운 대화를 고르시오.

14 ④

남: Wonder 서커스에 오신 것을 환영합니다.
여: 안녕하세요. 성인 두 명과 어린이 두 명의 오늘 밤 공연 표를 주세요.
남: 네. 어느 구역에 앉으시겠습니까?
여: 중간 구역 자리로 주세요. 얼마죠?
남: 성인 표는 각 30달러이며, 어린이 표는 20달러입니다. 그러면 총 100달러네요.
여: 할인을 받을 수 있는 방법이 있나요?
남: 어린 아이들에게는 50% 할인이 됩니다. 아이들이 몇 살이죠?
여: 한 명은 열한 살이고 다른 한 명은 아홉 살입니다.
남: 죄송하지만 일곱 살 미만의 어린이만 할인을 받을 수 있어요.
여: 아, 안타깝네요.

어휘 circus[sə́:rkəs] 명 서커스, 곡예

해설 여자의 아이들은 모두 일곱 살 이상이라 할인을 받지 못하므로 여자는 100달러를 지불해야 한다
Q 여자는 얼마를 지불할 것인가?

15-16 15 ⑤ 16 ④

여: 'Jesus Christ Superstar', 'Evita', 'Cats', 'The Phantom of the Opera'…. 이 뮤지컬들에는 두 가지 공통점이 있습니다. 모두 전 세계적으로 인기를 얻었고, 모두 Andrew Lloyd Webber가 작곡했다는 것입니다. Webber는 1948년 런던에서 태어난 영국 작곡가입니다. 그는 음악가 집안에서 자랐습니다. 부모님 두 분 다 음악가였습니다. 그래서 그는 자연스럽게 여러 가지 악기를 연주하는 법을 배웠으며 어린 나이에 곡을 쓰기 시작했습니다. 1965년 첫 번째 뮤지컬을 만든 이래로 그는 13개의 작품을 위한 음악을 작곡하였습니다. 그것들 중 많은 작품들이 대성공을 거두었고 장기간 공연되었습니다. 예를 들어 'Cats'는 런던에서 21년간 공연되었습니다. 'The Phantom of the Opera'는 1988년 이래로 계속 공연되면서 가장 오랫동안 공연된 브로드웨이 뮤지컬이 되었습니다. 현재 Andrew Lloyd Webber는 여전히 뮤지컬 곡을 쓰고 있습니다.

어휘 have (something) in common …을 공통적으로 지니다 popularity[pɑ̀pjəlǽrəti] 명 인기 be composed by …에 의해 작곡되다 composer[kəmpóuzər] 명 작곡가 musical instrument 악기 at an early age 어린 나이에 run[rʌn] 명 (연극·영화의) 장기 공연[상영] 동 (얼마의 기간 동안) 계속되다 [문제] successful[səksésfəl] 형 성공적인 be familiar with …와 친숙하다 so far 지금까지

해설 **15** 여러 인기 뮤지컬 음악을 작곡한 Andrew Lloyd Webber에 대해 설명하고 있다.
Q 화자는 주로 무엇에 대해 이야기하고 있는가?
① 인기 뮤지컬 노래들
② 한 브로드웨이 배우의 삶
③ 역대 가장 성공한 뮤지컬
④ 세계의 위대한 음악가들
⑤ 뮤지컬의 스타 작곡가

16 'The Phantom of the Opera'가 브로드웨이 뮤지컬 역사상 가장 오랫동안 공연되고 있는 작품이라고 했다.
Q 담화에 따르면 Andrew Lloyd Webber에 대해 옳지 않은 것은?
① 부모님이 음악가였다.
② 어릴 때부터 음악과 친숙했다.
③ 지금까지 13개의 뮤지컬 음악을 작곡했다.
④ 그의 뮤지컬 'Cats'는 다른 어떤 브로드웨이 작품보다 더 오랫동안 공연되었다.
⑤ 그는 새로운 뮤지컬을 위한 곡을 계속 쓰고 있다.

Dictation 본문 pp. 078~083

01 Now I understand, looked so much like real cats, when they jumped and danced, wanted to touch them, it takes a long time, again next time

02 thank you for coming today, begin in 15 minutes,

be seated, don't talk loudly, bother other audience members, is strictly forbidden, after the second act, to get back in, to take pictures with the main actors, enjoy the performance

03 do you have plans tonight, Will you go with me, When does it start, Shall we meet around 7:30 before the show starts, having dinner together first, enough time to have dinner

04 You can say that again, was worth it, couldn't take my eyes off her, I was fascinated by, No wonder, looking forward to their next concert, somewhere else, couldn't hear the words clearly

05-06 have any special plans this weekend, one of the most famous operas, not interested in, are in foreign languages, hard to understand, a plot summary, better able to enjoy, quite expensive, have two free tickets, have a great time

07 I'm at the awards ceremony, This year's champion is, started in 2005, there are ten members, for eight hours a day, they feel happiest, cheered for their creative moves, made them number one

08 guess what this is, he's my favorite singer, tickets were very hard to get, after they went on sale, how did you get one, just in case, one seat available, canceled a reservation, can't believe, how long I've waited for this

09 has finally been set, starts at 7 o'clock, Many world-famous musicians are coming, due to a scheduling conflict, make it this year, at 2 p.m. on April 16th, miss this amazing chance, in person

10 in the dressing room, the lead actress of the play, many things to prepare, put on our makeup and costumes, practice their lines, warm up their voice, for a while to relax, fun to see what happens

11 all those great performances, Which program did you like the most, when she was on the ice, They were unbelievable, who wore a funny mask, his moves matched the music well

12 Just like the film industry, The ceremony is held every June, are named after, were first given in 1947, covered 11 categories, long history, have been set, the most in one year, over the years

13 today's cast, very impressed by the set design, sit in, in the middle section, Are there any seats available, are sold out

14 I need two adult tickets, Which section do you want to sit in, $30 each, $100 in total, to get a discount, have a 50% discount, only children under seven, that's too bad

15-16 have two things in common, were composed by, in 1948, grew up in a musical family, a variety of musical instruments, at an early age, for 13 shows, big hits, had long runs, has been running since 1988, is still writing songs

Review Test

본문 p. 084

A 1 ⓕ 2 ⓑ 3 ⓓ 4 ⓗ 5 ⓖ 6 ⓔ 7 ⓐ 8 ⓒ
B 1 ⓐ 2 ⓒ
C 1 was, impressed by 2 gained popularity
3 take my eyes off

 1 ⓕ 2 ⓑ 3 ⓓ 4 ⓗ 5 ⓖ 6 ⓔ 7 ⓐ 8 ⓒ

1 (연극 등의) 막: ⓕ 연극이나 오페라 같은 공연의 나눠진 한 부분

2 …할 가치가 있는: ⓑ 가치나 혜택을 제공하는

3 특징으로 삼다: ⓓ 중요한 일부로 어떤 것을 가지다

4 충돌: ⓗ 두 가지 서로 다른 것이 함께 잘 작용하기 어려운 상황

5 출연진: ⓖ 영화나 연극 같은 공연의 모든 공연자

6 부문: ⓔ 비슷한 사람이나 사물의 유형이나 모음

7 작곡하다: ⓐ 곡을 쓰다

8 어울리다: ⓒ 누군가나 무언가와 잘 어울리다

B 1 ⓐ 2 ⓒ

1 남 : 구역 A에 남은 좌석이 있나요?
여 :ⓐ 아니요. 모든 좌석이 매진되었습니다.

2 남 :배우들은 분장실에서 무엇을 하나요?
여 :ⓒ 그들은 분장을 하고 의상을 입습니다.

ⓑ 각 구역의 가격이 다릅니다.

Unit 06 Jobs

Words Preview

본문 p. 086

01 운영하다 02 고용하다 03 분야 04 욕망, 소망 05 이력서 06 적합한 07 (일)자리, 직위 08 지원자 09 불평, 불만 10 지원서 11 업무 능력, 성과 12 입사 시험 13 …에 관심이 많다 14 …을 전공하다 15 생계를 꾸리다 16 날짜를 정하다 17 최선을 다하다 18 사진을 첨부하다

Getting Ready

본문 p. 087

A 1 major in, ⓐ 2 be into, ⓓ 3 attach, ⓒ
4 set up, ⓑ 5 about to do, ⓔ
B 1 ⓑ 2 ⓐ 3 ⓒ
C 1 ⓑ 2 ⓑ

B ······ 1 ⓑ 2 ⓐ 3 ⓒ

1 W: What are you going to do this Friday?
M: I have a job interview.
여: 이번 주 금요일에 뭐하니?
남: 면접이 있어.

2 W: What would you like to be when you grow up?
M: I'd like to be a doctor.
여: 너는 커서 무엇이 되고 싶니?
남: 난 의사가 되고 싶어.

3 W: I heard that you're graduating from university soon. Congratulations!
M: Thank you. I'm so excited.
여: 너 대학교를 곧 졸업한다고 들었어. 축하해!
남: 고마워. 난 정말 신나.

C ······ 1 ⓑ 2 ⓑ

1 How do I apply for the job?
그 자리에 어떻게 지원하는 거야?
ⓐ 네 사진을 첨부하는 걸 잊지마.
ⓑ 그 회사 웹사이트에서 온라인 지원서를 작성하면 돼.

2 How was your practice job interview?
네 모의 취업 면접은 어땠니?
ⓐ 난 요즘 매일 크게 말하는 것을 연습하고 있어.
ⓑ 면접관들이 내 나쁜 습관을 지적해 줘서 도움이 되었어.

Topic Listening

본문 pp. 088~091

01 ② 02 ④ 03 ⓐ, ⓑ 04 ⓒ 05 ④ 06 ② 07 ①
08 ② 09 ④ 10 ③ 11 ② 12 ③ 13 ② 14 ③
15 ② 16 ⑤

01 ······ ②

남: Abigail, 너는 커서 뭐가 되고 싶니?
여: 나는 과학자가 되고 싶어. 생물학을 전공하는 것이 나한테 맞을 것 같아. 너는 어때?
남: 나는 재미있는 직업을 원해. 나는 제빵사가 되고 싶어.
여: 네가 제빵에 관심이 있는 줄 몰랐어.
남: 나는 디저트나 다른 구운 제품들을 만드는 것을 아주 좋아해. 나는 언젠가 내 빵집을 운영할 거야.
여: 어떻게 그 직업에 관심을 갖게 되었니?
남: TV 프로그램에서 그 직업을 가진 사람을 봤어. 그때 이후로 그 일에 정말 관심을 많이 갖게 됐지. 그 직업을 가지면 행복할 것 같아.

어휘 major in …을 전공하다 biology[baiάlədʒi] 명 생물학 goods[gudz] 명 제품, 상품 run[rʌn] 동 달리다; *운영하다 be into …에 관심이 많다

해설 남자는 제빵사가 되어 자신의 빵집을 운영하고 싶다고 했다.

02 ······ ④

(전화벨이 울린다)
남: SKY Network Service입니다. 어떻게 도와드릴까요?
여: 안녕하세요, 포털 사이트에 광고된 직책을 보고 전화드리는데요. 어떻게 지원하면 되나요?
남: 저희 회사 웹사이트의 온라인 지원서를 작성해 주세요.
여: 알겠습니다. 이메일로도 지원서를 받으시나요?
남: 죄송합니다만 받지 않습니다. 저희 웹사이트를 이용하셔야 합니다. 그리고 사진을 첨부하는 것도 잊지 마세요.
여: 입사 시험은 언제인가요?
남: 11월 2일입니다. 시험 결과는 11월 6일에 발표될 것입니다. 합격하신 지원자에게는 면접 날짜를 잡기 위해

전화를 드릴 예정입니다.

여: 알겠습니다. 감사합니다.

어휘 advertise[ǽdvərtàiz] 동 광고하다 apply for …에 지원하다 fill out …에 기입하다, …을 작성하다 application[æ̀pləkéiʃən] 명 지원서 accept[əksépt] 동 받아들이다 attach[ətǽtʃ] 동 첨부하다 employment exam 입사 시험 announce[ənáuns] 동 발표하다 applicant[ǽpləkənt] 명 지원자 set up a date 날짜를 정하다

해설 여자는 입사 지원 방법을 알아보기 위해 전화했다.

03-04 ····· 03 ⓐ, ⓑ 04 ⓒ

여: 너의 모의 취업 면접은 어땠니?

남: 쉽지 않았지만 다음 주에 있을 실제 면접에서 내게 큰 도움이 될 것 같아.

여: 내 생각에도 그래. 너는 어떤 지적을 받았니?

남: 면접관들이 나의 나쁜 습관에 대해 지적해 줬어. 사실 내가 질문에 대답하는 동안 다리를 떨고 있는지 몰랐거든.

여: 긴장했었나 봐.

남: 응. 그리고 그들은 내가 웃지 않을 때 화가 나 보인다고 이야기해 줬어. 그래서 그들은 나에게 좀 더 웃으라고 조언해 줬지. 넌 어땠어?

여: 나는 더 크게 말하라는 이야기를 들었어. 그들이 내가 너무 조용히 말해서 내 말이 잘 안 들린다고 얘기해 주더라.

남: 그렇구나. 면접관들은 네가 자신감이 없다고 생각할지도 몰라.

여: 맞아. 그래서 나는 요즘 집에서 연습하고 있어.

남: 좋아. 우리가 곧 좋은 직장을 얻었으면 좋겠다.

여: 우린 할 수 있어! 그저 최선을 다해보자!

어휘 practice job interview 모의 면접 comment [kɑ́ment] 명 논평; *지적 point out 지적하다 shake [ʃeik] 동 …을 떨다 advise[ədváiz] 동 충고하다 confident[kɑ́nfidənt] 형 자신감 있는 do one's best 최선을 다하다

해설 **03** 남자는 모의 면접에서 대답할 때 다리를 떤다는 점과 웃지 않을 때는 화가 난 것처럼 보인다는 점을 지적받았다.

04 여자는 모의 면접에서 목소리가 작다는 점을 지적받았다.

05 ····· ④

여: 안녕, 네가 기자로 취직했다고 들었어. 축하해!

남: 고마워. 내 꿈이 이루어져서 행복해.

여: 잘됐네. 그 일은 어때?

남: 아주 즐거워. 다양한 부류의 사람들을 많이 알게 된다는 것은 정말 흥미로워.

여: 기자인 것이 힘들지는 않니?

남: 음, 내 일정은 아주 빠듯해. 뉴스 작성실에서 일하고 사건을 살피러 가고 사람들을 인터뷰해야 해. 시간 관리를 잘해야 하지.

여: 그러면 너 자신을 위한 시간은 정말 많지 않겠구나.

남: 맞아. 지금까지는 그게 내 직업에 대한 유일한 불만이야.

어휘 reporter[ripɔ́ːrtər] 명 (보도) 기자, 리포터 tight[tait] 형 단단한; *빠듯한 newsroom[núːzru(ː)m] 명 뉴스 작성실 manage[mǽnidʒ] 동 간신히 해내다; *관리하다 so far 지금까지 complaint[kəmpléint] 명 불평(거리)

해설 기자로 취직한 남자는 다양한 사람들을 만날 수 있어서 즐거운 반면, 개인 시간이 많지 않은 것이 불만이라고 했다.

06 ····· ②

여: 실례합니다. 제가 아르바이트에 관심이 있어서요.

남: 알겠습니다. 나이가 어떻게 되지요?

여: 스물한 살이고 대학생이에요. 그리고 전에 카페에서 일한 적이 있어요.

남: 아주 좋네요. 우리는 매주 화요일과 금요일, 일요일에 오후 5시부터 11시까지 일할 수 있는 사람을 찾고 있어요.

여: 음, 저는 화요일과 일요일은 일할 수 있어요. 그렇지만 금요일에는 오후 수업이 있어요.

남: 그렇다면 금요일에는 일할 수 없다는 거죠? 금요일에 일할 사람을 따로 구해야겠군요. 또 다른 질문 있나요?

여: 급여는 얼마인가요?

남: 급여는 하루에 50달러예요.

여: 네, 저는 좋아요.

남: 좋아요. 채용되셨습니다.

어휘 pay[pei] 동 (급여를) 지불하다 명 급료

해설 일당이 50달러인데 여자는 매주 화요일과 일요일 이틀 일하기로 했으므로 일주일에 100달러를 받게 된다.

07 ····· ①

남: Cathy에게

너의 이메일에는 만화가가 되겠다는 너의 강한 소망이 분명히 담겨 있더구나. 네가 좋은 만화를 그리고자 한

다면 주변 사람들을 주의 깊게 관찰하렴. 그들이 어떻게 움직이는지 관찰하는 게 중요해. 그건 네가 등장인물을 더욱 효과적으로 그리는 데 도움이 될 거야. 또한 다른 만화가들의 만화를 살펴보고 그들의 스타일을 모방해 보도록 해. 그것이 너만의 스타일을 찾는 데 도움이 될 거야. 다음으로, 너는 그림을 통해 이야기를 전하는 방법을 알아야만 해. 그림은 말하기나 글쓰기와 매우 달라. 또한, 독자들은 좋은 그림뿐만 아니라 흥미로운 줄거리도 기대한다는 점을 기억하렴. 장래에 훌륭한 만화가가 되길 바란다. 행운을 빌어!

어휘 desire[dizáiər] 명 욕망, 소망 observe[əbzə́ːrv] 동 관찰하다 effectively[iféktivli] 부 효과적으로 examine[igzǽmin] 동 조사하다 copy[kɑ́pi] 동 복사하다; *모방하다 drawing[drɔ́ːiŋ] 명 그림 be different from …와 다르다 expect[ikspékt] 동 기대하다 storyline[stɔ́ːrilain] 명 줄거리

08 ②

여: 안녕하세요, Gorden 씨. 자리에 앉으세요.

남: 감사합니다.

여: 이력서가 아주 인상적이네요. 당신은 성공한 연구 개발 부장인 것으로 보입니다. 그런데 왜 이직을 하려고 결정했는지 궁금하네요.

남: 음, 저는 TV 프로그램을 만드는 데 관심이 있습니다. 또한 저는 좀 더 창의적인 일을 해 보고 싶습니다. TV 프로듀서는 연구 개발 부장보다 훨씬 더 창의적인 일이라고 생각합니다.

여: 그건 그렇습니다. 하지만 저희 방송국은 당신이 기대하는 만큼 급여를 드리지 못할 것 같은데요.

남: 아, 그것은 괜찮습니다. 저에겐 일을 즐기는 것이 돈보다 더 중요합니다.

여: 이 일에 정말로 관심이 있으신 것 같군요.

남: 네. 전 빠르게 배워 일을 잘해낼 수 있다고 확신합니다.

어휘 resume[rézəmei] 명 이력서 impressive[imprésiv] 형 인상적인 R&D 연구 개발(= research and development) station[stéiʃən] 명 정거장; *방송국

해설 방송국 프로듀서로 이직을 결심한 구직자와 면접관이 나누는 대화이다.

09 ④

남: Lisa, 어제 TV에서 'Today's Jobs' 봤니? 인도의 특이한 직업들에 관해 이야기했어.

여: 아, 나는 그 프로그램을 못 봤어. 나는 다른 이들의 옷을 빨아주는 사람들에 관한 예고편밖에 보지 못했어. 어떤 다른 직업을 언급했니?

남: 길거리 이발사에 대해 들어봤어?

여: 아니, 들어본 적 없는데. 뭐하는 사람들이니?

남: 야외에 의자를 놓고 벽이 없는 이발소를 여는 사람들이야.

여: 네 말은, 그 사람들이 길거리에서 사람들의 머리를 자르고 수염을 깎아 준다는 거니?

남: 맞아. 그리고 체중계 주인도 있었어. 그 사람들은 체중계를 가지고 길거리에서 기다리다가 사람들이 체중을 재면 돈을 받아.

여: 정말? 아주 쉬운 일이구나.

남: 맞아. 실은 귀지 청소부가 가장 놀라웠어. 이 사람들은 사람들의 귀를 청소해 주고 돈을 벌어.

여: 와! 인도에 방문하게 되면 한번 해 보고 싶다.

어휘 unique[juːníːk] 형 독특한 preview[príːvjùː] 명 예고편 sidewalk[sáidwɔ̀ːk] 명 보도, 인도 barber[bɑ́ːrbər] 명 이발사 shave[ʃeiv] 동 (수염 등을) 깎다, 면도하다 beard[biərd] 명 (턱)수염 scale[skeil] 명 규모; *저울 earwax[íərwæ̀ks] 명 귀지

10 ③

여: 제 소개를 하겠습니다. 제 이름은 Emily Theron이고, 캐나다 출신입니다. 대학에서 패션 디자인을 전공했습니다. 대학을 졸업한 후 저는 일본의 의류 회사에서 4년간 패션 디자이너로 일했습니다. 그 기간 동안 저는 새로운 패션 트렌드를 만들어 내는 방법과 다른 사람들과 일하는 방법을 배웠습니다. 하지만 저는 항상 의류보다는 신발에 더 많은 관심이 있었습니다. 그래서 저는 그 일을 그만두고 작년 한 해 동안 신발 디자인을 공부했습니다. 지난달에 저는 한 신발 디자인 대회에서 최우수 디자인상을 받았습니다. 이제 저는 신발 디자이너로 일자리를 얻고 싶습니다. 제가 귀사에서 일을 할 수 있다면 제 업무 성과에 만족하실 거라고 확신합니다. 감사합니다.

어휘 graduate from …을 졸업하다 quit[kwit] 동 그만두다 be satisfied with …을 만족스러워하다 performance[pərfɔ́ːrməns] 명 공연; *성과 [문제] nationality[næ̀ʃənǽləti] 명 국적 position[pəzíʃən] 명 (일) 자리, 직위

해설 여자는 4년 동안 의류 회사에서 일했다.

이력서

이름: Emily Theron
① 국적: 캐나다
② 전공: 패션 디자인
③ 경력: 의류 회사에서 3년
④ 수상: 최우수 신발 디자인상
⑤ 지원한 일자리: 신발 디자이너

11 ②

남: 쇼핑을 좋아하십니까? 그러면 저희가 여러분께 쇼핑할 금액을 드릴 겁니다. 믿어지시나요? 이건 사실입니다! 저희 회사는 많은 상점을 소유하고 있습니다. 그것이 저희가 '미스터리 쇼퍼'를 고용해야 하는 이유입니다. 미스터리 쇼퍼로서 당신이 해야 할 일은 저희 상점을 방문해 고객처럼 행동하는 것입니다. 하지만 사실 당신은 쇼핑하는 동안 정보를 수집해야 합니다. 상점이 깨끗한지, 제품은 잘 진열되어 있는지, 점원은 기꺼이 돕는지 확인하세요. 그런 다음 저희한테 다시 보고해 주셔야 합니다. 그런 방식으로 저희는 저희 상점에 대해 더 많이 알게 되어 서비스를 개선할 수 있습니다. 당신이 미스터리 쇼퍼가 될 수 있다고 생각하십니까? 그렇다면 3월 13일까지 mysteryshopper@jobs.com으로 저희에게 여러분의 이력서를 보내주십시오.

어휘 hire[háiər] 동 고용하다 own[oun] 동 소유하다 mystery shopper 미스터리 쇼퍼, 수수께끼 손님 act like …처럼 행동하다 customer[kʌ́stəmər] 명 고객 collect[kəlékt] 동 모으다 arrange[əréindʒ] 동 마련하다; *배열하다 report[ripɔ́ːrt] 동 보고하다 improve [imprúːv] 동 향상시키다, 개선하다

해설 미스터리 쇼퍼로 활동할 사람을 모집하는 광고이다.

12 ③

남: 제 직업에 대해서 말씀드리겠습니다. 요리사가 음식을 만들고 나면 저는 제 일을 시작합니다. 저는 사진촬영이나 영화, 잡지를 위해 음식이 더 맛있어 보이게 만듭니다. 우선, 저는 접시와 같은 식기들을 적합한 것으로 고릅니다. 그러기 위해 저는 음식의 색을 고려해야만 합니다. 접시 하나라도 큰 차이를 만들어 낼 수 있습니다. 그러고 난 후 저는 접시에 음식을 배열합니다. 때로 음식을 장식하기 위해서 꽃이나 과일 조각과 같은 작은 물품을 이용합니다. 그런 식으로 음식이 더욱 돋보이게 됩니다. TV 요리 프로그램을 위해 일하고 싶습니까? 음식을 더욱 돋보이게 하실 수 있습니까? 그렇다면 당신은 푸드 스타일리스트가 되는 것을 생각해봐야 할 것 같습니다.

어휘 photo shoot 사진 촬영 film[film] 명 필름; *영화 tableware[téiblwɛ̀ər] 명 식탁용 식기류 make a big difference 큰 차이를 만들다 plate[pleit] 명 접시, 그릇 decorate[dékərèit] 동 장식하다 attractive[ətrǽktiv] 형 매력적인, 멋진 food stylist 푸드 스타일리스트

해설 남자는 음식을 돋보이게 하는 푸드 스타일리스트다.

13 ②

남: 너는 곧 대학교를 졸업하겠구나. 그 후 무엇을 할 거니?
여: 초등학교 교사로 일자리를 구하고 싶어.
남: 정말? 네 전공이 뭔데?
여: 교육학을 전공해.
남: 경력이 있니?
여: 응. 2년간 개인 지도 교사로 일했어. 그게 내가 좋은 교사가 되는 데 도움이 될 거라고 생각해.
남: 직업을 얻기 위해 그 밖에 무엇을 준비하고 있니?
여: 요즘, 교사가 되기 위한 시험 준비를 위해 학원에 다녀. 그게 꽤 어렵다고 들었거든.
남: 너는 잘 준비되어 있는 것 같구나. 잘 되길 빌어.
여: 고마워.

어휘 education[èdʒukéiʃən] 명 교육; *교육학 experience [ikspí(ː)əriəns] 명 경력 private tutor 개인 지도 교사 academy[əkǽdəmi] 명 (특수 분야의) 학교; *학원 well-prepared[wélpripɛ́ərd] 형 잘 준비된

해설 여자는 초등학교 교사가 되고 싶어 한다.
Q 대화에 따르면 여자에 관해 일치하지 않는 것은?
① 여자는 졸업할 것이다.
② 여자는 중학교 교사가 되고 싶어 한다.
③ 여자는 대학교에서 교육학을 공부한다.
④ 여자는 가르친 경험이 있다.
⑤ 여자는 시험 준비를 하고 있다.

14 ③

남: Gradin 선생님, 저는 곧 졸업을 하는데 제 미래가 걱정돼요. 저한테 어떤 종류의 직업이 적합할까요?
여: 음, Tom, 먼저 네가 무엇을 좋아하는지 아는 게 중요할 것 같구나. 가장 즐겨 하는 것이 무엇이니?
남: 저는 컴퓨터 게임을 하는 걸 정말로 좋아해요. 하지만 그것이 제 직업에 도움이 될지는 잘 모르겠어요.
여: 컴퓨터를 사용하는 데 능숙하니?

남: 음, 저는 컴퓨터로 뭔가 하는 걸 아주 좋아해요. 지난달에는 저의 첫 컴퓨터 프로그램을 작성했어요.

여: 음…. 그렇다면 컴퓨터에 대해 더 공부해 보는 것은 어떠니? 공부를 해서 컴퓨터 프로그래머가 될 수 있을 거야.

남: 좋아요. 하지만 어떻게 공부를 시작할 수 있을까요?

여: 학교 컴퓨터 센터에 가 보는 게 어떠니? 학생들에게 다양한 컴퓨터 강좌를 많이 제공하고 있단다.

남: 그건 몰랐네요. 고맙습니다. 지금 바로 거기에 가 볼게요.

어휘 be about *to do* 막 …하려고 하다 suitable[sjúːtəbl] ㊘적합한 programmer[próugræ̀mər] ㊔(컴퓨터) 프로그래머 course[kɔːrs] ㊔강좌

해설 남자는 여자의 조언에 따라 학교의 컴퓨터 센터를 방문할 것이다.

Q 남자가 대화 직후에 할 일로 가장 적절한 것은?
① 컴퓨터 프로그램 만들기
② 컴퓨터 게임 그만하기
③ 학교 컴퓨터 센터 방문하기
④ 자신에게 적합한 직업을 알아내기 위해 공부하기
⑤ 컴퓨터 프로그래밍에 관한 책 구입하기

15-16 .... 15 ② 16 ⑤

여: 어떤 직업 분야가 미래에 인기가 있을까요? 대부분의 전문가들에 의하면 그 답은 기술과 건강 관리 부문입니다. 기술 분야가 인기를 끌게 될 이유는 분명합니다. 컴퓨터와 다른 최첨단 기기들이 더 흔해지고 있습니다. 그리고 첨단 기술 기업들은 빠르게 신제품을 출시하고 있습니다. 누군가가 그것들을 설계하고 프로그램화하고, 고장이 나면 고쳐야 합니다. 그것이 당신이 하고 싶은 일 같습니까? 그렇지 않다면 건강 관리 부문은 어떻습니까? 요즘 사람들은 더 오래 삽니다. 이는 그 어느 때보다 고령자가 많다는 뜻입니다. 의료 서비스에 대한 수요가 증가하고 있습니다. 그것은 많은 의사와 간호사를 필요로 합니다. 또한 노인들은 일상적인 일을 하는 데 도움을 필요로 합니다. 노인 전용 주택을 관리하는 데 많은 사람들이 필요합니다. 또 다른 사람들은 노인들을 살펴보고 그들이 필요로 할 때 병원에 데려가 주는 것으로 생계를 꾸립니다.

어휘 field[fiːld] ㊔분야 healthcare[hélθkὲər] ㊔건강 관리, 의료 high-tech[hàiték] ㊘첨단 기술의, 최첨단의 device[diváis] ㊔장치, 기구 release[rilíːs] ㊖풀어주다; *공개하다, 출시하다 elderly[éldərli] ㊘나이가 지긋한 medical[médikəl] ㊘의료의 require[rikwáiər] ㊖필요로 하다 retirement home 노인 전용 주택 make a living 생계를 꾸리다 check on …을 확인하다 [문제] cure[kjuər] ㊔치료법 disease[dizíːz] ㊔질병 care for …을 보살피다, 돌보다

해설 **15** 기술 및 건강 관리 분야를 예로 들어 미래 유망 직종을 소개하고 있다.

Q 화자가 주로 이야기하고 있는 것은?
① 곧 사라지게 될 직업들
② 밝은 전망의 직업 분야
③ 오늘날 가장 성공적인 기업들
④ 노인들을 위한 건강 관리 서비스
⑤ 더 많은 노인 근로자가 있는 기업들

16 수명이 늘어남에 따라 고령 인구수가 점점 증가하므로 이들을 돌볼 의사와 간호사들이 더 많이 필요하다고 했다.

Q 담화에 따르면, 왜 더 많은 의사와 간호사가 필요한가?
① 위험한 질병에 대한 치료법을 찾기 위해
② 새로운 의료 기술을 이용하는 법을 배우기 위해
③ 사람들이 더 오래 살도록 돕는 방법을 찾기 위해
④ 모든 사람을 동시에 살펴보기 위해
⑤ 증가하고 있는 노인들을 돌보기 위해

Dictation

본문 pp. 092~097

01 what would you like to be, would be right for me, you were interested in baking, I'll run my own bakery, become interested in that job, I've been really into it

02 How do I apply for it, the online application, don't forget to attach your photo, On November 2nd, to set up a date

03-04 it'll be a big help, What comments did you get, pointed out my bad habits, shaking my leg, You must have been nervous, looked angry, advised me to smile, I was told, talked so quietly, you are not confident, I'm practicing at home, do our best

05 got a job as a reporter, my dream came true, interesting getting to know, Isn't it difficult being a reporter, very tight, have a lot of time to yourself, my only complaint

06 I'm 21 years old, work from 5 to 11, work on Tuesdays and Sundays, who will work on Fridays, $50 a day, You've got the job

07 desire to become, carefully watch the people, to observe how they move, examine other artists' comics, how to tell a story, as well as good pictures, be a good artist

08 take a seat, Your resume is very impressive, you've decided to change careers, something more creative, a far more creative job, as you might expect, Enjoying my work, interested in this job, learn fast, do the job well

09 It talked about unique jobs, only saw the preview, Have you heard of sidewalk barbers, put chairs outside, without walls, shave beards on the street, when people weigh themselves, was most surprised by, by cleaning people's ears

10 I majored in fashion design, I worked as a fashion designer, for four years, how to create new fashion trends, for the past year, be satisfied with my job performance

11 pay you to go shopping, owns many stores, hire, mystery shoppers, act like a customer, collect information while you shop, things are well arranged, must report back to us, improve our service, email your resume

12 After a cook makes some food, make the food look more delicious, consider the color of the food, make a big difference, to decorate the food, is more attractive, Can you make food look more attractive

13 You're graduating from university, a job as an elementary school teacher, I major in education, as a private tutor for two years, are you preparing, it is quite difficult

14 I'm about to graduate, be suitable for me, to know what you like, that would be helpful, good at using computers, wrote my first computer program, start studying, offer many different computer courses

15-16 Which job fields will be popular, the answer is, becoming more common, releasing new products quickly, fix them when they break, more elderly people than ever, is increasing, help with everyday tasks, to manage retirement homes, by checking on old people, when necessary

Review Test

본문 p. 098

A 1ⓓ 2ⓑ 3ⓕ 4ⓐ 5ⓔ 6ⓒ
B 1ⓑ 2ⓒ 3ⓐ 4ⓓ
C 1 announce the result 2 set up a date
3 apply for, fill out

 .... 1ⓓ 2ⓑ 3ⓕ 4ⓐ 5ⓔ 6ⓒ

1 운영하다: ⓓ 사업, 단체 같은 무언가를 관리하고 조직하다

2 고용하다: ⓑ 누군가에게 일이나 직업을 제공하며 월급을 주다

3 이력서: ⓕ 교육적인 자격과 업무 경험을 요약한 것을 보여주는 문서

4 지원자: ⓐ 직업과 같은 무언가에 지원한 사람

5 불평(거리): ⓔ 누군가가 만족하지 못하는 것이나 받아들여지지 않는 것

6 성과: ⓒ 얼마나 성공적으로 수행되었는가의 측면에서 보는 업무나 일

B .... 1ⓑ 2ⓒ 3ⓐ 4ⓓ

여: ⓑ 나한테 맞는 직업을 찾는 것에 대해 좀 걱정 돼.
남: ⓒ 음, 넌 먼저 네가 가장 좋아하는 걸 알아야 해. 넌 무엇을 가장 즐겨 하니?
여: ⓐ 난 요리하고 물건들을 장식하는 것을 정말 좋아해.
남: ⓓ 그렇구나. 그럼 색이나 디자인을 공부해 보는 건 어때? 넌 푸드 스타일리스트가 될 수도 있어!
여: 좋아. 조언해 줘서 고마워.

Unit 07 Health

Words Preview
본문 p. 100

01 (몸이) 건강한, 탄탄한 **02** 아픈, 따가운 **03** 가려운 **04** 영양소, 영양분 **05** 함유하다 **06** 약국 **07** 증상 **08** 균형 잡힌 **09** 과식 **10** 진료 기록 **11** 정기 검진 **12** 고통을 덜어 주다 **13** 약을 먹다 **14** …으로 고통 받다 **15** 낮잠을 자다 **16** 건강해지다 **17** 세균 증식을 막다 **18** (진료·상담 등을) 예약하다

Getting Ready
본문 p. 101

A 1 take, ⓑ 2 disturb, ⓓ 3 allergic to, ⓔ
4 in shape, ⓐ 5 plan, diet, ⓒ
B 1 ⓑ 2 ⓓ 3 ⓒ 4 ⓐ
C 1 ⓑ 2 ⓐ

B ······ 1 ⓑ 2 ⓓ 3 ⓒ 4 ⓐ

1 This juice is high in vitamins.
이 주스에는 비타민이 많이 들어있다.

2 The toothbrush should be kept dry after use.
칫솔은 사용 후에 건조한 상태로 보관되어야 한다.

3 Hanging some wet laundry can make the air less dry.
젖은 빨래를 널어 두는 것은 공기를 덜 건조하게 할 수 있다.

4 A cup of milk can help you relax enough to sleep well.
우유 한 잔은 잠을 잘 자도록 충분히 긴장을 푸는 데 도움이 될 수 있다.

C ······ 1 ⓑ 2 ⓐ

1 Can I make an appointment for Monday?
월요일에 예약을 할 수 있나요?
ⓐ 당신의 진료 기록이 있어요.
ⓑ 월요일은 이미 예약이 다 찼어요.

2 Do you know where the nearest emergency room is?
가장 가까운 응급실이 어딘지 아세요?
ⓐ York 가에 하나 있어요.
ⓑ 응급실은 24시간 열려있어요.

Topic Listening
본문 pp. 102~105

01 ⑤ 02 ① 03 ⑤ 04 ② 05 ⓒ 06 ⓓ 07 ⑤
08 ① 09 ② 10 ③ 11 ④ 12 ④ 13 ⑤ 14 ④
15 ④ 16 ③

01 ······ ⑤

여: Scott 씨, 안녕하세요. 오늘 저희 토크쇼에 모시게 되어 기쁘군요. 모두에게 인사해 주시죠!
남: 안녕하세요. 여기에 출연하게 되어 기쁩니다.
여: 와, 당신은 볼 때마다 활력이 넘치는 것 같군요! 비결이 뭐죠?
남: 항상 긍정적으로 생각하고 자주 웃으려고 합니다.
여: 운동도 많이 하신다고 들었습니다.
남: 네, 저는 규칙적으로 요가를 합니다. 건강을 유지하는 데 도움이 될 뿐만 아니라 긴장을 완화해 줍니다.
여: 멋지군요. 다른 조언도 있나요? 음식은 어떤가요?
남: 저는 정크 푸드는 절대 먹지 않아요. 절대로요! 그리고 저는 항상 균형 잡힌 식사를 하려고도 노력하지요.
여: 아주 현명하시네요.

어휘 energetic [ènərdʒétik] 형 활기에 찬 secret [sí:krit] 명 비밀; *비결 positively [pázətivli] 부 긍정적으로 fit [fit] 형 (몸이) 건강한, 탄탄한 relax [rilǽks] 동 긴장을 풀다 junk food 정크 푸드(인스턴트 음식이나 패스트푸드) balanced [bǽlənst] 형 균형 잡힌 diet [dáiət] 명 식사 [문제] organic [ɔːrgǽnik] 형 유기농의

해설 ① 긍정적으로 생각하기 ② 많이 웃기
③ 요가하기 ④ 정크 푸드 피하기
⑤ 유기농 음식 먹기

02 ······ ①

여: 두통으로 고통을 받을 때 당신은 아마 약을 먹거나 고통이 사라질 때까지 그저 기다리길 원할 것입니다. 하지만 몇몇 음식이 두통을 이겨내는 데 효과가 있다는 걸 알고 계셨습니까? 두통이 시작되면 아몬드를 드십시오. 아몬드에는 칼슘과 마그네슘, 비타민이 함유되어 있습니다. 이런 화학 물질은 두통 증상을 완화할 수 있습니다. 수박은 또 다른 좋은 음식입니다. 신체의 수분 부족이 두통을 야기할 수 있습니다. 수분이 많이 함유된 과일을 섭취함으로써 고통을 가라앉힐 수 있습니다.

또한, 팥에 있는 사포닌 역시 두통을 완화하는 데 도움이 됩니다. 커피나 차, 초콜릿에 들어 있는 카페인도 두통에 좋다고 알려져 있습니다. 하지만 조심하십시오. 너무 많은 카페인은 두통을 더욱 심하게 할 수도 있습니다.

어휘 suffer from …으로 고통받다 take a pill 약을 먹다 pain[pein] 명고통 go away 없어지다 effective [iféktiv] 형효과적인 contain[kəntéin] 동함유하다 chemical[kémikəl] 명화학 물질 reduce[ridjú:s] 동줄이다 symptom[símptəm] 명증상 lack[læk] 명부족 ease[i:z] 동(고통을) 덜어 주다

해설 아몬드, 수박, 팥 등 두통에 좋은 음식들을 소개하고 있다.

03 ⑤

(전화벨이 울린다)

남: 여보세요?

여: 여보세요. Jake, 나 Nora야! 방해해서 미안해. 너 지금 바쁘니?

남: 아니, 전혀. 무슨 일이야?

여: 네 도움이 필요해. 차를 좀 태워줄 수 있니? 부모님이 출장 중이셔서 너만이 내가 부탁할 있는 유일한 사람이야.

남: 괜찮아. 근데 어디로? 식료품을 사러 가야 하니?

여: 아니. 나 고열이 있어. 응급실에 태워다주었으면 해. 약을 좀 먹었는데, 도움이 되질 않아.

남: 오, 그거 안됐구나. 가장 가까운 응급실이 어딘지 아니?

여: 응. Woodbury 가에 하나 있어.

남: 알겠어. 지금 갈게. 15분 뒤에 도착할 거야. 두꺼운 코트를 입어.

여: 정말 고마워.

어휘 bother[báðər] 동괴롭히다 give (someone) a ride (…을) 태워 주다 business trip 출장 go grocery shopping 식료품 쇼핑을 가다 fever[fí:vər] 명열 emergency room 응급실

해설 부모님이 부재중이라 응급실에 데려다 달라고 부탁하려 전화했다.

04 ②

① 여: 근처에 약국이 어디 있는지 아세요?
남: 다음 거리에 하나 있어요.

② 여: 이 알약을 얼마나 자주 먹어야 하나요?
남: 한 알씩 하루 두 번 드세요.

③ 여: 손가락에 무슨 일이 있었니?
남: 요리하다가 손가락을 벴어.

④ 여: 건강을 유지하기 위해 무엇을 하니?
남: 매일 비타민을 먹어.

⑤ 여: 이 음식에는 어떤 영양소가 있니?
남: 그것에는 칼슘이 많이 들어있어.

어휘 pharmacy[fá:rməsi] 명약국 pill[pil] 명알약 nutrient[njú:triənt] 명영양소, 영양분 high[hai] 형높은; *(특정한 물질이) 많이 든[함유된]

해설 약국에서 약사인 남자와 손님인 여자가 대화하는 장면이다.

05-06 05 ⓒ 06 ⓓ

남: 최근 연구원들은 몇몇 음식이 약보다 더 좋을 수 있다는 것을 발견했습니다. 예를 들면, 사과를 먹는 것은 당신이 더 잘 기억하도록 도울 수 있습니다. 사과에는 두뇌가 잘 기능하도록 도와주는 영양분이 있습니다. 이 영양분은 뇌세포를 손상으로부터 보호해주기도 합니다. 복통이 있다면 박하차 한 잔을 마시세요. 이것은 세균 증식을 막아서 배탈에 도움이 됩니다. 운동 후에 바나나를 먹는 것은 근육통을 예방할 것입니다. 바나나에는 칼륨이 풍부한데, 이것은 근육통에 좋은 효과가 있습니다. 또한 마늘은 심장에 매우 좋습니다. 높은 콜레스테롤 수치는 심장병의 주된 요인들 중 하나입니다. 마늘을 먹으면 콜레스테롤 수치를 낮출 수 있습니다.

어휘 recently[rí:səntli] 부최근에 researcher[risə́:rtʃər] 명연구원, 과학자 cell[sel] 명세포 upset stomach 배탈 fight bacterial growth 세균 증식을 막다 prevent[privént] 동막다, 예방하다 muscle[mʌ́sl] 명근육 potassium[pətǽsiəm] 명칼륨 effect[ifékt] 명영향, 효과 ache[eik] 명통증 lower[lóuər] 동낮추다

해설 사과는 뇌에 좋은 영양분이 있어 기억력을 증진하고 마늘은 콜레스트롤 수치를 낮춰 심장에 좋다고 했다.

07 ⑤

(전화벨이 울린다)

여: Jensen 박사님의 진료실입니다. 어떻게 도와드릴까요?

남: 안녕하세요. 저는 예약을 하고 싶습니다.

여: 알겠습니다. 성함이 어떻게 되시죠?

남: Connor Smith입니다. 저의 진료 기록을 이미 가지고 계실 겁니다.

여: 네, 기록이 있네요. Smith 씨, 어디가 불편하시죠?

남: 독감에 걸린 것 같습니다. 콧물이 나고 기침을 많이 합니다.
여: 언제부터 시작됐나요?
남: 지난주 토요일이요. 내일 예약을 잡을 수 있나요?
여: 죄송합니다만 화요일은 예약이 다 찼습니다. 수요일이나 목요일 어떠신가요?
남: 빠르면 빠를수록 좋습니다. 그리고 가능하다면 오전에 병원을 방문하고 싶어요.
여: 알겠습니다. 10시는 어떠세요?
남: 좋습니다.

어휘 make an appointment (진료·상담 등을) 예약하다 medical record 진료 기록 have a runny nose 콧물이 나다 cough[kɔ(:)f] 동 기침하다 fully[fúli] 부 완전히, 충분히 book[buk] 동 예약하다

해설 남자는 수요일과 목요일 중 빠른 날짜를 원했으므로, 수요일로 예약했음을 알 수 있다.

예약 메모
① 환자 이름: Conner Smith
② 문제: 독감
③ 증상: 콧물과 심한 기침
④ 증상의 시작: 지난주 토요일
⑤ 예약 시간: 목요일 오전 10시

08 ①

남: 안녕, Samantha. 오늘 기분이 어때?
여: 별로야. 요즘 잠을 잘 못 자서 항상 피곤해. 왜 그런지 잘 모르겠어. 저녁에 가벼운 운동을 해 봤는데 도움이 되지 않았어.
남: 음…. 자기 전에 뭘 하니?
여: 대개 침대에서 텔레비전을 봐.
남: 그건 좋지 않아. 텔레비전이나 스마트폰에서 나오는 불빛은 수면을 방해할 수 있다고 해.
여: 그렇구나. 다른 조언도 해 줄래?
남: 낮잠을 30분 이상 자지 마. 그리고 나는 따뜻한 우유 한 잔을 마시는 것도 좋다고 들었어. 그건 네가 잠들 수 있을 만큼 충분히 긴장을 푸는 데 도움을 줄 수 있어.
여: 우유 한 잔? 알았어.
남: 한 가지 더! 너무 많이 먹어서는 안 돼. 과식은 수면에 부정적으로 영향을 줄 수 있어.
여: 고마워. 너의 조언을 따르도록 노력할게.

어휘 disturb[distə́:rb] 동 방해하다 take a nap 낮잠을 자다 fall asleep 잠들다 overeating[òuvərí:tiŋ] 명 과식 negatively[négətivli] 부 부정적으로 affect[əfékt] 동 …에 영향을 미치다

해설 가벼운 운동은 효과가 없었다고 여자가 말했다.

09 ②

여: 안녕하세요, Robinson 씨. 오늘 기분 어떠세요?
남: 아주 좋아요. 물어봐주셔서 감사합니다.
여: 좋습니다. 차트에는 정기 검진을 받기 위해 여기 오셨다고 되어 있습니다. 제 말이 맞나요?
남: 네. 수영 국가 대표팀인데, 그것을 요구하네요.
여: 알겠습니다. 혈액 검사로 시작할 거예요. 그 다음에는 당신의 심장과 폐를 살펴볼 거예요. 건강에 대해 염려하는 것 있나요?
남: 음…. 때때로 어깨에 통증이 느껴져요. 그것도 확인해 주실 수 있나요?
여: 물론이죠. 운동을 많이 하기 때문일 거예요. X-ray에서 뭔가 찾을 수 있을지도 모릅니다. 가서 가운으로 갈아입으세요.

어휘 chart[tʃɑ:rt] 명 차트 regular checkup 정기 검진 national team 국가 대표팀 blood test 혈액 검사 lung[lʌŋ] 명 폐 concern[kənsə́:rn] 명 걱정, 염려 gown[gaun] 명 가운

해설 건강 정기 검진을 시행하는 사람은 의사(doctor)이다.
① 코치 ③ 사서 ④ 상점 관리자 ⑤ 과학 교사

10 ③

여: 너 안 좋아 보이네. 무슨 일이니?
남: 허리 통증이 심해. 어젯밤에 잠을 잘못 잔 것 같아.
여: 안됐구나. 있잖아, 나 허리 통증에 좋은 요가 자세를 알아. 보여줄까?
남: 아, 제발 알려줘. 통증을 줄이는 것이라면 뭐든 하겠어.
여: 좋아. 내가 하는 것만 따라 해. 우선 앉아서 다리를 쭉 뻗고 양발을 모아. 그다음에 앞으로 숙여서 손이 발끝에 닿도록 해.
남: 손이 발끝에 닿도록? 내가 제대로 하고 있니?
여: 아주 잘하고 있어. 그 자세를 유지하고 열을 세.
남: 좋아. 하기 그렇게 어렵지 않은데.
여: 맞아. 이제 좀 어떠니?
남: 좀 좋아진 것 같아. 고마워!

어휘 backache[bǽkèik] 명 요통, 허리 통증 pose[pouz] 명 자세 stretch out 뻗다 bend[bend] 동 굽히다, 숙이다 forward[fɔ́:rwərd] 부 앞으로 toe[tou] 명 발가락

position[pəzíʃən] 명 위치; *자세 count[kaunt] 동 (숫자를) 세다

해설 여자는 남자에게 앉아서 다리를 뻗고 상체를 앞으로 숙여 손이 발끝에 닿도록 하는 동작을 알려주고 있다.

11 ④

여: 'Helena Kim Show'에 오신 걸 환영합니다. 오늘은 특별 손님으로 Clark 박사님을 모셨습니다.

남: 안녕하세요. 저는 여러분께 칫솔을 깨끗하게 유지하는 방법을 알려 드리러 나왔습니다.

여: 네, 시작해보죠. 저는 칫솔을 욕실에 보관합니다. 그건 괜찮습니까?

남: 아니요. 칫솔은 사용 후에 건조한 상태로 보관되어야 합니다. 하지만 아시다시피 욕실은 항상 습합니다.

여: 그렇다면 어디가 좋은 장소일까요?

남: 칫솔을 창가나 침실에 두는 것이 더 낫습니다.

여: 알겠습니다. 또 무엇을 알아야 할까요?

남: 칫솔모들이 서로 닿도록 두지 마십시오. 세균이 한 칫솔에서 다른 칫솔로 옮아갈 수 있습니다.

여: 그러면 우리는 컵 하나에 여러 개의 칫솔을 보관해서는 안 되겠군요?

남: 그렇습니다. 그리고 3~4개월마다 칫솔을 바꾸어 주세요. 한 가지 더 있어요. 베이킹 소다를 넣은 물에 칫솔을 넣어두면 소독할 수 있습니다.

어휘 toothbrush[túːθbrʌ̀ʃ] 명 칫솔 store[stɔːr] 동 보관하다 dry[drai] 형 마른, 건조한 wet[wet] 형 젖은 place[pleis] 동 두다, 놓다 bacteria[bæktíriə] 명 *pl.* 박테리아, 세균

12 ④

여: 목이 건조하고 아파. 이 차갑고 건조한 겨울 공기가 싫어.

남: 그게 네 방에 물을 두어야 하는 이유야. 나는 내 방에 어항을 둬. 금붕어를 키우는 것도 재미있고 그 안의 물이 공기를 덜 건조하게 해 줘.

여: 글쎄, 금붕어는 원치 않아. 물을 갈아주는 게 귀찮거든.

남: 그렇다면 꽃병은 어때? 꽃으로 네 방을 장식할 수 있잖아.

여: 다른 방법을 없을까? 나는 꽃에 알레르기가 있어.

남: 아, 그러니? 그럼 생각 좀 해볼게. *(잠시 후에)* 아, 이건 어때? 젖은 수건이나 젖은 세탁물을 방에다 널어 두는 거야. 공기를 덜 건조하게 하는 쉬운 방법이야!

여: 좋은 생각이야. 오늘 한번 시도해 봐야지.

어휘 throat[θrout] 명 목(구멍) sore[sɔːr] 형 아픈, 따가운 fishbowl[fíʃbòul] 명 어항 annoying[ənɔ́iiŋ] 형 짜증나는, 귀찮은 vase[veis] 명 꽃병 decorate[dékərèit] 동 장식하다 be allergic to …에 알레르기가 있다 laundry[lɔ́ːndri] 명 세탁물 give it a try 시도하다

해설 여자는 방 안의 공기를 덜 건조하게 하기 위해 젖은 수건이나 세탁물을 널어 두는 것을 시도하겠다고 했다.

13 ⑤

① 여: 오늘 몸이 좀 나아지셨어요?
남: 네, 하지만 여전히 좀 어지러워요.

② 여: 무엇이 문제인가요?
남: 눈이 충혈됐고 가려워요.

③ 여: 음식 알레르기가 있나요?
남: 네. 저는 땅콩과 새우에 알레르기가 있어요.

④ 여: 요즘 잠을 잘 못 자요.
남: 방향 요법을 해보는 것이 어때요?

⑤ 여: 스트레스를 받으면 무엇을 하나요?
남: 스트레스는 건강을 해칠 수 있습니다.

어휘 dizzy[dízi] 형 어지러운 red[red] 형 붉은; *충혈된 itchy[ítʃi] 형 가려운 aromatherapy[əróuməθérəpi] 명 방향 요법

해설 스트레스를 받았을 때 무엇을 하는지 묻는 질문에 스트레스로 인한 영향을 말하는 것은 적절하지 않다.
Q 가장 부자연스러운 대화를 고르시오.

14 ④

여: 건강해지고 멋진 몸매를 갖기를 원하십니까? 그렇다면 Athletic 피트니스 센터가 당신에게 제격입니다! 저희 센터는 다양한 운동 장비를 갖추고 있습니다. 웨이트에서 러닝머신까지 여러분이 필요로 하는 모든 것을 제공해 드릴 것입니다. 방문하시면 저희는 건강해지기 위해 여러분에게 필요한 것이 무엇인지 점검해 드릴 것입니다. 그러고 나서 1대1 트레이너가 여러분에게 적합한 운동 프로그램을 마련해 드릴 겁니다. 그들은 또한 여러분의 식단에 적절한 영양소가 포함되도록 식단도 짜 드립니다. 저희는 또한 요가와 댄스를 비롯한 다양한 무료 수업도 제공합니다. 이번 주에 등록하시면 반값에 회원이 되실 수 있습니다. 또한, 새 회원들에게 무료 운동복을 제공합니다. 이 멋진 기회를 놓치지 마세요!

어휘 get in shape 건강해지다 a wide range of 다양한 equipment[ikwípmənt] 명 장비 weight[weit] 명 무게; *역기, 웨이트 treadmill[trédmìl] 명 러닝머신

provide A with B A에게 B를 제공하다 one-on-one [wʌ́nɔnwʌ́n] 형 1대1의 plan one's diet 식단을 짜다 proper[prɑ́pər] 형 적절한 sign up 등록하다 at half price 반값으로[에] sportswear[spɔ́:rtswὲər] 명 운동복 opportunity [ὰpərtjú:nəti] 명 기회

해설 Q Athletic 피트니스 센터가 제공하는 서비스로 언급되지 않은 것은?
① 운동 프로그램 ② 식단 프로그램 ③ 요가와 댄스 수업
④ 샤워실과 사우나 ⑤ 무료 운동복

15-16 .... 15 ④ 16 ③

남: 쉽게 스트레스를 받으십니까? 연구는 특정한 유형의 성격을 가진 사람들은 다른 사람들보다 스트레스를 더 많이 받고 부정적인 감정이 더 많이 생긴다는 것을 보여줍니다. 이러한 사람들은 D 유형의 성격을 가졌다고 합니다. 다음과 같은 것을 한다면 당신도 D 유형의 사람일지 모릅니다. 첫째, D 유형의 사람들은 거절을 두려워하기 때문에 다른 사람들이 하는 말을 지나치게 걱정합니다. 둘째, 그들은 심지어 가장 사소한 일까지도 걱정하는 경향이 있습니다. 이러한 것들은 대개 전혀 걱정할 필요가 없는 것인데도 말입니다. 셋째, 그들은 다른 사람들에게 자신들이 느끼는 것을 숨깁니다. 이것이 그들이 더 스트레스를 받게 하는데도 그것을 내면에 감춥니다. 과학자들은 그들이 자신의 감정을 표현할 방법을 찾아서 그것들을 극복할 필요가 있다고 말합니다. 만약 그렇게 하지 않는다면 그들은 스트레스로 인해 심장마비를 겪을 가능성이 네 배 더 높습니다.

어휘 personality[pə̀rsənǽləti] 명 성격 fear[fiər] 동 두려워하다 rejection[ridʒékʃən] 명 거절 tend *to do* …하는 경향이 있다 hide A from B B에게 A를 숨기다 get over 극복하다 be likely *to do* …할 가능성이 있다 heart attack 심장 마비 [문제] benefit[bénəfit] 명 이득 be under stress 스트레스를 받고 있다 due to …때문에 on one's own 스스로, 직접 characteristic [kæ̀riktərístik] 명 특징 care about …을 신경 쓰다 opinion[əpínjən] 명 의견 anxiety[æŋzáiəti] 명 불안, 염려

해설 **15** 남자는 스트레스를 잘 받는 성격 유형인 D 유형의 사람들에 대해 설명하고 있다.
Q 화자는 주로 무엇에 대해 이야기하고 있는가?
① 스트레스를 받는 것의 몇 가지 이점들
② 스트레스로 인해 심장마비가 온 사람들
③ 스트레스 정도를 스스로 확인할 수 있는 몇 가지 테스트들
④ 스트레스를 쉽게 받는 특정 유형의 성격
⑤ 스트레스를 쉽게 극복하는 사람들의 특징들

16 Q D 유형의 사람들의 특징으로 언급되지 않은 것은?
① 다른 사람의 의견에 지나치게 신경 쓰는 것
② 거절당하는 것을 두려워하는 것
③ 사람들과 있는 시간보다 혼자 있는 시간을 선호하는 것
④ 작은 것에 대해 지나치게 많이 염려하는 것
⑤ 감정을 잘 표현하지 않는 것

Dictation

본문 pp. 106~111

01 nice to have you, every time I see you, think positively, laugh often, helps keep me fit, relaxes me, any other tips, eat a balanced diet

02 suffer from a headache, take a pill, until the pain goes away, effective for fighting headaches, reduce your headache symptoms, A lack of water, that contains a lot of water, to be good for headaches, make your headaches worse

03 sorry to bother you, No, not at all, give me a ride, on a business trip, go grocery shopping, have a high fever, but it isn't helping, where the nearest emergency room is, I'm on my way now, in 15 minutes

04 where a pharmacy is around here, How often, two times a day, cut my finger, stay healthy, take vitamins every day, It is high in

05-06 researchers found that, help you remember things better, protects your brain cells from damage, helps an upset stomach, after exercise, prevent muscle pain, has a positive effect, one of the main causes

07 make an appointment, have my medical records, I caught a bad cold, Last Saturday, Tuesday is fully booked, The sooner the better, in the morning if possible

08 can't sleep well, tried light exercise, didn't help, before going to bed, watch TV in bed, disturb your sleep, Don't take naps, drinking a cup of warm milk, enough to fall asleep, Overeating can negatively affect your sleep, follow your advice

09 Thanks for asking, to have your regular checkup, they require it, start with your blood test, have any concerns about your health, feel pain in my shoulder, may find something, change into the gown

10 have a terrible backache, if it reduces my pain, stretch your legs out, bend forward and touch your toes, Stay in that position, That's not very hard to do, feel a little better

11 how to keep your toothbrushes clean, store my toothbrushes, be kept dry after use, what would be a good place, place it by a window, touch each other, in one cup, every three or four months, by putting it into water

12 My throat feels dry and sore, keep water in your room, makes the air less dry, is annoying, decorate your room with flowers, I'm allergic to flowers, let me think, Hang a wet towel, give it a try

13 Are you feeling better, still feel a bit dizzy, red and itchy, have any food allergies, I'm allergic to, when you feel stressed, damage your health

14 get in shape, a wide range of, what you need to do, prepare the right exercise program, includes the proper nutrients, If you sign up this week, at half price, Don't miss

15-16 get stressed easily, a certain type of personality, have more negative feelings than others, if you do the following, what other people say, fear rejection, hide what they're feeling, causes them to have more stress, to express their feelings, more likely to have

Review Test

본문 p. 112

A 1 ⓓ 2 ⓖ 3 ⓐ 4 ⓗ 5 ⓒ 6 ⓑ 7 ⓕ 8 ⓔ
B 1 ⓑ 2 ⓐ
C 1 give, a ride 2 a balanced diet
3 are more likely to

A

1 ⓓ 2 ⓖ 3 ⓐ 4 ⓗ 5 ⓒ 6 ⓑ 7 ⓕ 8 ⓔ

1 (고통을) 덜어 주다: ⓓ 문제나 고통을 덜 심하게 만들다

2 방해하다: ⓖ 누군가가 일하거나 자거나 다른 활동을 하지 못하게 하다

3 함유하다: ⓐ 내부에 어떤 것을 가지고 있다.

4 알레르기가 있는: ⓗ 특정 음식을 먹거나 특정 물건을 만졌을 때 아프게 되는

5 적절한: ⓒ 특정 상황에 알맞거나 적합한

6 막다, 예방하다: ⓑ 어떤 일이 일어나는 것을 막다

7 …에 영향을 미치다: ⓕ 누군가나 무언가를 어떤 식으로 바뀌도록 만들다

8 증상: ⓔ 누군가가 아프다는 것을 보여주는 징후

B

1 ⓑ 2 ⓐ

1 무엇이 문제인가요?
ⓐ 이 약이 통증을 줄여줄 거예요.
ⓑ 제 목이 건조하고 부었어요.

2 이 약을 몇 번 먹어야 하나요?
ⓐ 하루 세 번, 식사 후에 두 알을 드세요.
ⓑ 약을 먹고 고통이 사라질 때까지 기다리세요.

Unit 08 Money

Words Preview

본문 p. 114

01 중고의 02 무일푼의, 빈털터리의 03 저금, 예금 04 투자하다 05 (요금·값을) 청구하다 06 경매 07 기부하다 08 예산 09 수입 10 금융의 11 계좌 12 자선 단체 13 과소비 14 환율 15 갚다 16 복권에 당첨되다 17 …의 용돈을 올리다 18 …에게 돈을 빌려주다

Getting Ready

본문 p. 115

A 1 win, ⓒ 2 in return, ⓐ 3 up for, ⓑ
4 a service charge, ⓓ 5 one's bad habit, ⓔ
B 1 ⓒ 2 ⓐ 3 ⓑ
C 1 ⓐ 2 ⓐ

B ··· 1 ⓒ 2 ⓐ 3 ⓑ

1 M: How did you save up money to buy a new watch?
W: I had a part-time job in a café.
남: 어떻게 새 시계를 살 돈을 모았니?
여: 카페에서 아르바이트를 했어.

2 M: I'd like to withdraw some money from my account.
W: Okay. Please fill out the form first.
남: 계좌에서 돈을 좀 인출하고 싶어요.
여: 알겠습니다. 먼저 이 양식을 작성해 주세요.

3 M: What can I do to help the animals in danger?
W: One way to help them is to donate some money.
남: 위험에 처한 동물을 돕기 위해 무엇을 할 수 있을까?
여: 그들을 돕기 위한 한 방법은 돈을 좀 기부하는 것이야.

C ··· 1 ⓐ 2 ⓐ

1 I'd like to know the exchange rate from pounds to won.
파운드에서 원화로의 환율을 알고 싶어요.
ⓐ 오늘은 1파운드에 1,600원입니다.
ⓑ 얼마를 파운드로 환전하고 싶으세요?

2 Can you lend me some money?
돈을 좀 빌려줄 수 있니?
ⓐ 안돼. 너는 지난번에 빌려 간 돈을 갚지 않았잖아.
ⓑ 너는 그에게 당장 돈을 돌려받고 싶다고 말해야 해.

Topic Listening

본문 pp. 116~119

01 ⓐ 02 ⓒ 03 ① 04 ① 05 ④ 06 ⑤ 07 ⑤
08 ④ 09 ④ 10 ① 11 ② 12 ③ 13 ② 14 ④
15 ④ 16 ⑤

01 ··· ⓐ

여: 난 자전거를 사고 싶은데 돈이 충분하지 않아.
남: 나는 돈을 모을 수 있는 좋은 방법을 알아. 그게 내가 새 휴대전화를 살 수 있었던 방법이지.
여: 정말? 그게 뭔데?
남: 우리 동네에는 2주마다 벼룩시장이 열려. 내 물건 몇 개를 거기에서 팔았지.
여: 어떤 물건을 팔았는데?
남: 헌 옷들과 MP3 플레이어를 팔았어. 넌 어떤 중고제품이는지 팔 수 있어.
여: 알겠어. 다음번에 그렇게 해봐야겠다.

어휘 save up (돈을) 모으다 flea market 벼룩시장 stuff[stʌf] 명 물건 used[juːst] 형 중고의

해설 남자는 쓰던 물건들을 벼룩시장에 내다 팔아 돈을 모았다.

02 ··· ⓒ

여: James, 너 새 헤드폰을 샀구나! 너 완전히 빈털터리라고 나에게 말하지 않았니?
남: 응, 그랬지. 그래서 이것을 사려고 6개월 동안 돈을 모았어.
여: 돈을 모은 비결이 뭐니?
남: 아르바이트를 했어.
여: 아, 무슨 일을 했는데? 식당에서 일했니?
남: 아니. 거리에서 공연을 했어. 기타를 치며 노래했어.
여: 그래서 사람들이 네 노래를 듣기 위해 네게 돈을 줬구나! 그것도 일종의 아르바이트지. 잘됐네.

어휘 totally[tóutəli] 부 완전히 broke[brouk] 형 무일푼의, 빈털터리의 part-time job 아르바이트 perform [pərfɔ́ːrm] 동 공연하다

해설 남자는 거리 공연을 통해 돈을 모았다.

03 ············ ①

남: 안녕하세요. 도와드릴까요?

여: 네, 이 계좌로 돈을 좀 보내고 싶습니다.

남: 알겠습니다. 우선 이 양식을 작성해 주세요.

여: 네. 돈을 보내는 데 수수료를 내야 합니까?

남: 네. 저희는 3,000원을 청구합니다.

여: 아, 비싸군요.

남: 인터넷 뱅킹을 이용하는 게 어떠세요? 수수료가 없고 서비스는 24시간 이용 가능합니다.

여: 편리할 것 같군요. 다음번에 온라인 서비스를 이용해 봐야겠어요.

남: 오늘 서비스 신청을 하시겠어요?

여: 아, 실은 몇 달 전에 신청을 했어요. 다만 아직 사용을 안 한 거죠.

남: 아, 그러시군요.

어휘 account[əkáunt] 명 계좌 fill out 작성하다 form [fɔːrm] 명 형식, 양식 pay a service charge 수수료를 지불하다 charge[tʃɑːrdʒ] 동 (요금·값을) 청구하다 sign up for …을 신청하다

04 ············ ①

여: 아빠, 텔레비전에 나오는 아이들 좀 보세요. 굶주리고 있어요.

남: 그래. 살아가기에 충분한 음식이 없는 아이들이 많이 있구나.

여: 그들이 안타까워요. 제가 도울 수 있는 방법이 있을까요?

남: 가장 쉬운 방법은 돈을 좀 기부하는 거야. 그러면 그 돈이 저들을 위한 음식을 사는 데 쓰일 수 있어.

여: 하지만 제가 어떻게 기부를 할 수 있을까요? 저는 학생이라 돈이 많지 않은 걸요.

남: 큰 액수일 필요는 없단다. 1달러씩이라도 도움이 돼.

여: 정말요?

남: 그럼. 네가 매달 기부를 한다면 그것은 큰 도움이 될 거야.

여: 알겠어요. 그럼 제 용돈의 일부를 기부하겠어요.

남: 좋아!

어휘 starve[stɑːrv] 동 굶주리다 survive[sərváiv] 동 살아남다 donate[dóuneit] 동 기부하다 amount[əmáunt] 명 양, 액수 allowance[əláuəns] 명 용돈

해설 남자는 여자에게 굶주리는 아이들을 위해 적은 돈이라도 매달 기부하면 큰 도움이 될 거라고 조언했다.

05 ············ ④

남: 엄마, 부탁드릴 게 있어요. 제 용돈 좀 올려주시겠어요?

여: 왜 돈이 더 필요하니? 지금 아르바이트도 하고 있잖니.

남: 그 돈은 디지털카메라를 사기 위해 저축하고 있어요.

여: 좋아, 하지만 돈을 어떻게 쓸지 나에게 말해 줘야 해.

남: 물론이죠. 저는 연극반 활동 때문에 돈이 필요해요. 새 학기를 위한 책도 좀 사야 하고요.

여: 그리고 데이트하는 데에도 돈이 필요할 것 같은데, 그렇지?

남: 물론이죠. 저는 벌써 16살이에요. 그래서 한 달에 50달러는 이 모든 것들을 하기에는 충분하지 않아요.

여: 좋아. 그러면 얼마나 더 필요하니?

남: 20달러를 더 주실 수 있으세요? 공부를 더 열심히 하겠다고 약속할게요.

어휘 favor[féivər] 명 호의; *부탁 raise[reiz] 동 들어올리다; *(양 등을) 올리다, 인상하다 save[seiv] 동 모으다, 저축하다 semester[siméstər] 명 학기 go on a date 데이트를 하다 promise[prámis] 동 약속하다

해설 현재 남자는 한 달에 50달러를 용돈으로 받고 있으나 20달러를 더 받고 싶어 한다.

06 ············ ⑤

여: ① 10% 미만의 사람들이 수입의 70% 이상을 저축한다.

② 26%의 사람들은 수입의 50~70%를 저축한다.

③ 가장 많은 수의 사람들이 수입의 30~50%를 저축한다.

④ 20%의 사람들은 수입의 10~30%를 저축한다.

⑤ 15% 이상의 사람들이 수입의 10% 미만을 저축한다.

어휘 income[ínkʌm] 명 수입 the number of …의 수 [문제] percentage[pərséntidʒ] 명 백분율, 비율

해설 그래프에 따르면 14%의 사람들이 수입의 10% 미만을 저축한다. [그래프] 사람들이 저축하는 수입의 비율

07 ············ ⑤

남: 아버지의 제안으로 나는 지난 여름방학에 아르바이트로 신문을 배달했다. 짧은 기간이었지만 나는 많은 것을 배웠다. 첫날, 나는 많은 사람들이 하루를 아주 일찍 시작한다는 것을 알게 되었다. 나는 평소에 늦게 일어났기 때문에 그것은 아주 놀라웠다. 나는 내 소중한 시간을 낭비해 왔음을 깨달았다. 내가 배운 또 다른 교훈

은 돈을 버는 것이 매우 힘들다는 것이다. 일을 하면서 나는 늦지 않으려고 항상 서둘러야 했다. 날씨가 좋지 않을 때에도 나는 어떻게든 일을 해야 했다. 그래서 일이 끝나고 나면 온몸이 아팠다. 하지만 나는 포기하지 않았고 한 달에 20만 원을 벌었다. 그것은 나에게 매우 특별한 경험이었다.

어휘 at someone's suggestion …의 제안에 따라 deliver [dilívər] 동 배달하다 period [pí(:)əriəd] 명 기간 waste [weist] 동 낭비하다 precious [préʃəs] 형 귀중한 earn [əːrn] 동 (돈을) 벌다 avoid *doing* …하는 것을 피하다 ache [eik] 동 아프다 give up 포기하다

해설 남자는 방학 동안 신문 배달 아르바이트를 한 뒤 그로부터 얻은 교훈에 대해 이야기하고 있다.

08 ④

남: 다진아, 걱정이 있어 보이는구나. 무슨 일이니?

여: Max가 나에게서 돈을 빌려 갔는데 돌려받을 수 있을 것 같지 않아.

남: 왜 그렇게 생각하는데?

여: 음, 그는 예전에도 돈을 빌렸거든. 그런데 갚지 않았어.

남: 그러면 왜 그에게 또 돈을 빌려줬어?

여: 그는 항상 좋은 핑계를 대거든. 이번에는 지갑을 잃어버려서 버스비로 쓸 돈이 필요하댔어.

남: 그건 좋지 않아. 그가 계속 돈을 빌려 가고 되돌려 주지 않는다면 그건 너희 우정을 망가뜨릴 거야.

여: 네 말이 맞아. 난 어떻게 해야 할까?

남: 돈을 돌려받고 싶다고 그에게 말해. 그리고 다시는 그에게 돈을 빌려주지 마.

여: 만약에 그가 나에게 화를 내면 어떡하지?

남: 음, 그에게 돈을 갚으라고 요청하는 건 잘못된 게 아니야. 난 그가 이 나쁜 습관을 고쳐야 한다고 생각해.

어휘 borrow [bárou] 동 빌리다 get back 돌려받다 pay back 갚다 lend [lend] 동 빌려주다 excuse [ikskjúːs] 명 변명, 핑계 fare [fɛər] 명 요금 ruin [rú(:)in] 동 망치다 break a bad habit 나쁜 습관을 고치다

해설 여자는 친구 Max가 빌린 돈을 갚지 않아서 걱정하고 있다.

09 ④

남: INE 은행이 청소년 금융 교육 캠프를 12월 26일부터 28일까지 개최할 것입니다. 15세에서 18세까지의 학생들이 이 캠프에 참가할 수 있습니다. 돈을 어떻게 쓰고, 저축하고, 투자할지를 배울 수 있는 절호의 기회가 될 것입니다. 현명한 소비자가 되는 법에 대한 강좌가 있을 것입니다. 또한, 학생들은 그들의 돈을 더 잘 관리할 수 있는 방법에 대해 토론하는 시간도 갖게 됩니다. 그리고 금융 박물관을 방문하여 돈의 역사에 대해 배울 것입니다. 또한 저희는 학생들에게 활동에 필요한 계산기와 용돈기입장, 경제 잡지 몇 권을 제공해 드립니다. 캠프에 참가하길 원하시면 12월 15일까지 www.inebank.com에 방문하여 신청서를 작성해 주세요!

어휘 financial [fainǽnʃəl] 형 금융의 invest [invést] 동 투자하다 consumer [kənsjúːmər] 명 소비자 discuss [diskʌ́s] 동 …에 대해 토론하다 manage [mǽnidʒ] 동 간신히 해내다; *관리하다 calculator [kǽlkjəlèitər] 명 계산기 account book 가계부, 용돈기입장 economic [ìːkənámik] 형 경제의 application form 신청서

10 ①

여: 이것 봐! 이 패션 잡지로부터 공짜 선물을 받았어.

남: 무엇을 받았는데?

여: 멋진 가방이야! 분명히 못해도 3만 원 정도 할 거야.

남: 어떻게 잡지 회사들이 그런 좋은 선물을 거저 줄 수 있는지 궁금해. 종종 선물이 잡지 그 자체보다 더 비싸기도 하잖아.

여: 그들은 고객을 끌어들여야 하잖아. 공짜 선물이 없으면 판매량이 떨어질 거야.

남: 그건 말도 안 돼. 그러면, 그들은 어떻게 수익을 얻는 거야?

여: 내 생각엔 광고를 통해서 충분히 돈을 벌 수 있는 거 같아. 잡지를 더 많이 팔수록 광고를 통해서 점점 더 많은 돈을 벌어들일 수 있겠지.

남: 그래서 공짜 선물에 대한 대가로 우리는 점점 더 많은 광고를 읽어야만 하는구나.

여: 맞아.

남: 그들은 그렇게 함으로써 잡지의 질을 떨어뜨리고 있다는 것을 알아야 해.

어휘 worth [wəːrθ] 형 …의 가치가 있는 wonder [wʌ́ndər] 동 궁금해 하다 give away 거저 주다, 선물로 주다 attract [ətrǽkt] 동 (주위·흥미를) 끌다, 유인하다 ridiculous [ridíkjələs] 형 터무니없는 make money 수익을 얻다 ad [æd] 명 광고(= advertisement) in return for …의 대가로 lower [lóuə(r)] 동 낮추다 quality [kwáləti] 명 질

해설 남자는 사은품 때문에 광고가 많아져서 잡지의 질이 떨어진다고

말했으므로 비판적인(critical) 태도를 가지고 있음을 알 수 있다.
② 궁금한 ③ 긍정적인 ④ 중립적인 ⑤ 무관심한

11 ·· ②

여: 여러분은 쇼핑을 매우 좋아하나요? 스스로를 쇼핑중독자라고 여기시나요? 여러분 중 일부는 그렇다고 대답할지도 모릅니다. 매일 여러분은 무언가를 사는 데 돈을 씁니다. 하지만, 일 년에 한 번, 아무것도 사지 않는 날을 갖는 건 어떨까요? 북미에서 추수감사절 다음 금요일에는 많은 사람들이 아무것도 사지 않습니다. '아무것도 사지 않는 날'이라고 불리는 이 날은 1992년에 처음 시작되었습니다. Ted Dave라는 이름의 캐나다인 광고종사자가 사람들이 과소비에 대해 생각하게 하려고 이 날을 제정했습니다. 이날, 아무것도 사지 않음으로써, 여러분은 돈을 아끼고 소비지상주의에 대해 생각해 볼 수 있습니다. 지금 여러분의 달력에 표시하세요. 하지만 기억하세요! 이날은 오늘 아무것도 사지 않고 내일 더 많이 사기를 의미하지 않는다는 걸요!

어휘 consider[kənsídər] 동 고려하다; *…이라고 여기다 shopaholic[ʃɑpəhɔ̀lik] 명 쇼핑중독자 thanksgiving [θæ̀ŋksgíviŋ] 명 추수감사절 name[neim] 동 이름을 지어주다 organize[ɔ́:rgənàiz] 동 조직하다 overconsumption[òuvəkənsʌ́mpʃən] 명 과소비 consumerism[kənsjú:mərìzəm] 명 소비지상주의 mark[mɑ:rk] 동 표시하다

해설 여자는 '아무것도 사지 않는 날'을 소개하며 그 날을 실천할 것을 권장하고 있다.

12 ·· ③

여: Liam, 무엇을 읽고 있니?
남: Warren Buffett과의 점심에 관한 뉴스 기사를 읽고 있어. 그에 대해 들어본 적 있니?
여: 물론이지. 그는 유명한 미국의 기업 투자자잖아. 그런데 이 점심은 뭐야?
남: 매년 경매가 있어. 낙찰자는 뉴욕에 있는 스테이크 하우스에서 그와 함께 약 세 시간 동안 점심을 먹을 기회를 얻게 돼.
여: 아, 그렇구나. 그래서 낙찰자는 돈을 얼마나 냈니?
남: 이 기사에는 올해 350만 달러에 팔렸다고 나와 있어.
여: 350만 달러라고? 정말 어마어마한 돈이구나. 근데 Warren Buffett은 왜 이 행사를 시작한 거야? 그는 돈을 벌려는 거니?
남: 사실, 그는 2000년에 그 행사를 시작한 이래로 그 돈을 자선 단체에 기부해 왔어.
여: 그는 인심이 아주 후한 게 틀림없어. 그게 많은 사람들이 그를 존경하는 이유인 것 같아.

어휘 article[ɑ́:rtikl] 명 (신문 · 잡지의) 기사 investor [invéstər] 명 투자자 auction[ɔ́:kʃən] 명 경매 charity[tʃǽrəti] 명 자선 단체 generous[dʒénərəs] 형 관대한, 후한 respect[rispékt] 동 존경하다

해설 Warren Buffett과의 점심은 매년 경매를 통해 낙찰자가 선정되며 올해에는 350만 달러에 낙찰되었다고 했다.

13 ·· ②

① 남: 오늘 현재 환율이 어떻게 되나요?
여: 현재 1달러에 1,100원입니다.
② 남: 거스름돈을 잘못 주신 것 같아요.
여: 거스름돈은 가지세요.
③ 남: 어떻게 용돈을 현명하게 사용할 수 있을까?
여: 예산을 짜는 것이 도움이 될 거야.
④ 남: 제 예금 계좌에서 돈을 좀 이체하고 싶어요.
여: 얼마나 이체하실 건가요?
⑤ 남: 돈을 좀 빌려줄 수 있나요?
여: 미안해요. 완전 빈털터리예요.

어휘 current[kə́:rənt] 형 현재의 exchange rate 환율 change[tʃeindʒ] 명 변화; *거스름돈 budget[bʌ́dʒit] 명 예산 transfer[trænsfə́:r] 동 이체하다 saving [séiviŋ] 명 절약; *저금, 예금

해설 거스름돈이 잘못되었다는 말에 거스름돈을 가지라는 대답은 적절하지 않다.
Q 가장 부자연스러운 대화를 고르시오.

14 ·· ④

여: 실례합니다. 이 계산서를 다시 한 번 확인해 주시겠어요? 오류가 있는 것 같아요.
남: 그럼요. 한번 볼게요. 하우스 샐러드와 그릴에 구운 돼지고기를 주문하셨네요. 맞습니까?
여: 카푸치노 한 잔도 주문했어요.
남: 알겠습니다. 샐러드가 6달러, 돼지고기는 10달러, 그리고 카푸치노는 4달러이고요. 그래서 합계는 20달러입니다.
여: 맞아요. 하지만 제 영수증을 보세요. 22달러예요. 저에게 2달러를 더 청구하셨어요!
남: 손님, 죄송합니다만 저희는 모든 식사에 10%의 부가세를 추가합니다. 메뉴에 쓰여 있습니다.

여: 아, 그건 몰랐네요. 그렇다면 맞는 것 같습니다. 번거롭게 해 드려 죄송합니다.

남: 괜찮습니다.

어휘 bill[bil] 명 청구서, 계산서 certainly[sə́ːrtənli] 부 (질문에 대한 대답으로) 그럼요, 물론이지요 grilled[grild] 형 그릴에 구운 tax[tæks] 명 세금 meal[miːl] 명 식사 bother[báðər] 동 신경 쓰이게 하다

해설 음식값 20달러에 부가세 10%를 더하면 총 22달러가 된다.
Q 여자는 얼마를 지불해야 하는가?

15-16 .... 15 ④ 16 ⑤

여: 여러분이 갑자기 수백만 달러를 가지게 되었다고 상상해 보세요. 이것이 복권에 당첨된 사람들에게 벌어지는 일입니다. 그것이 많은 사람들이 새롭고, 행복한 삶을 꿈꾸며 매주 복권을 사는 이유입니다. 하지만 그것은 모든 사람들에게 나타나는 결과는 아닙니다. 잉글랜드에서 쓰레기 수거인으로 일하던 Michael Carroll이라는 남자가 있었습니다. 그가 19세였던 2002년에 그는 970만 파운드의 복권에 당첨됐습니다. 하지만 그는 자신의 돈을 현명하게 사용하지 않았습니다. 사치스러운 집과 도박에 돈을 낭비했죠. 결국 그는 8년 만에 모든 돈을 잃고 말았습니다. 그의 아내는 그를 떠났고, 그는 다시 쓰레기 수거인으로 일하기 시작했습니다. 자신의 운명을 비관하여, 그는 두 번이나 자살을 시도했습니다. 그의 사례는 하룻밤 사이에 부자가 되는 것을 꿈꾸는 사람들에게 경고의 역할을 해줍니다.

어휘 win the lottery 복권에 당첨되다 ticket[tíkit] 명 표; *복권 dream of …을 꿈꾸다 turn out (일·진행·결과가 특정 방식으로) 되다 luxurious[lʌgʒú(ː)riəs] 형 사치스러운 gambling[gǽmbliŋ] 명 도박 in the end 결국 depressed[diprést] 형 우울한 fate[feit] 명 운명 commit suicide 자살하다 case[keis] 명 경우; *사례 serve as …의 역할을 하다 warning[wɔ́ːrniŋ] 명 경고 overnight[óuvərnàit] 부 하룻밤 사이에 [문제] profit [prάfit] 명 이익, 수익 used *to do* …이었다[했다] kill oneself 자살하다

해설 **15** 복권에 당첨되었으나 돈을 탕진하고 불행해진 사람에 관한 이야기이다.
Q 화자는 주로 무엇에 대해 이야기하고 있는가?
① 부자가 되는 방법
② 부자들의 사치스러운 삶
③ 사람들이 복권을 하는 이유
④ 복권 당첨의 어두운 면
⑤ 복권 판매 수익의 쓰임

16 그는 자살한 것이 아니라 두 번 자살시도를 했다고 했다.
Q 담화에 따르면, Michael Carroll에 대해 옳지 않은 것은?
① 그는 쓰레기 수거인이었다.
② 그는 2002년에 복권에 당첨되었다.
③ 그는 970만 파운드에 당첨되었을 때 19세였다.
④ 그는 사치스러운 물건에 자신의 돈을 썼다.
⑤ 그는 모든 것을 잃어버렸기 때문에 자살을 했다.

Dictation

본문 pp. 120~125

01 have enough money, save up money, In my town, every two weeks, sold old clothes, any kind of used products

02 you were totally broke, saved money for six months, secret to saving money, had a part-time job, performed on the street, to hear your music

03 May I help you, to this account, pay a service charge, 3,000, use online banking, available 24 hours a day, sounds convenient, sign up for the service, haven't used it yet

04 They're starving, don't have enough food to survive, to donate some money, be used to buy, how can I donate, a large amount, every month, be a great help, some of my allowance

05 raise my allowance, how you will spend it, for my drama club activities, for the new semester, for going on dates, $50 a month isn't enough, an extra $20

06 Less than 10% of people, between 50 and 70%, The largest number of people, 20% of people, save less than 10%

07 At my father's suggestion, a short period of time start their day very early, had been wasting my precious time, really hard to earn money, hurry to avoid being late, ached all over, didn't give up, 200,000

08 look worried, never paid me back, lend him money again, lost his wallet, ruin your friendship, What should I do, What if he gets angry at me, it's not wrong, break this bad habit

09 from December 26th to 28th, aged 15 to 18, how to spend, save, invest money, have time to discuss, the history of money, provide students with a calculator, fill out the application form

10 got a free gift, be worth at least 30,000 won, give away such nice gifts, attract customers, their sales will drop, make enough money from their advertisements, in return for free gifts, lowering the quality

11 spend some money on buying something, a day on which you buy nothing, first started in 1992, organized this day, buy more tomorrow

12 What are you reading, Have you heard of him, a famous American business investor, the chance to have lunch, how much money did the winner pay, start this event, to charity, very generous, respect him

13 the current exchange rate, gave me the wrong change, keep the change, Planning a budget, from my savings account, lend me some money, I am totally broke

14 check this bill again, You ordered, The salad is $6, the total comes to $20, look at my receipt, charged me $2 more, add a 10% tax, written on our menu

15-16 suddenly had millions of dollars, people who win the lottery, how it turns out, who worked as a garbage collector, 19 years old, spend his money wisely, all of his money in eight years, Depressed about his fate, serve as a warning

Review Test

본문 p. 126

A 1 ⓗ 2 ⓖ 3 ⓔ 4 ⓒ 5 ⓓ 6 ⓕ 7 ⓐ 8 ⓑ
B 1 ⓑ 2 ⓐ 3 ⓒ 4 ⓓ
C 1 donated money 2 in return for
3 won the lottery

A ······ 1 ⓗ 2 ⓖ 3 ⓔ 4 ⓒ 5 ⓓ 6 ⓕ 7 ⓐ 8 ⓑ

1 요금: ⓗ 버스나 기차와 같은 탈것을 이용할 때 지불해야 하는 돈

2 (요금·값을) 청구하다: ⓖ 제품이나 서비스의 대가로 특정한 금액의 돈을 요구하다

3 기부하다: ⓔ 조직에 돈이나 물건을 주다

4 소비자: ⓒ 제품을 구매하거나 서비스를 사용하는 사람

5 굶주리다: ⓓ 먹을 음식의 부족으로 약해지거나 죽다

6 수입: ⓕ 일을 하거나 투자함으로써 벌어들이는 돈

7 무일푼의, 빈털터리의: ⓐ 돈이 없는

8 금융의: ⓑ 돈 관리와 관련된

B ······ 1 ⓑ 2 ⓐ 3 ⓒ 4 ⓓ

남: NE 은행에 오신 것을 환영합니다. 어떻게 도와드릴까요?
여: ⓑ 프랑스로 돈을 좀 보내고 싶어요.
남: ⓐ 알겠습니다. 우선 이 양식을 작성해주세요.
여: ⓒ 다 됐습니다. 수수료를 지불해야 하나요?
남: ⓓ 네. 해외로 돈을 보내는 것에 대해 20달러를 청구합니다.

Unit 09 Art

Words Preview

본문 p. 128

01 조각하다 02 주제, 테마 03 독주회 04 설계도; 설계하다, 고안하다 05 천부적인 재능이 있는 06 전시(하다) 07 감동을 주다 08 대조, 대비 09 건축가 10 전시회 11 교향곡 12 풍경 13 소재 14 작곡가 15 입장료 16 기금을 모으다 17 …의 취향에 맞는 18 언론의 주목을 받다

Getting Ready

본문 p. 129

A 1 impress, ⓓ 2 media attention, ⓔ 3 to mind, ⓒ 4 a donation, ⓐ 5 ahead of, ⓑ
B 1 ⓑ 2 ⓒ 3 ⓐ
C 1 ⓑ 2 ⓑ

B ······ 1 ⓑ 2 ⓒ 3 ⓐ

1 M: What do you think about this work?
W: The photographer used light effectively.
남: 이 작품에 대해 어떻게 생각해?
여: 사진작가가 빛을 효과적으로 사용했어.

2 M: Some people are using their flash while taking pictures of musicians!
W: They should feel ashamed of themselves.
남: 몇몇 사람들이 음악가들을 찍으면서 플래시를 사용하고 있어!
여: 그들은 스스로를 부끄러워해야 해.

3 M: Where can I borrow an audio guide?
W: You can borrow one from the information desk on the first floor.
남: 오디오 가이드를 어디서 대여할 수 있나요?
여: 1층 안내 데스크에서 그것을 빌릴 수 있습니다.

C ······ 1 ⓑ 2 ⓑ

1 What can I see in the exhibition?
그 전시회에서 무엇을 볼 수 있나요?
ⓐ 이 전시회의 목적은 어려운 아이들을 위한 기금을 마련하는 것입니다.
ⓑ 관람객들은 뉴질랜드의 아름다운 풍경 사진을 볼 수 있습니다.

2 I'd like to know the schedule for the Claude Monet exhibition.
클로드 모네 전시회 일정을 알고 싶어요.
ⓐ 클로드 모네의 그림은 별로 내 취향이 아니에요.
ⓑ 그것은 10월 11일부터 12월 25일까지 열릴 것입니다.

Topic Listening

본문 pp. 130~133

01 ⓐ 02 ⓓ 03 ③ 04 ② 05 ② 06 ⑤ 07 ⑤
08 ② 09 ③ 10 ① 11 ① 12 ④ 13 ③ 14 ②
15 ⑤ 16 ②

01 ······ ⓐ

여: 와. 이 그림을 좀 봐. 이것이 몹시 맘에 들어.
남: 응. 아주 멋지구나! 나는 아름다운 식물을 그린 이런 종류의 그림을 좋아해.
여: 맞아. 이 꽃은 서양 화가에게 가장 인기 있는 소재 중 하나야. 반 고흐를 생각해봐. 그는 해바라기 그림으로 잘 알려져 있어.
남: 네 말이 맞아. 중국이나 한국의 화가들이 대나무를 많이 그렸던 반면, 많은 서양인들이 해바라기를 선택했지.
여: 맞아. 하지만 나는 그들이 왜 이 큰 꽃을 사랑했는지 이해할 수 있을 것 같아. 이 색을 봐. 몹시 밝고 아름다워.
남: 응. 난 이 노란색이 몹시 맘에 들어.

어휘 subject[sʌ́bdʒikt] 명 주제; *소재 Western[wéstərn] 형 서양의 be well known for …으로 잘 알려져 있다 sunflower[sʌ́nflàuər] 명 해바라기 bamboo[bæmbúː] 명 대나무 Westerner[wéstərnər] 명 서양인 painter[péintər] 명 화가 bright[brait] 형 밝은

해설 해바라기를 그렸다고 했다.

02 ······ ⓓ

남: 얘, 이 그림을 봐.
여: 와. 아름다운 풍경화구나. 바다가 아름다워 보여.
남: 화가가 아주 선명한 색을 사용했어. 꽃을 좀 봐. 빨간색과 노란색이 몹시 산뜻해 보여.
여: 응. 붉은 꽃과 푸른 물이 강한 대조를 이루고 있어.
남: 바다의 부드러운 물결을 느낄 수 있어. 화가가 화창한 날 이것을 그렸다고 확신해.
여: 응. 그림을 그리기에 완벽한 날이었음이 분명해. 그림

에 있는 배를 타고 싶다.

어휘 landscape[lǽndskèip] 명 풍경 vivid[vívid] 형 선명한 contrast[kɑ́ntræst] 명 대조, 대비 gentle[dʒéntl] 형 온화한 wave[weiv] 명 물결, 파도

해설 푸른 바다와 꽃, 그리고 보트가 있는 그림임을 알 수 있다.

03 ③

남: 나는 음악가 집안 출신이다. 아버지는 피아노 연주자셨고 어머니는 작곡가셨다. 자연스럽게 나에게는 어린 시절부터 다양한 종류의 악기를 연주하는 법을 배울 기회가 있었다. 나는 바이올린과 피아노부터 시작했지만 그것들에 별로 흥미가 없었다. 여섯 살 때 나는 처음으로 첼로 소리를 들었다. 그 즉시 나는 그것이 나에게 완벽하다는 것을 알아차렸다. 나는 그것의 깊고 풍부한 소리가 아주 좋았다. 나는 첼로를 연주하는 법을 배우기로 결심했고 매일 아주 열심히 연습했다. 현재 나는 오케스트라에서 첼로를 연주한다.

어휘 composer[kəmpóuzər] 명 작곡가 naturally[nǽtʃərəli] 부 자연스럽게 instrument[ínstrəmənt] 명 악기 right away 즉시 realize[ríːəlaiz] 동 깨닫다, 알아차리다 rich[ritʃ] 형 부유한; *풍부한 orchestra[ɔ́ːrkistrə] 명 오케스트라, 관현악단

04 ②

여: Ryan 씨, 오늘 그림에 대한 친절한 설명 감사합니다. 저는 대학에서 미술을 전공하고 있습니다. 몇 가지 질문을 드려도 될까요?

남: 그럼요.

여: 저는 언젠가 당신처럼 큐레이터가 되고 싶습니다. 제가 무엇을 해야 하는지 말씀해 주시겠어요?

남: 우선 예술을 깊이 있게 이해해야 합니다. 그리고 우리는 아주 많은 다른 사람들과 일하기 때문에 좋은 대인 관계 기술을 갖추는 것도 중요합니다.

여: 그렇군요.

남: 또한 전시회를 기획하는 능력도 필요합니다. 큐레이터는 주제를 선택하고 예술품이 어떻게 전시될지 결정해야 하거든요.

여: 와, 큐레이터가 되는 것은 어려운 것 같네요. 어떤 것을 더 얘기해주실 수 있나요?

남: 최신 정보를 알아야 합니다. 트렌드와, 관객들의 선호를 알아야 하거든요.

여: 알겠습니다. 시간 내주셔서 감사합니다.

남: 천만에요.

어휘 explanation[èksplənéiʃən] 명 설명 major in …을 전공하다 curator[kjuəréitər] 명 큐레이터(박물관·미술관 등의 전시 책임자) people skill 대인 관계 기술 exhibition[èksəbíʃən] 명 전시회 theme[θiːm] 명 주제, 테마 display[displéi] 동 전시하다 work[wəːrk] 명 일; *작품 keep up with (뉴스·유행 등에 대해) 알게 되다, 알다 preference[préfrəns] 명 선호(도), 애호 audience[ɔ́ːdiəns] 명 관람객

05 ②

남: 오늘 우리는 중요한 자세를 배울 것입니다.

여: 어렵나요?

남: 아뇨, 하지만 두 발을 바르게 해야 해요! 우선 한 발로 서세요. 이제 다른 다리를 뒤쪽으로 쭉 뻗으세요.

여: 한 다리를 뒤로 뻗는다고요?

남: 네. 90도가 되어야 합니다. 이제 한 팔을 앞으로 뻗으세요. 그리고 다른 팔은 뒤로 뻗으세요. 양팔로 자연스러운 선을 만드세요.

여: 한 팔을 앞으로 하고, 다른 팔은 뒤로. 이렇게요?

남: 좋아요. 아주 잘하고 있어요. 하지만 팔을 굽히지 마세요!

어휘 pose[pouz] 명 포즈, 자세 stretch[stretʃ] 동 뻗다 straight[streit] 부 똑바로, 일직선으로 backward[bǽkwərd] 부 뒤쪽으로 degree[digríː] 명 (각도의 단위) 도 angle[ǽŋgl] 명 각도 bend[bend] 동 굽히다

해설 한 발로 선 다음 다른 쪽 다리를 90도 각도로 뒤로 뻗고, 한 팔은 앞으로, 다른 한 팔은 뒤로 뻗으라고 했다.

06 ⑤

남: 지난주 Jake Brown의 전시회는 어땠니? 네가 가장 좋아하는 사진작가라고 말했잖아.

여: 그의 작품은 완벽했어. 그는 빛을 효과적으로 사용했어. 하지만 나는 조금 짜증이 났어.

남: 왜? 무슨 문제가 있었니?

여: 응. 전시회장에서, 사진 촬영이 허용되지 않는다는 표지판이 있었는데도 불구하고 몇몇 사람들이 사진을 찍고 있었어.

남: 정말? 왜 일부 사람들이 그렇게 무례한지 이해가 안 가.

여: 그러게. 심지어 플래시를 사용해서 몹시 언짢았어! 작품에 집중할 수가 없었어.

남: 오, 저런! 근처에 직원이 없었니?

여: 응, 직원이 충분하지 않았어.

남: 그거 안됐다. 한번은 내가 피아노 콘서트에 있었는데, 내 옆의 몇몇 사람들이 시끄럽게 떠들었어. 정말 방해가 됐어.

여: 그들은 스스로를 부끄러워해야 해.

어휘 annoyed[ənɔ́id] 형 짜증이 난 exhibition hall 전시회장 allow[əláu] 동 허락[허용]하다 impolite[ìmpəláit] 형 무례한 flash[flæʃ] 명 섬광, 번쩍임; *(카메라) 플래시 concentrate on …에 집중하다 employee[implɔiíː] 명 종업원 bother[bɑ́ðər] 동 신경 쓰이게 하다 ashamed[əʃéimd] 형 부끄러운

해설 여자는 사진 촬영이 금지된 전시회에서 사람들이 플래시를 사용하여 사진을 촬영해 화가 났다.

07 ⑤

(전화벨이 울린다)

여: 여보세요, Grand 아트센터의 Hailey입니다. 도와드릴까요?

남: 네, 살바도르 달리 전시회의 일정을 알고 싶습니다. 언제 시작인가요?

여: 9월 첫째 날부터 12월 23일까지 전시회를 개최할 예정입니다.

남: 관람 시간은요?

여: 화요일에서 금요일까지는 오전 10시부터 오후 5시, 주말에는 오전 9시에서 오후 6시까지 개방입니다. 월요일은 휴관입니다.

남: 알겠습니다. 입장권은 얼마입니까?

여: 입장권 가격은 어른은 15달러, 학생은 10달러, 어린이는 7달러입니다.

남: 저는 아트센터 회원인데요. 할인을 받을 수 있나요?

여: 네. 10%의 할인을 받으실 수 있습니다.

남: 알겠습니다. 정보 감사합니다.

08 ②

여: 미국 최고의 젊은 음악가들 중 한 명인 Richard Han이 돌아옵니다! 그의 바이올린 독주회가 서울아트센터에서 있을 예정입니다. 그의 놀라운 바이올린 기술은 전 세계 청중들을 감동시켜 왔습니다. 그는 독주회에서 헨델, 바흐, 그리고 베토벤의 작품들을 연주할 것입니다. 독주회는 단 하루, 7월 3일 오후 8시에 열릴 예정입니다. 입장권은 3만 원부터 시작입니다. 5만 원, 6만 원, 8만 원짜리 입장권도 있습니다. 빨리 팔릴 것으로 예상되므로 지금 1754-9386번으로 전화하셔서 좌석을 확보하시기 바랍니다. 한 가지가 더 있습니다. 우리가 가장 사랑하는 가수, Jessica Wilson이 특별 초대 손님으로 참여합니다. 와서 그녀의 목소리와 Han의 바이올린의 조화를 들어보세요. 이 일생일대의 행사를 놓치지 마세요!

어휘 recital[risáitəl] 명 독주회 skill[skil] 명 기술, 기교 impress[imprés] 동 감동을 주다 piece[piːs] 명 조각; *작품 sell[sel] 동 팔다; *팔리다 harmony[hɑ́ːrməni] 명 조화, 화합 lifetime[láiftàim] 명 일생

해설 독주회는 7월 3일 단 하루만 열린다고 했다.

> 바이올린 연주자 Richard Han 독주회
> ① 장소: 서울아트센터
> ② 날짜: 7월 3일 ~ 4일, 오후 8시
> ③ 입장권 가격: 80,000원, 60,000원, 50,000원, 30,000원
> ④ 입장권 예매: 전화) 1754-9386
> ⑤ 특별 초대 손님: Jessica Wilson

09 ③

여: 아, 너는 모차르트 교향곡을 듣고 있구나.

남: 맞아. 어떻게 알았니? 클래식 음악에 관심 있니?

여: 응. 난 특히 모차르트의 음악을 듣는 것을 좋아해. 내 생각에 그는 천부적인 작곡가였던 것 같아.

남: 나도 그렇게 생각해. 그거 알아? 그는 다섯 살의 나이에 첫 작품을 작곡했대.

여: 놀랍다, 그렇지 않니? 그 나이에 난 그저 동요나 부르고 있었는데.

남: 또, 그는 누가 연주하는 것을 그냥 듣기만 하고서 바이올린을 연주하는 법을 알았다고 하더라.

여: 어떻게 그게 가능해? 그는 엄청나게 타고난 재능이 있었음에 틀림없어.

남: 그래. 그가 그렇게 일찍 죽은 것은 유감스러운 일이야. 그가 더 오래 살았다면 오늘날 더 많은 아름다운 음악 작품이 남아 있을 텐데.

어휘 symphony[símfəni] 명 교향곡 classical music 클래식 음악 gifted[gíftid] 형 천부적인 재능이 있는 natural[nǽtʃərəl] 형 자연의; *타고난 talent[tǽlənt] 명 재능 pity[píti] 명 유감

해설 두 사람은 모차르트가 아주 어린 시절부터 음악에 천부적인 재능을 보인 예를 이야기하고 있다.

10 ①

여: 자, 여러분. 이 그림을 봐주세요. 이것은 에드가 드가의 가장 유명한 작품 중 하나입니다. 캔버스에 유화 물감

을 사용했으며 '발레 수업'이라고 불립니다. 이것은 발레 수업의 장면을 보여줍니다. 무용수들은 선생님의 말을 듣고 있는데, 그는 그림 가운데 초록 옷을 입고 있습니다. 그를 찾으셨나요? 좋습니다. 아마 알고 계시듯이, 드가는 발레리나를 그린 것으로 유명합니다. 1870년대 즈음부터 그가 발레리나를 그리기 시작했다고 합니다. 그는 무용수들을 그리기 위해 파리의 오페라 하우스를 방문했습니다. 그는 일상적인 환경의 무용수들을 그리고 싶어했기 때문에 무용수들이 포즈를 취하게 하지 않았죠. 이제, 다음 그림을 살펴봅시다. 따라오세요.

어휘 oil[ɔil] 명 기름; *유화 물감 scene[siːn] 명 장면 environment[inváiərənmənt] 명 (주변의) 환경 pose[pouz] 동 (문제를) 제기하다; *포즈를 취하다

해설 여자가 관람객들에게 미술 작품을 설명하고 있는 상황이므로 미술관임을 알 수 있다.

11 .... ①

남: 저는 유명 사진작가인 Melissa Jones 씨를 인터뷰하기 위해 Grace 미술관에 나와 있습니다.

여: 안녕하세요, 여러분.

남: 전시회를 둘러 보았는데, 정말 놀라웠습니다. 전시회명은 무엇입니까?

여: '아프리카의 꿈'입니다. 관람객들은 아프리카의 아름다운 풍경 사진을 보실 수 있습니다.

남: 이 전시회에는 특별한 목적이 있다고 들었습니다.

여: 맞습니다. 그것의 목적은 어려움에 처한 어린이들을 위해 기금을 모으는 것입니다. 전시회의 모든 수익금은 자선 단체에 기부될 것입니다.

남: 훌륭한 일을 하고 계시는군요. 왜 이 일을 하시게 되었습니까?

여: 약 6개월 전에 저는 아프리카를 방문했었습니다. 더러운 물과 음식 부족으로 많은 어린이들이 죽어가고 있다는 걸 알게 됐죠. 정말로 끔찍했어요.

남: 그렇군요. 이 프로그램을 보신 많은 분들이 와서 기부를 하길 바라겠습니다.

여: 감사합니다.

어휘 art gallery 미술관 purpose[pə́ːrpəs] 명 목적 raise funds 기금을 모으다 in need 어려움에 처한 profit[prɑ́fit] 명 이익, 수익 lack[læk] 명 부족 horrible[hɔ́ːrəbl] 형 끔찍한, 소름 끼치는

해설 여자는 어려움에 처한 어린이를 돕기 위해 전시회를 열었다고 했다.

12 .... ④

남: '레오나르도 다 빈치'라는 이름을 들으면 무엇이 떠오르십니까? 아마도 '모나리자'를 떠올리실 텐데요, 그것이 세계에서 가장 유명한 그림이기 때문입니다. 레오나르도 다 빈치는 이 그림 및 다른 많은 것들로 유명합니다. 그러나 사실 그는 과학에 매우 관심이 있었으며 그것을 공부하는 데 많은 시간을 쏟았습니다. 그래서 우리는 그의 놀라운 발명품 설계도에서 그의 재능을 더 많이 볼 수 있습니다. 그것들은 정말 시대를 앞선 것이었습니다! 예를 들어, 다 빈치는 최초의 잠수복 그림을 그렸습니다. 또한 최초의 헬리콥터를 고안했습니다. 어떻게 그는 400년 전에 헬리콥터를 상상할 수 있었을까요? 그는 심지어 스스로 악기를 만들었습니다! 사람들이 그를 천재라고 부르는 것은 당연한 일입니다!

어휘 come to mind 생각이 떠오르다 most likely 아마도 design[dizáin] 명 설계도 동 설계하다, 고안하다 ahead of one's time 시대를 앞선 underwater[ʌ̀ndərwɔ́ːtər] 형 수중의 diving suit 잠수복 no wonder …은 당연하다 genius[dʒíːnjəs] 명 천재

해설 그가 많은 발명을 했다고는 했으나 그것을 통해 돈을 벌었다고는 하지 않았다.

13 .... ③

① 여: 너는 피카소의 그림에 대해 어떻게 생각하니?
남: 그의 그림은 별로 내 취향에 맞지 않아.

② 여: 그 전시회에서 무엇을 볼 수 있니?
남: 중세 시대의 의상을 볼 수 있어.

③ 여: 피아노 독주회가 언제니?
남: 아트센터의 웹사이트에서 표를 구입할 수 있어.

④ 여: 가장 좋아하는 화가가 누구니?
남: 나는 구스타프 클림트를 가장 좋아해.

⑤ 여: 어디서 오디오 가이드를 대여할 수 있나요?
남: 1층에서 그것을 구할 수 있습니다.

어휘 to one's taste …의 취향에 맞는 the Middle Ages 중세시대 audio guide (미술관) 오디오 가이드

해설 독주회의 날짜를 묻는 질문에 표 구매 방법을 말하는 대답은 적절하지 않다.
Q 가장 부자연스러운 대화를 고르시오.

14 .... ②

여: Union 박물관에 오신 것을 환영합니다. 오디오 가이드는 1층 안내 데스크에서 대여할 수 있습니다. '현대

중국 회화' 전시회 역시 그 층에서 열리고 있습니다. 이 전시회는 젊은 중국 화가들의 작품 45점을 포함하고 있습니다. 2층에서는 '고대로의 여행'이라는 특별전시회를 열고 있습니다. 그것은 역사적인 유물들의 흥미로운 전시로 인하여 언론의 많은 주목을 받았습니다. 이번 달로 막을 내릴 예정이니 여러분이 그것을 볼 기회를 놓치지 마십시오. 3층에는 유럽 사진들이 전시 중입니다. 이 작품들은 빛에 의해 만들어질 수 있는 아름다움을 여러분께 보여 드릴 것입니다. 카페와 식당은 4층에 있습니다. 그리고 기념품 가게는 5층에 있습니다. 감사합니다.

어휘 ancient[éinʃənt] 형 고대의 get media attention 언론의 주목을 받다 display[displéi] 명 전시 historical [histɔ́(:)rikəl] 형 역사적인 object[ábdʒekt] 명 물건, 물체 souvenir[sù:vəníər] 명 기념품

해설 고대 역사에 관한 전시는 2층에서 열린다고 했다.
Q 몇 층에서 고대 역사에 관한 전시회가 열리고 있는가?

15-16 ········ 15 ⑤ 16 ②

남: Grace, 나는 세계적으로 유명한 건축가에 대해서 보고서를 써야 해. 아는 사람 있니?

여: 안토니오 가우디 어때? 그는 유명한 스페인 건축가야. 그리고 Sagrada Familia는 그의 최고의 작품이지.

남: Sagrada Familia? 그것은 어떤 건물이니?

여: 그것은 스페인 바르셀로나에 있는 성당이야. 1882년에 건설되기 시작했는데 아직 완공되지 않았어.

남: 정말? 그러면 언제 완공될 예정이야?

여: 가우디의 죽음 이후로, 그의 제자들이 계속해서 그것을 지어오고 있어. 하지만 아무도 그것이 언제 완공될지 몰라. 건축 비용이 관광객들이 내는 입장료로만 마련되거든. 그래서 시간이 오래 걸릴 거야.

남: 와. 너는 어떻게 그것에 대해 그렇게 많이 알고 있니?

여: 지난 여름에 바르셀로나로 여행을 갔었어. 교회의 모든 돌이 손으로 조각되어 있어서 매우 감명을 받았지.

남: 놀랍구나! 나도 볼 수 있으면 좋겠다.

어휘 architect[á:rkitèkt] 명 건축가 construction [kənstrʌ́kʃən] 명 건설, 건축 be scheduled *to do* …할 예정이다 follower[fálouər] 명 신봉자, 제자 fund[fʌnd] 동 자금[기금]을 대다 entrance fee 입장료 carve[ka:rv] 동 조각하다 [문제] opposition[àpəzíʃən] 명 반대, 항의 original[ərídʒənəl] 형 최초의, 본래의 material[mətí(:)əriəl] 명 직물; *재료

해설 **15** 두 사람은 안토니오 가우디라는 건축가와 그의 최고의 건축물인 Sagrada Familia에 대해 이야기하고 있다.
Q 화자들은 주로 무엇에 대해 이야기하고 있는가?
① 스페인으로의 여행 계획
② 안토니오 가우디의 삶
③ 스페인의 유명한 교회들
④ 세계의 유명 건축가들
⑤ 안토니오 가우디와 그의 최고의 작품

16 Sagrada Familia는 건축 비용을 관광객들의 입장료에서 충당하고 있기 때문에 언제 완공될지 모른다고 했다.
Q Sagrada Familia는 왜 아직 완공되지 못했는가?
① 많은 관광객들 때문에
② 건축 비용 때문에
③ 시민들의 반대 때문에
④ 최초 건축가의 사망 때문에
⑤ 건축 자재를 찾는 것의 어려움 때문에

Dictation

본문 pp. 134~139

01 painting of beautiful plants, one of the most popular subjects, is well known for, painted bamboo a lot, why they loved this big flower, bright and beautiful

02 a beautiful landscape painting, used really vivid colors, look fresh, a strong contrast, feel the gentle waves, must have been a perfect day, ride that boat

03 came from a musical family, play many kinds of instruments, heard the sound, it was perfect for me, its deep, rich sound, practiced very hard every day

04 your kind explanation of the paintings, ask you some questions, have a deep understanding of art, to have good people skills, the ability to plan exhibitions, how the art work is displayed, keep up with the latest information, what preferences audiences have

05 learn an important pose, stand on one feet, straight out, stretch one arm forward, make a natural line with your arms, don't bend your arms

06 How did you like, used light effectively, a bit annoyed, In the exhibition hall, photography is not allowed, why some people are so impolite, couldn't concentrate on the works, not enough staff members, talked loudly, bothered me, feel ashamed of themselves

07 I'd like to know the schedule, When does it start, hold the exhibition, It's closed on Mondays, How much are the tickets, $7 for children, a member of the art center, a 10% discount

08 One of America's best young musicians, have impressed audiences, for one night only, They are expected to sell quickly, appear as a special guest, hear the harmony, this event of a lifetime

09 Are you interested in classical music, he was a gifted composer, He composed his first piece of music, after just hearing someone play, have had a great natural talent, he died so young, more beautiful pieces of music

10 used oil on canvas, shows a scene, listening to the teacher, is famous for drawing ballerinas, visited an opera house in Paris, in their everyday environment, make the dancers pose, Follow me

11 looked around the exhibition, see beautiful landscape pictures of Africa, has a special purpose, will be donated to charity, What made you do this, unclean water, a lack of food, many people watching this program

12 What comes to mind, the most famous painting, spent a lot of time studying it, his talent in his amazing designs, ahead of their time, How was he able to imagine, made musical instruments on his own

13 What do you think about, to my taste, costumes from the Middle Ages, You can buy tickets, favorite artist, borrow an audio guide, on the first floor

14 at the information desk, This exhibition includes 45 paintings, holding a special exhibition, got a lot of media attention, displays of historical objects, on display, that can be created by light, a souvenir shop

15-16 write about a world-famous architect, What kind of building, Construction started in 1882, When is it scheduled to be finished, have continued working on it, the entrance fee paid by visitors, had been carved by hand, I could see it

Review Test

본문 p. 140

A 1ⓕ 2ⓓ 3ⓑ 4ⓔ 5ⓐ 6ⓖ 7ⓒ 8ⓗ
B 1ⓒ 2ⓐ
C 1 raise funds 2 got media attention
3 came to my mind

A

1ⓕ 2ⓓ 3ⓑ 4ⓔ 5ⓐ 6ⓖ 7ⓒ 8ⓗ

1 부족: ⓕ 무언가가 필요할 때 없는 상태

2 조각하다: ⓓ 돌이나 나무 조각을 잘라 무언가를 만들다

3 설계하다, 고안하다: ⓑ 무언가가 어떻게 만들어지거나 지어질지 계획하다

4 천부적인 재능이 있는: ⓔ 특정 과목이나 활동에 대해 타고난 재능이 있는

5 이익: ⓐ 사업이 벌어들이는 돈

6 주제, 테마: ⓖ 전시회나 책 등의 어떤 것의 주요 개념이나 주제

7 전시하다: ⓒ 사람들이 볼 수 있게 어떤 것을 놓다

8 대조, 대비: ⓗ 그림이나 사진과 같은 예술 작품에서 볼 수 있는 빛이나 색의 뚜렷한 차이

B

1ⓒ 2ⓐ

1 Luis 미술관에서 어떤 전시회가 열리고 있나요?

2 큐레이터가 되기 위해서 저는 무엇을 할 필요가 있나요?

ⓐ 당신은 예술에 대한 안목이 있어야 해요.
ⓑ 미술관은 오전 아홉 시부터 오후 여섯 시까지 엽니다.
ⓒ 그들은 'The New Sensation'이라는 제목의 전시회를 열고 있어요.

Unit 10 Issues

Words Preview

본문 p. 142

01 정책 02 괴롭히다; 괴롭히는 사람 03 불법적인 04 사생활, 프라이버시 05 부족 06 경제의 07 자산 08 협박하다 09 다문화의 10 개인정보 11 국제결혼 12 …인 것으로 드러나다 13 죄책감을 느끼다 14 (건물에) 침입하다 15 …을 놀리다 16 헌혈하다 17 자살하다 18 이야기를 지어내다

Getting Ready

본문 p. 143

A 1 confidence, ⓒ 2 commit, ⓐ 3 blackmail, ⓓ
4 fun of, ⓑ 5 make up, ⓔ
B 1 ⓑ 2 ⓐ 3 ⓒ
C 1 ⓑ 2 ⓑ

B ········· 1 ⓑ 2 ⓐ 3 ⓒ

1 Many celebrities avoid going out because of paparazzi.
많은 연예인들이 파파라치 때문에 외출하는 것을 피한다.

2 Many young models are suffering from eating disorders.
많은 어린 모델들이 섭식 장애로 고통 받고 있다.

3 The indoor temperature should be set at 26 degrees in public places.
공공장소에서 실내 온도는 26도에 맞춰져야 한다.

C ········· 1 ⓑ 2 ⓑ

1 What is one of the main concerns in France?
프랑스의 주요 문제 중 하나는 무엇이니?
ⓐ 프랑스는 그 문제를 해결하기 위해 새 정책을 만들었어.
ⓑ 청년 실업이 요즘 심각한 사회적 문제야.

2 What problem do students with multicultural backgrounds have?
다문화적 배경의 학생들에게는 어떤 어려움이 있니?
ⓐ 국제결혼은 요즘 증가하고 있어.
ⓑ 그들은 그 언어에 유창하지 못해서 수업을 이해하지 못해.

Topic Listening

본문 pp. 144~147

01 ① 02 ⑤ 03 ② 04 ③ 05 ⓒ 06 ⓑ 07 ①
08 ④ 09 ② 10 ② 11 ② 12 ④ 13 ④ 14 ③
15 ⑤ 16 ③

01 ········· ①

남: 안녕하세요. 밤늦게 귀찮게 해서 죄송합니다. 저는 아래층에 삽니다.
여: 괜찮습니다. 무슨 일인가요?
남: 저, 당신의 아파트에서 나는 소음에 대해 항의하러 왔습니다. 천장을 통해서 소음이 들리는데 잠을 잘 수가 없어요.
여: 아, 정말 죄송합니다. 제 아이들 때문인 것 같군요. 어린 아들이 두 명이 있거든요.
남: 네, 제 생각엔 아이들이 바닥에서 뛰는 것 같아요. 실은 오늘 밤만 그런 것은 아닙니다. 아이들이 그렇게 놀 수 있다는 것을 이해하지만 늦은 밤에는 더 조심하라고 좀 일러주세요.
여: 알겠어요. 다시 한번 죄송합니다. 아이들이 그만하도록 확실히 할게요.
남: 감사합니다. 그렇게 해주시면 감사히겠습니다.

어휘 downstairs[dáunstέərz] 부 아래층에서 complain [kəmpléin] 동 항의하다 ceiling[síːliŋ] 명 천장 terribly[térəbli] 부 너무, 몹시 appreciate[əpríːʃièit] 동 인정하다; *고마워하다

해설 아래층 남자가 위층 여자에게 소음에 대해 항의하고 있는 상황으로 이웃 사이의 대화임을 알 수 있다.

02 ········· ⑤

여: Brody, 헌혈해 본 적 있니?
남: 아니, 안 해봤어. 솔직히 말하자면, 일어날 수 있는 건강 문제들 때문에 걱정돼.
여: 그게 무슨 말이야?
남: 내 친구가 헌혈을 하고 나서 아프고 어지러웠대.
여: 걱정할 필요 없어. 그것을 하기 전에, 네가 헌혈을 해도 안전한지 확실히 하기 위해 간호사가 건강 검진을 해줘.
남: 그래? 그런데 나는 아플까 봐 두렵기도 해. 나는 주사 맞는 것을 좋아하지 않아.
여: 이봐! 혈액을 필요로 하는 많은 환자들이 있어. 그리고 병원에는 그들에게 줄 수 있는 충분한 혈액이 없어.
남: 알았어, 알았다고. 생각해볼게.

어휘 donate blood 헌혈하다 to be honest 솔직히 말하자면 possible[pásəbl] ⓗ 있을 수[가능성] 있는 dizzy[dízi] ⓗ 어지러운 shot[ʃɑːt] ⓜ 발사; *주사

해설 여자는 헌혈을 두려워하는 남자에게 헌혈의 안전성과 필요성을 이야기하고 있다.

03 ②

남: Jenny, 너 오늘 피곤해 보여. 무슨 일 있었니? 어젯밤 잘 자지 못했니?

여: 응. 잘 수가 없었어. 지난밤에 밖이 정말 시끄러웠거든.

남: 무슨 일이었니? 바깥에서 사람들이 싸우고 있었니?

여: 아니. 있잖아, 유명 가수가 지난주에 옆집으로 이사를 왔거든. 그리고 거의 100명 정도의 그의 팬들이 심하게 떠들면서 그를 기다리고 있었어.

남: 와, 건물 안의 모든 사람들이 몹시 화가 났겠다.

여: 응. 그게 다가 아니야. 나 무서웠잖아! 팬들 중 일부는 그의 집에 침입하려고 했어.

남: 정말이니? 그거 말도 안 돼. 나 누군가가 그의 집에 몰래카메라를 설치했다는 것을 인터넷에서 읽었어.

여: 응. 그 가수가 정말 안됐어. 그는 이번이 2년 사이에 그의 3번째 이사라고 했거든.

남: 모두가 그러한 것처럼 스타들도 사생활이 필요하다는 것을 팬들은 알아야 해.

어휘 make noise 떠들다, 소란을 피우다 break into (건물에) 침입하다 hidden camera 몰래카메라 feel sorry for …을 측은하게 여기다 privacy[práivəsi] ⓜ 사생활, 프라이버시

해설 남자는 가수의 사생활을 침범하는 팬들을 비판하고 있다.

04 ③

여: 제 친구 Sandra는 섭식 장애로 고통 받고 있습니다. 그것은 그녀가 텔레비전에 나오는 연예인들과 자신을 비교하면서부터 시작되었습니다. 그들을 볼 때마다 그녀는 자신의 외모에 대한 자신감을 잃었습니다. 그녀는 자신이 너무 뚱뚱하다고 생각했습니다. 그녀는 아주 조금만 먹기 시작했습니다. 무언가 먹을 때마다 그녀는 기분이 매우 안 좋았습니다. 그래서 그녀는 먹고 나서 자주 구토를 했습니다. 지금 그녀는 너무 말랐지만 그것을 여전히 멈출 수 없습니다. 그녀의 건강은 심각하게 상했습니다. 그녀는 자주 어지럽고 쉽게 아픕니다. 또한 그녀는 항상 피곤하고 우울해 보입니다. 저는 그녀가 매우 걱정됩니다.

어휘 suffer from …으로 고통받다 eating disorder 섭식 장애 compare[kəmpέər] ⓓ 비교하다 celebrity[səlébrəti] ⓜ 유명 인사, 연예인 look[luk] ⓜ *pl.* 외모 throw up 토하다 skinny[skíni] ⓗ (보기 흉할 정도로) 깡마른, 비쩍 여윈 depressed[diprést] ⓗ 우울한

해설 Sandra는 살찌는 것을 너무 걱정해서 음식을 거부하는 섭식 장애에 걸렸다.

05 ⓒ

남: 어제 나는 모르는 번호로부터 걸려온 전화를 받았다. 전화를 건 사람은 자신이 경찰이라고 했다. 그는 내가 가입한 웹사이트가 해킹을 당했다고 했다. 그는 나에게 계좌번호와 비밀번호를 포함한 개인정보 몇 가지를 요구했다. 그는 수사를 위해 그것들이 필요하다고 말했다. 나는 그를 믿었고 그에게 모든 것을 알려줬다. 이후 나는 내 계좌에서 돈 일부가 사라진 것을 알게 되었다. 나는 경찰은 은행 관련 정보를 절대 물어보지 않을 것이라는 사실을 깨달았다. 나는 속았던 것이다!

어휘 unknown[ʌnnóun] ⓗ 알려지지 않은 hack[hæk] ⓓ 해킹하다 personal information 개인정보 investigation[invèstigéiʃən] ⓜ 조사, 수사 disappear[dìsəpíər] ⓓ 사라지다 fool[fuːl] ⓓ 속이다

해설 남자는 경찰을 사칭한 사람에게 개인정보를 알려주는 바람에 계좌에 있던 돈을 잃게 되는 전화 금융사기를 당했다.

06 ⓑ

여: 오늘 나는 끔찍한 신문기사를 읽었다. 한 남자가 과자를 샀는데 그 안에 벌레가 있는 것을 발견했다. 많은 사람들이 그 식품회사에 화가 났다. 하지만 놀랍게도 그 고객이 이야기를 지어낸 것으로 밝혀졌다. 그는 단지 그 회사로부터 돈을 바랐던 것이다. 때때로 사람들은 제품에 대해 거짓말을 지어낸다. 그런 다음 많은 돈을 요구하며 회사를 협박한다. 그러나 그 제품에 정말로 문제가 있었는지 없었는지는 밝혀내기가 어렵다. 회사는 자신들의 이미지를 지키기 위해 보통 그들의 요구를 그냥 받아들인다.

어휘 worm[wəːrm] ⓜ 벌레 turn out …인 것으로 드러나다 make up a story 이야기를 지어내다 blackmail[blǽkmèil] ⓓ 협박하다 accept[əksépt] ⓓ 받아들이다 demand[dimǽnd] ⓜ 요구

해설 여자는 회사를 협박하여 돈을 얻어내기 위해 거짓말을 지어내는 악덕 소비자들에 관해 이야기하고 있다.

07 ························ ①

남: 이 지하철은 너무 더워. 에어컨에 무슨 문제가 있는 걸까?

여: 내 생각에 그건 정부의 새로운 정책 때문인 것 같아.

남: 무슨 정책?

여: 정부가 공공장소에서 실내온도는 26도 정도로 유지되어야 한다고 발표했어. 에너지를 절약하기 위한 거야.

남: 음, 우리가 에너지를 절약해야 한다는 것은 이해해. 하지만 이게 좋은 방안인지는 모르겠어.

여: 작년에 있었던 정전 기억 안 나니? 요즘 에너지 부족은 매우 심각해.

남: 알아. 하지만 이렇게 불쾌하다면 누가 지하철을 이용하고 싶겠니? 적어도 혼잡 시간에는 온도를 낮춰 줬으면 좋겠어. 땀이 난다고! 참기 힘들어.

여: 부채질을 하는 게 어떠니? 시원해지는 데 도움이 될 거야.

어휘 government [gʌ́vərnmənt] 명 정부 policy [pálisi] 명 정책 public place 공공장소 blackout [blǽkàut] 명 정전 shortage [ʃɔ́ːrtidʒ] 명 부족 unpleasant [ʌnplézənt] 형 불쾌한 sweat [swet] 동 땀을 흘리다 stand [stænd] 동 서 있다; *견디다 fan [fæn] 동 부채질을 하다 cool off 서늘해지다

해설 새로운 에너지 정책으로 지하철의 내부 온도가 높게 유지되어 남자가 더워하고 있다.

08 ························ ④

남: 요즘 많은 사람들이 학교폭력에 대해 걱정하고 있다. 뉴스에는 그것 때문에 자살을 하는 학생들에 대한 이야기가 종종 포함된다. 20% 정도의 학생들이 괴롭힘을 경험한 적이 있다고 보고된다. 이 비율은 매년 증가하고 있다. 반 친구들을 괴롭히는 학생들의 평균 연령도 더 낮아지고 있다. 심지어는 일부 초등학생들도 반 친구를 괴롭힌다. 가해 학생들은 학교에서 주로 무리를 이룬다. 그들은 친구와 함께 있기 때문에 훨씬 더 잔인하게 행동하는 경향이 있다. 더욱 심각한 것은 그들이 자신이 하는 일에 대해 죄책감을 거의 느끼지 않는다는 것이다. 그들은 단순히 재미를 위해 그렇게 한다.

어휘 be concerned about …을 걱정하다 bully [búli] 동 괴롭히다 명 (약자를) 괴롭히는 사람 feature [fíːtʃə(r)] 동 특별히 포함하다, (신문 등이) …을 특집 기사로 다루다 rate [reit] 명 비율 form a gang 무리를 이루다 tend to do …하는 경향이 있다 behave [bihéiv] 동 행동하다, 처신하다 cruelly [krúəli] 부 잔인하게, 무참하게 rarely [rέərli] 부 좀처럼 …하지 않는 feel guilty 죄책감을 느끼다 for fun 재미로

09 ························ ②

여: ① 1990년 이래로 15세에서 64세 사이의 인구 비율은 감소하고 있다.

② 65세 이상인 사람들의 수는 1980년과 1990년 사이에 약간 증가하였다.

③ 2000년에는 인구의 20% 미만이 65세 이상이었다.

④ 2030년에는 15세에서 64세 사이의 인구가 80% 이하로 떨어질 것이다.

⑤ 65세 이상의 국민은 2040년에는 전체 인구 중 거의 40%를 차지할 것으로 예상된다.

어휘 population [pɑ̀pjəléiʃən] 명 인구 decrease [díːkriːs] 동 감소하다 slightly [sláitli] 부 약간 drop [drɑp] 동 떨어지다 citizen [sítizən] 명 국민, 시민 make up …을 이루다, 형성하다

해설 1980년과 1990년 사이의 65세 이상 인구수는 약간 감소했다.
[그래프] 연령별 성인의 비율

10 ························ ②

남: 너 우울해 보여. 무슨 일이니?

여: 방금 내가 면접을 봤던 회사에서 연락이 왔어. 취직이 안됐어.

남: 아, 유감이야. 많이 실망스럽겠구나.

여: 난 영영 취직을 못 할 것만 같아. 나는 어느 회사에도 충분하지가 않나봐.

남: 실은 나도 힘든 시간을 보내고 있어. 나는 스무 군데 이상의 회사에 지원했었는데 그 중 딱 한 군데에서만 면접을 보러 오라는 전화가 왔어.

여: 뭐? 정말 힘들구나!

남: 응. 지금 당장은 경제 상황이 그렇게 좋은 것 같지 않아. 지원자는 많은데 일자리는 조금밖에 없지.

여: 젊은이들을 위한 더 많은 일자리를 만들어 내려면 어떤 조치가 취해져야 해.

어휘 down [daun] 형 우울한 opening [óupəniŋ] 명 구멍; *공석

해설 여자가 취직하는 데 실패했다고 하자, 남자 역시 어려움을 겪고 있다는 이야기를 하고 있다.

11 ························ ②

남: 얼마나 많은 사람이 자살을 하는지 알고 있나요? 세계

적으로 모든 사망의 약 6%가 자살에 의한 것으로 보고됩니다. 또한, 그것은 한국에서도 가장 심각한 사회 문제 중 하나입니다. 그것은 한국에서의 전체 사망 원인 중 4위입니다. 한국은 OECD 가입국 중 가장 자살률이 높습니다. 이 자살률은 2000년대 후반부터 증가해 오고 있습니다. 하루에 약 40명의 사람이 자살을 하는 것으로 추정됩니다. 사람들이 이런 행동을 하는 것에는 다양한 이유가 있습니다. 스트레스는 그 문제의 주된 원인입니다. 스트레스는 종종 사람들이 자살하게 만드는 우울증으로 이어질 있습니다. 위기에 빠진 사람들을 도울 더 많은 방법이 있어야 합니다.

어휘 commit 동 저지르다 suicide 명 자살 death[deθ] 명 죽음 cause[kɔːz] 동 야기하다, 초래하다 명 원인 social [sóuʃəl] 형 사회의, 사회적인 issue[íʃuː] 명 주제; *(걱정거리가 되는) 문제 estimate[éstəmit] 동 추정하다 major[méidʒər] 형 주된, 주요한 lead to …을 초래하다, …으로 이어지다 depression 명 우울증 in crisis 위기의

해설 한국에서 자살은 전체 사망 원인 중 4위라고 했다.

12 ④

여: 역사 숙제 다 했니? 그거 내일까지야.
남: 아직 안 했어. 축구 시합 후 저녁에 할 거야.
여: 당장 시작하는 편이 나을 거야. 나는 4시간 넘게 걸렸어.
남: 걱정하지 마. 나는 인터넷에서 그 주제에 관해 몇 개의 보고서를 찾아놨어. 내 보고서에 그것들을 이용할 거야.
여: 뭐라고? 그렇게 해서는 안 돼!
남: 왜 안 돼? 그 사람들은 모든 사람들이 읽을 수 있는 인터넷에 그들의 작업물을 올려놓은 거잖아.
여: 누군가가 너에게 물어보지도 않고 네 물건을 가져가면 넌 기분이 어떻겠니?
남: 그건 도둑질이지! 난 그걸 허락하지 않을 거야.
여: 그것 봐! 생각과 글도 마찬가지야. 다른 자산과 마찬가지로 그것들도 보호되어야 해.
남: 네 말이 맞는 것 같아. 그걸 기억하도록 노력할게. 누군가는 그 보고서들을 쓰기 위해 열심히 노력해야 했었겠지.

어휘 due[djuː] 형 예정인 paper[péipər] 명 보고서, 과제물 upload[ʌ́plòud] 동 업로드하다, 올리다 stuff[stʌf] 명 물건 stealing[stíːliŋ] 명 절도, 훔침 property [prɑ́pərti] 명 자산

해설 남자는 숙제를 할 때 인터넷에 있는 남이 쓴 글을 그냥 이용하는 일이 하지 말아야 할 행동임을 깨닫고 부끄러울(ashamed) 것이다.

① 피로한 ② 자랑스러운 ③ 만족스러운 ⑤ 고무된

13 ④

① 남: 너희 나라에 가장 뜨거운 문제는 무엇이니?
여: 우리의 주된 관심사는 다가오는 대통령 선거야.
② 남: 10대 범죄율이 증가하고 있어.
여: 응. 그건 심각한 사회 문제야.
③ 남: 정부의 새 정책은 무엇을 위한 거니?
여: 그것은 노년층에 취업 기회를 제공하기 위한 거야.
④ 남: 영화 산업은 불법 다운로드 때문에 피해를 보고 있어.
여: 그 영화는 생각할 거리를 많이 제공해.
⑤ 남: 많은 젊은 사람들이 직업을 찾지 못해.
여: 응. 정부는 그에 대해 무언가 해야만 해.

어휘 upcoming[ʌ́pkʌ̀miŋ] 형 다가오는 presidential [prèzidénʃəl] 형 대통령의 election[ilékʃən] 명 선거 crime[kraim] 명 범죄, 범행 the elderly 노인들 opportunity[ɑ̀pərtjúːnəti] 명 기회 industry [índəstri] 명 산업 hurt[həːrt] 동 다치게 하다; *피해를 보다 illegal[ilíːgəl] 형 불법적인

해설 영화 불법 다운로드 문제에 대한 말에 영화에 대한 감상을 말하는 것은 적절하지 않다.
Q 가장 부자연스러운 대화를 고르시오.

14 ③

남: 일반 대중들은 항상 스타들에 대해 궁금해합니다. 그들은 텔레비전에서 스타들을 보는 것만으로 만족하지 않습니다. 그들은 스타들의 개인적인 삶도 알고 싶어 합니다. 그것이 파파라치들이 스타들이 가는 곳마다 따라다니는 이유입니다. 그들은 스타들이 하는 모든 사소한 일들을 포착하려고 노력합니다. 몇몇 스타들은 이런 관심을 좋아하는데, 이는 바로 자신들이 인기 있다는 것을 의미하기 때문입니다. 또한 그것이 그들을 훨씬 더 유명하게 해줄 수도 있습니다. 하지만 많은 다른 스타들은 파파라치에 의해 사진 찍히는 것을 좋아하지 않습니다. 그들은 보통 사람들처럼 사생활을 가지고 싶어 합니다. 하지만 그들 삶의 세세한 내용들은 잡지나 인터넷에 종종 공개되곤 합니다. 이것은 그들이 항상 누군가에 의해 감시 당하고 있는 듯한 느낌이 들도록 합니다. 그 결과 스타들 중 몇몇은 우울증으로 고통 받으며, 외출하는 것을 피하기도 합니다.

어휘 general public 일반 대중 as well 또한, 역시 paparazzi[pɑ́ːpaːrɑ̀ːtsi] 명 파파라치 (paparazzo의 복

수형) wherever [*h*wɛərévər] 접 어디에나 capture [kǽptʃər] 동 포착하다 attention [ətènʃʌ́n] 명 주의, 주목; *관심 private [práivit] 형 사적인 ordinary [ɔ́ːrdənèri] 형 보통의 detail [ditéil] 명 세부 사항 reveal [rivíːl] 동 드러내다 as if 마치 …인 것처럼

해설 파파라치는 스타들을 더 유명하게 해주기도 하지만 사생활을 침해하기 때문에 그들에게 괴로움을 안겨줄 수 있다고 했다.

Q 화자는 주로 무엇에 대해 이야기하고 있는가?

① 파파라치의 기원
② 유럽의 파파라치 금지법
③ 파파라치의 장단점
④ 스타가 우울증을 겪는 주된 원인
⑤ 스타에 대한 대중의 지나친 관심

15-16 .... 15 ⑤ 16 ③

남: 우리 반에 새로운 학생이 왔어. 그의 어머니는 태국 출신이야!

여: 나는 놀랍지 않아. 요즘 국제결혼이 점점 더 흔해지고 있어. 그러니 그런 가정 출신의 아이들 숫자가 늘어나고 있는 것은 당연해.

남: 그래. 하지만 많은 사람들이 여전히 그것이 이상하다고 생각해. 우리 반의 몇몇 학생들은 그 애를 놀리기 시작했어.

여: 그건 좋지 않아. 그 애도 한국인이야.

남: 맞아. 하지만 때때로 그와 같은 학생들은 학교생활을 하는 데 문제가 있어. 그들 중 많은 이들이 한국어가 아주 유창하지 못해.

여: 그건 사실이야. 그리고 한국어를 잘 못하기 때문에 그들은 수업을 이해하는 데 어려움을 겪더라고. 나는 학교가 방과 후에 한국어를 가르쳐서 그들이 더 잘할 수 있도록 도와야만 한다고 생각해.

남: 동의해. 또한 사람들은 자신들의 태도를 바꿔야만 해. 우리는 다문화적 배경을 가진 사람들이 우리나라를 더욱 강하게 해준다는 것을 받아들여야 해.

여: 응. 네 말이 옳아.

어휘 international marriage 국제결혼 make fun of …을 놀리다 fluent [flú(ː)ənt] 형 (언어 실력이) 유창한 have difficulty (in) *doing* …에 어려움을 겪다 lesson [lésən] 명 수업(시간) attitude [ǽtitjùːd] 명 태도 multicultural [mʌ̀ltikʌ́ltʃərəl] 형 다문화의 background [bǽkgràund] 명 배경 [문제] immigration [ìməgréiʃən] 명 이민 educate [édʒukèit] 동 교육시키다 campaign [kæmpéin] 명 캠페인, 운동 financial support 재정적 지원 mentoring [méntɔriŋ] 명 멘토링

해설 15 두 사람은 다문화 가정 출신의 아이들이 겪는 문제에 대해 이야기하고 있다.

Q 화자들은 주로 무엇에 대해 이야기하고 있는가?

① 다문화 가정을 위한 새로운 정책
② 국제결혼의 증가
③ 불법 이민으로 야기되는 문제
④ 외국인 부모가 있는 아이들의 왕따
⑤ 다문화 가정 출신의 아이들이 겪는 문제

16 여자는 다문화 가정의 아이들이 학교생활을 더 잘할 수 있도록 학교에서 방과 후에 한국어를 가르쳐 줘야 한다고 했다.

Q 여자는 학교가 무엇을 해야 한다고 생각하는가?

① 왕따 가해자를 교육하는 것
② 캠페인을 시작하는 것
③ 한국어 수업을 제공하는 것
④ 재정적인 지원을 해주는 것
⑤ 멘토링 프로그램을 운영하는 것

Dictation

본문 pp. 148~153

01 Sorry for bothering you, live downstairs, complain about the noise, get to sleep, terribly sorry, have two little boys, they're jumping on the floor, ask them to be more careful, All right, make sure they stop, appreciate it

02 have you ever donated blood, To be honest, What do you mean, felt sick and dizzy, gives you a health check, afraid it will hurt, many patients who need blood

03 Didn't you sleep well, couldn't sleep, noisy outside, some people fighting outside, moved in next door, must have been really upset, tried to break into his house, That's crazy, put a hidden camera, in two years, their stars need some privacy

04 suffering from an eating disorder, began comparing herself to celebrities, lost confidence about her own looks, threw up after eating, still can't stop it, seriously damaged, looks tired and depressed

05 from an unknown number, had been hacked, my account number and password, told him everything, some money had disappeared, never ask for banking information

06 read a terrible article, found a worm in it, turned out, made up the story, lies about products, blackmail companies, hard to find out, accept their demands to protect their image

07 too hot on this subway, the government's new policy, should be kept around 26 degrees, whether this is a good idea, Energy shortages, if it's unpleasant like this, lower the temperature, can't stand it, fan yourself, cool off

08 concerned about school bullying, features stories, The rate is rising every year, average age of students, getting younger, hurt their classmates, form gangs at school, tend to behave, rarely feel guilty

09 The percentage of the population, The number of people over 65, less than, was over 65, between 15 and 64, drop under 80%, by 2040

10 look down, the company I interviewed at, must be very disappointed, never get a job, having a hard time, called me for an interview, economic situation is very good, to create more jobs

11 how many people commit suicide, the most serious social issues, the 4th biggest reason, has the highest suicide rate, kill themselves a day, why people do this, leads to depression, to help people in crisis

12 due tomorrow, You'd better start it, took me more than four hours, use them in my paper, uploaded them onto the Internet, took your stuff without asking you, the same with ideas and writing, like other property, Somebody had to work hard

13 What is the hottest issue, The teenage crime rate, a serious social problem, give the elderly job opportunities, hurting due to illegal downloading, The government should do something

14 The general public, curious about stars, know about stars' personal lives, capture every little thing, like this attention, dislike having their photo taken, private lives like ordinary people, as if they are being watched, avoid going out

15-16 have a new student, International marriages, still think it is strange, started making fun of him, have problems at school, aren't very fluent in Korean, have difficulty understanding the lessons, by teaching them Korean, should change their attitudes, with multicultural backgrounds

Review Test

본문 p. 154

A 1 ⓔ 2 ⓕ 3 ⓐ 4 ⓗ 5 ⓓ 6 ⓒ 7 ⓖ 8 ⓑ
B 1 ⓐ 2 ⓒ 3 ⓑ 4 ⓓ
C 1 broke into 2 compare themselves to
3 make up, story

A

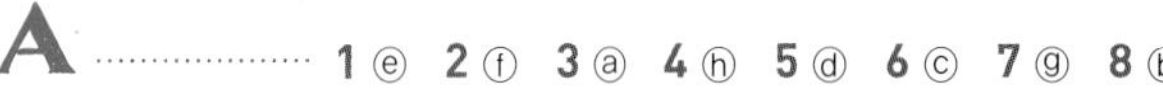

1 ⓔ 2 ⓕ 3 ⓐ 4 ⓗ 5 ⓓ 6 ⓒ 7 ⓖ 8 ⓑ

1 주요한: ⓔ 다른 것들보다 더 중요하고 의미 있거나 심각한

2 괴롭히다: ⓕ 누군가보다 더 약한 상대를 다치게 하거나 위협하다

3 불법적인: ⓐ 법에 의해 허용되지 않는

4 드러내다: ⓗ 이전에 알려지지 않았던 정보나 비밀을 보이거나 알려지게 하다

5 저지르다: ⓓ 보통 도덕적으로나 법적으로 잘못된 일을 하다

6 유창한: ⓒ 어떤 언어를 잘 말할 수 있는

7 태도: ⓖ 누군가나 무언가에 대해 생각하거나 행동하는 방식

8 자산: ⓑ 누군가에게 소유된 것들

B

1 ⓐ 2 ⓒ 3 ⓑ 4 ⓓ

여: 우리 정부는 새로운 정책을 만들었어.
남: ⓐ 어떤 정책이니?
여: ⓒ 정부는 탄산음료에 '탄산음료세'를 부과했어.
남: ⓑ 그거 흥미롭다. 그 새 정책은 무엇을 위한 거니?
여: ⓓ 그것은 비만과 싸우기 위해서야. 비만이 우리나라의 심각한 문제거든.

Unit 11 Culture

Words Preview

본문 p. 156

01 절하다 02 각기 다르다 03 인사하다 04 예의 바른 05 관습, 풍습 06 행동[처신]하다 07 추수, 수확 08 인내심 09 전통 10 당황스럽게 만들다 11 문화 충격 12 …에 적응하다 13 …에 익숙하다 14 …에 따라 15 몸짓을 하다, 동작을 취하다 16 외투를 맡기다 17 행운을 빌어주다 18 실망스럽게도

Getting Ready

본문 p. 157

A 1 disappointment, ⓑ 2 used to, ⓓ 3 follow, ⓒ 4 wish, luck, ⓔ 5 from, to, ⓐ
B 1 Good 2 Good 3 Bad
C 1 ⓐ 2 ⓑ

B

1 Good 2 Good 3 Bad

1 In Germany, it's good manners to give an odd number of flowers.
독일에서는 홀수의 꽃을 주는 것이 바른 예절이다.

2 In Korea, people take off their shoes when they enter a house.
한국에서는 사람들은 집에 들어갈 때 신발을 벗는다.

3 In Thailand, you should avoid calling out to the waitress.
태국에서는 웨이터를 큰 소리로 부르는 것을 피해야 한다.

C

1 ⓐ 2 ⓑ

1 What are the table manners in your country?
너희 나라의 식사 예절은 뭐니?
ⓐ 프랑스에서는 칼로 빵을 자르는 건 예절에 어긋나.
ⓑ 그 나라의 식사 예절을 모르면 넌 실수할 거야.

2 What did you find difficult when you first came here?
여기에 처음 왔을 때, 뭐가 어려웠니?
ⓐ 어떤 사람들은 새로운 문화에 잘 적응해.
ⓑ 사람들이 나에게 개인적인 질문을 해서 나를 당황하게 만들었어.

Topic Listening

본문 pp. 158~161

01 ③ 02 ④ 03 ⓒ 04 ⓐ 05 ① 06 ⑤ 07 ①
08 ② 09 ⑤ 10 ④ 11 ③ 12 ⑤ 13 ③ 14 ③
15 ④ 16 ①

01 ③

남: Caroline, 뭐하니?
여: 내 남동생 생일 파티를 위해 피냐타를 만들고 있어.
남: 피냐타? 그게 뭐니?
여: 종이와 풀로 만들어진 모형이야. 그건 장난감과 사탕, 초콜릿으로 채워져. 재미있는 파티 게임을 할 때 쓰여.
남: 어떤 게임?
여: 우리는 그것을 천장에 매달아 놓고 나무 막대로 치려고 하지. 하지만 이걸 할 때는 눈을 가려야 해.
남: 재미있겠다!
여: 재미있어! 한 사람이 그것을 치려고 할 때, 다른 사람들은 짧은 전통 노래를 불러. 노래가 끝나면 그 사람의 차례도 끝이 난 거야.
남: 그렇다면 피냐타가 깨져서 열릴 때까지 그걸 치는 거구나, 그렇지?
여: 응. 그것이 깨져서 열리면 모두 바닥에 있는 장난감과 사탕을 주우러 달려가지.

어휘 piñata[piːnjáːtə] 명 피냐타(장난감과 사탕이 가득 든 모형) figure[fígjər] 명 모양, 형태 be filled with …으로 가득 차다 ceiling[síːliŋ] 명 천장 cover[kʌ́vər] 동 가리다 traditional[trədíʃənəl] 형 전통의 turn[təːrn] 명 차례 break open 부서져 열리다 rush[rʌʃ] 동 급히 움직이다 pick up …을 집다[들어 올리다]

해설 생일 파티에서 피냐타라는 모형을 공중에 매달아 놓고 눈을 가린 채 열릴 때까지 나무 막대로 치는 놀이에 대해 이야기하고 있다.

02 ④

여: 한국인들이 종종 특별한 타월로 몸의 때를 민다는 것이 사실이니?
남: 응, 많은 사람들이 목욕을 할 때 그렇게 해.
여: 아, 그건 몸을 씻는 다소 독특한 방식인 것 같아.
남: 그래. 난 그렇게 씻고 나면 정말 개운한 느낌이 들어.
여: 사실, 난 미국에서, 우리는 대개 더 부드러운 것을 사용해서 가볍게 씻어.
남: 흥미롭네. 문화마다 정말 다른 목욕 습관이 있구나. 일본 사람들은 온천에서 목욕하는 것을 좋아하지.
여: 맞아. 그들의 온천은 매우 유명해. 그리고 핀란드에서

는 사람들이 사우나에 가는 것을 아주 좋아해.

남: 아, 사우나는 한국에서도 인기 있어.

어휘 scrub dirt off 때를 밀다 take a bath 목욕하다 rather [rǽðər] 부 약간, 다소 feel refreshed 기분이 상쾌하다 lightly [láitli] 부 가볍게 bathe [beið] 동 몸을 씻다, 세척하다 from culture to culture 문화마다 hot spring 온천 sauna [sáunə] 명 사우나

해설 두 사람은 한국, 미국, 일본, 핀란드의 서로 다른 목욕 문화에 대해 이야기하고 있다.

03-04 .... 03 ⓒ 04 ⓐ

남: 세계에는 많은 서로 다른 축제가 있습니다. 3월 초에는 캐나다의 빅토리아에서 '꽃송이 세기'가 있습니다. 그것은 봄을 기념하는 행사입니다. 일주일간 사람들은 그 지역에서 찾을 수 있는 모든 꽃송이를 셉니다. 지금까지 기록은 210억 개로, 2010년에 세워진 것입니다. 페루에서는 사람들이 매년 6월에 '태양신 축제'를 엽니다. 그들은 새벽에 모여서 떠오르는 태양을 향해 절을 합니다. 그런 다음 태양신을 위한 파티를 열고 풍년을 기원합니다. 인도의 사람들은 11월에 '낙타 축제'를 엽니다. 3만 마리 이상의 낙타를 동시에 시장에 내놓습니다. 또한 축제 기간 동안 사람들이 호수에서 목욕을 합니다. 그들은 그렇게 함으로써 자신의 영혼을 깨끗하게 할 수 있다고 믿습니다.

어휘 celebrate [séləbrèit] 동 축하하다, 기념하다; 거행하다, 올리다 blossom [blásəm] 명 꽃 region [ríːdʒən] 명 지역 dawn [dɔːn] 명 새벽 bow [bau] 동 절하다 harvest [háːrvist] 명 추수, 수확 camel [kǽməl] 명 낙타 put (something) on the market …을 팔려고 내놓다 soul [soul] 명 영혼

해설 **03** 페루에서는 매년 6월에 태양신 축제가 열린다.
04 인도에서는 11월에 많은 낙타를 동시에 시장에 내놓는 낙타 축제를 연다고 했다.

05 .... ①

여: Nini가 다음 주에 중국으로 돌아가잖아. 넌 그녀에게 어떤 선물을 줄 거니?

남: 목걸이를 줄까 생각 중이야. 너는?

여: 난 아주 귀여운 우산을 샀어!

남: 앗, 저런. 너 그거 상점에 반품하는 편이 나을 거야.

여: 왜? 그녀가 제일 좋아하는 색인 빨간색이야!

남: 중국인들은 우산을 선물로 거의 주지 않아. 우산은 '이별'을 의미하는데 그 두 단어가 중국어로 발음이 거의 같기 때문이야.

여: 아, 그건 몰랐어. 내가 피해야 할 다른 선물이 또 있니?

남: 응. 그녀에게 손수건을 주지 마. 그것은 중국인들에게 눈물을 생각나게 해. 그래서 그들은 손수건이 슬픈 일을 가져올 거라고 생각해.

여: 알겠어. 그렇다면 나는 그녀에게 멋진 모자를 사줘야겠어.

남: 그게 더 좋겠다.

어휘 had better *do* …하는 것이 좋을 것이다(꼭 그래야 함을 뜻함) take (something) back (상점에) …을 반품하다 hardly [háːrdli] 부 거의 …않다 separation [sèpəréiʃən] 명 분리; *이별 handkerchief [hǽŋkərtʃi(ː)f] 명 손수건

해설 우산이나 손수건은 중국인들에게 좋지 않은 의미를 지니기 때문에 여자는 모자를 사기로 했다.

06 .... ⑤

여: Derek, 네가 처음 한국에 왔을 때 어렵다고 느꼈던 것이 있었니?

남: 별로 없어. 하지만 나를 당황하게 했던 것은 있었어.

여: 뭐였는데?

남: 한국인들은 그저 방금 처음 만난 사이인데도 나에게 개인적인 질문을 하곤 했어. 내 나이를 물어보거나 결혼을 했는지, 또는 여자친구가 있는지 물었어.

여: 응, 그런 것들은 한국인들에게 중요해, 특히 나이가 그렇지.

남: 왜 그게 중요해?

여: 한국에서 우리는 상대방의 나이에 따라 그들에게 다르게 말하고 행동하거든.

남: 그렇구나. 그게 큰 문화 차이인 것 같아. 하지만 지금은 그것에 문제없어. 한국 문화에 익숙해졌어.

어휘 embarrass [imbǽrəs] 동 당황스럽게 만들다 personal [pə́rsənəl] 형 개인적인 behave [bihéiv] 동 행동[처신]하다 toward [tɔːrd] 전 …쪽으로; *…에 대하여 depending on …에 따라 be used to …에 익숙하다

해설 남자는 한국에 처음 왔을 때 사람들이 나이나 결혼 여부와 같은 개인적인 질문을 해서 당황스러웠다고 했다.

07 .... ①

여: 식사 예절은 문화마다 각기 다릅니다. 다음에 나오는 같은 조언들은 당신이 외국에 갔을 때 예의 바르게 행

동하도록 도와줄 것입니다. 중국에서는 접시에 있는 것을 전부 먹어서는 안 됩니다. 접시에 있는 음식을 전부 먹는 것은 주인이 음식을 충분히 제공하지 않았다는 의미입니다. 그러므로 음식을 조금 남기는 것이 낫습니다. 일본인들은 숟가락을 거의 사용하지 않습니다. 그들은 숟가락은 어린이들을 위한 것이라고 생각하기 때문에 그들은 밥을 젓가락으로 먹습니다. 또한, 터키에서는 뜨거운 음식을 불어서 식히는 것이 무례한 것으로 여겨집니다. 하지만 걱정하지 마세요. 대부분의 음식이 그저 따뜻한 정도로 제공됩니다. 이탈리아인들과 밥을 먹을 때는 식탁 너머로 무언가를 건네달라고 요청하지 마세요. 그것은 불운을 가져온다고 믿어집니다. 마지막으로 프랑스에서는 빵을 칼로 자르는 것은 예절에 어긋나는 것입니다. 반드시 손으로 빵을 뜯어내도록 하세요.

어휘 table manners 식사 예절 vary[vɛ́(:)əri] 동 각기 다르다 following[fálouiŋ] 형 다음에 나오는 polite[pəláit] 형 예의 바른 abroad[əbrɔ́:d] 부 해외로, 해외에 rarely[rɛ́ərli] 부 거의 …하지 않는 consider[kənsídər] 동 여기다 blow[blou] 동 불다 cool[ku:l] 동 식히다 pass[pæs] 동 건네주다 tear[tiər] 동 찢다, 뜯다

해설 중국에서는 접시에 있는 음식을 전부 먹으면 충분한 음식을 받지 못했다는 것을 의미하기 때문에 음식을 접시에 조금 남겨두라고 했다.

08 ②

남: 이거 널 위한 새해 선물이야.

여: 고마워, Takuya! 이 주머니 안에 뭐가 들어 있어?

남: 실은 나도 몰라. 이것은 'hukubukuro'라고 불리는 복주머니인데 일본의 새해 선물이야. 쇼핑객들은 안에 무엇이 들어 있는지 모른 채로 무작위의 주머니를 사.

여: 와! 흥미롭구나.

남: 응. 많은 사람들은 그것이 새해에 얼마만큼 운이 좋을지를 보여준다고 생각해. 때때로 주머니에 든 물건이 지불한 가격보다 더 가치가 높을 때가 있거든.

여: 알겠어. 그럼 그건 새해 동안 네가 운이 좋을 것이라는 뜻이겠구나?

남: 그렇지. 실망스럽게도 작년에 나는 고작 작은 장난감을 받았어. 하지만 누군가 다이아몬드 반지를 받았다고 들었어.

여: 우와! 그것은 멋진 새해 풍습이구나. 빨리 선물을 열어 보고 싶어!

남: 열어봐! 다이아몬드가 있을지도 몰라!

어휘 random[rǽndəm] 형 무작위의 valuable[vǽljuəbl] 형 가치 있는 to one's disappointment 실망스럽게도 custom[kʌ́stəm] 명 관습, 풍습

해설 여자는 새해 선물로 받은 복주머니 속에 무엇이 들어 있는지 궁금해(curious) 하고 있다.
① 미안한 ③ 만족하는 ④ 충격 받은 ⑤ 실망한

09 ⑤

여: Adolfo, 왜 이 거리에 있는 상점들이 다 문을 닫았니? 월요일 오후 2시밖에 안 됐잖아.

남: 아, 시에스타 시간이야. 스페인에서는 상점들이 점심 후 약 두 시간 동안 문을 닫아. 그건 우리의 전통이야.

여: 정말? 모든 상점들이?

남: 대형 백화점은 보통 열어 두지만, 많은 상점들이 이 전통을 따라.

여: 그게 왜 시작됐어?

남: 스페인은 아주 더운데 오후 중반에 특히 그래. 그 시간 동안에는 일에 집중하기가 힘들어서 사람들은 더위에서 벗어날 필요가 있어.

여: 사람들은 시에스타 시간 동안에 무엇을 하니?

남: 낮잠을 자. 그리고 그 뒤에 그들은 집중을 더 잘할 수 있지.

여: 음, 스페인에 있으니 나도 스페인 사람들이 하는 것처럼 해야겠어. 호텔로 돌아가서 낮잠을 잘래.

남: 알겠어. 나중에 다시 만나서 저녁 식사를 하는 게 어때?

여: 좋아!

어휘 siesta[siéstə] 명 낮잠, 시에스타 관습 tradition[trədíʃən] 명 전통 midafternoon[mídæftərnú:n] 명 오후 중반 get away from …에서 벗어나다 heat[hi:t] 명 더위 take a nap 낮잠 자다 afterwards[ǽftərwərdz] 부 그 뒤에 later on 나중에

해설 스페인에서 시에스타 시간 동안 사람들이 낮잠을 잔다고 하자 여자도 호텔로 돌아가서 낮잠을 자겠다고 했다.
① 천천히 꾸준한 것이 경주에서 이긴다. (일을 급히 서두르면 망친다.)
② 깃털이 같은 새들이 함께 모인다. (유유상종 類類相從)
③ 표지를 보고 책을 판단하지 마라. (겉을 보고 속을 판단하지 말라.)
④ 작은 지식이 위험하다. (선무당이 사람 잡는다.)
⑤ 로마에 가면 로마법에 따르라.

10 ④

남: 내 한국인 친구가 이번 토요일 그녀의 결혼식에 나를

초대했어. 결혼선물로 뭐가 좋을까?
여: 한국인들은 대개 결혼선물로 돈을 줘.
남: 아, 그거 간단하구나. 영국에는 웨딩리스트가 있어.
여: 웨딩리스트? 그게 뭐야?
남: 부부가 받고 싶어하는 선물 목록이야. 목록은 청첩장과 함께 결혼식 하객들에게 보내져.
여: 그러면 하객마다 품목 중에서 하나씩 골라서 부부에게 사주겠구나?
남: 그렇지.
여: 만약 두 명의 하객이 같은 선물을 사면 어떻게 해?
남: 부부는 보통 특정 상점이나 온라인 쇼핑몰을 정해. 그 상점은 자신의 웹사이트에 그 목록을 올려놓는데, 그것은 자동으로 업데이트돼. 하객들은 전화로도 그것을 확인할 수 있고.
여: 흥미롭구나!

어휘 wedding invitation 청첩장 guest[gest] 명손님, 하객 what if ...? ((표현)) …이라면 어떻게 될까? select [silékt] 동선택하다 particular[pərtíkjələr] 형특정한 automatically[ɔ̀:təmǽtik(ə)li] 부자동으로 update[ʌ́pdèit] 동최신 정보를 주다, 업데이트하다

11 ③

남: Evelyn, 미국인들은 행운을 빌어주기 위해 손가락으로 특별한 동작을 만든다고 들었어.
여: 맞아, 민호야. 검지와 중지를 이용해야 해.
남: 어느 것이 '인덱스 핑거'야?
여: 엄지 바로 옆에 있는 손가락이야.
남: 알겠어. 그럼 이 두 손가락으로 무엇을 해야 해?
여: 그것들을 꼬아야 해. 중지를 검지 위에 두고 교차시켜 봐.
남: 그러니까 중지로 검지를 감싸는 거구나? 이렇게?
여: 맞아! 네 친구가 중요한 시험을 준비하고 있을 때 그걸 할 수 있어.

어휘 gesture[dʒéstʃər] 명몸짓, 동작 wish (someone) luck 행운을 빌어주다 index finger 검지 thumb [θʌm] 명엄지 twist[twist] 동꼬다, 비틀다 place [pleis] 동두다 cross[krɔ(:)s] 동교차시키다 wrap [ræp] 동 감싸다 get ready for …에 대비하다

해설 미국인들이 행운을 빌어주는 동작은 검지와 중지를 서로 교차시키는 것이라고 했다.

12 ⑤

여: 몇몇 아시아 국가에서는 시험을 치는 것에 대해 특별한 풍습이 있습니다. 한국에서 사람들은 '엿'이라고 불리는 전통 사탕이나 떡을 먹습니다. 이 끈적거리는 음식들은 행운을 가져오고 학생들이 시험에 통과할 수 있게 도와준다고 여겨집니다. 중국인들은 긴 막대 모양의 빵과 달걀 두 개를 먹습니다. 막대 모양 빵은 숫자 1처럼 생겼고 각각의 달걀은 0을 닮았습니다. 합치면 시험에서 만점을 나타내는 수인 '100'을 만들어 냅니다. 배가 부르더라도 꼭 달걀을 하나가 아닌 둘 다 먹어야 합니다! 일본에서는 돈가스가 운이 좋은 것으로 여겨집니다. 그 이름이 일본어로 '이기다'라는 단어와 비슷하게 들립니다. 이 모든 음식은 다르지만 이들 모두 시험에서 좋은 성적을 받기를 희망하며 먹는 것입니다.

어휘 sticky[stíki] 형끈적거리는 resemble[rizémbl] 동닮다 score[skɔ:r] 명점수 fried pork cutlet 돈가스

해설 한국, 중국, 일본에서 좋은 시험 성적을 받기를 기원하며 먹는 음식을 소개하고 있다.

13 ③

① 여: 프랑스에서는 서로 어떻게 인사를 하니?
남: 프랑스 사람들은 만나면 서로 빰에 키스해.
② 여: 이슬람교도 사람들은 왜 돼지고기를 먹지 않니?
남: 그들은 돼지가 더럽다고 생각해서라고 들었어.
③ 여: 문화 충격을 경험해본 적이 있니?
남: 다른 문화를 공부해서 문화 충격을 예방할 수 있어.
④ 여: 너희 나라의 식사 예절은 무엇이니?
남: 우리는 연장자가 먹기를 시작할 때까지 기다려야 해.
⑤ 여: '샐러드 볼' 이론은 무슨 의미이니?
남: 미국에는 여러 다양한 문화가 존재하기 때문에 그것은 미국 문화를 지칭해.

어휘 greet[gri:t] 동인사하다 cheek[tʃi:k] 명빰 Muslim [mʌ́zlim] 명이슬람교도 pork[pɔ:rk] 명돼지고기 culture shock 문화 충격 exist[igzíst] 동존재하다 prevent[privént] 동예방하다 theory[θíri] 명이론 refer to …을 나타내다

해설 문화 충격을 경험한 적이 있는지 묻는 질문에 예방 방법을 말하는 대답은 적절하지 않다.
Q 가장 부자연스러운 대화를 고르시오.

14 ③

남: 유리야, 왜 외투 보관소에 외투를 맡기지 않았니?
여: 좀 추워서. 입고 있는 편이 낫겠어.
남: 이곳 러시아에서는 건물 안에서 외투를 벗는 것이 바른

예절이야.

여: 정말? 왜?

남: 음, 러시아인들은 겨울에 아주 두꺼운 외투를 입어. 실내에서 네가 외투를 입고 있으면 아주 불편하고 다른 사람들에게 폐를 끼치게 돼.

여: 알겠어. 그럼 러시아의 모든 건물 안에 외투 보관소가 있니?

남: 응, 대개는. 보통 입구 옆에서 찾을 수 있어.

여: 그렇구나. 외투를 맡길 때 돈을 내야 하니?

남: 아니, 무료야. 그곳에서 일하는 사람에게 외투를 주면 번호표를 받게 돼. 네가 나갈 때 외투를 되찾으려면 그것을 사용하면 돼.

여: 알았어. 지금 외투를 맡기러 가야겠다.

어휘 check[tʃek] 동 점검하다; *(소지품을) 맡기다, 보관시키다 would rather *do* …하겠다[하고 싶다] keep on …을 몸에 걸치고 있다 indoors[ìndɔ́ːrz] 부 실내에서 normally[nɔ́ːrməli] 부 보통

해설 여자는 러시아의 관습에 따라 건물 안에 있는 외투 보관소에 외투를 맡기러 가겠다고 했다.

Q 여자가 대화 직후에 할 일로 가장 적절한 것은?

① 새 외투 사기
② 더 두꺼운 외투 입기
③ 외투를 외투 보관소에 맡기기
④ 세탁소에서 옷을 찾기
⑤ 입구 옆에서 남자를 기다리기

15-16 .... 15 ④ 16 ①

남: 인도에서는 사람들이 손으로 음식을 먹습니다. 그들은 보통 숟가락이나 젓가락을 사용하지 않습니다. 당신이 그것을 처음으로 보면 아마 조금 이상하다고 생각할지도 모릅니다. 이런 느낌을 '문화 충격'이라고 부릅니다. 그것은 당신이 새로운 무언가를 경험할 때 벌어지는 일입니다. 많은 사람들이 외국에 있을 때 문화 충격을 경험합니다. 그러나 그것 때문에 얼마나 고통스러운지는 개개인에 따라 다릅니다. 어떤 사람들은 새로운 문화에 금세 적응합니다. 또 어떤 사람들은 화가 나기도 하고 심지어 아프기도 합니다. 이것을 예방하기 위해서는 열린 마음을 가져야 합니다. 또한 인내심을 가지는 것이 중요합니다. 새로운 것에 익숙해지는 데에는 항상 얼마간의 시간이 걸립니다. 그곳의 문화를 알기 위해 방문할 국가에 대해 책을 읽을 수도 있습니다. 마지막으로 가기 전에 새로운 문화를 공부하는 것이 도움이 됩니다. 그곳의 언어와 관습을 더 잘 안다면 더욱 편안함을 느낄 겁니다.

어휘 foreign[fɔ́ːrin] 형 외국의 suffer from …으로 고통 받다 depend on …에 달려 있다 adjust to …에 적응하다 keep an open mind 열린 마음을 갖다 patience [péiʃəns] 명 인내심 get used to …에 익숙해지다 [문제] deal with …을 처리하다, 다루다 minimize [mínəmàiz] 동 최소화하다

해설 **15** 화자는 언제 문화 충격을 경험하게 되며, 이를 최소화하기 위해 무엇을 해야 하는지에 대해 이야기하고 있다.

Q 화자는 주로 문화 충격의 무엇에 대해 말하고 있는가?

① 그것에 대처하는 방법
② 인도의 사례
③ 다양한 연구 결과
④ 그 경험과 그것을 최소화하는 방법들
⑤ 사람들이 그것을 경험하는 일반적 상황

16 **Q** 문화 충격을 더 적게 경험하기 위한 방법으로 언급되지 않은 것은?

① 외국인 친구 자주 만나기
② 열린 마음 갖기
③ 인내심 갖기
④ 현지 언어 공부하기
⑤ 다른 문화에 대한 책 읽기

Dictation

본문 pp. 162~167

01 What are you doing, made of paper and glue, hang it from the ceiling, have your eyes covered, sing a short traditional song, until it breaks open, pick up the toys and candy

02 scrub dirt off their body, when they take baths, feel really refreshed, something softer to clean lightly, bathe at hot springs, popular in Korea, too

03-04 to celebrate spring, count all the blossoms, the record is 21 billion, bow to the rising sun, wish for a good harvest, in November, bathe in a lake, clean their souls

05 will you give her, take it back, her favorite color, hardly ever give an umbrella, sound almost the same, I should avoid, think of tears, bring sadness, buy her a nice hat

06 found difficult, embarrassed me, if I was married, especially someone's age, talk and behave differently, a big cultural difference, used to Korean culture

07 vary in different cultures, help you be polite, everything on your plate, the host didn't serve enough food, rarely use spoons, to blow on hot food, to pass things across the table, bad manners, tear it with your hands

08 What's in this bag, without knowing what's inside, how lucky they'll be, more valuable than the price, means you'll be lucky, To my disappointment, somebody got a diamond ring, can't wait to open my gift

09 all closed on this street, after lunch for about two hours, usually stay open, follow this tradition, especially in the midafternoon, concentrate on work, get away from the heat, take a nap, do as the Spanish people do, meeting again later on

10 invited me to her wedding, give money as a wedding gift, a list of gifts, with the wedding invitation, chooses one of the items, two guests buy the same gift, selects a particular store, it's automatically updated

11 make a special gesture, your index and middle fingers, right next to the thumb, with these two fingers, twist them, cross them, around your index finger, ready for an important exam

12 eat a traditional candy, these sticky foods bring good luck, looks like the number one, a perfect score on an exam, even if you are full, are considered lucky, All these foods may be different, getting good exam grades

13 greet each other, kiss each other on the cheeks, pigs are dirty, Have you ever experienced, until the oldest starts eating, many different cultures exist

14 check your coat, I'd rather keep it on, take your coat off, wear very thick coats in winter, if you wore your coat indoors, find them next to the entrance, pay to check my coat, give it to the person working there

15-16 eat food with their hands, The first time you see that, experience something new, in a foreign country, a person suffers from it, adjust to new cultures, keep an open mind, get used to something new, to know its culture, its language or customs

Review Test

본문 p. 168

A 1 ⓖ 2 ⓕ 3 ⓑ 4 ⓒ 5 ⓓ 6 ⓗ 7 ⓐ 8 ⓔ
B 1 ⓒ 2 ⓑ 3 ⓐ 4 ⓓ
C 1 I am used to 2 experience culture shock, go abroad 3 wish them luck

A

1 ⓖ 2 ⓕ 3 ⓑ 4 ⓒ 5 ⓓ 6 ⓗ 7 ⓐ 8 ⓔ

1 각기 다르다: ⓖ 조건이나 상황에 따라 달라지다

2 인사하다: ⓕ 누군가를 만났을 때 예의 바르게 어떤 말이나 몸짓을 하다

3 모양, 형태: ⓑ 어떤 사람이나 어떤 것의 형태

4 개인적인: ⓒ 한 특정 개인에 속하거나 관련된

5 보관시키다: ⓓ 짧은 시간 동안 어떤 것을 누군가에게 맡기다

6 관습, 풍습: ⓗ 한 무리의 사람들에게 공유되는 행동방식이나 신념

7 가치 있는: ⓐ 많은 돈의 가치가 있는

8 당황스럽게 만들다: ⓔ 누군가를 불편하거나 수치스러워하게 만들다

B

1 ⓒ 2 ⓑ 3 ⓐ 4 ⓓ

남: ⓒ 중국인들에게 주는 것을 피해야 하는 선물이 있니?
여: ⓑ 그들에게 배를 주지마.
남: ⓐ 그건 왜니?
여: ⓓ 그 두 단어가 발음이 같게 들리기 때문에 중국어로 배는 '이별'을 의미해.

Unit 12 Earth & Nature

Words Preview
본문 p. 170

01 썩다, 부패하다 02 흙, 토양 03 행성 04 재활용하다 05 생물 06 멸종 07 대륙 08 생태계 09 분류하다 10 대기 11 환경 12 (냄새·열 등을) 내다, 풍기다 13 분리되다 14 분해되다; 분해하다 15 쓰레기 분리수거를 하다 16 자원을 절약하다 17 씻겨 내려가다 18 …을 ~으로 바꾸다

Getting Ready
본문 p. 171

A 1 run, ⓑ 2 be categorized, ⓓ 3 into effect, ⓐ 4 in common, ⓒ 5 with extinction, ⓔ
B 1 ⓒ 2 ⓑ 3 ⓐ
C 1 ⓐ 2 ⓐ

B .... 1 ⓒ 2 ⓑ 3 ⓐ

1 W: You should separate food waste from other trash!
M: Oh, right. Thanks.
여: 음식물 쓰레기를 다른 쓰레기와 분리해야 해!
남: 아, 맞다. 고마워.

2 W: It's really hot even at night.
M: Yes. The road is giving off heat.
여: 밤인데도 정말 덥구나.
남: 응. 도로가 열을 뿜어내고 있어.

3 W: Is there anything you do to protect nature?
M: I use my own cup instead of a paper cup.
여: 자연을 보호하기 위해 하는 것이 있니?
남: 나는 종이컵 대신에 내 컵을 사용해.

C .... 1 ⓐ 2 ⓐ

1 Why did the government make this policy?
정부는 왜 이 정책을 만들었니?
ⓐ 그 정책은 탄소 배출을 줄이기 위해 고안되었어.
ⓑ 그 정책은 시민들이 거세게 항의해서 무산되었어.

2 How large is the African continent?
아프리카 대륙은 얼마나 크니?
ⓐ 그것은 세계 토지의 면적의 약 20%를 차지해.
ⓑ 많은 야생동물이 아프리카 대륙에 살고 있어.

Topic Listening
본문 pp. 172~175

01 ② 02 ③ 03 ⓐ, ⓓ 04 ⓑ, ⓒ 05 1) T 2) F 3) T
06 ④ 07 ① 08 ③ 09 ② 10 ② 11 ③ 12 ④
13 ① 14 ④ 15 ① 16 ④

01 .... ②

남: 화장지 샀어요? 어제 다 떨어졌잖아요.
여: 네, 저기에 뒀어요.
남: 네, 보이네요. 그런데 포장지에 있는 이 초록색 마크는 뭐예요?
여: 무슨 마크요? 아, 그건 재활용과 관련이 있는 거예요.
남: 이 초록색 마크와 몇몇 병에 있는 PET 마크의 차이가 뭐죠? 전 PET 마크가 그 병이 사용 후 재활용될 수 있다는 것을 뜻한다는 건 알아요.
여: 맞아요, 그리고 이 초록색 마크는 GR 마크라고 불리는 거예요. 화장지가 좋은 품질의 재생지로 만들어졌다는 것을 의미하죠.
남: 아, 그렇군요. 그럼 이런 종류의 제품들을 사용하는 것이 환경에 도움이 되겠군요.

어휘 toilet paper (화장실용) 화장지 run out 다 떨어지다 package [pǽkidʒ] 명 포장 be related to …과 관련이 있다 recycle [riːsáikl] 동 재활용하다 environment [inváiərənmənt] 명 환경

해설 남자는 좋은 품질의 재생지로 만들어졌다는 의미의 GR(Good Recycled) 마크에 대해 묻고 있다.

02 .... ③

남: Murphy 선생님, 산불이 때로는 생태계에 도움이 될 수 있다는 게 사실인가요?
여: 그래, 어떤 경우에는 정말 산불이 환경에 좋은 영향을 미치기도 한단다.
남: 정말 놀라워요. 좀 더 설명해주실래요?
여: 음, 예를 들어, 산불은 오래된 나무를 제거하는 자연적인 방식이야.
남: 그게 왜 중요하죠?
여: 그것들은 다른 나무들이 더 널찍한 공간과 햇빛을 얻을 수 있게 해 주지. 그래서 새로운 다른 종류의 나무들이 자랄 수 있는 거야.

남: 아, 그것에 대해 예전에는 그렇게 생각해 본 적이 없어요.

여: 산불은 인간과 동물에게는 해로워. 하지만 숲 자체는 때로 그것으로부터 혜택을 얻을 수 있단다.

어휘 ecosystem[ékousìstəm] 명 생태계 explain[iksplèin] 동 설명하다 remove[rimú:v] 동 제거하다 harmful[há:rmfəl] 형 해로운 benefit[bénəfit] 동 이익을 얻다

해설 오래된 나무를 제거함으로써 새로운 나무의 성장에 도움을 주는 산불의 긍정적인 측면에 대해 이야기하고 있다.

03-04 ············ 03 ⓐ, ⓓ 04 ⓑ, ⓒ

여: 지구상의 살아 있는 생물들은 '생산자' 또는 '소비자'로 분류될 수 있습니다. 생산자는 스스로 에너지를 만들어 낼 수 있습니다. 그것들은 햇빛과 물, 그리고 약간의 영양분을 제공받으면 에너지를 만들어냅니다. 나무와 이끼 같은 대부분의 녹색식물들이 생산자입니다. 반면, 인간과 동물, 곤충을 포함하는 소비자들은 스스로 에너지를 만들 수 없습니다. 그러므로 이들은 살기 위해 다른 생물들을 먹어야 합니다. 그들 중 일부는 생산자들만 먹고, 다른 것들은 소비자만 먹습니다. 둘 다를 먹는 소비자도 있습니다. 소비자들이 죽으면 그들의 몸은 썩어서 흙이 되고 이것이 생산자들에게 영양분을 공급해 주어 그들이 자랄 수 있게 해줍니다.

어휘 living[líviŋ] 형 살아 있는 creature[krí:tʃər] 명 생물 categorize[kǽtəgəraiz] 동 분류하다 be provided with …을 공급받다 nutrition[nju:tríʃən] 명 영양분 moss[mɔ(:)s] 명 이끼 on the other hand 반면에 including[inklú:diŋ] 전 …을 포함하여 insect[ínsekt] 명 곤충 rot[rɑt] 동 썩다, 부패하다 earth[ə:rθ] 명 지구; *흙 [문제] seaweed[sí:wì:d] 명 해초

해설 대부분의 녹색식물은 생산자이며, 인간, 동물, 곤충이 소비자에 해당한다고 했다.
ⓐ 해초 ⓑ 독수리 ⓒ 거미 ⓓ 야생화

05 ············ 1) T 2) F 3) T

여: 무엇을 보고 있니?

남: 재활용에 관한 특별 프로그램이야. 우리의 쓰레기로 만들어낼 수 있는 다양한 것들이 모두 나와.

여: 예를 들면?

남: 음, 플라스틱 탄산음료 병이 의류 제품에 쓸 직물을 만드는 데 사용될 수 있다는 것을 알고 있었니?

여: 정말? 플라스틱병은 다른 병으로만 재활용되는 줄 알았어.

남: 항상 그런 것은 아니야. 그리고 어떤 도시들은 우리가 운전하고 다니는 길을 만들 때 재활용된 유리를 사용한대.

여: 흥미롭구나. 또 다른 예도 있니?

남: 물론이야. 종이는 물병을 만드는 데 사용돼. 그것들은 모든 종류의 음료를 담을 수 있어.

여: 와! 재활용이 환경에 좋다는 건 알았지만 그게 다 어디로 가게 됐는지에 대해서는 생각해 보지 못했어.

남: 나도. 앉아서 나랑 같이 이 프로그램을 보는 게 어때?

어휘 trash[træʃ] 명 쓰레기 turn (something) into …을 ~으로 바꾸다 soda[sóudə] 명 탄산음료 fabric[fǽbrik] 명 직물, 옷감 hold[hould] 동 잡다; *(액체를) 담다

해설 2) 건물이 아니라 도로를 만드는 데 재활용된 유리가 사용된다고 했다.

06 ············ ④

여: ① 아프리카 대륙은 전 세계 토지 면적의 20%를 차지한다.
② 오스트레일리아 대륙은 토지 면적이 가장 좁다.
③ 아시아는 모든 대륙들 중에서 토지 면적이 가장 넓다.
④ 남아메리카는 유럽보다 세 배 더 넓다.
⑤ 남극 대륙은 세계 토지 면적의 10% 미만을 차지한다.

어휘 make up 차지하다 area[ɛ́əriə] 명 지역; *면적 continent[kántinənt] 명 대륙 take up 차지하다

해설 남아메리카는 전 세계 토지 면적의 12%를, 유럽은 7%를 차지하고 있으므로 남아메리카가 세 배 더 넓다는 내용은 옳지 않다.
[그래프] 대륙별 토지 면적 비율

07 ············ ①

남: Stella, 어제 뉴스 봤니? *(잠시 후에)* Stella? 얘!

여: 아, 미안해. 잠이 들었나봐. 뭐라고 했니?

남: 오, 아무것도 아니야. 중요한 건 아니었어. 무슨 일이야? 어제 공부하느라 늦게까지 깨어있었니?

여: 아니. 어젯밤 더운 밤 때문에 잠을 잘 잘 수가 없었어.

남: 아, 맞아. 요즘 꽤 심하지. 내 여동생도 어제 밤에 자지 못하고 밤새 울었어.

여: 나는 할머니 댁에서는 이런 문제가 없어. 여름방학에는 가끔 시골에 있는 할머니 댁에서 머무르거든. 그리고 잠을 잘 자.

남: 응. 그건 도시에서 더 나쁘거든. 건물들과 공장들이 많은 열을 만들고 포장도로는 쉽게 뜨거워지고 금방 식지 않아. 그건 밤에 많은 열을 뿜어내지.

여: 오늘밤에는 비가 왔으면 해.

어휘 fall asleep 잠들다 stay up late 늦게까지 자지 않고 있다 due to …때문에 country[kʌ́ntri] 명 국가; *시골, 전원 paved road 포장도로 heat up 뜨거워지다 give off (냄새·열 등을) 내다, 풍기다

해설 여자는 밤에 너무 더워서 어젯밤 잠을 자지 못했다고 했다.

08 ③

남: Eaton 아파트의 모든 주민 여러분, 주목해 주세요. 새로운 정책이 다음 주 월요일인 8월 2일부터 실시됩니다. 그때부터 음식물 쓰레기는 다른 모든 쓰레기와 반드시 분리되어야 합니다. 음식물 쓰레기는 새 음식물 쓰레기통에 넣어주십시오. 하지만 뼈와 달걀껍데기는 음식물 쓰레기에 포함되지 않도록 주의해 주십시오. 뼈와 달걀 껍데기가 들어 있는 음식물 쓰레기통은 수거해 가지 않을 것입니다. 쓰레기 수거일은 변함없이 여전히 일요일입니다. 다시 한 번 음식물 쓰레기를 다른 쓰레기와 분리할 것을 기억해 주십시오. 협조해 주셔서 감사합니다. 더 문의할 것이 있으면 2014-7777번으로 전화 주시거나 관리실로 방문해 주십시오.

어휘 resident[rézidənt] 명 거주자 policy[pɑ́:ləsi] 명 정책 go into effect 실시되다, 효력이 발생하다 separate[sépəreit] 동 분리하다 bone[boun] 명 뼈 egg shell 달걀 껍데기 collect[kəlékt] 동 모으다, 수집하다 contain[kəntéin] 동 …이 들어 있다 garbage[gɑ́:rbidʒ] 명 쓰레기 collection[kəlékʃn] 명 수집품; *수거 cooperation[kouɑ̀pəréiʃən] 명 협력 further[fə́:rðər] 형 더 이상의, 추가의 management[mǽnidʒmənt] 명 관리

해설 뼈와 달걀 껍데기는 음식물 쓰레기에 포함되지 않도록 해야 한다.

새로운 쓰레기 정책
언제: ① 다음 주 월요일부터 시작 (8월 2일)
무엇을: ② 음식물 쓰레기를 다른 모든 쓰레기와 분리함
(③ 달걀 껍데기를 음식물 쓰레기에 포함시킴)
쓰레기 수거일: ④ 매주 일요일
문의: ⑤ 2014-7777로 전화 또는 관리실 방문

09 ②

남: 와, 산 공기는 정말 상쾌해. 오늘 하이킹을 하기로 한 것은 좋은 생각이었어.

여: 나도 그렇게 생각해. 나무와 꽃은 날 기분 좋게 해 줘. 다음 주에 여기에 또 오고 싶어.

남: 나도 그래. 아, 저런. 저 병과 캔 좀 봐! 믿을 수가 없어!

여: 사람들이 이 주변에 많은 쓰레기를 버렸구나. 부끄러운 일이야! 사람들이 어쩜 그렇게 생각이 없을 수 있는지 이해가 안돼.

남: 나도. 그들은 다시 내려갈 때 자신의 쓰레기를 가져가야 해.

여: 네 말이 맞아. 그들은 자연을 쓰레기통으로 취급하는 것 같아.

남: 끔찍하다. 우리가 뭔가 해야겠어. 우리가 이곳을 청소하는 것이 어때?

여: 좋은 생각이야. 약간의 노력으로 우리가 환경을 깨끗하게 유지하는 데 도움이 될 수 있을 거야. 어서 하자.

어휘 shame[ʃeim] 명 수치심, 부끄러움 thoughtless[θɔ́:tlis] 형 생각이 없는, 경솔한 treat[tri:t] 동 대하다, 취급하다 effort[éfərt] 명 수고, 노력

해설 두 사람은 산에 쓰레기가 버려져 있는 것을 보고 줍기로 했다.

10 ②

남: Helena, 오늘 밤에 대해 들었니? 하늘에 많은 별똥별이 보일 거래!

여: 정말? 난 이전에 별똥별을 한 번도 본 적이 없어.

남: 나는 몇 년 전에 하나 봤는데 놀라웠어. 오늘 밤에 꼭 보도록 해.

여: 정말 그러고 싶어. 같이 보지 않을래?

남: 좋지, 그러고 싶어. 학교 뒤의 언덕이 보기 좋은 장소일 것 같아. 내가 듣기론 별똥별을 보기에 가장 좋은 시간은 밤 11시와 12시 사이래.

여: 그럼 우리 10시 반에 학교 앞에서 만나자.

남: 음, 그보다 30분 일찍 만나지 않을래? 일찍 가서 좋은 자리를 맡고 싶거든.

여: 좋아. 내가 따뜻한 코코아를 가져갈게.

어휘 shooting star 별똥별 hill[hil] 명 언덕 spot[spɑt] 명 점; *(특정한) 곳, 자리

해설 두 사람은 좋은 자리를 잡기 위해 여자가 처음 제안한 10시 30분보다 30분 일찍인 10시에 만나기로 했다.

11 ③

남: 미나야, 네가 환경 동아리에 가입했다고 들었어. 너희는 어떤 일을 하니?

여: 우리는 환경을 돕기 위해 작은 일을 해. 예를 들면, 전기와 수돗물 같은 자원을 절약하려고 노력해.

남: 방을 나갈 때 전등을 끄는 일 같은 것을 말하는 거니?

여: 맞아, 그런 것들 말이야. 그리고 우리 회원들 모두 양치질할 때 컵을 쓰려고 노력해. 그런 식으로 우리는 많은 양의 물을 절약할 수 있거든. 그리고 물론 우리 모두 재활용을 위해 분리수거를 하지.

남: 좋은 일이구나. 다른 것 더 하는 것이 있니?

여: 있지. 일주일에 한 번씩 공원에 가서 쓰레기를 주워. 그건 보람 있어. 사실 나는 공원이 깨끗하면 행복해져.

남: 너희 동아리는 정말 좋은 일들을 하고 있구나. 나도 가입하고 싶어!

여: 정말? 잘됐어! 우리는 모든 사람에게 열려 있어.

어휘 environmental[invàiərənméntəl] 형 환경의 resource[ríːsɔ̀ːrs] 명 자원 electricity[ilektrísəti] 명 전기 tap water 수돗물 rewarding[riwɔ́ːrdiŋ] 형 보람이 있는

해설 여자는 환경 동아리 활동으로 전등 끄기, 양치질할 때 컵 사용하기, 분리수거, 공원에서 쓰레기 줍기를 한다고는 했으나 나무를 심는다는 언급은 없었다.

12 ④

여: 최근에 과학자들은 흔치 않은 공룡 뼈를 몇 개 발견했습니다. 그것들은 아프리카에서 발견되었지만 남아메리카 공룡의 것이었습니다! 그게 어떻게 가능할까요? 대륙이동설이 아마 이것을 설명해 줄 수 있을 것입니다. 이 이론에 따르면 수백만 년 전에는 7개 대륙 모두가 하나의 땅덩어리처럼 서로 연결되어 있었다고 합니다. 이는 남아메리카와 아프리카가 사실 하나의 대륙이었다는 것을 의미합니다. 그러므로 남아메리카의 공룡이 육지를 가로질러 아프리카로 걸어갈 수 있었을 것입니다. 시간이 흐름에 따라 대륙들은 분리되기 시작했습니다. 이들은 수백만 년에 걸쳐 천천히 분리되었고 오늘날 우리가 아는 그 대륙들이 된 것입니다.

어휘 dinosaur[dáinəsɔ̀ːr] 명 공룡 continental drift theory 대륙이동설 break apart 분리되다 apart[əpɑ́ːrt] 부 떨어져

해설 현재는 떨어져 있는 대륙들이 과거에는 하나로 연결되어 있었기 때문에 아프리카에서 남아메리카의 공룡 뼈가 발견되는 것이 가능하다고 이야기하고 있다.

13 ①

① 여: 금속 캔이 분해되는 데 얼마나 걸립니까?
남: 금속 캔들을 분해하는 것은 매우 어렵습니다.

② 여: 자연을 보호하기 위해 무엇을 하시나요?
남: 저는 에어컨 대신 선풍기를 사용하려고 노력해요.

③ 여: 숲에 나무를 심는 것이 왜 중요한가요?
남: 숲의 나무들은 흙이 씻겨 내려가는 것을 막아줘요.

④ 여: 강 옆에 새 공장들을 짓는다고 들었어요.
남: 그건 환경을 심각하게 파괴할 거예요.

⑤ 여: 많은 동물들이 멸종 위기에 처해 있어요.
남: 네. 그들을 보호하기 위해 뭔가 해야 해요.

어휘 metal[métəl] 명 금속 break down 분해되다; 분해하다 electric fan 선풍기 plant[plænt] 동 심다 soil[sɔil] 명 흙, 토양 be washed away 씻겨 내려가다, 휩쓸려가다 be threatened with extinction 멸종 위기에 처하다

해설 캔이 분해되는 시간을 묻는 질문에 캔을 분해하는 것이 어렵다고 말하는 응답은 적절하지 않다.
Q 가장 부자연스러운 대화를 고르시오.

14 ④

여: 나는 화성에 관한 보고서를 써야 하는데 무엇에 대해 쓸지 결정하지 못했어.

남: 음…. 화성을 지구와 비교하는 것은 어떠니? 두 행성은 공통점이 많아.

여: 정말? 그것들이 비슷했다는 것을 몰랐어.

남: 과학자들이 말하길 과거에는 화성에도 박테리아 같은 생물이 살았을지도 모른대.

여: 와! 화성의 환경이 과거에는 달랐었니?

남: 아마도. 화성은 더 따뜻했고 물이 있었을지도 몰라.

여: 아, 그건 몰랐어.

남: 더 있어. 수십억 년 전 화성의 대기는 현재의 지구 대기와 비슷했을지도 모르지.

여: 아주 흥미롭구나. 이제 무엇에 대해 쓸지 알겠어. 도와줘서 고마워.

어휘 Mars[mɑːrz] 명 화성 compare A with B A를 B와 비교하다 planet[plǽnit] 명 행성 have (something) in common …을 공통적으로 지니다 atmosphere[ǽtməsfiər] 명 대기 current[kɔ́ːrənt] 형 현재의

해설 **Q** 대화에서 과거의 화성에 대해 언급되지 않은 것은?
① 생물 ② 기후 ③ 물 ④ 토양 ⑤ 대기

15-16 15 ① 16 ④

남: '방귀세'에 대해 들어보신 적 있습니까? 몇 년 전 뉴질랜드는 농부들에게 그들의 소에 대한 세금을 내게 하려고 했습니다. 이 정책은 지구 온난화를 줄이는 것을 돕기 위해 고안되었습니다. 메탄가스는 지구 온난화의 주요 원인 중 하나입니다. 전체 메탄가스의 약 20% 정도가 가축들의 방귀에서 나옵니다. 사실, 소 한 마리는 매

년 130kg의 메탄가스를 만들어 냅니다. 놀랍게도 이것은 보통의 자동차가 만들어 내는 양보다 많습니다. 그것이 뉴질랜드 정부가 이 새로운 법안을 만들고자 했던 이유입니다. 그러나 농부들은 갑자기 돈을 더 내야 해서 무척 화가 났습니다. 그래서 그들은 거세게 항의했습니다. 결국, 그들의 항의는 성공적이었고 그 계획은 무산되었습니다. 하지만 이 발상은 지구 온난화의 위험성으로 인해 여전히 전 세계의 주목을 많이 받고 있습니다.

어휘 fart[fɑːrt] 명 방귀 methane gas 메탄가스 average [ǽvəridʒ] 형 평균의; *보통의 government [gʌ́vərnmənt] 명 정부 protest[proutést] 동 항의하다 [próutest] 명 항의 heavily[hévəli] 부 (양·정도가) 심하게 abandon[əbǽndən] 동 버리다, 포기하다
[문제] beef[biːf] 명 소고기 waste[weist] 명 쓰레기; *배설물 export[ikspɔ́ːrt] 동 수출하다

해설 **15** 뉴질랜드에서 방귀세에 관한 법안이 제안되었던 배경에 대해 설명하고 있다
Q 화자는 주로 무엇에 대해 이야기하고 있는가?
① 방귀세가 왜 제안되었는지
② 뉴질랜드에 얼마나 많은 소가 있는지
③ 메탄가스가 왜 환경에 나쁜지
④ 지구 온난화의 주요 원인들이 무엇인지
⑤ 뉴질랜드의 지구 온난화가 얼마나 심각했었는지

16 소가 만들어 내는 메탄가스는 지구 온난화의 주범이기 때문에 정부에서 이에 대한 세금을 매기려고 했다.
Q 정부가 농부들에게 새로운 세금을 내게 하려고 했던 이유는 무엇인가?
① 그들이 너무 많은 땅을 소유해서
② 그들이 소로 너무 많은 소고기를 만들어서
③ 그들이 소의 배설물을 치우지 않아서
④ 그들의 동물이 너무 많은 메탄가스를 만들어내서
⑤ 그들이 다른 나라로 가축을 수출해서

Dictation

본문 pp. 176~181

01 ran out yesterday, this green mark on the package, related to recycling, What's the difference, can be recycled after use, made from good quality recycled paper, helps the environment

02 be good for an ecosystem, have good effects, explain some more, of removing old trees, to get more open space, thought of it, harmful to humans and animals, can benefit from them

03-04 can be categorized as, producers, consumers, they are provided with sunlight, including humans, can't make energy by themselves, other consumers that eat both, rot into the earth, gives nutrition to producers

05 What are you watching, about recycling, our trash can be turned into, be used to make fabric for clothes, were just recycled into other bottles, the roads we drive on, hold all kinds of drinks, where everything went, watch the program with me

06 makes up 20%, has the smallest land area, of all the continents, three times as large as Europe, takes up less than 10%

07 must have fallen asleep, It wasn't important, stay up late to study, due to the hot night, cried all night, stay at her house, during summer vacation, worse in the city, heats up easily, gives off lots of heat

08 A new policy goes into effect, be separated from all other trash, are not included in the food waste, bones and eggshells waste, have any further questions

09 the mountain air is really fresh, make me feel good, Look at all those bottles and cans, What a shame, how people can be so thoughtless, treat nature, we should do something, clean up this area, With a little effort

10 lots of shooting stars, never seen a shooting star before, Why don't we watch them, will be a good place to watch, let's meet at, 30 minutes earlier than that, get a good spot, bring the hot chocolate

11 joined an environmental club, small things to help the environment, turning off the lights, when brushing our teeth, separate our trash for recycling, pick up trash once a week, want to join, We are open to everyone

12 found some unusual dinosaur bones, How is that possible, may be able to explain it, were connected to each other, were actually one continent, could have walked across land, started to break apart, became the continents we know today

13 How long does it take, to protect nature, instead of the air conditioner, prevent soil from being washed away, seriously damage the environment, are being threatened with extinction

14 write a paper, what to write about, have a lot in common, have had creatures, living on it, have been warmer, had water, The atmosphere of Mars, the current atmosphere of Earth, for your help

15-16 make farmers pay tax on their cows, help reduce global warming, comes from the farts, produces 130 kg, the amount that the average car produces, make this new law, had to pay extra money, protested heavily, the plan was abandoned

Review Test

본문 p. 182

A 1ⓑ 2ⓐ 3ⓓ 4ⓔ 5ⓗ 6ⓕ 7ⓒ 8ⓖ
B 1ⓑ 2ⓐ 3ⓒ
C 1 were washed away 2 go into effect
3 have, in common

A ······ 1ⓑ 2ⓐ 3ⓓ 4ⓔ 5ⓗ 6ⓕ 7ⓒ 8ⓖ

1 현재의: ⓑ 현재와 관련되거나 지금 발생하고 있는

2 거주자: ⓐ 특정 장소에 거주하는 사람

3 항의하다: ⓓ 주로 조치를 취하여 강력하게 반대를 표하다

4 분류하다: ⓔ 사람이나 사물을 특정 기준에 따라 그룹으로 나누다

5 자원: ⓗ 사람들이 삶을 지속하기 위해 사용하는 물, 나무, 기름과 같은 자연 물질들

6 포기하다: ⓕ 계속하는 것이 어렵기 때문에 어떤 활동을 하는 것을 그만두다

7 대기: ⓒ 지구와 같은 일부 행성들을 둘러싼 기체

8 생태계: ⓖ 특정 지역의 모든 살아있는 생명체와 그것들이 서로 연관되어 있는 방식

B ······ 1ⓑ 2ⓐ 3ⓒ

여: Jake, 강가는 정말 좋구나!
남: ⓑ 맞아. 오, 저런. 봐! 사람들이 저기 쓰레기를 버려뒀어.
여: ⓐ 부끄러운 일이야! 우리가 줍지 않을래?
남: ⓒ 정말 좋은 생각이야. 작은 노력만으로 자연을 보호하는 것을 도울 수 있어.

실전모의고사 1회

본문 pp. 186~189

01 ② 02 ① 03 ① 04 ④ 05 ⑤ 06 ⑤ 07 ②
08 ① 09 ② 10 ② 11 ③ 12 ④ 13 ③ 14 ②
15 ③ 16 ④ 17 ⑤ 18 ③ 19 ② 20 ①

01 ······ ②

여: 학교 첫 날은 어땠니?
남: 좋았어요. 가장 친한 친구 Jessica와 같은 반이에요.
여: 새 담임 선생님은 마음에 드니? 선생님이 남자분이시니 여자분이시니?
남: 젊은 여자분이세요. 마음에 들어요.
여: 어떻게 생기셨니?
남: 짧은 생머리고, 안경을 쓰셨어요. 오늘 빨간 재킷에 청바지를 입으셨어요.
여: 아, 선생님 성함이 Kate니? Kate는 작년에 네 누나의 담임 선생님이셨잖아. 머리가 붉지, 아니니?
남: 아뇨. 선생님 성함은 Jessie예요. 검정색 머리예요.

어휘 homeroom teacher 담임 선생[교사] male[meil] 형 남자인 female[fíːmèil] 형 여자인

해설 남자의 선생님은 여자이며 짧은 검정 머리에 안경을 쓴다고 했다.

02 ······ ①

(전화벨이 울린다)
남: 여보세요. Star Electronics입니다.
여: 지난 달에 구입한 세탁기를 어떻게 반품하죠?
남: 세탁기에 무슨 문제가 있나요?
여: 그냥 더 이상 사용하고 싶지 않아요.
남: 작동이 잘 안 되나요?
여: 글쎄요, 심각한 문제는 없지만, 기계에 대한 안 좋은 것을 들었거든요.
남: 더 상세하게 설명해 주시겠어요?
여: 한 TV 프로그램에서 귀사의 세탁기가 제대로 작동하지 않는다고 했어요. 세탁물을 충분히 잘 헹구지 않아서 옷에 세제를 남긴다는군요. 그래서 그 기계를 사용한 어떤 사람들이 피부에 문제가 생겼다고요. 어떻게 우려 없이 이 기계를 사용할 수 있겠어요?

남: 저희 제품에 대해 걱정하신다니 죄송합니다. 하지만, 고객님께서 헹굼 문제를 겪으신 게 아니라면, 계속 사용하셔도 괜찮을 거예요.
여: 하지만 저는 불편한데요….
남: 기계가 고장 난 것이 아니라면 환불해 드릴 수 없다는 것을 말씀드려야 할 것 같아요.

어휘 return[ritə́ːrn] 동 돌아오다; *반납하다 washing machine 세탁기 any longer 더 이상, 이제는 work[wəːrk] 동 일하다; *작동하다 explain[ikspléin] 동 설명하다 in detail 상세하게 claim[kleim] 동 주장하다 rinse[rins] 동 씻어 내다[헹구다] laundry[lɔ́ːndri] 명 세탁물 leave[liːv] 동 떠나다; *남기다 detergent[ditə́ːrdʒənt] 명 세제 keep *doing* 계속 …하다 uncomfortable[ʌnkʌ́mfərtəbl] 형 불편한 give a refund 환불하다 broken[bróukən] 형 고장 난

해설 여자는 세탁기에 대한 안 좋은 이야기를 듣고 환불을 요청하고 있다.

03 ①

① 남: 주문받아도 될까요?
여: 오늘의 특선 요리가 뭔가요?
② 남: 이용 가능한 테이블 있나요?
여: 죄송하지만, 지금은 만석입니다.
③ 남: 소금 좀 건네주시겠어요?
여: 여기요.
④ 남: 라떼에 토핑 원하세요?
여: 휘핑크림 올려 주세요.
⑤ 남: 이 식당에서 새로운 종업원을 찾고 있다고 들었어요.
여: 맞습니다. 관심 있으십니까?

어휘 today's special 오늘의 특선 요리 pass[pæs] 동 지나가다; *건네주다

해설 식당에서 종업원이 손님의 주문을 받고 있는 상황이다.

04 ④

여: 우리 새 집이 정말 마음에 들어요. 당신은요?
남: 나도요. 그런데, 우리 담요가 낡았으니 새 담요를 사야겠어요. 새 담요가 우리 집을 상쾌하게 할 거예요.
여: 맞아요. 아, 저쪽에 담요가 있네요. 같이 하나 골라요.
남: 그래요. 나는 이 단순한 것이 좋아요.
여: 그 회색은 너무 어두워요. 이제 봄이잖아요. 더 밝은 것으로 고르자고요.
남: 좋아요. 음, 당신은 꽃은 싫어하죠.
여: 맞아요. 당신은 나를 아주 잘 아네요. 나는 이 체크 무늬가 좋아요.
남: 괜찮네요, 하지만 너무 두꺼워요. 더울 거예요. 대신 이 줄무늬는 어때요? 당신이 고른 것과 비슷해요.
여: 그게 가장 좋은 것 같아요.

어휘 blanket[blǽŋkit] 명 담요 refresh[rifréʃ] 동 상쾌하게 하다 pick[pik] 동 고르다 checkered[tʃékərd] 형 체크 무늬의 pattern[pǽtərn] 명 패턴, 무늬 striped[straipt] 형 줄무늬가 있는 be similar to …와 비슷하다

해설 두 사람은 계절과 취향, 두께를 고려하여 줄무늬 담요를 구입하기로 했다.

05 ⑤

여: 실례합니다.
남: 무엇을 도와드릴까요?
여: 저 위에서 카메라를 건네주시겠어요? 팔이 그렇게 높이 안 닿네요.
남: 여기 있습니다. 하지만 지금 전자 기구를 사용하실 수 없습니다. 사진을 찍으시면 안 됩니다.
여: 알겠어요.
남: 다른 거 뭐 필요하세요?
여: 목이 좀 말라요. 물 좀 주시겠어요?
남: 오, 곧 이륙할 거예요. 안전띠 표시가 꺼지면 가져다 드릴게요.
여: 네.
남: 이륙을 위해 자리로 돌아가 주세요. 비행 즐거우시길 바랍니다.

어휘 reach[riːtʃ] 동 …에 이르다[닿다] electronic device 전자 기구 thirsty[θə́ːrsti] 형 목이 마른 take off 이륙하다 shortly[ʃɔ́ːrtli] 부 얼마 안 되어, 곧 once[wʌns] 접 …하자마자 takeoff[téikɔ̀ːf] 명 이륙 flight[flait] 명 비행

해설 승객에게 서비스를 제공하고 이륙 관련 안내를 하는 것으로 보아, 남자의 직업은 비행기 승무원(flight attendant)임을 알 수 있다.
① 종업원 ② 여행 가이드 ③ 호텔 직원 ④ 사진작가

06 ⑤

여: 얘, Eugene! 너 요즘 바쁘니?
남: 아니 전혀.
여: 다음 주 일요일에 한가하니?
남: 아마. 왜 물어 보니?

여: 내 친구 Jed 기억나니?
남: 응, 그 애 기억나, 하지만 또렷하지는 않아.
여: 그 애가 다음 주 일요일에 연주회를 할 거야.
남: 그래서?
여: 네가 나랑 연주회에 가면 좋겠어.
남: 무슨 연주회인데?
여: 알잖아, 그 애는 트럼펫 연주자이고 오케스트라 일원이야.
남: 어, 오케스트라 연주회? 글쎄, 클래식은 지루해. 연주회 동안 계속 하품할 거야. 안 가는 게 낫겠어.
여: 아, 알았어. 그럼 다른 사람에게 물어볼게.

어휘 clearly[klíərli] 부 또렷하게, 분명히 classical music 고전 음악, 클래식 yawn[jɔːn] 동 하품하다 had better not *do* …하지 않는 편이 낫다

해설 함께 연주회에 가자는 여자의 제안을 남자가 거절했으므로, 실망스러울(disappointed) 것이다.
① 불안해하는 ② 쾌활한 ③ 고맙게 생각하는 ④ 무관심한

07 ②

① 여: 그 영화 어떻게 생각해?
남: 정말 재미있어.
② 여: 휴대전화 어디에 뒀니?
남: 아빠가 나에게 사 주셨어.
③ 여: 왜 학교에 걸어서 갔니?
남: 자전거를 도난당했기 때문이야.
④ 여: 어디 가니?
남: 슈퍼마켓에 가고 있어. 태워 줄 수 있니?
⑤ 여: 샌프란시스코 행 비행기 출발 시간이 언제인가요?
남: 2시 30분에 떠납니다.

어휘 on foot 걸어서 steal[stiːl] 동 훔치다 (stole-stolen) give (someone) a ride …을 태워 주다 departure[dipɑ́ːrtʃər] 명 떠남, 출발

해설 휴대전화를 어디에 두었는지 물었으므로, 휴대전화를 둔 위치에 대한 대답이 이어지는 것이 자연스럽다.

08 ①

(전화벨이 울린다)
남: 여보세요?
여: 아빠, 저예요.
남: 왜 아직 집이니? 지금쯤 학교에 있어야 하잖아.
여: 몸이 안 좋아서요. 두통과 열이 있어요. 심한 감기에 걸렸나 봐요. 오늘 학교에 못 갈 것 같아요.
남: 오, 저런.
여: 집에 오는 길에 약을 좀 사와 주실 수 있어요?
남: 그래, 그럼. 일 마치고 바로 사서 집으로 갈게. 도움이 필요하면 언제든 전화하렴.
여: 네, 그럴게요. 감사해요, 아빠.

어휘 by now 지금쯤, 이제 feel well 건강 상태가 좋다 fever[fíːvər] 명 열 pick (something) up …을 찾다[찾아 오다]

해설 몸이 좋지 않아서 집에 오는 길에 약을 사다 달라고 부탁했다.

09 ②

남: 너는 온종일 스마트폰을 쥐고 있구나. 게임하고 있니?
여: 아니야, 친구들의 SNS 프로필을 보고 있어. 이렇게 친구들과 연락하고 지내고 있어.
남: 친구들한테 전화하거나 만나지 그러니?
여: 다른 방식으로 많은 친구들과 이야기하고 있는 거야. 쉽고 빠르게 친구들과 메시지를 주고받는 거지. 그 애들이 어떻게 지내고 있는지 보여 주는 사진을 보고. 게다가, SNS 덕분에 많은 사람들과 친구가 될 수 있어.
남: SNS로 사회적이 될 수 있다는 거구나?
여: 물론이지!
남: 넌 스마트폰 타자를 치느라 바쁘잖아. 그것 때문에, 친구들과 전화로 이야기하거나 직접 만날 시간이 없지, 그렇지 않니? 그런데 어떻게 네가 사회적으로 건강하다고 할 수 있니?

어휘 SNS 소셜 네트워킹 서비스 profile[próufail] 명 인물 소개, 프로필 keep up with …와 계속 연락하고 지내다 exchange[ikstʃéindʒ] 동 교환하다, 주고받다 plus[plʌs] 부 더욱이, 게다가 thanks to … 덕분에[때문에] be busy *doing* …하느라 바쁘다 type[taip] 동 타자 치다 in person 직접, 몸소

해설 남자는 SNS를 이용하는 것이 사회적으로 건강하다고 볼 수 없다며 여자의 말을 비판하고 있다.

10 ②

남: 주문하시겠어요?
여: 네, 라떼 한 잔이랑 크림치즈 얹은 플레인 베이글 주세요.
남: 어떤 크기로 드릴까요?
여: 보통 크기로요. 얼마죠?
남: 보통 크기 라떼는 4,000원이고 베이글은 1,500원입니다. 그리고 크림치즈는 500원이 추가됩니다. 총 가격은 6,000원입니다. 하지만 5,000원에 모닝 세트를 이용하

시고 크림치즈에 대해 500원을 추가 지불하시면 됩니다.

여: 좋아요. 그걸로 할게요. 여기 회원 카드예요. 회원으로 20% 할인받을 수 있죠, 맞나요?

남: 일반적으로는요. 하지만 세트 메뉴는 할인받으실 수 없습니다.

여: 잠시만요. 그러면 저는 모닝 세트를 하지 않는 게 낫겠네요. 회원으로 할인해 주세요.

남: 알겠습니다.

어휘 plain [plein] 형 (음식이) 담백한, 기본적인 bagel [béigl] 명 베이글 regular [régjələr] 형 표준적인[보통의] add [æd] 동 추가하다 extra [ékstrə] 형 추가의 discount [dískaunt] 명 할인

해설 여자가 주문한 음식의 총 가격은 6,000원이며, 모닝 세트 대신 회원 카드로 20% 할인 받겠다고 했다.

11 ③

남: 실례하지만, 자리를 잘못 앉으신 것 같아요.

여: 아, 죄송합니다. 실수했네요. 제가 창가 자리로 옮겨야 하네요.

남: 괜찮습니다. 통로 쪽 자리를 원하시면, 자리를 바꿔드릴게요.

여: 오, 정말 친절하시군요. 제가 자주 자리를 떠야 할 것 같아서 걱정이거든요.

남: 그럼 통로 쪽 자리에 앉으셔도 돼요. 그런데, 어디로 가는 길이세요?

여: 출장에서 집으로 돌아가는 길이에요.

남: 오, 저도요. 일은 어떻게 됐나요?

여: 이야기를 나누고 싶지만, 이륙 전에 사무실에 전화를 해야 해서요. 잠시 실례해도 될까요?

남: 물론이죠. 그러세요.

여: 아, 질문이 있어요. 지금 중국 시간을 아시나요? 항상 시차가 혼란스러워요.

남: 어디 볼까요. *(잠시 후에)* 새벽 3시예요. 나중에 전화하시는 게 좋겠어요.

어휘 aisle seat 통로 쪽 자리 frequently [frí:kwəntli] 부 자주, 흔히 head [hed] 동 (특정 방향으로) 가다 business trip 출장 go ahead 시작하다, 먼저 하다 confuse [kənfjú:z] 동 혼란시키다 time difference 시차

해설 두 사람의 대화에 자리(창가 자리, 통로 쪽 자리), 이륙, 시차 등이 언급된 것으로 보아, 비행기(airplane)에서의 대화임을 알 수 있다.
① 도서관 ② 지하철 ④ 여행사 ⑤ 영화관

12 ④

남: 이제 팀의 마지막 선수가 나오고 있습니다. 그의 이름은 Jonathan Whistler이고 20세입니다. 미국 출신이고요. 신장은 188cm, 체중은 80kg입니다. 그의 몸은 수영을 위해 만들어졌습니다. 그는 올림픽에 처음으로 참가합니다. 다섯 살 때 수영을 시작해서 국내 수준에서 많은 메달을 획득했습니다. 주종목은 400미터 자유형입니다. 그가 이번 경기에서 메달을 획득할 수 있을지 지켜보겠습니다. 올림픽에서 그의 기량을 보게 되어 흥분됩니다.

어휘 come up 나오다 weigh [wei] 동 무게[체중]가 …이다 compete [kəmpí:t] 동 경쟁하다; *(시합 등에) 참가하다 win a medal 메달을 획득하다 national [nǽʃənəl] 형 국가의, 전국의 main [mein] 형 주된, 주- event [ivént] 명 사건; *경기[종목] freestyle [frí:stàil] 명 자유형 ability [əbíləti] 명 재능, 기량

13 ③

남: 표가 매진되기 전에 서둘러서 예약해야 해.

여: 그래.

남: 어떤 자리를 원하니?

여: 글쎄, 물론 R 구역 시야가 가장 좋지.

남: 그건 얼마니?

여: 각각 60달러야.

남: 우와, 나한테 너무 비싸. B 구역은?

여: 거기서는 무대의 한 쪽밖에 볼 수 없어.

남: 그래, 그리고 2층 자리는 무대에서 너무 멀지. 오페라 글라스가 없으면, 거기서 무대를 잘 보기 너무 어려워.

여: 맞아. 그러면 한 가지 선택밖에 없네.

남: 좋아. 그 구역으로 표 두 장 살게.

어휘 sold out 표가 매진된 section [sékʃən] 명 구역, 구획 apiece [əpí:s] 부 각각, 하나에 stage [steidʒ] 명 단계; *무대 floor [flɔ:r] 명 바닥; *층 opera glasses 오페라 글라스(관극용 작은 쌍안경) option [ápʃən] 명 선택(권)

해설 R 구역은 비싸기 때문에, B 구역과 2층 구역은 무대가 잘 보이지 않기 때문에 선택에서 제외되었으므로, 선택할 수 있는 것은 A 구역이다.

14 ②

여: 여러분은 이 흥미진진한 겨울 스포츠에 참여하는 것을 만끽할 것이다. 이 스포츠를 하기 위해서는, 좁은 판자 한 쌍과 긴 막대기 한 쌍이 필요하다. 판자는 좁고 부츠

가 달려 있다. 판자를 신고 막대기를 잡으면, 발로 미끄러운 비탈면을 타고 내려올 수 있다. 다른 방향으로 가고 싶으면, 다른 방향으로 판자를 돌려야 한다. 멈추고 싶으면, 판자를 함께 향하도록 해야 한다. 이 흥미진진한 겨울 스포츠는 매우 재미있지만, 조금 위험하기도 하다. 분명히 헬멧을 착용해야 한다.

어휘 pair[per] 명 한 쌍 narrow[nǽrou] 형 좁은 board[bɔːrd] 명 판자, 보드 stick[stik] 명 막대기 boot[buːt] 명 *pl.* 목이 긴 신발, 부츠 attach[ətǽtʃ] 동 붙이다, 달다 ride[raid] 동 타다 slippery[slípəri] 형 미끄러운 slope[sloup] 명 비탈면 direction [dirékʃən] 명 방향 point[pɔint] 동 가리키다; *향하다 definitely[définətli] 부 확실히, 분명히

해설 좁은 판자와 막대기를 이용하여 비탈면을 타고 내려오는 겨울 스포츠는 스키이다.

15 ③

남: 아, 나 배불러.

여: 음식은 어땠어? 네 취향에 맞았니?

남: 나를 위해 만든 음식을 정말 맛있게 먹었어. 정말 고마워.

여: 그 말을 들으니 기뻐. 뭐 좀 마실래?

남: 응, 그래. 커피 마셔도 될까?

여: 물론이지. 잠깐 기다려. *(잠시 후에)* 커피와 쿠키야. 어제 구웠어. 먹어 봐.

남: 네가 이 쿠키를 만들었다니 믿을 수 없어. 너 정말 요리 잘하는구나.

여: 오, 과찬이야.

남: 진담이야. 더 많은 사람들이 네 음식을 즐기면 좋겠어. 벼룩시장에서 네 쿠키를 파는 건 어때? 액세서리처럼 자신이 만드는 것들을 파는 사람들이 많아.

여: 아, 그러고 싶다.

남: 매주 일요일 아침에 인근에서 벼룩시장이 열린다고 들었어.

여: 좋아. 그럼 다음 것을 준비해야겠어.

남: 도움 필요하면 꺼리지 말고 말해.

어휘 liking[láikiŋ] 명 좋아함, 취향 flatter[flǽtər] 동 추켜세우다 flea market 벼룩시장 feel free *to do* 마음대로[거리낌없이] …하다

해설 벼룩시장에서 쿠키를 팔라는 남자의 제안에 따라 다음 벼룩시장을 준비하겠다고 했다.

16 ④

남: Kate, 언제 현장 학습 갈지 결정해야 해요.

여: 그래요. 언제가 좋을까요?

남: 글쎄요, 4월 둘째 주 수요일이 좋을 것 같아요. 야외 활동에 적합한 좋은 날씨일 거예요.

여: 4월 9일 말이죠? 제 생각에도 좋을 것 같아요. 학교 일정표 확인해 볼게요. *(잠시 후에)* 이런! 그 주에 중간고사가 있네요.

남: 시험이 정확히 언제죠?

여: 4월 7일 월요일에 시작해서 4월 10일 목요일에 끝나요.

남: 그러면 그 주 금요일이 가장 좋겠어요. 학생들이 시험 직후에 현장 학습을 가면, 휴식을 취하고 스트레스도 잊어버릴 수 있을 거예요!

여: 좋아요!

어휘 field trip 현장 학습 outdoor activity 실외[야외] 활동 midterm exam 중간고사 exactly[igzǽktli] 부 정확히 relax[rilǽks] 동 휴식을 취하다

해설 중간고사가 4월 10일 목요일에 끝나고, 그 주 금요일에 현장 학습을 가기로 했다.

17 ⑤

여: 이번 주 일요일은 Andy의 결혼 10주년 기념일이다. 그는 아내에게 특별한 기억을 주고 싶다. 그래서 그는 여행을 가자고 제안한다. 그는 도착할 때를 위해 깜짝 선물을 준비한다. 그는 반지, 머리핀, 귀걸이를 구입한다. 그가 그것 모두에 대해 지불할 때, 그가 생각한 것보다 더 비싸다. 그는 영수증을 확인하고 합계가 잘못된 것을 안다. 이런 상황에서, Andy는 점원에게 뭐라고 말할까?

어휘 anniversary[æ̀nivə́ːrsəri] 명 기념일 suggest [sədʒést] 동 제안[제의]하다 notice[nóutis] 동 …을 의식하다[알다] sum[sʌm] 명 합, 총계

해설 영수증이 잘못된 것을 알았으므로, 영수증의 오류를 알리는 말이 가장 적절하다.
① 전액 환불해 주세요.
② 제 아내가 선물을 마음에 들어하면 좋겠네요.
③ 이 귀걸이를 교환하고 싶어요.
④ 이 반지 더 큰 사이즈로 있나요?
⑤ 영수증에 오류가 있는 것 같아요.

18 ③

여: 바이킹은 정말 신나!

남: 정말 그래.
여: 우리 한 번 더 탈까?
남: 음, 롤러코스터를 타는 게 어때?
여: 좋아! 줄 서자.
남: 오, 줄이 매우 길어. 얼마 동안은 기다려야 할 거야. 나 배고파. 뭔가 먹고 싶어.
여: 나도 배고파. 하지만 점심 후에는, 줄에 사람이 더 많을 거야.
남: 맞아. 네가 줄 서서 기다리는 동안 간식을 좀 사 올게.
여: 좋은 계획이야.
남: 여기서 기다려. 곧 돌아올게.

어휘 get in line 줄에 들어가 서다

해설 여자가 롤러코스터를 타기 위해 줄 서서 기다리는 동안 남자는 간식을 사 오기로 했다.

19 ②

여: 뭘 들고 있어? 스케치북이니?
남: 응. 요즘 그림 그리는 거 배우고 있거든.
여: 우와, 멋지다! 좋은 취미구나.
남: 단지 취미는 아니야. 이 분야에서 전문가가 되고 싶어.
여: 화가가 되고 싶다고?
남: 응. 너도 알겠지만, 어렸을 때 나는 화가가 되고 싶어 했잖아. 하지만 대신에 경제학을 전공하고 은행 창구 직원이 됐지.
여: 나는 네가 일을 잘 하고 있다고 생각했어.
남: 일은 좋아. 하지만 어릴 적 꿈을 포기하고 싶지 않아. 내가 포기하면, 평생 동안 후회할 거야. 그림 그리는 것을 배우기로 결심한 게 그 때문이야.
여: 잘했어! 네 꿈이 이뤄지길 바랄게. 잊지 마. 네 주위에 많은 사람들이 항상 네 곁에 있다는 것을.

어휘 sketchbook[skétʃbùk] 명 스케치북 professional [prəféʃənəl] 명 전문가 field[fiːld] 명 들판; *분야 major in …을 전공하다 economics[ìːkənɑ́miks] 명 경제학 teller[télər] 명 은행 창구 직원 give up 포기하다 childhood[tʃáildhùd] 명 어린 시절 regret[rigrét] 동 후회하다 that's why *((표현))* …은 그 때문이야 come true 이루어지다, 실현되다

해설 성인이 되어 어릴 적 꿈을 이루기 위해 노력하는 상황을 가장 잘 표현한 속담은 '늦더라도 않는 것보다 낫다.'이다.
① 행동보다 말이 쉽다.
③ 말하기 전에 생각하라.
④ 제 때의 바늘 하나가 아홉 바늘을 던다.
⑤ 천천히 그리고 꾸준히 하면 이긴다.

20 ①

남: 뭐 읽고 있니?
여: 이탈리아 여행에 관한 여행 수필을 읽고 있어.
남: 여행 수필 좋아하니?
여: 응, 여행을 가고 싶지만 그러지 못할 때 여행 수필 읽는 것을 좋아해. 그것을 읽으면 내가 여행하고 있는 것처럼 느낄 수 있거든.
남: 나도 그 책 읽고 싶다. 언젠가 이탈리아를 여행할 계획이거든.
여: 그래? 그럼 이 수필을 읽어 보길 추천해. 네가 당장 이탈리아에 가고 싶게 만들 거야.
남: 네가 읽고 나서 나에게 빌려줘도 괜찮겠니?
여: 응, 괜찮아.

어휘 essay[ései] 명 과제물; *수필 plan *to do* …할 계획이다 recommend[rèkəménd] 동 추천하다 feel like *doing* …을 하고 싶다 mind[maind] 동 언짢아하다 lend[lend] 동 빌려주다 [문제] due date 만기일, 기한일 hand over 넘겨주다, 건네다

해설 책을 빌려달라고 부탁했으므로, 부탁에 대한 수락이나 거절의 대답이 이어져야 한다.
② 기한일을 잊지 마.
③ 책을 건네 줄 수 있니?
④ 그것이 내가 가장 좋아하는 책 장르야.
⑤ 내가 언젠가 나만의 수필을 쓸 수 있길 희망해.

Dictation

본문 pp. 190~197

01 How was the first day, in the same class, your new homeroom teacher, male or female, What does she look like, wearing a red jacket, She has black hair

02 return the washing machine, Doesn't it work well, explain in more detail, leaves detergent on the clothes, problems with their skin, to keep using it, give you a refund

03 take your order, today's special, have a table available, we're full now, pass me the salt, Are you interested

04 buy a new blanket, refresh the house, choose a brighter one, this checkered pattern, it's too thick, what you chose, that one is the best

05 pass me the camera, doesn't reach that high, you are not allowed to use, a little bit thirsty, we're taking off shortly, return to your seat, enjoy the flight

06 to be free, Why do you ask, have a concert, go to the concert, an orchestra member, keep yawning, I'd better not go

07 What do you think of, Where did you put, on foot, Where are you going, What is the departure time, It leaves at 2:30

08 are you still at home, I'm not feeling well, caught a bad cold, pick up some medicine for me, I finish work, you need help

09 keeping up with, exchange messages with friends, how their days are going, make friends, you can be social, You're busy typing, you don't have time, meet them in person, you're socially healthy

10 Which size do you want, 500 won is added, The total price, I'll take it, get a 20% discount, on the set menu, give me a discount

11 in the wrong seat, I can change seats, leave my seat frequently, take the aisle seat, where are you headed, make a call, Could you excuse me, Go ahead, confused by the time difference, You'd better call later

12 is coming up, He's from America, is built for swimming, is competing, has won many medals, I'm excited to see

13 tickets are sold out, Which seat do you want, 60 dollars apiece, that's too expensive, too far from the stage, have only one option left

14 a pair of narrow boards, there are boots attached, hold the sticks, on your feet, go in other directions, turn the boards, point the boards together, wear a helmet

15 I'm full, Was it to your liking, Would you like something to drink, Can I have some coffee, Try them, at a flea market, selling what they make, Feel free to tell me

16 When would be good, for outdoor activities, You mean April 9th, check the school calendar, having a midterm exam, ends on Thursday, April 10th, would be the best, right after the exam, forget about their stress

17 10th wedding anniversary, prepares a surprise gift, pays for all of it, checks his receipt, the sum is wrong

18 It sure was, ride on it, Let's get in line, wait for a while, there will be more people, buy some snacks, I'll come back soon

19 That's a good hobby, want to become a professional, want to be a painter, majored in economics, you were doing well, give up my childhood dream, my whole life, your dreams come true

20 reading a travel essay, feel like I'm traveling, I'm planning to travel, I recommend that, lending it to me

실전모의고사 2회

본문 pp. 198~201

01 ③	02 ④	03 ⑤	04 ②	05 ④	06 ④	07 ②
08 ①	09 ①	10 ⑤	11 ③	12 ④	13 ③	14 ②
15 ③	16 ⑤	17 ⑤	18 ③	19 ③	20 ⑤	

01 ③

여: 어떤 게 가장 좋니?

남: 인기 캐릭터가 있는 이 케이크가 좋아. Donna의 딸이 좋아할 거야. 이 케이크는 그녀의 두 살 생일을 위한 최고의 선물일 거야.

여: 좋아 보여. 하지만 Donna의 딸은 케이크를 먹을 수 없을 거야. 너무 어리잖아.

남: 네 말 알겠어. 그러면 Donna가 좋아할 케이크를 사야겠어.

여: 바로 그거야! 그녀는 단순한 디자인을 좋아해. 이것은 어때? 깨끗한 흰색이 그녀의 스타일에 정말 잘 맞아.

남: 나도 마음에 들어. 그걸로 사자. 이제 꽃 가게로 갈까? 꽃을 좀 사서 그녀를 놀라게 하자.

여: 우리 돈이 많지 않아. 꽃을 사는 대신, 꽃으로 장식된 이 케이크는 어때?

남: 그게 좋겠다! 그걸로 하자.

어휘 character[kǽriktər] 명 성격; *캐릭터, 등장인물 point[pɔint] 명 의견[주장] pure[pjuər] 형 순수한; *깨끗한 match[mætʃ] 동 어울리다 decorate[dékərèit] 동 장식하다, 꾸미다

해설 꽃을 사는 대신 꽃으로 장식된 케이크를 구입하기로 했다.

02 ④

(전화벨이 울린다)

여: 여보세요. Lena입니다.

남: 여보, 나예요. 당신한테 할 말이 있어요.

여: 뭔데요?

남: 퇴근해서 집에 돌아가는 길에 도넛 가게에 들렀어요. 당신을 격려하려고 당신이 좋아하는 도넛을 좀 샀으면 해서요. 시험에서 떨어진 이후로 당신 우울했잖아요.

여: 나를 생각해 줘서 고마워요. 하지만 지금은 괜찮아요. 다음 기회를 계속 찾을 거예요.

남: 좋아요! 당신한테 선물을 줄게요. 도넛 회사에서 새로운 제빵사를 고용한다고 적힌 포스터를 봤어요. 당신 거기에 관심 있을 거예요, 맞죠?

여: 물론이죠! 그 말을 듣고 나니 기분이 훨씬 더 좋아요. 배부른 것 같아요. 도넛은 안 먹어도 될 것 같아요.

남: 도넛 좀 안 먹을래요? 하지만 당신 이 가게 도넛 좋아하잖아요.

여: 음, 그것들이 있으면 훨씬 더 기쁠 거예요.

남: 알겠어요. 좀 살게요. 곧 갈게요.

어휘 go on 계속하다 stop by …에 들르다 cheer (someone) up …을 격려하다 depressed[diprést] 형 우울한 since[sins] 전 … 이후 fail[feil] 동 시험에 떨어지다 opportunity[àpərtjú:nəti] 명 기회 hire[haiər] 동 고용하다 baker[béikər] 명 제빵사 absolutely[ǽbsəlù:tli] 부 전적으로; *((표현)) 그럼, 물론이지 full[ful] 형 가득 찬; *배부르게 먹은

해설 남자는 여자에게 도넛 회사의 제빵사 고용 소식을 알려 주고 있다.

03 ⑤

① 남: 표를 보여주시겠어요?
여: 표를 잃어버린 것 같아요.

② 남: 제 사진을 찍어 주시겠어요?
여: 네, 그럼요. 카메라 주세요.

③ 남: 세 명 표 주세요.
여: 여기 있습니다. 12달러입니다.

④ 남: 출입구가 어디인가요?
여: 저쪽, 매표소 뒤에요.

⑤ 남: 실례지만, 일렬로 줄 서셔야 해요.
여: 아, 죄송해요. 몰랐어요.

어휘 pass[pæs] 동 지나가다; *건네주다 entrance[éntrəns] 명 출입구 ticket box 매표소 stand in line 일렬로 서다

해설 사람들이 줄을 서 있는데, 여자가 줄을 서지 않고 끼어들려는 상황이다.

04 ②

남: 안녕하세요, Jackson이에요.

여: 안녕하세요, Emily라고 해요.

남: 이 기차 정말 빨라요! 처음으로 타는 거거든요. 어디 가세요? 저는 서울 가고 있어요.

여: 제 사진 전시회가 있어서 저도 서울 가는 길이에요.

남: 오, 사진작가세요? 멋지세요.

여: 그냥 취미로 사진을 찍어요.
남: 그렇군요. 그럼 어떤 종류의 일을 하세요?
여: 은행에서 일해요. 그쪽은요?
남: 저는 기자예요. 당신의 전시회를 보도한다면 기쁘겠어요.
여: 우와, 굉장할 거예요!
남: 이야기를 좀 더 할까요?
여: 그럼요. 식당차로 가서 간식이랑 커피 한 잔 해요.

어휘 report[ripɔ́ːrt] 동 알리다; *보도하다 dining car (기차의) 식당차

해설 여자는 은행에서 일한다고 했으므로, 여자의 직업은 은행 직원(teller)이다.
① 요리사 ③ 기자 ④ 비서 ⑤ 사진작가

05 ④

여: 너한테 넥타이를 사 줄게. 마음에 드는 거 골라 봐.
남: 우와, 정말? 고마운데 왜?
여: 그냥 네가 면접에서 잘했으면 해서.
남: 너 정말 친절하다! 하나 추천해 줄래?
여: 음, 이거 어때?
남: 줄무늬는 너무 평범해. 체크무늬나 점이 있는 게 좋겠어.
여: 음, 두드러지지 않는 게 나을 것 같아. 단순한 무늬를 고르는 게 어때?
남: 알겠어. 이 무늬 없는 회색 넥타이로 할게.
여: 탁월한 선택이야! 이 색이 면접관들이 너를 신뢰하게 만들 것 같아.

어휘 necktie[néktài] 명 넥타이 take one's pick 마음에 드는 것을 고르다 job interview 면접 striped[straipt] 형 줄무늬가 있는 checkered[tʃékərd] 형 체크무늬의 dotted[dátid] 형 점이 있는 stand out 두드러지다 tie[tai] 명 넥타이 trust[trʌst] 동 신뢰하다

해설 무늬 없는 회색 넥타이를 구입하기로 했다.

06 ④

여: 여행에서 언제 돌아왔니?
남: 이제 막 돌아왔어.
여: 여행은 어땠니? 그곳에서 특별한 것이 있었니?
남: 여행은 아주 좋았어. 하지만 여행 마지막에 엉망이었어!
여: 무슨 일 있었니?
남: 사진을 정말 많이 찍었어. 내가 방문한 관광 명소, 먹은 음식, 묵은 방 등을 말이야. 모든 행복한 기억들을 담으려고 노력했어.
여: 부럽다! 볼 수 있을까?
남: 그게 문제야! 유감스럽게도, 어떤 사람이 내 카메라를 훔쳐갔어.
여: 어떻게 된거니?
남: 한 남자한테 조각상 앞에서 내 사진을 찍어달라고 부탁했어. 사진을 위해 준비하는 도중에, 그가 내 카메라를 가지고 달아났어.
여: 오, 저런!
남: 그래! 내 사진들이 모두 사라졌어.

어휘 get back 돌아오다 journey[dʒə́ːrni] 명 여행, 여정 mess[mes] 명 엉망인 상황 tourist attraction 관광 명소 and so on 기타 등등 capture[kǽptʃər] 동 포획하다; *사진으로 담아내다[포착하다] envy[énvi] 동 부러워하다 statue[stǽtʃuː] 명 조각상 run away 달아나다

해설 남자는 여행 중에 사진을 찍은 카메라를 도난 당했으므로 우울할(depressed) 것이다.
① 외로운 ② 겁먹은 ③ 신 나는 ⑤ 기진맥진한

07 ②

① 남: 잘 지내고 있니?
여: 꽤 바빴어.
② 남: 여행 빨리 가고 싶어.
여: 나도 가고 싶지 않아.
③ 남: 난방기 꺼도 괜찮을까?
여: 물론이지.
④ 남: 이 책들을 언제 반납해야 하나요?
여: 다음 주 화요일까지예요.
⑤ 남: 나와 영화 보러 갈래?
여: 물론. 우리 뭘 볼까?

어휘 pretty[príti] 부 어느 정도, 꽤 return[ritə́ːrn] 동 돌아오다; *반납하다 due[djuː] 형 …하기로 되어 있는[예정인]

해설 여행을 가는 게 기다려진다는 말에 자신도 가고 싶지 않다는 대답은 어색하다.

08 ①

(휴대전화가 울린다)
남: 여보세요.
여: 여보세요, 여보. 집에 있나요?
남: 네. 어째서 이 시간에 전화를 하나요? 집에 늦게 올 거예요?
여: 지금 비 오고 있는 거 알았어요?
남: 아뇨. 밖을 안 봤어요.

여: 천둥이 치기 시작했어요. 못 들었어요? 꽤 컸는데요.

남: 진공청소기를 사용하고 있어서, 밖에서 들리는 소리를 전혀 못 들었어요. 그건 그렇고, 우산 있어요? 없으면 내가 사무실로 당신을 태우러 갈게요.

여: 아뇨, 괜찮아요. 우산 있어요. 대신, 세탁물을 개 줄래요? 내일 원피스가 필요해요. 파티에 입고 가려고요. 꼭 완전히 말라야 해요.

남: 알겠어요.

어휘 how come 어째서 thunder[θʌ́ndər] 동 천둥이 치다 vacuum cleaner 진공청소기 pick (someone) up …을 태우러 가다 fold[fould] 동 접다, 개다 completely[kəmplíːtli] 부 완전히

해설 여자는 내일 파티에 입을 원피스가 필요하니 남자에게 세탁물을 개 달라고 부탁했다.

09 ①

여: 어, 저 소리 들리니?

남: 무슨 소리?

여: 음량을 낮춰 줘.

남: 어, 알겠어. *(잠시 후에)* 사이렌 말하는 거니?

여: 맞아. 사고가 있나 봐. 가벼운 사고면 좋겠어. 아무도 안 다쳤으면 좋겠어.

남: 응. 어, 소리가 점점 더 커지고 있어. 더 가까워지고 있나 봐.

여: 옆으로 비켜야겠어.

남: 잘했어. 저 차들 좀 봐. 구급차에게 양보하지 않으려고 해. 어떻게 사이렌을 무시할 수 있지?

어휘 turn down 낮추다 siren[sáirən] 명 사이렌 minor[máinər] 형 작은, 가벼운 injure[índʒər] 동 부상을 입히다 give way 양보하다 ambulance[ǽmbjələns] 명 구급차 ignore[ignɔ́ːr] 동 무시하다

해설 구급차의 사이렌을 무시하고 길을 양보하지 않는 차들을 비난하고 있다.

10 ⑤

남: 여권 보여 주시겠습니까?

여: 여기요.

남: 네. 짐을 여기에 놓으십시오. 무게를 확인하겠습니다.

여: 도와주시겠어요? 너무 무거워서 들어 올릴 수가 없어요.

남: 네. 오, 꽤 무겁네요. 이 수하물은 20kg이 넘을 것 같아요. 확인해 보죠. *(잠시 후에)* 24kg이네요.

여: 그럼 어떻게 해야 하죠?

남: 중량 초과 가방에 대해 추가 요금을 지불하셔야 합니다.

여: 요금이 얼마인가요?

남: 추가 kg 당 10달러입니다.

여: 네. 수하물 허용 중량이 20kg인가요?

남: 네, 그렇습니다.

어휘 baggage[bǽgidʒ] 명 짐[수하물] lift[lift] 동 들어올리다 fee[fiː] 명 요금 overweight[òuvərwéit] 형 중량 초과의 allowance[əláuəns] 명 용돈; *허용량

해설 수하물이 20kg을 초과할 때 1kg 당 10달러의 추가 요금을 지불해야 하며, 여자의 짐은 24kg이라고 했다.

11 ③

남: 실례지만, 이 블라우스 좀 보시겠어요?

여: 무슨 문제가 있나요?

남: 아직 얼룩이 있어요. 보이시죠.

여: 아, 죄송하지만 이 얼룩은 없어지지 않을 것 같아요.

남: 그건 전화상으로 하신 말씀이 아니잖아요. 처리할 수 있다고 하셨어요. 안 된다고 하셨다면, 여기 가져오지 않았을 거예요.

여: 사과 드릴게요. 해 볼게요. 효과가 있을지는 확실하지 않아요. 과일 얼룩을 제거하는 게 간단한 작업이 아니에요. 이해해 주시면 좋겠어요.

남: 알겠어요. 언제 찾으러 오면 되나요?

여: 3일 안에 준비될 거예요.

어휘 blouse[blaus] 명 블라우스 spot[spɑt] 명 점; *얼룩 remove[rimúːv] 동 없애다, 제거하다 deal with …을 처리하다 apologize[əpɑ́lədʒàiz] 동 사과하다 work[wəːrk] 동 일하다; *효과가 있다 job[dʒɑb] 명 일; *작업 take away 제거하다 stain[stein] 명 얼룩

해설 블라우스의 얼룩 제거를 요구하는 내용으로 보아, 세탁소(laundry shop)에서의 대화임을 알 수 있다.
① 주차장 ② 옷 가게 ④ 식료품점 ⑤ 백화점

12 ④

여: 'My Mother's Secret Recipe'라는 이름의 새 식당이 다음 주 월요일에 개업할 예정입니다. 저희는 3번가에 위치해 있습니다. 저희는 매일 오전 11시부터 밤 12시까지 엽니다. 저희 식당은 여러분만을 위한 특별한 식사를 만들 것입니다. 저희는 고정된 메뉴는 없지만, 여러분이 원하는 모든 일식을 만들 수 있습니다. 어떤 음식을 드시고 싶은지 여러분께서 정하실 수 있습니다.

여러분은 저희 음식에서 어머니의 사랑을 맛보실 수 있습니다. 저희는 테이블이 오직 한 개입니다. 전체 식당이 여러분만을 위해 준비될 것입니다. 저희에게 전화하셔서 여러분의 특별한 식사를 예약하십시오. 저희는 여러분의 식사를 여러분 평생의 최고 경험 중 하나로 만들 수 있다고 약속합니다. 마지막으로, 이 점을 기억하셔야 합니다. 개업 날 오후 5시에 개업식을 가질 예정입니다. 마음껏 오셔서 파티를 즐기십시오!

어휘 called[kɔːld] 형 …이라는 이름의 be located 위치해 있다 fixed[fikst] 형 고정된 taste[teist] 동 맛보다 opening party 개업식 feel free *to do* 마음대로 …하다

13 ③

여: 안녕하십니까. 저희 호텔에 고객님을 맞이하게 되어 기쁩니다.

남: Kevin Morgan이라는 이름으로 예약했어요.

여: 잠시만요. *(잠시 후에)* 네, 예약을 찾았습니다.

남: 바다 전망인 방을 이용할 수 있는지 궁금해요.

여: 확인해 보겠습니다. 스탠다드 더블룸을 예약하셨네요. 죄송하지만 바다 전망인 스탠다드룸은 없습니다.

남: 네, 알겠어요.

여: 3월 4일에 퇴실하실 예정이니, 3일 밤을 머무시는 거네요, 맞습니까?

남: 아뇨, 4일 밤 예약했어요. 다시 확인해 주세요.

여: 죄송합니다. 착오가 있었나 봅니다. 지금 4일 밤 동안 묵을 스탠다드룸은 없습니다. 대신, 수페리어룸으로 객실 업그레이드를 제공해 드릴게요. 객실에서 바다 전망을 즐기실 수 있습니다.

남: 아, 감사해요.

여: 한 가지 더 확인하겠습니다. 2인 아침 식사를 원하셨는데요, 맞습니까?

남: 네. 어디서 아침 식사를 할 수 있나요?

여: 저희 레스토랑은 꼭대기 층에 있습니다. 여기 객실 열쇠입니다. 6층으로 올라가십시오.

남: 감사해요. 엘리베이터가 어디 있죠?

어휘 pleased[pliːzd] 형 기쁜 welcome[wélkəm] 동 맞이하다, 환영하다 wonder[wʌ́ndər] 동 궁금하다 ocean view 바다가 보이는 전망 offer[ɔ́(ː)fər] 동 제안하다; *제공하다 upgrade[ʌ́pgrèid] 명 업그레이드 top[tɑp] 형 꼭대기의

해설 3월 4일에서 3일 밤을 거슬러 계산하면 3월 1일에 입실한다는 것을 알 수 있고, 퇴실을 3월 4일에 한다는 것은 호텔의 실수이므로, 실제 예약 일수인 4일 밤을 기준으로 하면 퇴실은 3월 5일에 한다.

호텔 예약
① 이름: Kevin Morgan
② 입실: 3월 1일
③ 퇴실: 3월 4일
④ 방 유형: 스탠다드 더블룸
⑤ 조식: 2인 포함

14 ②

남: 안녕하십니까. 건물 직원들을 위한 공지입니다. 최근에 엘리베이터가 고장 났었습니다. 따라서 고장이나 사고를 예방하기 위해 엘리베이터를 점검하려고 합니다. 오후 2시에 시작할 예정입니다. 엘리베이터가 작동을 중단하기 전에 점심 후에 서둘러 자리로 돌아와 주시길 바랍니다. 점검은 약 30분 동안 계속될 것으로 예상합니다만, 시간이 더 필요할 수도 있습니다. 그런 경우에는 또 다른 공지를 하겠습니다. 불편을 피하기 위해 시각을 기억해 주십시오. 양해해 주셔서 감사합니다.

어휘 announcement[ənáunsmənt] 명 발표, 공지 recently[ríːsntli] 부 최근에 out of order 고장 난 breakdown[bréikdàun] 명 고장 last[læst] 동 계속되다 avoid[əvɔ́id] 동 피하다 inconvenience[ìnkənvíːnjəns] 명 불편 understanding[ʌ̀ndərstǽndiŋ] 명 이해, 양해

해설 건물 직원들에게 엘리베이터 점검 일정을 안내하고 협조를 요청하는 방송이다.

15 ③

남: 뭐가 잘못 됐어요?

여: 라자냐를 만들고 있어요. 라자냐를 오븐에 넣었는데 지금 작동하지 않는 것 같아요.

남: 또? 오븐이 문제가 많군요. 새것을 사야 할 것 같네요.

여: 말도 안 돼요! 거의 새 거잖아요. 수리할 수 있어요. 애프터서비스를 요청하는 게 어떨까요?

남: 이미 여러 번 수리했잖아요.

여: 이번이 마지막이에요. 한 번 더 고장 나면, 새것을 사요.

남: 좋아요. 수리소가 제 사무실 근처로 이사했다고 들었어요. 제가 수리소로 오븐을 가져갈게요.

여: 그럴래요? 정말 고마워요. 이제 참치 샐러드를 먹어요. 이미 다 됐어요. 라자냐는 오븐을 수리한 후 다음 번에 만들게요.

어휘 lasagna[ləzɑ́ːnjə] 명 라자냐 oven[ʌ́vn] 명 오븐

fix [fiks] ⓢ수리하다 after-sales service 애프터서비스 break down 고장 나다

해설 남자는 오븐을 수리하기 위해 수리소에 오븐을 가져가겠다고 했다.

16 ⑤

(전화벨이 울린다)

여: 여보세요, Susan Johnson입니다. 여쭤볼 게 있어서 전화 드렸어요.

남: 네.

여: 빌린 책을 늦게 반납해도 되는지 궁금해서요.

남: 요금이 있는 거 아시죠. 하루에 1달러예요.

여: 아, 알겠어요. 그러면 추가 요금을 내면, 늦게 반납해도 되는 거 맞죠?

남: 기본적으로는 그래요. 며칠이나 늦을 예정인가요?

여: 기한이 6월 4일인데요, 아마 3일 더 필요할 것 같아요.

남: 알겠어요, 그보다 늦지 마세요. 그 책을 기다리고 있는 사람들이 많아요.

여: 그럴게요. 감사해요.

어휘 per [pər] ⓟ …당[마다] charge [tʃɑːrdʒ] ⓝ요금 basically [béisikəli] ⓐ기본적으로

해설 기한이 6월 4일인데 3일이 더 필요하다고 했다.

17 ⑤

여: Joan은 시내에 있는 새로운 일식 식당에 가길 몹시 원했다. Terry는 Joan의 생일에 그녀를 그 식당에 데려가기로 약속했다. 마침내 그날이 와서, Terry와 Joan은 그 식당을 방문한다. 유감스럽게도, 식당은 만원이다. 좌석을 기다리는 몇몇 무리가 있다. Terry는 특별한 밤을 위해 예약하지 않은 것을 후회한다. 그는 그녀를 실망시키고 싶지 않다. 그는 기꺼이 기다릴 생각이지만, 그녀를 성가시게 할까 봐 두렵다. 그래서 그는 어떻게 할지 결정하는 것이 쉽지 않다. 이 상황에서, Terry는 Joan에게 무엇이라고 가장 말할 것 같은가?

어휘 downtown [dàuntáun] ⓐ시내에 regret [rigrét] ⓢ후회하다 disappoint [dìsəpɔ́int] ⓢ실망시키다 be willing *to do* 기꺼이 …하다 bother [bɑ́ðər] ⓢ성가시게 하다 be most likely *to do* 가장 …할 것 같다

해설 만원인 식당에서 기다릴 것인지 결정하기 어려운 상황에서 Terry가 할 말은, Joan의 의사를 묻는 '기다릴래 아니면 다른 식당으로 갈까?'가 가장 적절하다.
① 즐겁게 식사했니?
② 네 생일을 위해 놀라운 것을 줄게.
③ 그렇게 질 낮은 음식치고는 너무 비싸.
④ 저쪽에 있는 식당에 가는 게 어때?

18 ③

여: 우리 영화에 늦겠어.

남: 알겠어요, 준비됐어요. 가요!

여: 휴대전화 챙겼니? 외출할 때 자주 잊어버리잖아.

남: 보세요! 챙겼지요.

여: 잊은 거 없는지 확실하게 하렴.

남: 알겠어요, 엄마. 어, 어, 안경이 필요해요.

여: 응, 필요하지! 안경 없으면 영화를 감상할 수 없을 거야. 그건 그렇고, 우리 서둘러야겠구나. 아빠가 밖에서 우리를 기다리고 있어.

남: 네, 가고 있어요. 먼저 차에 가 계세요. 곧 갈게요.

해설 남자는 안경이 필요하다고 했다.

19 ③

남: 너 학교 오케스트라에 가입했다고 들었어. 잘 돼가니?

여: 나쁘지는 않아. 모두들 친절해. 그들은 알려고 노력하고 있어.

남: 잘했어.

여: 하지만 사실은, 문제가 있어. 내 첼로가 좋지 않아. 그건 단지 초보자 연습용이야.

남: 그게 어떻다는 말이니?

여: 오케스트라에 있는 대부분의 사람들은 좋은 악기를 가지고 있어.

남: 그건 중요하지 않아. 네가 열심히 연습하면, 첼로를 아주 잘 연주할 수 있을 거야.

여: 너는 이해 못해. 내 첼로는 좋지 않아. 좋은 소리가 나지 않는다는 말이야.

어휘 join [dʒɔin] ⓢ연결하다; *가입하다 orchestra [ɔ́ːrkistrə] ⓝ오케스트라, 관현악단 cello [tʃélou] ⓝ첼로 beginner [bigínər] ⓝ초보자 musical instrument 악기 matter [mǽtər] ⓢ중요하다, 문제되다

해설 남자는 악기가 좋지 않아 좋은 소리가 나지 않는 것은 아니라고 했다.

20 ⑤

여: 안녕하세요, 뭘 도와드릴까요?

남: 운전면허증을 갱신하고 싶은데요.

여: 네, 운전면허증 주세요.

남: *(잠시 후에)* 아, 제 차에 두고 왔어요. 여기서 먼 곳에 주차했는데요. 그게 필요한가요?

여: 아뇨. 하지만, 주민등록번호가 필요해요.
남: 아, 주민등록번호요? 그걸 언제 알려 드리면 되나요? 나중에 전화해도 될까요?
여: 아뇨. 오늘까지 팩스를 보내 주세요.
남: 뭐라고 하셨죠?
여: 오늘 오후 6시까지 주민등록증이나 이전 운전면허증을 팩스 보내셔야 한다고요.

어휘 renew[rinjú:] 동 갱신하다 driver's license 운전면허(증) leave[li:v] 동 떠나다; *두고 오다 park[pɑ:rk] 동 주차하다 far from …에서 멀리 ID number 주민등록번호 let[let] 동 …하게 하다 send a fax 팩스를 보내다 I beg your pardon ((표현)) 죄송합니다; *뭐라고요 [문제] at all times 항상, 언제나

해설 운전면허증 갱신을 위한 안내를 듣던 남자가 무슨 말인지 되물었으므로, 이를 다시 안내해 주는 말이 이어지는 것이 가장 적절하다.
① 주차장까지 가는 데 오래 걸리나요?
② 운전면허증을 항상 소지하고 계세요.
③ 지금부터 당신의 새 운전면허증을 사용하실 수 있어요.
④ 운전면허증을 잃어버리지 않도록 조심하셔야 해요.

Dictation

본문 pp. 202~209

01 the popular character on it, won't be able to eat, likes simple designs, matches her style, Let's take it, decorated with flowers, Sounds great

02 something to tell you, stopped by a donut shop, to cheer you up, since you failed, thinking about me, give you a present, is hiring new bakers, I feel full, Don't you want some donuts, I'll get some

03 Can I see your ticket, I lost my ticket, take a picture of me, Pass me your camera, for three people, behind the ticket box, stand in line

04 for the first time, have my photography exhibition, as a hobby, work at a bank, be amazing, talk some more

05 Take your pick, on your job interview, Can you recommend one, you'd better not stand out, choose a simple pattern, make the interviewers trust you

06 come back from your trip, How was it, it was a mess, Tourist attractions I visited, capture every happy memory, stole my camera, take my picture, ran away with my camera, are gone

07 I've been pretty busy, Would you mind, return these books, due next Tuesday, go to a movie, What will we watch

08 coming home late, it's raining now, began to thunder, using the vacuum cleaner, any sounds from outside, pick you up, fold the laundry, it's completely dry

09 hear that sound, turn down the volume, There must be an accident, to be injured, louder and louder, move to the side, ignore the siren

10 see your passport, put your baggage, too heavy for me to lift, pay an extra fee, for every extra kg

11 have a look at, There is still a spot, can't be removed, deal with it, wouldn't have brought it here, if it will work, to take away fruit stains, pick it up

12 is going to open, create a special meal, a fixed menu, decide what food you would like, will be prepared, give us a call, one of the best experiences, feel free to come

13 under the name of, found your reservation, with an ocean view, stay for three nights, for four nights, offer you a room upgrade, Where can I have breakfast, at the top floor

14 This is an announcement, out of order, the elevators stop working, last for about 30 minutes, to avoid any inconvenience

15 it's not working now, we should buy a new one, We can fix it, breaks down, take the oven to the center, the oven is fixed

16 to ask you something, return the books, there will be a fee, pay the extra charges, don't be later than that

17 promised to take, the restaurant is full, waiting for seats, disappoint her, is willing to wait, it will bother her, to decide what to do

18 late for the movie, get your cell phone, Make sure, I need my glasses, wouldn't be able to enjoy, we should hurry, go to the car

19 joined the school orchestra, get to know, for beginner's practice, have nice musical instruments, practice hard, doesn't make nice sounds

20 renew my driver's license, far from here, need your ID number, let you know it, send me a fax, I beg your pardon

실전모의고사 3회

본문 pp. 210~213

01 ③	02 ⑤	03 ②	04 ④	05 ①	06 ③	07 ①
08 ⑤	09 ①	10 ④	11 ①	12 ⑤	13 ④	14 ①
15 ②	16 ③	17 ②	18 ⑤	19 ⑤	20 ④	

01 ③

남: 네가 학교 축구 동아리에 가입했다고 들었어.
여: 응. 우리 팀에서 미드필더야.
남: 우와, 멋지다! 네가 유니폼을 입은 게 상상이 안 돼.
여: 사실 나는 유니폼을 입으면 아주 멋져 보여.
남: 그래? 유니폼이 어떻게 생겼니?
여: 상의는 밝은 청색과 흰색 줄무늬야.
남: 정말? 그건 아르헨티나의 유니폼과 같아.
여: 응, 하지만 하의가 검정색이 아니라 흰색이야.
남: 언젠가 네가 유니폼 입은 모습 보고 싶다.
여: 언젠가 내가 경기하는 것을 볼 수 있을 거야.

어휘 midfielder[mídfì:ldər] 명 미드필더 top[tɑp] 명 꼭대기; *상의 light-blue[láitblú:] 형 밝은 청색의 Argentina[ɑ̀:rdʒəntí:nə] 명 아르헨티나 bottom[bátəm] 명 맨 아래; *하의

해설 상의는 밝은 청색과 흰색 줄무늬, 하의는 흰색이라고 했다.

02 ⑤

여: 고객님, 어떻게 도와드릴까요?
남: 방금 미국에서 이 소포를 받았는데요. 고모가 제 졸업 선물로 보내 주셨어요.
여: 네, 무슨 문제가 있습니까?
남: 이것을 보셔야 해요. 꽃병이 깨졌어요. 어떻게 이런 일이 일어날 수 있죠?
여: 유리는 쉽게 깨집니다. 가끔, 이런 일이 일어납니다.
남: 이 피해에 대해 어떻게 하실 건가요?
여: 죄송하지만, 우체국은 고객님 소포의 손상에 책임이 없습니다. 이 문제를 도와드리기 위해 제가 할 수 있는 일이 아무 것도 없습니다.
남: 그건 말이 안 돼요. 분명히 우체국 잘못이에요. 고모는 완벽하게 포장했다고요! 제게 돈을 지불하거나 꽃병을

바꿔주셔야 해요.

여: 고객님, 소포 정책을 읽어 봐 주십시오. 기본적으로, 부서지기 쉬운 것은 보낼 수 없습니다.

어휘 package[pǽkidʒ] 명 소포 graduation[grӕ̀dʒuéiʃən] 명 졸업 take a look at …을 보다 vase[veis] 명 꽃병 broken[bróukən] 형 깨진 damage[dǽmidʒ] 명 손상, 피해 be responsible for …에 책임이 있다 make sense 이치에 맞다 obviously[ɑ́bviəsli] 부 확실히, 분명히 fault[fɔːlt] 명 잘못, 책임 wrap[ræp] 동 싸다, 포장하다 replace[ripléis] 동 대신[대체]하다; *바꾸다, 교체하다 policy[pɑ́ləsi] 명 정책, 방침 fragile[frǽdʒl] 형 부서지기 쉬운

해설 남자는 소포로 받은 꽃병이 깨진 데 대해 우체국이 배상할 것을 요구하고 있다.

03 ②

① 여: 우리 조금 늦었나?
남: 이런! 서두르는 게 좋겠어.

② 여: 저것 봐! 차가 트럭과 부딪쳤어.
남: 오, 끔찍해! 구급차 부를게.

③ 여: 극심한 교통량에 진절머리가 나.
남: 나도. 도로가 차들로 가득 찼어!

④ 여: 횡단보도에서 나를 내려 줄래?
남: 응, 그래.

⑤ 여: 길가에 차를 세워야겠어.
남: 무슨 일이니?

어휘 hit[hit] 동 …와 부딪치다 be tired of …에 싫증나다, 진절머리가 나다 heavy[hévi] 형 무거운; *심한, 많은 traffic[trǽfik] 명 교통량 be full of …으로 가득 차다 drop[drɑp] 동 떨어지다; *내려 주다 crosswalk[krɔ́(ː)swɔ̀ːk] 명 횡단보도 pull over 차를 대다 roadside[róudsàid] 명 길가

해설 남녀가 자동차 사고를 목격한 상황이다.

04 ④

남: 도와드릴까요?

여: 네. 딸의 책상을 찾고 있어요. 다음 달에 초등학교에 입학하거든요.

남: 아, 축하합니다! 고르는 것을 도와드릴게요. *(잠시 후에)* 이것은 어떠세요? 인기 있는 상품이에요.

여: 좋은데요. 하지만 위에 있는 선반 때문에 너무 큰 것 같아요.

남: 네, 그럼 이것은요? 서랍이 3개여서 수납이 잘돼요.

여: 마음에 들어요. 하지만 다른 것들 좀 둘러보고 싶어요.

남: 그러세요! 아! 따님이 이것을 아주 좋아할 거예요. 이 캐릭터가 아이들에게 매우 인기 있거든요.

여: 이것은 오래가지 않을 것 같아요. 딸이 아주 오랫동안 사용할 수 있는 것을 원해요.

남: 음… 그럼 이것이 고객님께 가장 좋겠어요! 단순하고, 작은 2단 서랍이 있고, 내구성이 있어요.

여: 좋아요. 그걸로 할게요. 딸이 마음에 들어 하면 좋겠어요.

어휘 hot[hɑt] 형 더운[뜨거운]; *인기 있는 shelf[ʃelf] 명 선반 drawer[drɔːr] 명 서랍 storage[stɔ́ːridʒ] 명 저장; *수용력 last[læst] 동 계속하다; *오래가다, 질기다 durable[dúrəbl] 형 내구성이 있는, 오래가는

해설 여자는 단순하고, 작은 2단 서랍이 있는 책상을 구입하기로 했다.

05 ①

여: 이 그림이 아주 마음에 들어요. 눈을 뗄 수가 없어요.

남: 무엇이 마음을 끌었는지 궁금하네요.

여: 눈으로 덮인 마을이 아름다워 보이고 그곳 사람들이 활기 넘쳐 보여요. 설경이 아름다워요, 그렇지 않나요?

남: 네, 그래요. Michel Delacroix의 가장 유명한 작품 중 하나예요.

여: 아, 그는 들어 본 적이 없어요.

남: 많은 사람들이 이 화가와 친숙하지 않아요. 사실, 저희 미술관이 한국에서 처음으로 그의 그림을 전시하고 있어요.

여: 아, 그 화가가 궁금해요. 그와 그의 작품에 대해 더 알고 싶어요.

남: 네, 그러시면 저와 함께 가시죠. 그의 초기 그림부터 보여 드리고 더 상세하게 설명해 드릴게요.

여: 좋아요.

남: 책자 필요하세요? 하나 가져다 드릴게요.

여: 네, 필요해요.

어휘 take one's eyes off …에서 눈을 떼다 draw[drɔː] 동 그리다; *(사람의 마음을) 끌다 covered with …으로 덮인 lively[láivli] 형 활기[생기] 넘치는 be unfamiliar with …와 친숙하지 않다 display[displéi] 동 전시하다 work[wəːrk] 명 일; *작품 early[ə́ːrli] 형 초기의 in detail 상세하게 brochure[brouʃúr] 명 (안내·광고용) 책자

해설 미술관에서 화가와 그의 작품을 설명하고 있는 것으로 보아, 남

자의 직업은 미술관 안내원(docent)임을 알 수 있다.
② 화가 ③ 교사 ④ 음악가 ⑤ 상점 관리자

06 ③

(전화벨이 울린다)
남: 안녕, Anne.
여: 어, Dean! 무슨 일이야?
남: 그냥 어떻게 지내는지 물어 보려고 전화했어.
여: 잘 지내. 너는?
남: 아주 좋아. 너에게 놀라운 소식이 있어.
여: 뭔데? 불안해.
남: 나 다음 주에 마이애미에 갈 거야!
여: 이곳에는 무슨 일로 오니? 여름 휴가니?
남: 아니. 동생이 결혼해.
여: 우아, 네 여동생 Jessica? 그거 정말 기쁜 소식이다!
남: 맞아. 열흘 동안 거기 머무를 거야. 친구들을 만날 시간이 있을 것 같아.
여: 네가 정말 그리웠어. 벌써 너를 볼 것을 기대하고 있어.
남: 물론, 나도! 집에 도착하면 전화할게.
여: 그때 보자.

어휘 nervous[nə́:rvəs] 형 불안해[초조해]하는 get married 결혼하다 expect[ikspékt] 동 기대[예상]하다 miss [mis] 동 놓치다; *그리워하다 look forward to *doing* …하기를 고대[기대]하다

해설 여자는 동생 결혼식 때문에 마이애미에 오는 남자를 만날 것을 기대하고 있으므로, 들떠 있을(excited) 것이다.
① 외로운 ② 겁먹은 ④ 절망적인 ⑤ 놀란

07 ①

① 여: 우리 내일 언제 만나야 할까?
남: 매주 월요일이야.
② 여: 너 속상해 보여. 무슨 일 있었니?
남: 아니야, 아무것도 아니야.
③ 여: 내가 너에게 전화했을 때 뭐 하고 있었니?
남: 막 샤워하려고 했어.
④ 여: 요즘 잠드는 데 고생하고 있어.
남: 그 말을 들으니 유감이야. 의사를 만나 보는 게 어때?
⑤ 여: 박물관이 어디에 있는지 아세요?
남: 아뇨, 몰라요. 당신의 스마트폰으로 찾아볼 수 있을 거예요.

어휘 upset[ʌpsét] 형 속상한 be about *to do* 막 …하려고 하다 have difficulty *doing* …하는 데 고생하다 fall asleep 잠들다 search for …을 찾다

해설 약속 시간을 정하려는 질문에 매주 월요일이라는 정기적인 때로 답하는 것은 어색하다.

08 ⑤

남: 실례합니다. 뭐 좀 여쭤 봐도 될까요?
여: 물론이죠.
남: 이 버스가 Peter's Clinic에 가나요?
여: 아뇨, 시청에서 다른 버스로 갈아타야 해요.
남: 아, 병원이 여기서 먼가요?
여: 네, 열 정거장이 넘어요.
남: 아, 알겠어요. 시청에서 어떤 버스를 타야 하나요?
여: 21번이요. 이 버스에서 내린 뒤에, 길을 건너서 21번 버스를 타야 해요.
남: 알겠어요. 그런데 부탁 좀 드려도 될까요?
여: 물론이죠.
남: 저는 여기 관광객이라서요. 정거장에 도착할 때 제게 알려 주시면 감사하겠어요.
여: 네, 그러죠. 정거장 바로 전에 말씀 드릴게요.

어휘 clinic[klínik] 명 병원 transfer[trænsfə́r] 동 이동하다; *갈아타다 visitor[vízitər] 명 방문객, 관광객 appreciate[əprí:ʃièit] 동 감사하다 reach[ri:tʃ] 동 …에 이르다[닿다]

09 ①

남: Ariana, 뭐 하고 있니?
여: 관광 명소에 관한 정보를 찾고 있어.
남: 그게 왜 필요하니?
여: 다음 주에 호주에서 친구가 한국으로 올 거야. 그 애를 멋진 곳들에 데려가려고.
남: 그래서 여행 안내서를 검토하고 있니? 블로그를 참조하는 것은 어때? 거기서 정보와 후기를 얻을 수 있어.
여: 나는 인터넷 후기들은 믿지 않아. 블로그에 개인적인 경험에 근거한 믿을 수 있는 정보가 있어야 하잖아. 하지만 때때로 그것들이 잘못된 정보를 줘서 우리를 혼란시켜.

어휘 tourist attraction 관광 명소 Australia[ɔ(:)stréiljə] 명 오스트레일리아, 호주 look through …을 검토하다 guidebook[gáidbùk] 명 (여행) 안내서 refer to …을 참조하다 reliable[riláiəbl] 형 믿을 수 있는 based on …에 근거하여 personal[pə́rsənəl] 형 개인의, 개인적인 confuse[kənfjú:z] 동 혼란시키다

해설 블로그에서 여행 관련 정보를 참조하라는 남자의 제안에 여자는 인터넷에 있는 정보를 믿을 수 없다며 거절하고 있다.

10 ④

여: 다음 분이요.
남: 이것들을 살게요. 얼마죠?
여: 어디 볼까요. 이 셔츠는 20달러이고, 바지는 30달러에요. 통틀어 50달러예요. 그런데, 두 개의 물품을 구입하시면 5% 할인받고, 세 개의 물품에 관해서는 10% 할인 받으세요.
남: 아, 정말요? 그럼, 이 스카프를 추가할게요.
여: 네. 그것은 10달러예요. 선물용으로 포장 필요하세요?
남: 네, 해 주세요. 스카프를 포장해 주세요. 셔츠와 바지는 그냥 종이 봉투에 넣어 주세요.
여: 네, 알겠습니다. 잠시 기다려 주세요. 다른 직원이 포장해 드릴 거예요. 어떻게 결제하시겠어요?
남: 신용 카드로 지불할게요.

어휘 in total 전체로, 통틀어 add (something) in …을 포함시키다 gift-wrap[gíftræp] 동 선물용으로 포장하다

해설 셔츠(20달러), 바지(30달러), 스카프(10달러)를 구입하였고, 세 개의 물품을 구입하면 10% 할인받을 수 있다고 했다.

11 ①

남: 타세요.
여: 안녕하세요, 이 근처 전통 시장에 가고 싶어요.
남: 여기서 멀지 않은 곳에 하나 있어요. 안전띠 매세요.
여: 네, 맸어요. 거기 가는 데 얼마나 걸릴까요?
남: 보통 20분 정도 걸리는데요, 혼잡 시간대라 지금은 더 오래 걸릴 수도 있어요.
여: 그렇군요. 서두르실 필요 없어요. 시간 많아요.
남: 네, 걱정 마세요. 어디서 오셨어요?
여: 미국에서 왔어요.
남: 아, 대학생 때 Los Angeles로 배낭여행을 갔었어요. 매우 좋은 도시더라구요.
여: 세상이 정말 좁아요! 저 Los Angeles에서 태어났거든요. 그나저나, 전통 음식을 즐길 수 있는 식당 좀 추천해 주실 수 있나요?
남: 시장에서 괜찮은 음식을 먹을 수 있어요.

어휘 traditional[trədíʃənl] 형 전통적인 fasten[fǽsn] 동 매다, 채우다 rush hour 혼잡 시간대 backpacking trip 배낭여행

해설 탑승해서 안전띠를 매라고 요청하고 목적지까지 걸리는 시간을 묻고 답하는 것으로 보아, 택시(taxi)에서의 대화임을 알 수 있다.
② 버스 정거장 ③ 식당 ④ 우체국 ⑤ 관광 안내소

12 ⑤

남: 안녕하세요, 청취자 여러분. Green Resort를 방문하신 적 있나요? 이 리조트는 올해 4월 1일에 개관했습니다. 그때부터 많은 사람들이 이 리조트를 방문하여 편안하고 특별한 쉼을 누려 왔습니다. 리조트는 현재 해변 가까이에 위치해 있습니다. 겨우 5분 만에 해변에 걸어갈 수 있습니다. 리조트는 아름다운 초록빛의 산에 둘러싸여 있습니다. 호수와 숲으로 이어지는 오솔길을 볼 수 있습니다. 각 별장은 침실 3개와 욕실 2개가 있어서, 이 리조트는 가족 여행에 적합합니다. 제주에 오시면, 잊지 말고 Green Resort를 찾아 주십시오. 합리적인 가격의 아름다운 곳입니다.

어휘 close to …가까이에 be surrounded by …에 둘러싸이다 path[pæθ] 명 작은 길, 오솔길 villa[vílə] 명 별장 suitable[sjúːtəbl] 형 적합한 reasonable[ríːzənəbl] 형 타당한, 합리적인

13 ④

여: 저희 호텔에 대해 설명해 드리겠습니다. 1층에 있는 식당에서 조식 뷔페를 즐기실 수 있습니다.
남: 언제 열죠?
여: 7시에 열어서 11시 30분에 닫습니다. 8시에서 9시 사이가 가장 붐빕니다.
남: 네, 그럼 그 시간을 피해야겠군요.
여: 지하 1층에 체육관과 사우나가 있습니다. 24시간 이용하실 수 있습니다.
남: 아, 그거 좋군요. 아내가 운동을 정말 좋아하거든요. 요금이 얼마죠?
여: 사우나와 체육관은 무료로 이용하실 수 있습니다.
남: 잘 됐네요!
여: 바에 가시려면, 이 건물 꼭대기 층인 26층으로 가시면 됩니다.
남: 네, 알겠어요.
여: 객실 열쇠입니다. 오후 3시 이전에 체크아웃 해 주시면 감사하겠습니다.
남: 네, 그럴게요.
여: 감사합니다.

어휘 avoid[əvɔ́id] 동 피하다 fitness[fítnis] 명 신체 단련, 운동 gym[dʒim] 명 체육관 basement level 지하층 for free 무료로 bar[bɑːr] 명 술집, 바

해설 바는 26층에 있다고 했다.

Royal 호텔
① 조식 뷔페: 1층 / 오전 7시 ~ 11시 30분
② 사우나: 지하 1층 / 24시간 무료
③ 체육관: 지하 1층 / 24시간 무료
④ Sky 바: 23층 / 오후 5시 ~ 밤 12시
⑤ 체크아웃: 오후 3시

14 ①

여: 이것은 크고 높은 구조물이다. 놀이공원이나 관광 명소 중심지에서 이것을 볼 수 있다. 이것은 동그라미 모양으로 만들어졌고, 전기 모터를 사용하여 매우 느리게 회전한다. 동그라미 주위로는 여러 개의 작은 칸이 있다. 승객들은 그 칸에 앉아 회전반을 돌 수 있다. 차는 꼭대기까지 쭉 올라간 뒤에 맨 아래로 다시 내려온다. 승객들은 사방에서 전망을 내려다볼 수 있다.

어휘 structure[strʌ́ktʃər] 명 구조; *구조물, 건축물 shape [ʃeip] 동 (어떤) 모양으로 만들다 rotate[róuteit] 동 회전하다 electric[iléktrik] 형 전기의 passenger [pǽsəndʒər] 명 승객 car[kɑːr] 명 자동차; *칸[차] go around 돌다 wheel[wiːl] 명 바퀴; *회전반 view[vjuː] 명 의견; *전망 on all sides 사방에서

해설 회전반의 차량들이 회전하며 사방의 전망을 내려다볼 수 있는 구조물은 관람차이다.

15 ②

여: 뭐 하고 있니? 바빠 보여.

남: 응, 정말 바빠. 오늘 할 일이 아주 많아. 언어 숙제를 끝내려고 하면, 밤새도록 깨어 있어야 할 거야.

여: 숙제가 뭔데?

남: 너 모르니? 우리 내일까지 자기가 선정한 주제로 리포트를 써야 하잖아.

여: 틀렸어. 마감일은 다음 주 수요일이야. 5일 더 남았다고. 서두를 필요 없어.

남: 음. 우리 중 한 명은 틀린 거네. 누가 맞는지 확인해 보는 게 좋겠어. 내가 Lisa에게 전화해서 마감일을 확인할게.

여: 언어 선생님께 여쭤 보는 게 가장 좋은 생각일 것 같아.

남: 그래. 선생님 전화번호 있니?

여: 응, 찾아 볼게.

어휘 language[lǽŋgwidʒ] 명 언어 stay awake 자지 않고 깨어 있다

해설 선생님께 전화해서 숙제 마감일을 확인하기로 했다.

16 ③

여: 여행 갈 날이 3일밖에 안 남았어.

남: 응. 오늘이 5월 1일이지. 하지만 비가 올 것 같아. 기상 예보에서 내일 비가 오기 시작해서 5일 이상 지속될 거라고 했어.

여: 난 안 믿어. 기상 예보는 자주 틀리잖아.

남: 맞아. 하지만 만약을 위해서 여행을 미루는 게 좋을 것 같아. 일주일 뒤에 가는 게 어때? 그때는 비가 안 올 거야.

여: 그럴 필요 없어. 비는 문제가 되지 않아. 게다가, 이미 호텔을 예약했잖아. 지금 변경할 수 없어.

남: 알겠어.

어휘 weather report 기상 예보 delay[diléi] 동 미루다, 연기하다 just in case 만약을 위해서 moreover [mɔːróuvər] 부 게다가, 더욱이

해설 오늘이 5월 1일이고, 여행까지 3일 남았다고 했다.

17 ②

(전화벨이 울린다)

남: 여보세요, Tina. 나 Sam이야.

여: 안녕. 무슨 일이니?

남: 이번 주말에 뭐 할 거니?

여: 특별한 계획은 없어.

남: 콘서트에 가지 않을래? 네가 좋아하는 밴드 'Bad Girls'를 보고 싶어 했잖아, 그치? 표 두 장이 생겼어. 나와 같이 가자.

여: 우와! 멋지다!

남: 좋아. 그럼 토요일 오후에 만나자.

여: 그래! *(잠시 후에)* 아, 이런! 나 토요일에 영화 보기로 되어 있어. 표를 이미 구입했어.

남: 어떻게 할 거니? 한 가지를 골라야겠네.

여: 음, 물론 콘서트지! 즉시 영화표를 취소해야겠어.

어휘 be supposed *to do* …하기로 되어 있다

해설 여자는 콘서트에 가기 위해 이미 구입한 영화표를 즉시 취소해야겠다고 했다.

18 ⑤

남: Henry는 유라의 친구이다. 그들은 대개 서로 잘 지내고 있다. 하지만 가끔 유라는 Henry에게 마음이 상한다. Henry는 유라에게 알리지 않고 그녀와의 만남에 자주 늦는다. 게다가, 그는 그녀와의 계획을 자주 취소

한다. 실은, Henry는 믿을 수 있는 사람이다. 그는 항상 약속을 지키려고 노력하고 절대 학교에 늦지 않는다. 하지만 그의 신뢰성이 유라에게는 적용되지 않는 것 같다. 이것이 유라로 하여금 그가 그녀를 소홀히 한다고 느끼게 한다. 이런 상황에서, 유라는 Henry에게 가장 무엇이라고 말할 것 같은가?

어휘 get along with …와 잘 지내다 frequently [frí:kwəntli] 부 자주, 흔히 cancel [kǽnsəl] 동 취소하다 dependable [dipéndəbl] 형 믿을 수 있는 keep one's promise 약속을 지키다 dependability [dipèndəbíləti] 명 믿을 수 있음 apply to …에 적용되다 neglect [niglékt] 동 소홀히 하다

해설 자신과의 약속을 잘 지키지 않는 Henry에게 할 말은 '네가 나를 더 중요하게 생각해 주면 좋겠어.'가 가장 적절하다.
① 무슨 문제 있니?
② 학교에서 잘하고 있니?
③ 너 요즘 매우 바빠 보여.
④ 너 학교에 늦으면 안 돼.

19 ⑤

여: 이 식당 마음에 안 들어. 여기 다시 오지 않을 거야.
남: 왜? 나는 이 음식 마음에 들어.
여: 음식은 괜찮아, 하지만 웨이터들이 좋지 않아. 절대 웃지 않고 화난 것처럼 보여.
남: 네 말에 어느 정도는 동의해. 하지만 너도 그들에게 친절하지 않았잖아. 네가 뭔가를 요청할 때, 예의가 없었어.
여: 내가 그랬어? 나는 단지…. 그들이 요리를 낼 때, 테이블에 굉장히 소란스럽게 놓잖아.
남: 진정해. 그들의 입장에서 한번 생각해봐. 누군가가 네게 다정하지 않는다면, 네가 친절하고 다정하게 대할 수 있을까? 네가 먼저 다른 사람들에게 친절해야 해.
여: 알겠어, 알겠어. 네가 하는 말을 이해해.

어휘 server [sə́:rvər] 명 서빙하는 사람, 웨이터 to some degree 약간은, 어느 정도는 rude [ru:d] 형 무례한, 예의 없는 serve [sə:rv] 동 음식을 내다 dish [diʃ] 명 접시; *요리 take it easy 진정하다 put oneself in somebody's shoes …의 입장에서 생각하다 back [bæk] 부 뒤로; *되받아, 대응하여

해설 다른 사람이 자신에게 친절하길 원하면 다른 사람에게 먼저 친절해야 한다는 내용을 가장 잘 표현한 속담은 '대우받고 싶은 대로 다른 사람을 대우하라.'이다.
① 뛰기 전에 살펴봐라. [돌다리도 두드려 보고 건너라.]
② 시작이 반이다.
③ 시장이 최고의 반찬이다.
④ 로마는 하루아침에 이루어진 것이 아니다.

20 ④

남: 어떻게 도와 드릴까요, 부인?
여: 체크아웃 해 주세요.
남: 객실 번호가 어떻게 되시나요?
여: 1103호예요. 여기 열쇠 있어요.
남: 감사합니다. 이곳에서 머무신 것은 괜찮으셨나요?
여: 네. 제 짐을 나를 수가 없어서요. 날라 주실 수 있나요?
남: 물론이죠. 벨보이가 바로 나를 거예요. 객실을 확인하는 동안 잠시 기다려 주세요.
여: 네.
남: 객실을 확인했는데, 전부 괜찮았습니다. 저희가 모실 수 있어 기뻤습니다. 다시 저희를 방문해 주시길 바랍니다.
여: 네, 안녕히 계세요. 아, 한 가지 부탁드릴 게 있는데요. 택시를 불러 주시겠어요?
남: <u>네, 물론이죠. 공항으로 가시나요?</u>

어휘 luggage [lʌ́gidʒ] 명 (여행용) 짐 pleasure [pléʒər] 명 기쁨

해설 여자가 택시를 불러 달라고 했으므로, 이 요청에 대한 대답이 이어져야 한다.
① 이 근처에 택시 정거장이 없어요.
② 짐 가져가시는 것 잊지 마세요.
③ 이게 손님 짐인지 확인해 주세요.
⑤ 여행 동안 어디서 머무실 건가요?

Dictation

본문 pp. 214~221

01 joined your school soccer club, I can't imagine, the uniform look like, light-blue and white stripes, the bottom is white, watch me play

02 received this package, as my graduation gift, take a look at this, How did this happen, about the damage, is not responsible, help you with the problem, pay me some money

03 We'd better hurry up, hit the truck, call an ambulance, are full of cars, drop me off, pull over to the roadside

04 looking for a desk, help you choose one, It's a hot item, the shelves built on top, it has good storage, very popular with children, this one won't last, with two small drawers

05 take my eyes off, The town covered with snow, look lively, are unfamiliar with, is displaying his paintings, curious about the painter, explain them in more detail, need a brochure

06 What's up, how you're doing, I have a surprise, I'm nervous, your summer vacation, is getting married, time to meet friends, looking forward to seeing you, I arrive home

07 When should we meet, You look upset, was about to, have difficulty falling asleep, see a doctor, where the museum is, search for it

08 ask you something, should transfer to another bus, far from here, more than ten stops, Which bus should I take, cross the road, ask you a favor, I'm a visitor here, I reach the stop, right before the stop

09 searching for information, is coming to, looking through a guidebook, don't believe Internet reviews, based on personal experiences, give wrong information

10 Next in line, $20, $30, in total, a 10% discount for three items, I'll add in, Wrap the scarf, in a paper bag, wait a moment, by credit card

11 Get in, Fasten your seat belt, it might take longer, don't need to hurry, Where are you from, on a backpacking trip, What a small world, recommend some restaurants, at the market

12 the first day of April, a comfortable, special stay, is located close to, is surrounded by, a lake and a path, suitable for a family trip, don't forget to visit, at a reasonable price

13 Let me explain, on the first floor, What time does it open, avoid that time, on the first basement level, 24 hours a day, How much is the fee, for free, go to the 26th floor, check out before 3 p.m.

14 a big, tall structure, is shaped like a circle, Around the circle, go around the wheel, come back down to the bottom, look down at the views

15 You look busy, finish my language homework, stay awake all night, write a report, You're wrong, don't need to hurry, We'd better check, asking our language teacher, let me find it

16 we're going to have rain, for more than five days, The weather report is often wrong, delay our trip, a week later, Rain doesn't matter, We can't change it

17 What's up, don't have any special plans, see your favorite band, You can go with me, I'm supposed to watch, bought the ticket already, have to choose one, cancel the movie ticket

18 get along with, feels upset, without letting her know, cancels his plans, keep his promise, doesn't seem to apply to, he neglects her

19 won't visit here again, they look angry, to some degree, asked for something, serve the dishes, Take it easy, should be kind to others, what you're saying

20 I'd like to check out, What's your room number, enjoy your stay, can't carry my luggage, we check your room, It was a pleasure, one thing to ask you, call a taxi

Credits

p. 72 olegator / Shutterstock.com

p. 76 Igor Bulgarin / Shutterstock.com

p. 128 Leonard Zhukovsky / Shutterstock.com

즐겁게 충전되는 영어 자신감

Junior LISTENING TUTOR